金子仁洋 著

新版 警察官の刑事手続

東京法令出版

まえがき

今度、この本を、東京法令出版から出すことになった。

この本は、一九七七（昭和五二）年に初版を出してから、関係法令の変わるごとに改訂を加え、途切れることなく令文社から出ていた。その令文社が、経営者の都合で廃業することになった。

このとき、東京法令出版が続いて出してくれることになった。著者としては、望外の幸せである。

忘れもしない、世はまだ昭和の頃、
筆者は、警察大学校に新設された教官教養部にいて、警察学校の教官養成に心を砕いていた。

ある日、刑事法の実習に立ち会った。

——何で、皆、難かしく難かしくしゃべるのだろう
そのいぶかりが初印象として残った。

——これで、学校出たての若い人たちはわかるのだろうか
ついに、たまりかねて発問してみた。

「もう少し易しく、わかり易く話せないかな」

実習生は困ったようにして私の顔を見た。

「易しくって、どうすればいいんですか」

これには、発問した私の方がびっくりした。

なる程「易しく」話すこと位難かしいことはない。そこで問い直した。

「では今、どんな本を参考にしていますか」

そして、差し出されたものを見たら、それぞれ名ある大学教授の書いた教科書である。

私が東京大学法学部に学んでいた頃、わかり辛くて困ったものも混っている。

そして、それらの教科書は、刑事訴訟法学の学問的体系や独自の学説の展開に主力がおかれ、警察実務の具体的諸問題の解決には程遠いばかりか、かんじんの所は避けて触れないようにしているものばかりであった。

私は困った。責任者としてこの実習生たちにどう教えるか。

その年の春四月。

教養部長室で、思案に暮れ、ぼんやり外を見ていると、訪れてくる人がいた。初対面だった。

「金子先生。刑事訴訟法の教科書を書いて頂きたいのですが」

「誰に聞いてきましたか」

私は、内心驚愕《きょうがく》していた。

――千里眼か、この人は

ちょうど、それを思っていた所だ。

あんな難かしい、警察実務には直接役立たない教科書の山の中で、あの教官の実習生たちは泣く思いをしている。

――言い出しっぺの俺が書いて渡すしかないか

そう思い出していたところだ。

私は、晩年のモーツァルトの挿話を思い浮かべた。モーツァルトは死の床についていた。そこへ見知らぬ黒装束の男が現れてモーツァルトに死者の弔いの音楽「レクイエム」の作曲を依頼した。モーツァルトは、その男をあの世からの使者と直感した。即座に引き受け、そして、文字通り自からの霊を弔《とむら》う絶筆を残した。その出だしの魂を揺すぶるようなテーマが頭の奥で鳴った。

私は考える余裕もなく、直ちに引受けることにした。

それから四ケ月、夏休をフル回転させて私は筆をとり続けた。それがこの本である。

この本の構成も書き方も装丁も、色も活字の大きさも、皆、当時の警察出版物としては型破りな私の発想を入れて頂いたものだ。私は、この未来の明るさを暗示するような萌黄《もえぎ》に愛着を持っていた。それを今度東京法令出版が、そのまま再現してくれるという。著者にとっては望外の幸せであり、ここに、東京法令出版の松宇正一、野呂瀬裕行各氏のお骨折りに、心から敬意と感謝の意を表するものである。

今後とも、この本が、一層、困難な状況に立ち向かう第一線の警友諸子の伴侶になってくれるよう祈念してやまない。

二〇〇九（平成二一）年一月

元警察大学校長・桐蔭横浜大学・大学院教授

金子　仁洋

まえがき

一

法学としての刑事訴訟法は、一つの小宇宙《しょううちゅう》である。学者は、それぞれの名を冠《かん》した教科書を作る。それは、それぞれの主張を軸とし、それぞれの小宇宙を形成する。

しかも、我《われ》の建立《こんりゅう》になるこの小宇宙こそ、本山を戴《いただ》く正統ぞ、と中外に宣明する。

二

この書物は、それらの戦列につらなるものではない。

この書物は、警察に身をおく実務家が必要とする諸道具を並べて見せるものである。

実務に必要なものは、理論ではなく結論である。大多数の首肯《しゅこう》する結論である。

それは、判例によって与えられる。また、通説によっても得られる。諸先輩の実例もある。

それらのものを道具として、日常の事案を処理する。それが実務家の仕事である。

三

著者は、警察庁刑事局調査統計官として、法令解釈の実務に携《たずさ》わり、また、警察大学校教官教養部長として、警察学校や管区警察学校の教官を養成するにつけて、そのような道具としての参考書ないしは教科書が少ないのに気がついた。

とくに、巡査でいるときと、幹部になるときと、同じ捜査手続の分野でも、それぞれ学ぶべき場所、力点を置く箇所を異にするのが当然であるのに、それらを区別して書かれた書物は、ほとんど見あたらないのに一驚《いっきょう》した。

この書物は、そうした面に、いささかでも貢献《こうけん》するようにと、それを念願して書かれたものである。

四

この書物は、警察学校における「刑事訴訟法」の教授要目と、管区警察学校の初等幹部科一般課程の「刑事手続」（今の「捜査手続」）、同じく中級幹部科一般課程の「刑事法」（今の「捜査手続指揮」）の教養実施要目に副《そ》うようにした。

とくに、警察学校で学ぶべき基本事項と、幹部要員として、管区警察学校において学ぶべき事項とを、できるだけ区別し、その後者により多くの分量をさいた。

しかし、どんな応用事項も、また、進んだ課程も、基本をおろそかにしたのでは本当の理解を得ることはできない。

先へ進もうとするその都度、出発点にもどって基本の復習をなすべきである。

この書物は、そういう観点から、あえて初任用と幹部用との分冊にせず、むしろ、共通する題下においては、一体的に記述し、事柄の総合的理解を得られるようにした。

五

この書物は、あくまでも、警察実務の道具の一つである。

道具は、使用法をマスターし、くり返して使用する間に人の手足の一部になる。

集中一貫して学ぼうとするときばかりでなく、実務の最中に、ふと感じた疑問を解く伴侶に、この書物がもしなることができたら、著者の幸いこれに過ぎるものはない。

一九七七年一月

著者　識

この書物の使い方

一　注の使い方

注は、主として教官用に付したものである。一般読者は、本文の記述を中心に学習されたい。しかし、中級幹部課程と、初級幹部課程に、共通の項目については、中級幹部課程においてはその注を活用される必要がある。

二　引用条文のみかた

引用条文は、刑事訴訟法以外の法律については法律名を記し、刑事訴訟法については、単に条文のみを、刑事訴訟規則については「規則」と条文を記してある。

三　引用判例のみかた

判例略号

一　最高裁関係（含大審院）

大判明治三六年五月二一日、録九・八七四＝明治三六年五月二一日大審院判決、大審院刑事判決録、九輯八七四頁

大判昭和一五年八月二二日、集一九・五四〇＝昭和一五年八月二二日大審院判決、大審院刑事判例集、一九巻五四〇頁

最判昭和三三年四月一八日、集一二・六・一〇九〇＝昭和三三年四月一八日最高裁判所判決、最高裁判所刑事判例集、一二巻六号一〇九〇頁

最決昭和三一年一二月二五日、集一〇・一二・一七〇一＝昭和三一年一二月二五日最高裁判所決定、最高裁判所刑事判例集、一〇巻一二号一七〇一頁

二　高等裁判所関係

東京高判昭和三五年一二月一二日、集一三・八・六四八＝昭和三五年一二月一二日東京高等裁判所判決、高等裁判所刑事判例集、一三巻八号六四八頁

以上の「集」＝高等裁判所刑事裁判例集と並ぶものとして

裁　特＝高等裁判所刑事裁判特報　　判　特＝高等裁判所刑事判例特報

三　その他

民　　集＝最高裁判所民事判例集
下民集＝下級裁判所民事裁判例集
下刑集＝下級裁判所刑事裁判例集
判　　時＝判例時報

刑裁月報＝刑事裁判月報
一審刑集＝第一審刑事裁判例集
判　　タ＝判例タイムス

目次

第二節　警察官の捜査責任と検察官との関係……四二

第四節　通常逮捕……三〇一

第一章　刑事訴訟法の概要

第一節　刑事訴訟法の意義と基本思想

一　人の生活とルール

一　人が集まって生活しようとすれば、ルールが生まれる。めいめいが、勝手放題、し放題では、何一つまとまってすることができない。

人は集まって社会を作る。山奥で人知れず、あるいは絶海の孤島で鳥・けだものを相手にして、生きながらえる人がいればそれは例外である。そのうえ、彼らとて、勝手放題、し放題では生きられない。厳《きび》しい自然のただ中に、ただ一人置かれた者は、より自然の法則に従わなければならない。山で風に逆《さか》らえば死をまつばかりであり、海辺で潮の干満《かんまん》を忘れれば、波にさらわれるばかりである。

人は、大自然の脅威《きょうい》から身を守るために、身を寄せ合って生きることを工夫した。そして、協同して生活環境を改善してきた。村ができ、町ができ、そして大都会が出現して動物とは違った人間生活を営むようになった。そして、その協同のために必要なルールが作られていった。

二　はじめにまず、人々の心をとらえたのは、自然はこわい、目に見えない精霊《せいれい》が恐ろしいということであった。それは、人間自身の中にある宗教的・本能的なものであり、この種の感情は、今でも、地球上の未開のどこかにその原形を見ることができる。(1)一八世紀の終りころ、英国の探検家キャプテン・クックは、ポリネシア地方を航海中、ある島を見ようとして土地の僧《そう》――聖職者らしき者に阻止《そし》された。それはタブーを侵すものであるというのである。そして、彼は、この地方に、ヨーロッパから見たら、随分いろいろ珍しい禁止事項があるのに気がつき、後、「タブー」という英語をはやらせた。

わが国にも、昔から「忌《い》み」という言葉がある。ある種の人・物・場所・時・行為等々禁じられることがあり、侵すと、「ばち」があたったり、病気になったりする。また、処罰を喰《くら》うこともある。

未開人を調べていくと、まず、ヘビやワニや、特定の動物・植物からはじまって、やがて、その禁忌《きんき》の感情は、人そのものに向けられていく。たとえば酋長《しゅうちょう》である。そして、力強い酋長の死後、それをほめたたえるために像を刻んだり、その身体の一部――髪の毛などを祀《まつ》り、子孫の団結心を高めたりする。

この傾向は、種族が増え、集団が大きくなればなるほど、共通の祖先崇拝《すうはい》という形をとり、やがて、具体的な祖先は「神」にたかめられていく。そして、集団の秩序を維持していくための精神的支柱をそこに求め、多くのタブーや、規律の根拠をそこに求め、正当化する。(2) 集団が国家に成長すれば、それらの自然発生的なルールが、「法」として、自発的に受け入れられ、あるいは、力によって強制される。集団の首長――酋長であれ、王であれ――は強制力を独占し、集団の秩序を維持するようになる。他種族との争闘をくり返していくうちに、こうした権力の集中はますます必要になり確立されていく。

三　そして、その力の源泉には神がすえられ、それが、人々の自発的遵法《じゅんぽう》の動機づけをすると同時に、他律的に強制できる正当性の根拠ともなり得たのである。

聖書に有名なモーゼの十戒《じっかい》がある。「汝《なんじ》、殺すなかれ、汝、盗むなかれ、等々」近代人にも通用する掟《おきて》の数々を、モーゼは、既に、ヘブライ人の中で長い間行われてきた生活のルールに、ある程度の修正改良を加えてその律法を作ったと解されている。しかし、この律法が人々に与えられるときには、神から授かったものとして、尊重される必要があり、聖書によると、神は、シナイ山に火とともに降《お》り、全山煙《けむ》り、かつ激しく震動した。モーゼが語りかけると神は雷鳴をもって答えた。人々はおそれ、「あなたがわれわれに話して下されば十分です。われわれは死にそうです。どうか神が直接われわれに語りかけないようにして下さい」。そこでモーゼは民に答えて言った。「おそれることはない。神がお降りになったのは、おまえたちを試《こころ》みるためであり、おまえたちの敬神の念を新たにし、罪を犯させないためなのだ」。民は依然として遠くに立っていたが、モーゼは神のいる黒雲の中に近づいていった。そして、そのとき、神は十戒を授けたという。(3)

また、二〇世紀初頭、イランの旧都スサで古代語がいっぱい刻みこまれた暗緑色の石柱が発見された。解読の結果、それは、紀元前二、〇〇〇年も前の法典で、ハンムラビという王様によって集大成された二百数十か条に及ぶ貴重な古代史研究資料だということがわかった。そして、その石柱の上部にも、太陽神の前にひざまずいているハンムラビ王の浮彫《うきぼり》が見られたのである。(4)

四　このように、人類はそのはじめ権威をまず神に求めた。王権は、神に授けられるものであり、民は絶対の服従を強《し》いられる存在に過ぎなかった。

しかし、一七世紀に始まったとされる産業革命は、神よりも人、とくに人の「自由」を重視するようになった。人は天然自然の中においては自由であり、かつ平等であった。政治権力を正しく理解し、またその起源をたずねるには、まず、この自然状態の自由平等から出発しなければならないとしたのはイギリスの思想家ジョン・ロックであった。ロックは、property（生命、自由、所有物）を保全するために、「個」が、その「自然の権力」を放棄して、第一次的には、地方ステイツを、そして、第二次的には国家を誕生せしめたとしている。この考え方を地上に実現して見せたのがアメリカ合衆国であり、日本国憲法は、そのアメリカ人の手によって敗戦日本に与えられた。これによると、刑罰は主権者国民に信託された国家によって行使されるという理論構成になる(5)。

五　今日われわれの社会を維持する法律は国会で定立されている。「日本国民は、正当に選挙された国会における代表者を通じて行動する（憲法前文）」誰も神から授かったものとは思わない。しかし、何故、われわれはこれを守らなければならないか。悪法も法である、とは、何を根拠にして言われるのであろうか。そういう問題は、現代人が、法の根拠に神を見なくなってから、一層難しい議論として残されている。そのルールはみんなの生活にとって必要なルールであり、それを守ることによって、共同生活が維持され、人々の幸福の基礎が築かれるのだ。しかも、法を創り法を守るということは、人々の生活の基本であり、国民が主権者になった現代の立法と司法には、国民の一人ひとりが関心を持つだけでなく、参加を促されるようになるのは当然である。選挙で、立法を仕事とする国会議員を選ぶことと、裁判で裁判員になって審理に参加すること、これが、主権者国民に求められる現代の法のあり方である。(6) 裁判員については後述する。

二　ルール違反と制裁

一　国家と刑罰権　二　近代国家の刑罰権

一　人間は共同生活を営み、共同生活のルールとして法律がある。この法律を破る者に対しては一定の制裁がある。

近代国家は、人間行為の中から、「殺す」「盗む」等、一定の社会生活にとって有害な行為を犯罪として定型化し、それにふさわしい刑罰とあわせて刑法等に規定している。(7)

国民は、刑法等を読むことにより、自分たちがいかなる犯罪から守られているかを知ることができる。また、いかなる行為をしなければ、みだりに逮捕されたり処罰されたりしないかを知ることもできる。刑罰法令は、国民に二重の安心感を与えているのである(8)。

また、国家は、国民に代わって犯罪者を処罰することにより、犯罪を一般に予防することができる。人々は、人の処罰されるのを見てわが行動を慎《つつし》み、また、一度処罰されれば、こりて二度と犯罪を犯すことを慎むようになる。被害者は、加害者の処罰によってその怒りを和《やわ》らげ、また、社会正義にのっとって犯罪を憤《いきどお》る人々もそれによって胸をなでおろすことができる。

こうしてみると、刑罰を科するということ、すなわち、国家がその刑罰権を実現するということには、国民からみてプラスの効果を多くみることができるのであるが、一方、過ぎてはいけない、ということが常に叫ばれている。それは、刑罰は犯罪人とはいえ国民の一人の身体・自由・名誉・財産を剥奪《はくだつ》することであり、過ぎればそれ自体が非難に価《あたい》するからである(9)。

近代国家の成立前は、犯罪を防止するためには犯罪の報《むく》いがどんなにこわいものかということを徹底して民衆に知らせることが必要であると考えられていた。そのためには刑罰は厳しければよく、また、刑の執行《しっこう》は見せしめのために公開の場で行われる必要があった。はりつけや、引回し、打首《うちくび》獄門《ごくもん》等、現代では見られない苛酷《かこく》な制裁がつい、一〇〇年ほど前まで存在していた。

二　近代国家は、国民主権の考え方のうえに立って、国家の刑罰権の行使は国民の信託によるものである。その目的とする犯罪の防止を実現すると同時に、犯罪人といえども国民である者に対する人権の尊重は十分これを考慮しなければならないと考え、そのような制度を打ち立てるようになった。

この立場に立てば刑罰は、常に必要最小限でなければならない。まず、法律で、刑罰を規定するときにその考えを貫《つらぬ》くばかりでなく、法律に規定された刑罰を実現するに際してもそのことは十分考慮されなければならない。未成年者はたばこをのんではいけないという法律がある。しかし、警察官は、見つけ次第、片っぱしから処罰の方向に持っていかない。それは、そういう思想的背景によるものである。

三　制裁（刑罰）実行の方法とその法律

一　制裁とその手続　二　刑事訴訟法

一　社会生活を営む人間にとって、代表的な制裁は刑罰であり、刑罰は国家がこれを執行する。ところで、その執行にあたっては、慎みがなければならない。刑罰そのものが近代社会の必要悪であり、必要最小限でなければならないものであるならば、執行の方法も相手方を尊重した慎みのあるものでなければならない。かりそめにも警察官が勝手に誰かを引っぱってきて処罰の対象にしてることが許されないのは当然である。

ここに犯罪らしい事実があったとする。まず真相を明らかにしなければならない。そして、それが犯罪であるかどうかを判断して、犯罪ならばそれを証明する証拠とともに検察庁に送り、検察庁は起訴するかどうかをきめる。起訴されれば審理のうえ判決が下される。犯罪者は判決に従って刑の執行を受ける。このように、捜査、公判、刑の執行と、一定の秩序に従って進行する刑罰実現のための手続を刑事手続という。そのうち、警察官が主として関係するのはその初期の段階、すなわち捜査手続である。

二　刑事手続の主要な部分は刑事訴訟法によって定められている。刑事訴訟法（昭和二三年法律一三一号）・憲法・刑事訴訟規則・裁判所法・検察庁法・警察法・刑事収容施設及び被収容者等の処遇に関する法律（以下「刑施法」と略称する。「監獄法」に代わるものである。第五章に詳述する。）等いろいろの名称の法律があるが、いずれも一体となって国家の刑罰権の実現をはかる。

それらの全体を刑事訴訟法というのである。[10]

その中に、刑事訴訟法という名の法律が含まれている。普通に刑事訴訟法というときは、これを指して言っている。しかし、改まって刑事訴訟法とは何かと聞かれたら以上のようにいろいろ関係する法律もあげて説明しなければならない。学者は刑事手続を規定する法大系の全体を「実質的意義における刑事訴訟法」と呼び、昭和二三年法律第一三一号の法律を形式的意義における刑事訴訟法という。

四　刑事訴訟法の基本思想

一　糺問《きゅうもん》主義　二　弾劾《だんがい》主義　三　判決前の白の推定　四　当事者の補強　五　捜査と弾劾主義

一　刑事訴訟法を貫く根本の考え方は、人権を尊重しつつ犯罪人に対して適切な制裁を科することである（一条）。

単に犯罪があったら捜査し、犯人を逮捕して処罰すればよいのではなく、その手続の全体を通じて、人権の尊重という一本の太い線が貫かれていなければならない⑾。

しかし、犯罪人の人権を尊重するのあまり、証拠不十分になって未解決の犯罪が増えてばかりいるのも困る。欲張《よくば》った言い方をするならば、人権を尊重しつつ犯罪は一〇〇パーセント解決してもらいたい、ということになる。もともと、犯罪人の逮捕・処罰ということと、その犯罪人の人権を尊重するということは矛盾した取扱いであることは間違いない。人に手錠をかけて、あなたの人権を守っていますと言っても、一ひねりか二ひねりしてみなければ納得がいかないであろう。死刑にするときのことを考えれば、その矛盾ははなはだ明瞭《めいりょう》である。刑事訴訟法は、この矛盾をどのように解決しているのであろうか。

まず、問題をわかりやすくするために、江戸時代のお白州《しらす》の裁判風景を思い起こしてみよう。裁判官すなわち、お奉行《ぶぎょう》様は高い縁《えん》の上に座っている。検察官にあたるものとしていわゆる役人が、被疑者の縄尻《なわじり》をとって控《ひか》えている。そして、被疑者——裁判中は別にこれを被告人と呼ぶが——はしばられて砂利《じゃり》の上に正座させられ首は神妙《しんみょう》にたれていなければならない。明治になると、近代的な裁判制度を輸入してお白州裁判はやめることになったが、裁判官と検察官が一段高い所にいて、被告人を見下し、公判廷でもお取調べになるという本質は変りがなかった。このスタイルを糺問《きゅうもん》主義といい、この制度にも理由がないわけではなかった。すなわち、犯罪を野放《のばな》しにすることは、被害者はもとより、安全な生活を望む一般人にとっても耐《た》え難《がた》いことである。だからと言って、いちいち、昔の仇討《あだう》ちや助太刀《すけだち》のように、自力救済をはかるのではたまらない。

そこで、検察官とか、警察官とか、お上《かみ》の手をわずらわすことによって犯罪撲滅の目的を果そうとする。検察官や、警察官は、犯罪人を除く国民全部の信託を受けて捜査し、逮捕し、公判を請求する。そして、裁判官共々できるだけ能率的に手際よく事案の真相を明らかにし、被告人を有罪にする。被告人は重要な証拠を握っている者として、半強制的に裁判に協力することを要請されるのは当然であるとする。

二　これに対して、被告人の人権を尊重することが、もう一つの重大な目的でなければならないとするならば、右の糺問主義的な裁判のスタイルをどのように変えなければならないか。

ここで参考になるのは、英米で発達した裁判の方法である。日本は、戦後、アメリカからその基本原理を学んだ。それは、被告人と検察官は、対等平等であるという考え方である。もともと英米の裁判は決闘にその起源をもっている。

決闘というのは、相対立する二人が刀で切り合う。又はピストルで撃ち合う。勝った方に正義の女神は微笑《ほほえ》むというものである。これを近代的に武器なしで公判廷でやり合うとしたら、それは、言論と証拠の出し合いによる闘いである。対等平等の者が、同じ条件のもとで闘うことである。

そして裁判官は、相撲《すもう》の行司《ぎょうじ》のように、冷静に客観的に、どちらにも片寄らない姿勢で両者の言い分を聞くことになる。ここに主権者国民から選ばれる裁判員が入る。つまり、被告人は、問い質《ただ》される弱者の立場から、堂々と主張を争う裁判の当事者の地位を得ることになる。これを「弾劾主《だんがい》義」といっている。日本の刑事訴訟法は、この弾劾主義をとり入れている。そこで訴訟は、検察官、被告人及び弁護人の組との対決を基調として進行する。この特徴を端的《たんてき》にとらえた言い方が当事者訴訟主義である。

三　たとい犯罪者であっても、確定判決を得るまでは白の推定を受ける。通常の一個の人格として尊重されなければならない。逮捕したり、刑事施設（かつての監獄）に拘禁《こうきん》したりするのは、彼が犯罪者の烙印《らくいん》を押されているからではなく、公判廷に確実に出頭させるためであり、また、証拠の隠滅《いんめつ》をはからせないためである。

そして一たん公判廷に出れば、被告人が暴力を振るったり逃亡したりしない限りその身体に対して拘束を加えることは許されない（二八七条一項）。また、すべての証人に対して審問《しんもん》する機会を十分に与えられ、また、公費で自己のために強制手続により証人を求めることもできる（憲法三七条二項）。受身ばかりでなく、自分の方からも取調べができるようにしたのである。

四　ところで、右のような被告人の地位の向上をいくら言ってみたところで、闘いの相手は検察官である。最高学府を出、司法試験をパスし、必要な訓練を一通り受けている検察官と、まず、一般的に法律知識において見劣りのする被告人とでは、勝負ははじめからわかっている。決闘には助太刀《すけだち》がいる。助っ人なしでは対等平等などとは、かけ声だけのことである。当事者訴訟といっても名ばかりである。

そこで、刑事訴訟法は、憲法の要請を踏《ふ》まえて弁護人制度を樹立している。まず、憲法第三七条第三項は、「刑事被告人は、いかなる場合にも、資格を有する弁護人を依頼することができる。」という。資格を有する弁護人とは、検察官と同じように、最高学府を出、司法試験にうかり、一定の研修を得た弁護士のことである。これならば、検察官と四ツに組む力を持っている。これを助っ人として、堂々の闘いを挑《いど》まんかな、である。だが、弁護士も職業である。依頼すれば金がかかる。お金のない被告人は弁護料を盗んでおけば良かった、ということになるのだろうか。再び憲法第三七条第三項を見ると前記の文言《もんごん》に続いて「被告人が自らこれを依頼することができないときは、国でこれを附する」と書いてある。弁護料を払えない人も救われる。これが、国選弁護人という制度である（三六条・三七条）。平成一八年からは、これが一定の罪の勾留被疑者にも拡大されることになった。費用は被告人に代わって国がこれを支払うことになっている。

さて、このように、助太刀のあることが制度上保証された以上、助っ人のいない所で裁判を進めることを許してはならない。軽いものならばよい。少なくも長期三年を超える懲役若しくは禁錮《きんこ》にあたる罪を審理するのに、折角の制度が活用されない法はない。刑事訴訟法は、その場合開廷してはいけないことになっている（二八九条）。

五　この弾劾主義の考え方は、公判廷ばかりでなく、その前の段階、すなわち捜査段階にも浸《しん》透《とう》してくる。警察官が被疑者を逮捕する。その段階から、弁護人の助けが入ってくるのである。のみならず、後で説明するように、被疑者と取調官を対等の地位におくことなど、被疑者の権利を強く要求しようという一部の主張にまで発展している。(12)

五　警察官と刑事訴訟法

国民が警察官に期待している仕事は各方面にわたっているが、中でも、犯罪捜査はその最も基本的なものである。

警察官の活動は、法令によって定められたルールによることとされている。捜査活動のルールは主として刑事訴訟法に規定されているが、それればかりではない、といってあれこれ見なければならないというのは不便に過ぎる。ところが、ここに便利なものがある。それが「犯罪捜査規範（昭和三二年七月一一日国家公安委員会規則二号《以下単に『規範』という。》）」である。これには、犯罪の捜査を行うにあたって守るべき心構え、捜査の方法・手続その他捜査に関して必要な基本的事項を網羅《もうら》してある。その規定のあるものは刑事訴訟法からもってきている。また、あるものは、警察官職務執行法から、検察庁法から、裁判所規則から、およそ、犯罪捜査に関する法令のうち、警察官の活動にとって必要だと考えられるものをみなもってきている。規範は昭和三二年国家公安委員会規則第二号として、警察官の手によって制定された。それはそれまで、捜査は検察官が主宰《しゅさい》するという考え方のもとに、検察庁で作られ、警察官に与えられていたのを改める、画期的《かっきてき》な、また、捜査機関としての独立と発展を願う悲願がこめられた規則である。警察官は、これを勉強することによって捜査に関する複雑多岐《たき》な諸法令を、統一的に理解することができるのである⒀。

ともあれ刑事訴訟法は、警察官の捜査活動を規制する基本的な法律である。とくに、強制にわたる捜査活動は、この法律で規定されているルールをはみ出してすることは絶対に許されない。その第一条に明記してあるように、「刑事事件につき、公共の福祉の維持と個人の基本的人権の保障とを全《まっと》うしつつ、事案の真相を明らかにし、刑罰法令を適正且つ迅速《じんそく》に適用実現すること」を目的としている。「事案の真相を明らかに」する、つまり、事件があったら、その真相を明らかにして、犯罪者にそれにふさわしい刑罰を科することにより、国民生活の安全を保障することが目的である。ただ、強制捜査にみられるごとく事案の真相を明らかにする過程において、国民の人権に重大な影響を与えざるを得ない。被疑者といえども国民の一人である以上、その人権を全く無視してよいということにはならない。そこで、「公共の福祉の維持」すなわち、犯罪者を適切に処罰するということと、「個人の基本的人権の保障」つまり、被疑者を法律で定められている一定のルールに従って取り扱うということ、の両方を「全うしつつ」捜査を遂行《すいこう》することが求められているのである。

捜査を迅速に適確に進めるという目的を強く意識し過ぎると、つい、無理な捜査、無理な取調べに走りたくなる。とうとう警察庁が、取調べの一部録音・録画の試行を行うところまできた。逆に人権、人権とそればかり頭におくならば、大体、こっそり人の身辺を捜査するところから始まって、逮捕などはこわくてできないという心境にならざるを得ない。その両方ともが極端に過ぎるのである。正しい道はその中間にある。

警察官は、あくまでも、捜査を徹底して国民の期待にこたえなければならない。その一方人権じゅうりんのそしりを受けないよう細心の注意を払わなければならない。その困難な道筋を照らしてくれるのが、法令の知識であり、どこまでできて、どこまでできないか、そういう捜査活動の各段階に応じて方法限界をはっきりしておく、ということは、これからの警察官にとって、とくに必要な常識事項であり、それを知らない警察官は、警察官ではないと言っても決して過言ではないのである。

(1) 「原始未開の生活を送った時代の文化人類、及び、現に送りつつある民族は、原始民族又は自然民族として、歴史の世界にある文化民族に対立せしめられる……中略……自然民族にあっても、各個人が離ればなれに孤立した生活を送るということなく、そこには一種の社会生活がある。随《したが》って、そこには既に斯《か》かる社会生活の諸秩序が存する。……中略……けれども自然民族の法律思想は、意識的反省的に形成された思想ではなくて、人の本能的な思想である。……中略……本能的なるが故に、最も原本的なものである。」（船田享二「法律思想史」一二～一四頁）

(2)　この種の操作は、近代国家の成立の時期をとってみても存在していることがわかる。明治政府が国民の中に国民意識、民族意識を振興というよりは、創成に近い努力をはらって定着させていったその過程においては、天皇に神格を与え、国民統合の中心にすえる努力が目立っている。この過程を記述する明治史の書物はあり過ぎるくらいであるが、気楽に読めるものとして、松本清張の「象徴の設計」（文芸春秋社）をあげておこう。これは、西南戦争が終わったころの近衛《このえ》軍隊の騒擾《そうじょう》未遂事件を深く憂えた山県有朋《やまがたありとも》が、どうしてこのやくざな軍隊に精神的支柱を与えるかに苦心する過程を小説化したものである。もっと学問的に正確な知識を得たい者は、岡義武「近代日本の形成」の一読を勧める。

(3)　旧約聖書「出エジプト記第二十章」

(4)　船田「前掲書」三一頁　世界でもっとも古い文明は、中国とメソポタミアにまず発祥したとされる。メソポタミア地方で人類最初の文化を形成したシュメル人は、およそ西暦紀元前三、〇〇〇年ころから歴史の世界に登場してきている。ハンムラビ王朝は、シュメルの勢力を追ってこの地方に栄えたセム族のバビロン人の王朝であり、西暦紀元前二〇四九年から約三〇〇年間にわたって栄えた。そのハンムラビ法典は、既にある法規を総合抜萃《ばっすい》して編成することを目的として作られたものだとされ、必ずしも整然と批判的に作られたものではない。しかも、その故に単にハンムラビ王の時代の法には止《とど》まらず、広くそれ以前の法をも知らしめる資料をなしている。また、その法典の後世に与えた影響を見ると、極めて大きいものがあったことが、バビロニアおよびアッシリアで作られた写本等から知られ、ハンムラビ王より約一、四〇〇年も後に、その写本が作られたりして、その寿命の長さは、ローマのユスチニアヌス法典に比べられるという。

(5) ジョン・ロック（一六三二年～一七〇四年）の代表的著作に「市民政府論・鵜飼信成訳（岩波文庫）」がある。この本は近代的政治原理を考える上に大きな影響を与えた。

(6) これらの問題を考えるのは、法学概論ないしは法哲学の領域である。そして、現代の制度としては、立法府を国権の最高機関として、立法をここに専属させ、これを構成する国会議員は、主権者国民の選挙に拠ることとされている。平成になってからはさらに、裁判司法をも専門家に独占させることをやめ、主権者国民の参加する裁判員制度が始まった。秩序は、ルールがきまったら、何が何でもこれを守るというところから出発する。いいルール、悪いルールの批判は自由であるが、それを守るということはもっとも基本的なことである。守りながら批判するというのが、ソクラテス以来の人類の鉄則である。

(7) 刑法には、誰もが昔からいけないと感じてきた犯罪行為が規定されている。これを犯罪と考えるのは、何人にとっても自然である。ナチュラルであるということから、これを「自然犯」と呼び、人間が後から頭で考えた末、罰則が必要だとして作ったものを「法定犯」と呼んで区別されている。殺すな、盗むな、傷つけるなというようなものが自然犯であり、それぞれ、殺人罪・窃盗罪・傷害罪、という規定が刑法におかれている。これに対して、税金をごまかしたとか、無許可でタクシーを開業しようとしたとかいう場合も、何らかの罰則がなければ正直者が馬鹿を見るであろう。これらは、社会が複雑になるにつれて、必要だとされて作られる規則であり、これに反することが、直ちに、人間として決定的な欠陥をばくろすることになるわけではない。日本では車は左側通行をしているが、アメリカへ行けば右側通行である。日本で右側通行すれば危ないし、人の迷惑になる。だから左側を通行するので、それが、人倫の道であるからそうするのではない。このような規則違反を法定犯と言っているのであり、取扱いも、違えられているところが多い。なお、公害罪のあるもののように、はじめは法定犯であったものが、人命にかかわるということから、自然犯的性格をもつとされるに至ったものもある。また、姦通罪のように、自然犯だと思っていたものがいつのまにか犯罪ですらなくなるというように、その区別も実質的に見ると流動的であるということを知らなければならない。

(8)　このような効果を期待して刑罰をあらかじめ明定しておくことを「罪刑法定主義」という。刑法の基本原則の一つである、罪刑法定主義は、権力者が、その恣意《しい》で、人を捕まえたり処罰したりするのでは、安心して生活できない、というところから、王様の権力を法律の中に封じこめておこう、という動機で始められたものである。

(9)　刑罰が何のためにあるか、ということで学者の間で世界を二分するような論争がなされていた。それは、刑罰は報いである。犯罪者に対する応報であるという考え方と刑罰は、将来同種の犯罪が起きないようにその防止の手段として意味のあるものであるという考え方の争いである。国民感情からすれば、そのどちらにも理由がある。犯罪はけしからん。早く犯人をあげて厳罰に処してもらいたいというのは普通の感情であると同時に、犯罪を犯しそうな人々がこれを見て犯さないように自重してくれることを望むのも当然である。「そもそも刑罰は、人間が試行錯誤を重ねて生み出してきた歴史的な機構であって、これを、単純な理念で割り切って論ずること自体が誤っている。刑罰が犯罪防止の目的達成の一つの手段として存在することを否定するわけにはいかない。刑罰が、犯罪防止の効果達成の面での合目的性が要求されると同時に、それ自体害悪性を備えていることを認識するとき、それは道義的な正しさを持たねばならず、そのためには、犯罪に対抗する手段として必要悪の限度にとどめるべきであり、かつその最大限は、応報的正義の見地からできる限度と理解すべきである。すなわち、社会防衛の必要は、応報として是認できる枠内の苦痛を伴う措置の範囲では是認される。」（藤木英雄「刑法講義総論」一八・一九頁）

(10)　刑事訴訟法に属する主な法律には次のようなものがある。

(ア)憲法、(イ)裁判所法、(ウ)検察庁法、(エ)弁護士法、(オ)少年法、(カ)刑事訴訟費用等に関する法律、(キ)証人等の被害についての給付に関する法律、(ク)刑事確定訴訟記録法、(ケ)刑事補償法、(コ)国際捜査共助法等

(11) 凶悪犯罪であればあるほど、犯人はにくく、一日も早く捕え、処罰しなければならないということになり、ともすれば、目的優先の余り、被疑者の人権をそこなうという問題は、とくに、警察の逮捕権の運用という面から厳しい批判を浴びた。その批判が頂点に達したのは昭和二八年である。このころ、警察は、新しい刑事訴訟法を教養不十分のまま運用するという最悪の状態におかれていた。そして、警察から逮捕権を取れという声になり、現実にその法案が上程され、厳しい論議をまき起こした。そのころの事情については、「緊急逮捕の運用」金子仁洋（熊谷ほか「捜査法大系Ⅰ」）九三頁以下に説明がある。

(12) その主張は「捜査構造論」という名で発展させられた。もともと、同じ訴訟の一連の手続の中で、公判段階で貫かれている弾劾《だんがい》主義の考え方が、訴訟の前段階の手続である捜査手続に反映されないのはおかしい、というところから始まり、捜査段階の取調官と被疑者との関係を対等平等にしようとし、その論の極まるところ、取調べそのものをも否定するのが正しいとする所まで行っている。

(13) 金子仁洋「捜査規範の話」（立花書房）は、そういう観点のもとに平易な説明を展開している。

第二節　警察官の捜査責任と検察官との関係

一　警察官の捜査責任

一　世の中に泥棒や人殺しがいた場合に、これを一体誰が捜査するのか、と言えば、答は明白である。

警察官である。

警察法は、その第二条にこのことを明らかにした。

「警察は、個人の生命、身体及び財産の保護に任じ、犯罪の予防、鎮圧及び捜査、被疑者の逮捕、交通の取締その他公共の安全と秩序の維持に当ることをもってその責務とする」

「犯罪の」「捜査、被疑者の逮捕」は警察官の「責務」とされている。

「捜査」の特徴を一言で言い表すとしたら、それは、「合目的的である」ということであろう。犯罪らしいという認識がまず出発点となり、一定の活動を通していよいよ嫌疑《けんぎ》が深まっていく。更《さら》に徹底した活動により、ついには犯人に到達し、それが犯人であるという証拠を握るに至る。その活動の性質は、千変万化する対象に対して常に、密着・対応し、目的に対して徐々に近づいていくものである。

その活動の全域にわたって法規があるわけではない。そのようなことは不可能である。聞込《ききこみ》に行くのに、朝がよいか夜がよいか、というようなことでも、時と場合によっては重要な判断の一つになるが、それを法規に書いておけるものではない。捜査は元来法的規制になじまない性質をもっているのである。

警察法は、単に警察官が捜査権を持っている旨を規定し、警察官が捜査に関して、その目的に照らして合理的な範囲内で活動のできる根拠を提供しているのである(1)。

二　しかし、捜査活動の中には基本的人権に重大な影響を及ぼすものがある。単に抽象的に警察に捜査権限があることを規定しただけでその活動を野放しにするようなことは、法治国家として許されない。その具体的な捜査活動のうち、あるものは、法令により、あらかじめ規制しておく必要がある。そういう目的にかなうものとして警察官職務執行法その他の法令規則があり(2)、また「刑事訴訟法第二編第一章捜査」の諸規定がある。

警察官の捜査責任については、刑事訴訟法は第一八九条に規定している。すなわち「警察官は、それぞれ……中略……司法警察職員として職務を行う。2　司法警察職員は、犯罪があると思料するときは、犯人及び証拠を捜査するものとする。」。これは、捜査活動のうち、法的規制を要するものについても警察官が責任を負っていることを明らかにしたものである。(3)

三　警察官は、刑事訴訟法上は、「司法警察職員」であるとされている。「司法警察職員として職務を行う」とは、警察官が司法警察職員という資格で刑事訴訟法上の権限を行使し得るという意味であるとされている。(4)

司法警察職員には、司法警察員と司法巡査の区別がある（三九条三項）。そして、誰が司法警察員になり、誰が司法巡査になるかは、公安委員会が指定することとされている（一八九条一項）。そこで、国の警察官については国家公安委員会が、地方の警察官については都道府県公安委員会がそれぞれ指定についての規則を設《もう》けている。それによると、都道府県警察に勤務する警察官のうち、巡査部長以上の階級にある者は司法警察員に、巡査の階級にある者は司法巡査にそれぞれ指定されるが、巡査でも必要と能力に応じて司法警察員に指定されることがある。

指定する者は、警視庁では警視総監、道府県警察では道府県警察本部長である。では、どのような巡査が司法警察員という、原則として巡査部長以上の階級にある者と肩を並べることができるかというと、まず、①捜査専従員すなわち刑事の中で必要のある者。次に、②重要な駐在所又は遠隔《えんかく》地《ち》の駐在所に勤務する者のうち必要のある者。③その他とくに具体的に必要があると認められる者、である。もちろん、本人の能力が大きく物を言うことはもちろんである。司法警察員と司法巡査では、その刑事訴訟法上の権限にある程度の差が設けられているからである。(5)

刑事訴訟法に「司法警察職員」と書いてあるところは「警察官」に、「司法警察員」とあるところは「警察幹部又は特別に指定を受けた巡査」に、「司法巡査」とあるところは「巡査」に読み替えてみるとはっきりするであろう。そこで読み替えてみるまでもなく、はじめからそう規定すればよかったのではないかという疑問が起こる。それに対しては、警察官以外に犯罪捜査に従事する海上保安官のようなものもあり、それらとの区別を明確にするため、一般と特殊に分類し、前者を「司法警察職員」、後者を「特別司法警察職員」とするのが便利であることによると説明されている。(6)

ともあれ、警察官は、刑事訴訟法上、司法警察職員として、犯罪があると思料《しりょう》するときは犯人及び証拠を捜査するものとされている。警察官は、犯罪らしいものを見て見ぬふりをすることは許されない。それについて適確に捜査を遂行する責任を持っている。しかし、大小軽重にかかわらず、およそ犯罪らしいものでさえあれば、たとえば未成年者がたばこをのんでいたというくらいのことで、その未成年者にたばこを売った者がいるかどうか必ず捜査をせよ、というのでは警察力がいくらあっても足りない。刑事訴訟法もそこまで責任をかぶせてはいない。ただ「捜査をすることができる」（一九一条一項参照）と書いてあるのではなく、「捜査するものとする」とされているのであるから、全く自由にしたりしなかったりできるわけではない。ただ、ある程度警察官に合理的な裁量《さいりょう》の余地《よち》が与えられているものと解することができる。(7)

二　犯罪捜査をする警察官以外の者（一）
――特別司法警察職員

一　特別司法警察職員等

一　警察官以外にも犯罪捜査をする者がある。その第一は検察官及び検察事務官であり、第二は特別司法警察職員その他である。言うまでもなく第一のものが重要であり警察官との関係も最も深い。そこでこれらについては項を改めることとし、ここでは、特別司法警察職員との関係について簡単に触《ふ》れておきたい。

「特別司法警察職員」というのは、警察官ではないが、ある特殊な分野において、司法警察職員と同様の働きをする者である（一九〇条）。駐在所から遥《はる》かに遠い所で山林の盗伐《とうばつ》が行われるとする。また密猟《みつりょう》があるとすると野放しにしておくわけにはいかない。といって、駐在さんがいちいち山野をパトロールしてもいられない。洋上の犯罪も同様である。また、工場等で働く労働者のために、労働基準が定められているが、その違反を取り締まるのも大変である。もし警察に告訴・告発がなされるなど、警察官が事件を知れば捜査をすることもあるが、普段《ふだん》にそういう特殊な分野に眼を配ってはいられない。するとその分野を専門とする職員、たとえば森林管理局の職員や労働基準監督官に見回ってもらっておけば便利である。そういう要請のもとに戦後多過ぎるほど特別司法警察職員が作られた。実質的内容や性格に違いはないので、「特別司法警察職員等」の「等」で覚えておけばよい(8)。

知っておかなければならないことは、これらの者の管轄《かんかつ》事件で警察にも関係してくることがあるが、その場合の取扱いであろう。警察官が先に盗伐の訴を受けることがある。故郷に帰った船員から、洋上の事件を聞きこむこともある。その場合の警察官の取扱いは、自由である。ただ、自ら捜査することが適当と考えるならば、上司に報告してその指揮に従い、関係特別司法警察職員の協力を得て捜査を遂《と》げたらよい。

逆に特別司法警察職員に任せた方がよいと判断するときは、同様の手続でそのように取り運んだらよい。特別司法警察職員の方から協力を依頼された場合も同様である。それらのことは、犯罪捜査規範に詳しい（犯罪捜査規範二四条・四七条・五〇条・五一条・五二条・五三条・五四条）。

三　犯罪捜査をする警察官以外の者（二）——検察官・検察事務官

一　検察官の主な役割　二　資格と身分保障
三　起訴独占主義の例外と控制《こうせい》
四　権力の分散

一　犯罪捜査の主体として警察官の次に重要なものは検察官であり、その補助者である検察事務官である。

検察官は、刑事について公訴を提起し、裁判所に法の正当な適用を請求し、かつ、裁判の結果きめられた刑罰の執行を監督する（検察庁法四条）。また、必要と認めるときは、みずから犯罪を捜査することができる[9]（一九一条一項）。

検察官の職務のうち、最も重要なものは、その公訴官としての活動である[10]。国の立場から見ると、犯罪があればまずもって捜査をする。それは、第一次的に警察の任務である。警察は、捜査を遂げると書類及び証拠物、場合によっては身柄付で事件を検察官に送致する。検察官は検討のうえ、起訴・不起訴の決定を下す。この判断は検察官に任《まか》せられている（起訴独占主義）（二四七条）。

何人もある人を刑事に関して裁判にかけたいと思えば検察官に頼むほかはない。警察官は、その送致意見の中で、起訴相当かどうか意見を述べることはできるが、決定は全く、検察官の裁量に任せられている。これを「起訴独占主義」といい、扱いようによっては、独善主義に陥《おちい》る素地《そじ》を持っている。国民の側から見れば、処罰すべきものは確実に起訴してもらいたいし、また、犯罪ではあっても、常識からみてあまりにも気の毒だと思われるもの等、かえって裁判にかけない方がいいと思われるものは、起訴を差しひかえてもらいたい。そういう適正な執行が期待されるのが公訴官の姿である[11]。

二　そのため法は幾つかの保障措置を工夫《くふう》してある。

まず第一は、検察官に優秀な人材をとり、その良識ある仕事ぶりに期待しよう。更に身分保障をはかって、政治家等の横やりで仕事が曲げられないようにしようということである。検察官は、裁判官と同じように司法試験に合格し、一定の研修を受けた者の中から採用される。その身分は定年まで保障されている。特別なこと（検察庁法二二条・二三条・二四条・二五条に明記してある）がない限り、その意に反して、くびになったり、給料を減らされたりすることはない。

三　だが、それだけでは未だ適正を完全に期待することはできない。官僚独善、エリートの身勝手などという言葉は生きている。頭のいい、心の冷たいエリートに機械のように仕事をされたら息がつまる。その独善には、別にブレーキをかけておく必要がある。

そこで、法は、起訴独占主義・起訴便宜主義に例外ないし控制《こうせい》を設けて弊害《へいがい》を少なくしようと努力している。

その一は、裁判上の準起訴手続（二六二条以下）といって、公務員職権濫用罪などの人権じゅうりん事件について、弁護士が検事がわりになって起訴できるようにしむける制度であり(12)、その二は、検察審査会による検察官の不起訴処分の民衆的検討(13)、その三は、告訴・告発・請求に係る事件の結果を告訴人等に通知する制度（二六〇条・二六一条）。その四は、逆送決定のあった少年事件についての起訴強制の制度（少年法四五条五項）である。

四　しかし、最も重要なのは、権力分散の考え方である。犯罪捜査という人権にかかわる重大な公権力の行使を、一つの機関に、一元的・独占的に任せることの危険は、歴史の示すところである。

封建時代を思い起こしてみるといい。民衆を逮捕し、裁判し、処罰する権限は、一つの機関——領主様——に集中していた。日本中どの藩に行っても、殿様は、民衆の生殺与奪《せいさつよだつ》の権を握《にぎ》っていた。殺すも生かすも殿様のお心次第であった。

明治になり、西洋近代の考え方をとり入れてあらゆる国家の制度を作っていくに際して三権分立の思想が導入された。法を作る人、法によって裁く人、法によって治《おさ》める人を分離しその抑制均衡——バランス・オブ・パワー——によってどこかに過度に権力が集中することを妨《さまた》げようとする。(14)

同じ考え方は、あらゆる組織のあらゆる分野で活用されている。会計係が一人で金の出し入れ自由にできるようにしておけば、はじめはまじめでも、やがて誘惑には克《か》てなくなるおそれがある。一つの仕事を二人以上に分け、お互い同士がチェックするチャンスを構えておかなければならない。

近代国家は、仕事を幾つかの機関に分けることによってお互い同士のチェック機能をできるだけ有効に活用しようとする。たとえば、政治家と検察官との関係である。もし、検察官が、政治家より優勢であったら、検察官は、事件をぶち上げることによって内閣を倒すことも可能になる。検事総長の顔色をうかがう法務大臣などというおかしな関係ができ上がるおそれがある。逆に政治家が優勢であれば、たまさか汚職事件等が発覚しても、政治家の介入で捜査ができなくなるおそれもある。どうしたらよいか。結局、二つの力と力とを、どこかで調和させ、激突するエネルギーを部分的に抜く安全弁が装置されていなければならない。検察官の捜査権に対する、法務大臣の指揮権（検察庁法一四条）が、正に、その役割を果すものである。(15)

かつて、造船疑獄《ぎごく》事件が起きたとき、時の自民党幹事長佐藤栄作氏を逮捕するかどうかが問題になった。検察側は逮捕状を用意し、あわや、という瞬間、この指揮権が発動された。佐藤氏は逮捕を免《まぬが》れ、事件は終息した。当時、世評はこれを非難したが、政府を維持する立場からは、やむを得ない自衛手段とされたのである。

このように、汚職捜査の面から見ればそういうものはない方がよい。政治家の方から見れば政治資金のやりとりを、いちいち汚職呼ばわりされては仕事にならない。民主主義の原則――多様の要求に対して抑制均衡をはかり、調和のとれたものにすることが、結局民主的な社会を維持し、大多数の幸福につながるという考え方が、生きているのである。

さて、日常の捜査、という問題に立ち返ってみると、ここでも、国民に対する権力の行使、人の自由を侵害するという重大な内容が山積《さんせき》している。このように重要な仕事を、たった一つの機関、言いかえれば検事総長の好きなようにできるということには危険が伴っていることを感ずるであろ(16)

う。およそ、権力は、集中すれば腐敗《ふはい》するというのが歴史の示す教訓である。ここでこそ、近代の叡智《えいち》、分散の考え方が貫《つらぬ》かれていなければならない。警察と検察、この二機関による捜査の競合関係が、どれだけ深い意味を持っているか改めて認識する必要があるのである。

四　捜査における警察官と検察官との関係

一　捜査は、警察官が第一次的に責任を負《お》っている。しかし、検察官は、また、いつでも必要があれば捜査することができる。両者は完全に競合している。

しかし、両者の関係にはルールがある。力と力とのむき出しの闘争によっても結局は調和を得ることができないわけではないが、むだが多過ぎ、国民にとっては迷惑である。そこで、刑事訴訟法は、一定のルールを規定することにより、あらかじめ、戦線の整理をした(17)。

基本的には、まず対等平等の協力関係にあるとの宣言がある（一九二条）。ルールの解釈をめぐって、もし、争いがあったら、直《ただ》ちに立ち返るべき原則がこれである。

次に、役割による整理がある。捜査には二つの側面があり、それぞれがそれぞれの性格にぴったりしていなければならない。

たとえば殺人事件が起きたとする。

警察官が現場にかけつけ、現場保存をする。やがて、捜査員が到着して現場鑑識を実施する。綿《めん》密《みつ》な実況見分と、指紋等の証拠物件の採取が行われ、保管され、鑑定に回される。一方、別の捜査員は、八方に飛んで聞込等の捜査にあたる。容疑者が浮かんでくれば、これを逮捕し、勾留し、取調べ、証拠の再収集をする。

これらの活動は、事実的であり、多くの人的陣容《じんよう》と物的設備を必要とする。また、放っておいたり、遅れたりすれば、人心は動揺《どうよう》し、治安は乱れる。これに対処する機関として、警察に勝《まさ》るものはない。

捜査には、また、法律的な側面がある。

たとえば、現場から証拠物を採集する、という事実的な行為をみる。その証拠が何のためにあるか、というと、それが公判廷で活用され、有罪判決の基礎になるためである。そうだとすると、明確な内容もさることながら、法律的な批判に耐《た》え得《う》る形式を備えている必要がある。人を逮捕するにしても、法規で定められた手続を正確に履践《りせん》しなければならない。しかし、捜査における法律的な側面は、捜査の初期の段階よりも、後の段階で色濃くなっていることがわかるであろう。そして、どこからついても、耐え得る法律的構成をとって、公判に持ちこまれる。この後の段階になると、素養からみても、検察官にふさわしい仕事だ、と言わなければならない。もとより、事実的側面と法律的側面は、捜査の全過程を通じてからみ合っている。警察官は、事実的行為を得意とするも、手続についての明確な法律的知識を欠《か》くことはできない。そして、でき上がった一件記録は検察官の手に移され、ここで仕上げがなされて起訴・不起訴の裁断が下される。

以上が、警察官と検察官との関係の素描《そびょう》であるが、これが、法規のうえでは、どのように表現されているか、もう少しつっこんでみよう。

二　警察官の捜査権について規定する第一八九条第二項は「司法警察職員は、犯罪があると思料するときは、犯人及び証拠を捜査するものとする。」としている。一方検察官の捜査権を規定する第一九一条第一項は「検察官は、必要と認めるときは、自ら犯罪を捜査することができる。」とする。警察官は、犯罪があるという疑いを持ったら、合理的な理由がない限り捜査をすることが義務づけられている。しかし、検察官は、単に必要と認めるときに捜査をすることができる、というにとどまり、本来的に、どうしてもしなければならないというわけではない。

多くの犯罪について、警察捜査が万全であり、何人も疑うことのできない程度に証拠固めができておれば、検察官は、世間の耳目《じもく》をゆり動かすような、重大な汚職事件等にみずからのエネルギーを投入することで、第一九一条の責を果すことができることになろう。

すなわち、相競合《あいきょうごう》する捜査の仕事で、本来的に責務を負っているのは警察官である。学者はそれで警察を第一次的な捜査機関であるとし、検察官を第二次的な補充的な捜査機関であるとする。まず、警察官が責任を果し、必要ある場合に検察官が干与する、両者の関係・秩序は、このようにして円満に、協力的に保たれていく。そして、そのようにして、捜査という人権に関係の深い権力的作用を二つの機関に分散し、近代の叡智ともいうべき制度の民主的運営を保障しているのである[18]。

三　しかし、この関係は、あくまでも相対的である。もし、警察に実力がなく、捜査を有効に進めることができず、また、人権じゅうりん事件を起こしているばかりであるならば、世論は検察官による、更には、裁判官による控制を期待するようになるであろう。そして、刑事訴訟法は、そのような極限状況における検察官の役割を別に規定している。その代表的なものは、検察官の司法警察職員に対する指示・指揮（一九三条）であり、言うことを聞かない場合の司法警察職員に対する懲《ちょう》戒《かい》・罷免《ひめん》の訴追《そつい》（一九四条）である[19]。

この制度が作られた終戦直後の状況は、今からでは想像できないほどの混乱があった[20]。その最中に、警察力を有効に統制する手段がほかにない、と判断され、検察官に一定の役割が担《にな》わされたのである。今は、警察力は、国家公安委員会——警察庁の下に整然たる統制を保っている。都道府県公安委員会があって、都道府県警察は民主的に有効に管理されている。刑事訴訟法の大転換を消化する努力も、おおむね良好な結果をもたらしている。警察・検察との協力関係は密接であり、現場では、命令とか、指示とは関係のない協力関係ですべてが円満に進められている。第一九四条の懲戒や罷免の訴追は、以来一度もなされたことがない。すなわち、警察に実力が備《そな》わり、一人ひとりの警察官が、警察組織の一員として関係法規を消化し、個人的なはみ出し、非行に走らないよう注意をしているならば、第一九三条や第一九四条は現実に機能することなく終わるものであり、また、そうしなければならないのである。

四　こういうことは、あり得ないことであるが、もし、ある捜査の途中において、検察官の指揮が恣意《しい》的になされることがあるとすると、その指揮と、警察の上司、——上は公安委員会から、下は直属の上司までの指示・指揮と矛盾《むじゅん》することがあるかもしれない。

そういう場合、現場の警察官はどうしたらよいか、というと、組織の原則によって、上司の指揮に従っておればよいのである。

検察官に良識があれば、各県本部の段階で警察本部長と検事正が話し合い、第一九二条の根本思想に立ち返って問題は円満に解決するはずである。

実務上は問題がない。しかし、理論上は、公安委員会よりも、検察官の指揮が優先するという者もあるので(21)、惑《まど》わされないように、刑事訴訟法誕生の初期の段階に発せられた次の説をあげておきたい。発言者は、現行刑事訴訟法を立案した検察官グループである。

「この都道府県公安委員会……中略……と検察官との関係をいかに定めるかという問題は、警察法立案当時からいろいろ論議されたところであるが、今回、新法第一九二条において、この両者の関係が協力関係と定められたのである。……中略……検察官は、新法第一九三条によって司法警察職員に対し捜査指示権及び指揮権を有するので、この検察官の指示又は指揮と公安委員会の運営管理とが矛盾する場合が考えられるが、この両者の関係につき法律上優劣《ゆうれつ》の規定がない。したがって、検察官及び公安委員会は、相互に緊密《きんみつ》な連絡を保ち、その指示又は指揮と運営管理とが矛盾することのないように協力する以外に手段はないのである。(22)」

（1）「警察官は警察法上捜査権（警察法二条）を有する。しかし警察法は組織法であるから、それは警察が抽象的に捜査を重要な任務の一つとすることを定めたものにすぎない。もちろんそれに基づき捜査の目的を達するために必要な処分をすることは明文はなくても認められているものと解すべきであろう。」（小野ほか「ポケット注釈全書(3)刑事訴訟法」三三五・三三六頁）

なお、「注解刑事訴訟法中巻：平場ほか編」によると「警察が犯罪の捜査をその責務の一つとすることは警察法

第二条第一項に定められているが、警察法は組織法であって（同法一条参照）、右の規定は警察という一つの組織体の抽象的な責務を定めたものであり、警察官の具体的な権限を定めた規定ではない。」（同書一〇頁）とする。団藤重光「条解刑事訴訟法（上）」三四三頁は、「犯罪の捜査が警察の実務のもっとも重要なものの一つであることは、既に警察法によって認められているところであるが（警察法二条一項）、本項は第一九一条との対比において、司法警察職員が本来的の捜査機関であることを明らかにするものである（宮下明義「新刑事訴訟法逐条解説Ⅱ」二三頁は、これを第一次的捜査責任を有する捜査機関と表現される。）」とする。この争いは、戦後警察の在り方を巡って、警察を独立機関にすることのちゅうちょから生じたものであるが、四十数年の実績から、もはや争いはなくなったと見てよい。刑事訴訟法学の代表系譜（東大の小野清一郎、団藤重光、平野竜一、松尾浩也の系列）に属する松尾浩也「刑事訴訟法上新版（平11）」二三頁にはこう書いてある。「捜査の第一次的な担当者は司法警察職員であり、司法警察職員の主力は警察官である。警察法第二条の定めるところによれば、警察の責務は、犯罪の捜査だけではなく、犯罪の予防も含み、また、犯罪と直接関係のない交通の取締りなどにも及んでいる。そこで、刑事訴訟法は、犯罪の捜査に関する警察活動について『司法警察』という観念があるのを利用し、刑事訴訟法上の機関として活動する場合の警察官を司法警察職員と名づけた。（一八九条一項）」

(2)　警察官職務執行法は、「主として行政目的を実現するための手段を定めたものである。警察は、警察法第二条の定めるところにより、『個人の生命、身体及び財産の保護に任じ、犯罪の予防、鎮圧及び捜査、被疑者の逮捕、交通の取締その他公共の安全と秩序の維持に当ることをもって責務とする』のであって、人命の保護、犯罪の予防等の行政目的と並んで、犯罪捜査という司法目的を実現すべき任務を負っている。このうち、司法目的実現のための警察の手段については、一般法として刑事訴訟法の定めがあるのに対し、本法は、主として、人命保護・犯罪予防等の行政目的実現のための警察上の手段に関する一般法として定められたものである。ここに『主として』といったのは、本法の中には、第二条の職務質問、第七条の武器使用のように、行政目的のためのみならず司法目的

のための手段としての役割を果すものもあるからである。」（宍戸基男「注解警察官職務執行法」一・二頁）

(3)　警察実務としての「捜査」は多岐にわたるものであり（注（1）参照）、捜査方法は刑事訴訟法に規定されているものにとどまらない。そこで、これを「実質的意義における捜査」とすると、刑事訴訟法第二編第一章に規定されている捜査は、これを「形式的意義における捜査」と呼ぶことができる。刑事訴訟法の教科書では職務質問を捜査ではないとしているものが多いが、それは、刑事訴訟法典にいわゆる捜査ではない、という意味に理解できる。たとえば団藤重光「新刑事訴訟法綱要七訂版」三三〇頁によると、「警察官等は、異常な挙動その他周囲の事情から合理的に判断して、なんらかの犯罪を犯したと疑うに足りる相当な理由のある者、又は犯罪について知っていると認められる者を停止させて質問することができる（警察法二条一項）。なお、犯罪を犯そうとしている疑いのある者や犯罪が行われようとしていることについて知っていると認められる者に対する質問の権限も規定されているが、これはむろん犯罪の捜査には属しない。」とする。前出平場ら「注解刑事訴訟法中巻」は、「警察官は、本条によって捜査機関としての職務を行いうることが明らかにされたものと解すべきであり、さきに本条が捜査権に関する基本的規定だといったのは、このような意味においてである。」（同書一〇頁）と解説するが、これも「捜査機関としての職務」を「刑事訴訟法に規定されている」という形容詞づきで読めば、わからないことはないが、その点記述がいかにもあいまいである。

警察官は、「警察法によって既に抽象的に犯罪捜査、勾留状の執行等の権限を与えられているが（警察法一条一項・二条一項）、この権限をいかなる場合に、いかなる条件のもとに行使することができるかは、刑事訴訟法が司法警察職員について定めているところであるので、警察官及び警察吏員にこの具体的権限を行使させるために、これらを司法警察職員として職務を行うべきものとする必要が存するのである（一八九条一項）。」（団藤編「法律実務講座刑事篇第三巻」一章四三一頁）。

警察庁編警察教科書「刑事訴訟法」の二五頁は、「警察官が捜査に従事するときは、警察官という身分のほかに別に司法警察職員という資格を持っていることが必要であるように考える人があるかもしれない。旧刑事訴訟法の下では正にそのとおりであった。当時は警察官の捜査権を認めた警察法はなくて、警察官が捜査活動をする権限の根拠は刑事訴訟法に規定されていた。しかし、その場合、どこまでも司法警察官（警部補以上の者、後に巡査部長が階級となってからは巡査部長以上の者）又は司法警察吏としての資格でその仕事に当たることになっていた。したがって、当時は警部だ警部補だといっても犯罪の捜査をする場合には、司法警察官の身分がなければならず、司法警察官という身分において活動するには、その指揮は検事から与えられることになっていた。ところが、今日では、警察法によって警察官こそは本来、犯罪の捜査に従事すべきものと認められ、警部・警部補などの資格だけで堂々とこの仕事をすることができることになった。」と説明している。これは、単に犯罪捜査に従事するという、警察官として根元的な活動の根拠は警察法にある、ということを強調したのであり、具体的な権限行使までも刑事訴訟法等の規定によらず、警察法だけで行使し得るということを述べているわけではないので注意を要する。新刑事訴訟法の制定の当時、旧法の影響があまりにも強く、旧法と同じように、犯罪捜査の権限については、刑事訴訟法にその根元的な根拠を見ようとする傾向があったので、警察官の独立捜査権を逆に強調する必要があってとくに警察法の根拠をクローズアップさせていたものと思われる。

桐山隆彦「警察官のための刑事訴訟法解説」六九頁も同趣旨である。

(4) 団藤重光「新刑事訴訟法綱要七訂版」一〇一頁は、「司法警察職員とは、司法警察員及び司法巡査をいう（三九条三項）。両者は訴訟法上の権限に強弱の差がある。これらは官名でも職名でもなく、刑事訴訟法上の資格である。」

同旨、高田卓爾「刑事訴訟法」三三六頁

(5) 刑事訴訟法上、司法警察員に認められて司法巡査には認められていない権限の主たるものを挙げると次のとおりである。

(1)　令状を請求すること。

第一九九条（通常逮捕）・第二一八条第三項（捜索・差押・検証）・第二二四条第一項（鑑定留置）・第二二五条第二項（鑑定処分）。ただし、通常逮捕状の請求は、司法警察員の中でも警部以上の階級にある者に限られている。

(2)　逮捕された被疑者に犯罪事実の要旨等を告げ、弁解の機会を与え、かつ、これを釈放し又は身柄つきで送致すること（二〇三条（通常逮捕の場合）・二一一条（緊急逮捕の場合）・二一六条（現行犯逮捕の場合））。

(3)　告訴・告発及び自首を受理すること（二四一条（告訴・告発）・二四五条（自首））。

(4)　事件を送致すること（二四六条）。

(5)　押収物を処分すること（二二二条一項ただし書）。

(6)　団藤編「刑事法講座第五巻」横井大三・検察官と司法警察職員・九七七頁は、「もっとも、司法警察職員とせず、警察官及び警察吏員として刑事訴訟法上の権限を行使せしめることも、立法上不可能ではない。しかし、刑事訴訟法上の捜査権を行使し得る者には、別に、その内容の多岐に亙る特殊司法警察職員たるべき者がある。これらを一律に取り扱う便宜から、司法警察職員という名称を用いたのである。」

(7)　小野ほか「ポケット註釈全書(3)改訂刑事訴訟法」三三七頁は、「捜査をしなければならないという意味でも、捜査するかどうか自由であるという意味でもない。捜査をする建前であるという意味である。したがって捜査をしないことも特別の事情があれば許される。」。同旨、団藤重光「条解刑事訴訟法（上）」三四三頁「司法警察職員は、すべての犯罪を捜査する権限と義務とを有する。しかし、実際の捜査能力に限度がある以上、きわめて軽微な犯罪をもつねに捜査しなければならないわけではなく、ある程度に裁量の余地が残されていると解しなければならない。「捜査するものとする」とは、「捜査しなければならない」という表現とのあいだに微妙な差異を認めるべきで、この趣旨を含蓄するであろう（宮下、二六頁）」。

(8) 特別司法警察職員等は、第一九〇条に基づき、別に法律で定められているが、現在のところ次のものがある。

(1) 司法警察職員等指定応急措置法（昭和二三年法律二三四号）、及び司法警察官吏及司法警察官吏ノ職務ヲ行フヘキ者ノ指定等ニ関スル件（大正一二年勅令五二八号）によるもの

(ア) 刑務所長（支所長）、拘置所長（支所長）、少年刑務所長、法務事務官（原則として副看守長以上）――司法警察員――刑務所（支所）・少年刑務所・拘置所（支所）における犯罪

(イ) 森林管理局・森林管理署で勤務する農林水産事務官・農林水産技官でとくに指命された者――司法警察員――国有林野・部分林・公有林野等官行造林又はこれらの林野の産物に関する罪及びこれらの林野又は国営猟区における狩猟に関する罪

(ウ) 公有林野事務担当の北海道庁の事務吏員、技術吏員でとくに指命された者――司法警察員――北海道における公有林野、又はその林野の産物に関する罪及びその林野における狩猟に関する罪

(エ) 遠洋区域、近海区域又は沿海区域を航行する総トン数二〇トン以上の船舶の船長――司法警察員（船長）又は司法巡査（上記の船舶の甲板部・機関部・事務部の海員中職掌の上位にあるもの）――当該船舶内の犯罪

(2) 警察法第六九条によるもの

(オ) 皇宮護衛官（原則として皇宮巡査部長以上）――司法警察員又は司法巡査――天皇及び皇后、皇太子その他の皇族の生命、身体若しくは財産に対する罪、皇室用財産に対する罪又は皇居、御所その他皇室用財産である施設若しくは天皇及び皇后、皇太子その他の皇族の宿泊の用に供されている施設における犯罪

(3) 単行法によるもの

(カ) 鳥獣の保護又は狩猟の適正化に関する取締りの事務を担当する都道府県の職員でとくに指命された者（鳥獣の保護及

第二節　警察官の捜査責任と検察官との関係

び狩猟の適正化に関する法律七六条）――司法警察員――鳥獣の保護及び狩猟の適正化に関する法律又は同法に基づく命令の規定に違反する罪

(キ)　労働基準監督官（労働基準法一〇二条）――司法警察員――労働基準法一〇二条、労働安全衛生法九二条、じん肺法四三条、家内労働法三一条、炭鉱災害による一酸化炭素中毒症に関する特別措置法第一四条、最低賃金法三九条、賃金の支払の確保等に関する法律一一条に違反する罪

(ク)　船員労務官（船員法一〇八条）――司法警察員――船員法一〇八条、最低賃金法第四〇条、賃金の支払の確保等に関する法律第一六条及び第一一条の罪もしくは労働基準法《船員の労働関係について適用される部分に限る》又は船員法に基づいて発せられる命令に違反する罪

(ケ)　海上保安官（海上保安庁法三一条）――司法警察員《原則として一等海上保安士以上》又は司法巡査《二等海上保安士以下》海上保安官補――海上における犯罪

(コ)　麻薬取締官・麻薬取締員（麻薬及び向精神薬取締法五四条）――司法警察員――麻薬及び向精神薬取締法・大麻取締法・あへん法・覚せい剤取締法若しくは国際的な協力の下に規制薬物に係る不正行為を助長する行為等の防止を図るための麻薬及び向精神薬取締法等の特例等に関する法律に違反する罪、刑法第二編第一四章に定める罪又は麻薬、あへん若しくは覚せい剤の中毒により犯された罪

(サ)　鉱務監督官（鉱山保安法四九条）――司法警察員――鉱山保安法違反の罪

(シ)　漁業監督官・漁業監督吏員（漁業法七四条五項）――司法警察員――漁業に関する罪

(ス)　部内の秩序維持の職務に専従する自衛官（警務官――三等陸曹・三等海曹又は三等空曹以上）（自衛隊法九六条）――司法警察員又は司法巡査（部内の秩序維持の職務に専従する自衛官《警務官補――一等陸士・一等海士又は一等空士以下》）――一、自衛官並びに統合幕僚監部、陸上幕僚監部、海上幕僚監部、航空幕僚監部及び部隊等

に所属する自衛官以外の隊員並びに学生、訓練招集に応じている予備自衛官及び即応予備自衛官並びに教育訓練招集に応じている予備自衛官補（以下この号において「隊員」という。）の犯した犯罪又は職務に従事中の隊員に対する犯罪その他隊員の職務に関し隊員以外の者の犯した犯罪、二、自衛隊の使用する船舶・庁舎・営舎その他の施設内における犯罪、三、自衛隊の所有し、又は使用する施設又は物に対する犯罪

(4) 刑事訴訟法上の特別司法警察職員ではないがこれに準じて考えられるものとして次のものがある。

㈦ 国税庁監察官（財務省設置法二七条）――国税庁職員がしたその職務に関する犯罪、その職務を行う際に犯した犯罪、これらの犯罪の共犯、国税庁職員に対する贈賄の罪について捜査権を持つ。捜査にあたっては刑事訴訟法の規定が適用される。現行犯人を除く被疑者の逮捕・捜索・差押、検証及び検視並びに鑑定留置状の請求及び鑑定処分許可状の請求はできない。

団藤編「法律実務講座・刑事編第三巻」神谷尚男・捜査及び公訴機関四五三頁は、

「その存在理由の明らかに認められるものも少なくないのであるが、戦後の特別司法警察あるいはこれに準ずるものの設置は、無方針に過ぎたというべく、今日たしかに濫立《らんりつ》の弊なしとしない。早晩その整理・再編が行われなければならないと考える。それとともに特別司法警察職員たるべきものの資格、一般司法警察との権限の調整・連絡、捜査手続の統一等についても、司法警察制度全般の能率の向上の観点から適当な法制化が望まれるのである。」と、その濫立ぶりについて整理を提言している。

(9) 高田卓爾「刑事訴訟法」三三八頁は、「検察官は、必要と認めるときは、みずから犯罪を捜査することができる（一九一条、なお検察庁法六条一項）。かようにして、検察官はいわゆる公訴官であると同時に捜査機関でもある。」

団藤重光「条解刑事訴訟法上」三四七頁は、「検察官は、必要と認めるときは、みずから犯罪を捜査することができる。これは、右に述べた検察庁法第六条第一項を受けて刑事訴訟法における検察官の具体的な捜査権を明らか

にしたもので、換言すれば、検察官は抽象的権限として『いかなる犯罪についても捜査することができる』が（検察庁法六条一項）、訴訟法上その具体的な行使を検察官が『必要と認めるとき』に限定しているのである。」としている。

(10)　青柳文雄「五訂刑事訴訟法通論上巻」一三八頁は、「検察事務の中心は、実に刑事について公訴を行うことに存するといっても過言ではない。裁判所に法の正当な適用を請求するということも、広い意味では公訴を維持することに含まれるであろうし、裁判の執行の監督といっても、裁判所職員自身が執行するような裁判たとえば保釈保証金の没収、領置した証拠品の還付などは含まれないので、結局裁判所職員以外の者が執行する刑の執行等の場合に止まり、それもその裁判のあったことの確認を中心として執行するとしないとの自由裁量は持たないと解すべきであるからあまり重要な職務ともいえない。」とする。

(11)　このような考え方を「起訴便宜主義」といい、明治の末期以来行われてきたものである。検察官の恣意を防止することに重点をおくならば、起訴法定主義――一定の条件にかなえば、必ず起訴するという考え方、裁量の余地を与えない――の方がよいことになるが、千変万化する対象を取り扱う方法としては固すぎて不都合を生ずる。そこで①犯人の性格・年齢・境遇、②犯罪の軽重・情状、③犯罪後の情状により訴追を必要としないときは、公訴を提起しないことができるものとされるのである（二四八条）。

(12)　刑法第一九三条から第一九六条までの公務員職権濫用罪、俗に、人権じゅうりん事件について、検察官も同じ捜査仲間として警察官に同情し、警察官のした人権じゅうりん事件を起訴猶予にする場合がある、として、その場合、弁護士が中心になって裁判にかけ、人権じゅうりんがあったかなかったかはっきりさせるチャンスを持とうとする。それらの事件について告訴・告発をした者が、検察官のした不起訴処分に不服があるときは、問題の検察官の所属する検察庁の所在地を管轄する地方裁判所に、その事件を裁判所の審判に付することを請求することができる（二六二条一項）。この請求は、不起訴の通知を受けた日から七日以内に請求書を、不起訴処分をした検察官に差し出してする（同条二項）。この請求を受けた検察官は、再考して起訴するかしないかをきめ、しないときは、請求書を受け取った日から七日以内に意見書を添えて書類及び証拠物とともにこれを裁判所へ送付する。裁判所では合議体で審理し決定を下す。この場合に公訴官は普通の裁判のように検察官ではなく、指定された弁護士が行うこととされている。

別に「付審判請求手続」とも言われる。

(13) 検察審査会というのは、衆議院議員の選挙権者の中からそれぞれの地域ごとにくじで選ばれた任期六か月の一一人の検察審査員で組織され、検察官がした不起訴処分がそれでよかったかどうか審査する。審査は被害者等から申立があったときに行われる。その決議は、法律的に検察官を拘束するものではないが、間接的に検察官の判断に控制を加える。検察官はこれを参考にして起訴すべきものと考えるに至れば起訴の手続をとることになる（検察審査会法）。「平成一六年法六二」により、平成二一年五月二七日までに施行を予定されている改正があった。これによると、検察官が、この審査会の不起訴不当の議決があったのに、なお、不起訴を堅持した場合、審査会は再度一一人中八人の多数で再議決し、裁判所が、弁護士を臨時検察官にする道を開くことにしている。

(14) 三権分立主義は、行政・司法・立法の三権を分離し、その抑制均衡によって国政を正しく行うようにしようとするものであり、モンテスキュー（一六八九年〜一七五五年）が唱え出してから、現実政治の重要原則として各国で採用された。この原則をもっとも強く表現している憲法は、アメリカ合衆国憲法である。

わが国では、明治維新の性格上、行政権が強く、立法・司法ともにその圧迫を受ける傾向にあった。しかし、日露の関係悪化が伝えられる明治中期、訪日中のロシア皇太子暗殺未遂事件に関し、時の大審院は、政府の要望を退けて法に基づき犯人を処罰し、日本の司法権独立の輝かしい一里塚を築いた。

(15) 検察官の行う事務を統括する官署に検察庁がある。検察庁は、一番上から最高検察庁・高等検察庁・地方検察庁・区検察庁の四種に分類され（検察庁法一条二項）、それぞれ最高裁判所・高等裁判所・地方裁判所・簡易裁判所に対応して置かれている。このうち、警察官にとって、もっとも身近なものは、地方検察庁である。地方検察庁はまた、家庭裁判所にも対応している。もし、裁判所が、県庁所在地より離れた所に支部を設ければ、検察庁もこれに対応して支部を設けることがある（同法二条）。

検察庁を所管するものは法務省であり、法務大臣は検察官を一般的に指揮監督する（同法一四条）。問題は、個々の事件の指揮である。もし、政治家たる法務大臣が、党の命令を受けて代議士に関する汚職事件を直接指揮するとなると問題である。しかし、法務大臣には検察官を指揮する何らの権限もないとすると、国民に対して、法務大臣としての責任を果せなくなる。そこで考えられたのが、この調和をはかるため、法務大臣が勝手に検察官をくびにできないようにする反面、法務大臣が、個々の事件についても、指揮できるようにする。しかし、いちいち現場の検察官を指揮されたのでは捜査に支障をきたすので、検事総長に対して指揮をする。そして、検事総長を通じて事件にある程度影響力を与えることができるようにする。そういう方法である。これが、有名な「指揮権発動」の指揮の仕方である。法務大臣と検事総長と、政治と司法の接点で火花の散るやりとりがあって、その調和を保とうとするのである。

(16)　検察官の仕事は、一人ひとりの検察官が独立の官庁として執行する。しかし、司法権の行使が全国的にまちまちであっては困るので、検察官は、独立の官庁でありながら、また、検事総長の下に、一糸乱れぬ統制に服することとされている（検察庁法七条〜一一条）。これを検察官同一体の原則といい、検事総長が最高権を保持している。

(17)　もともと、日本の捜査は、明治以来、検察官が本来的に責務を負うこととされていた。戦後はそれを改め、警察官が本来的な責務を負うこととなったが、昭和二二年からの占領下において、全国一、六〇五の弱小警察に細分化され、これを有効にコントロールする機関もないまま、新しい刑事訴訟法を消化し、未曽有《みぞう》の混乱に対処しなければならなかった。当然、この時の警察では、国民の期待に応えることができない。折角、警察に第一次的に捜査の責務を負わせて見たものの実が伴わない。時、あたかも、戦前、捜査の責任者として、自由自在に警察官を使うことを許されていたころの夢が醒《さ》めない検察官たちの考えは、期せずして昔に返そうということになった。まず、昭和二八年、次の案を立て、法制審議会第一一回刑事部会に諮問《しもん》した。「第一　検察官と司法警察職員との関係㈠一般的指示――法第一九三条第一項を『……この場合の一般的指示は、捜査を適正にし、公訴を実行するため、とくに必要な事項に関する準則を定めることによって行うものとする。』に改める。㈡違法又は不当の疑いある捜査を抑制するための検察官による具体的指示。捜査が違法又は不当であると疑うに足りる相当の理由があるときは、検察官は司法警察職員に対し、事件を指定して捜査に関する報告を求め、捜査の着手につき検察官の承認を要するものとし、又は既に着手した捜査の中止を指示することができるものとする。」すなわち、警察官は、捜査の責任者ではない。検察官の命令・指示によって動く履行補助者である、という考え方である。とくに、捜査の着手につき伺いをたてなければならない。枕言葉に「捜査が違法又は不当であると疑うに足りる相当の理由があるとき」とあるが、その判断は検察官である。何が違法かはやや明らかであるが何が不当の疑いがあるかは、あまりに漠然としていて大抵の捜査がひっかかりそうである。右の案には、更に、次の項目があった。すなわち、「第二　逮捕状の濫用防止に関する措置――司法警察職員は法第一九九条第二項により逮捕状を請求するについては、検察官の承認を受けなければならない。ただし検察官の指定した事件についてはこの限りではない。裁判官は、検察官の承認を受けていない逮捕状の請求に対しては、発付しないことができる。」これがもし実現すれば、さきの第一と相まって警察には捜査幹部はいらないことになる。ただ検察官の手足だけがあればよい。身分は警察官でも、その実は検察事務官である。かような案が、そのまま、通過するはずがない。果然、検察・警察を中軸として大論争がまき起こり、争いはついに国会の場で白熱した。そして、結果は、第二削除、第一は、一部修正されたものに次の附帯決議が付されて、現行法の第一九三条ができ上がった。「附帯決議――検察官の定める一般的指示を行う場合には、㈠検察と警察とがあらかじめ緊密に連絡し、相互に協力することを政府は建前とせられたい。㈡右の一般的指示により、種々の事件の捜査を直接指揮しないように留意されたい。」

警察と検察との関係を律する刑事訴訟法上のルールは、かくて、第一八九条・第一九一条・第一九二条・第一九三条・第一九四条の五か条に圧縮されて存在するわけである。

しかし、争いは、ここで終息したのではなかった。さすがに一般的指示については、附帯決議を無視するような動きはなかったが、具体的指揮権の解釈をめぐって未だ定見を得るに至っていない。ただ、捜査は毎日のことであり、法規の解釈はともあれ、捜査の実態は永年の努力と智慧を積み重ね、合目的的な定着をみている。法規の解釈は、逆にこの捜査の実態に合わせて、合理的になされなければならないのである。

(18)　平場安治ら「注解刑事訴訟法中巻」八頁は、「司法警察員は第一次捜査責任をもつ捜査機関とされるとともに、検察官は一歩退いたかたちで第二次的補充的責任をもつ捜査機関の地位におかれることとなった。これは、本条（一八九条）第二項及び第一九一条第一項の規定を比較対照することにより、読みとることができる。このように、検察官と司法警察職員との捜査機関としての地位が根本的に変革されたのは、警察法において既に警察官に独立の捜査権が認められているので、この点との調和をはかる必要があると同時に、憲法の基本原則の一つである民主主義のもとにおいて権力の分散という点について十分な配慮が必要であったからだとされている（野木・宮下・横井「新刑事訴訟法概説」一〇二・一〇三頁。なおその背後に当時の占領軍総司令部の強力な指導があったことは言うまでもない。）。」としている。

高田卓爾「刑事訴訟法」三三五頁・三三六頁は、「捜査機関は大きく分けて、司法警察系統と検察官系統との二つになる。旧法では検察事務官というものはなく、検事が捜査の主宰者であって、司法警察官吏はその指揮を受けて犯罪を捜査するとの建前をとっていた（旧二四六条・二四八条・二四九条）。現行法はこの点について大きな改革を試み、両者を原則として対等な地位に置いたうえ、司法警察職員をむしろ第一次的な捜査機関として機能せしめることとした。ここに両者の捜査権の競合を生ずることになったが、捜査はもともと公訴提起の準備としてなされるものであり、公訴権の行使にあたるのは検察官であるから、検察官と司法警察職員とが相互無関係であっては、到底捜査の円滑は期し難い。そこで、法律は両者の協力を求める（一九二条）ほか、後述のように一定の範囲内で検察官に主導権を認めている。」

(19) 第一九三条は、警察と検察との協力関係（一九二条）が円滑に機能していれば、ほとんど用をなさないものであるが、歴史的・沿革的理由により（注(1)参照）、現行法規の中に息づいているものであるその内容は三つに分類される。

(1)は、「検察官の一般的指示権」と称するものである。「検察官は、その管轄区域により、司法警察職員に対し、その捜査に関し、必要な一般的指示をすることができる。この場合における指示は、捜査を適正にし、その他公訴の遂行を全うするために必要な事項に関する一般的な準則を定めることによって行うものとする。」（一九三条一項）。この一般的指示権によって指示されているものは四つある。以下それぞれ平成一三年一月一日から、横書きに改正施行された。

ア　司法警察職員捜査書類基本書式例

逮捕状請求書・逮捕手続書・弁解録取書等の捜査書類の様式を定めているものであり、全国的に、警察・検察・裁判を通して同一のものが使われる必要があるからである。

イ　司法警察職員捜査書類簡易書式例

犯行が単純であり、証拠も明らかである。そういう性質を持った特定の事件に用いられる書式である。

ウ　道路交通法違反事件迅速処理のための共用書式（交通切符）

交通事件の捜査書類の特例を定めたもので、俗に交通切符と称せられているものである。

以上の三つは、捜査書類に関するものであるがこのほかに、微罪処分処理に関する指示がある。各県別々に検事正から出されている。

エ　微罪処分処理に関する指示

たとえば、窃盗は窃盗でも、とった物がりんご一個とかキャラメル一箱では多くの書類を作って検察官に送致するだけの価値がない。そこで一定金額――地方によって五、〇〇〇円以下とか、三、〇〇〇円以下とかきまりがある――以下の窃盗罪や軽い暴行傷害のような罪を、微罪処分として、所定の送致をしなくてもよいようにきめてある。

以上の一般的指示は、いずれも、警察・検察の両者が国会の決議のとおり十分協議し、合意に達したうえで出されたものである。

(2)は、「検察官の一般的指揮権」と称するものである。「検察官は、その管轄区域により、司法警察職員に対し、捜査の協力を求めるため必要な一般的指揮をすることができる。」(一九三条二項)。この規定は、警察庁ができて全国的な捜査の調整をする(警察法五条)ようになってからは、大半の意義が失われた。たとえば、広地域にわたる選挙違反事件等を捜査する場合に、各警察本部の捜査方針が区々に分かれているようなときには検察官がこの規定によって一定方向に向かって捜査協力がなされるよう指揮することができるとされるのであるが、実際は、警察庁又は管区警察局が調整してしまうので、検察庁と、警察庁又は管区警察局との協力関係(一九二条)に解消されてしまう。また、特別司法警察員と競合して捜査をするような場合も、現実には警察との間に共助協定ができていたりして、あえて検察官の指揮をわずらわさなくても用が足りるようになっている。

(3)は、「検察官の補助命令権」と称するものである。「検察官は、自ら犯罪を捜査する場合において必要があるときは、司法警察職員を指揮して捜査の補助をさせることができる。」第一九三条の中で、この規定が、警察官にとっては身近の問題を孕《はら》んでいる。まず、この指揮は、個々の警察官に対してなされ、この指揮を受けた警察官は、完全に検察官の指揮下に入るのかどうか、という点である。次に、あらゆる事件についていつでも、検察官の好きなときになされるのか、また、およそ捜査の範疇《はんちゅう》に入ることであるならば、何でもさせることができるのか、ということである。文言上からみると、この規定は万能であり、はじめからであろうが途中からであろうが、およそ検察官がみずから捜査の手を下すと決意さえすれば、いつでも、好きなだけ警察官を使うことができるように読めるし、また、そのような説をなすものもいる。しかし、もし、それが許されるならば、警察官が第一次捜査機関として本来的に捜査の責務を負っているなどと言っても無意味である。そして、第一九二条の協力関係の規定は、およそ捜査に関してはあってもなくても同じことになってしまう。そこでこの規定は、その機能を、できるだけ限定的に解し、警察と検察とが同じ目的のもとに一致協力して事にあたるという基本原則のもとに、問題を解消していく努力が必要であるし、現に、実務の世界では、そのように進められていることを知らねばならない。

(20) 警察の逮捕権運用に対する批判は戦後しだいに高まりつつあったが、昭和二八年にその頂点に達した。このころ、警察は細分化され、不徹底な教養のまま新しい刑訴法を運用するという最悪の条件を清算する立場に立たされていた。

警察捜査に対する批判は高まりその違法・不当が指摘された。とくに在野法曹からは強い改善意見が提出された。すなわち、「日本ではまだ警察員が独立して捜査権を行使できるほど発達していない。司法警察員の捜査ことに逮捕状の濫発はしばしば耳にするところである。N県某署では某を放火犯容疑で逮捕留置したが、逮捕状を執行したのは翌日の午前九時四五分ころであり、一晩の留置は令状なしで行われた。S県では某を任意出頭させ、翌日逮捕状を執行した。しかも、横領罪の告訴状だけによって逮捕し、取調にあたっては告訴人を調室に入れ弁済を強要せしめている。このように、警察が商事に介入した例は、G県にもF県にもある。H県では一六歳と一四歳の少年を親にも知らせずいきなり教室から逮捕した。キャッチボールの球がえんどう畑に入って畑の持主が拾って帰さないので引っぱって尻もちをつかせたという罪による。その日は五月五日で、けがをしたという診断書は五月一八日付で出されている。O府ではかねてから署長派反署長派の反目があって、反署長派の刑事が署長を逮捕した。このような資料は数限りなく弁護士連合会で集めている。逮捕状の請求は警察単独でさせてはいけない。必ず検察官の同意を得るようにすべきである。それによって警察員の行き過ぎを是正することが望ましい」（昭和二八年七月一六日衆議院法務委員会参考人島田武夫氏の陳述から）。なお、熊谷ほか「捜査法大系Ⅰ」金子仁洋・緊急逮捕の運用（九一頁〜一〇三頁）を参照されたい。

(21)　伊藤栄樹・大堀誠一「やさしい刑事訴訟法」三八頁

(22)　野木新一・宮下明義・横井大三共著「新刑事訴訟法概説」一〇九・一一〇頁

第三節　刑事手続の進行過程

一　犯罪があると、国家は、これを捜査し、犯人を逮捕し、裁判にかけ、刑を執行する。一連の手続によって、国の刑罰権の実現をはかる。この手続を刑事手続と呼ぶことは既に述べた。刑事手続は、一定のルールに従い、公共の福祉の維持を経《けい》とし、人権の保障を緯《い》としつつ進行する。その進行の模様は、時代によって様変わりする。原動力は人権主体を尊重する民主主義の体制である。裁判は、お上の裁判から主権者国民の裁判に限りなく近づいていく。二〇世紀は、戦争の世紀だった。二一世紀は、生活の世紀である。基盤となる経済は、そこそこ行った。次は、余裕と文化を内包する安心・安全な生活の実現である。そういう時代の裁判を、ごく、大ざっぱにデッサンしてみると次のようになる。

二　まず、犯罪の発生から始まる。警察署になじみの深い、窃盗犯に例をとってみよう。

お巡りさん、やられました、と申告が入る。申告は、電話の場合もある。駆け込み訴えの場合もある。申告を受けたお巡りさんは、現場に駆けつけ、現場保存をする。必要でない者を現場に入れないようにする。さて、捜査係と鑑識係が現れ、何よりも現場検証を手がけ、刑事は八方に飛んで聞込を開始し、必要な参考人の確保にあたる。ここまでが初動捜査である。

採集された資料や、聞込の内容、前科者等の記録、刑事の経験とカン等、あらゆるものが駆使されてまず、被疑者の割出しが行われる。そして、Aが被疑者として疑うに足りる相当な理由があるとすると、その点を疎明する書類を作って裁判官に逮捕状を請求する。必要があれば、捜索差押許可状ないしは検証許可状・身体検査令状をも用意する。ここで、捜査は、第一回のクライマックスを迎えることとなる。新聞等に大きく報道されるのはこの段階である。

被疑者を逮捕すると、これを取調べ、一方取調べにあわせて証拠固めが進行する。一応の目安をつけて四八時間以内に検察官に送致する。送致を受けた検察官は、二四時間以内に、引き続き拘束を要する者については勾留の手続をとり、その外は、不起訴処分にして釈放するかというどちらかの判断をすることになっていたところへ、二〇〇四（平成一六）年の刑訴法改正（法六二号）で、軽罪の被疑者に有利な即決裁判手続というものが加えられ、判断の選択肢が三つに増えた。

この改正では、さらに、重罪の被疑者にも手をさしのべている。公判段階では、後に述べる裁判員制度の導入があり、被疑者段階でも、弁護人の助けを得られることにされた。弁護人について言えば、先頃までは私費ならつけられたが、貧困その他の事由によってできない者もいた。今度から、この後者には、国選弁護人が、つけられることになったのだ。ここで、重罪というのは、人殺し等の一定の重罪に当たる事件[1]をいう。この事件で勾留状を発せられた被疑者が請求すると、裁判官は、国選の弁護人をつけることになった（三七条の二以下）。もちろん、裁判官が職権で付する場合もある（三七条の四）。当然、警察官も、被疑者に教示する（規範一三〇条）などのことが加えられた。軽罪の方も即決裁判手続に付されるとなると、その同意の段階から弁護人については右と同じ扱いとなる（三五〇条の三）。

警察官は、勾留期間中にも捜査を継続する。捜査を遂げたら、書類及び証拠とともに、事件を検察官に送致する。検察官は、判断の上、処罰相当のものは、これを起訴する。起訴は、法律的に構成された被疑事実すなわち、訴因と、罪状が記載された起訴状を裁判所に提出することにより行われる。

三　公判の段階になると重罪と軽罪とで進め方が違うことになった。

軽罪の裁判は、争わないで服罪すると決めた被疑者の利益のために、即決裁判手続によって、短期間で結論を出す。その結論は、懲役や禁錮にする場合は執行猶予をつけることになっている（三五〇条の一四）。もちろん、それでも争いたい被疑者には、今までどおりの通常裁判が選択できる。

即決裁判手続は、事案が明白かつ軽微で証拠調べが速やかに終わると見込まれることや、その他の事情を考慮した検察官の申立てで行われる。被疑者と弁護人の同意が要る（三五〇条の二）。被疑者は、右の同意についてはもちろん、手続について、貧困でも国選弁護人の助けを求めることができる（三五〇条の三～六、九）。この手続を進めるについて、検察官は、新しい制度を理解させるために必要な事項を被疑者に説明し、通常の裁判も受けられることも告げなければならない（三五〇条の二）。

しかし、警察官は、この制度の教示などは行わない。捜査の手を抜くなどの誤解を避けるためだ。親切が仇になっては元も子もない。警察官は、一切、この制度にタッチしてはならない。この審判は迅速をモットーとし、決定がなされると、判決の言い渡しは、即日行われる。警察官は、捜査した被疑者が、こんな扱いを受けることがあるという知識だけを持っていればいい。

重罪の方は、先進民主主義国のように二〇〇九（平成二一）年五月二一日から、主権者国民が参加を始める。我が国の民主主義も、ようやくここまできて、傍観者だった国民が参加する段階を迎えた。被疑者の人権保障もより密になる。

重罪の裁判は、「裁判員の参加する刑事裁判に関する法律（平成一六年法六三号）。以下「裁判員法」という。」が、二〇〇九（平成二一）年五月二一日から施行され、原則として、裁判官三人と、選挙権者（主権者国民）の中から一部の例外を除き、無差別に選定された裁判員六人との合議体

（裁判員法二条二項）で行われることになった。裁判員制度の意義についてはすでに述べたが（二六頁とその注（6））、人殺し等の重罪事件（裁判員法二条一項）の裁判はがらりと変わる。[2]裁判官は、必要があると認めるときは、検察官と被告人側の意見を聴いて、決定で事件の争点及び証拠を整理するための公判前整理手続を開始させ（三一六条の二以下）、裁判員が参加する前に、専門家によって筋道を立てておくことにする。裁判員の関与する事件では、必ずこの制度を使うこととされる（裁判員法四九条）。

この制度の影響は警察官にも及んでくる。裁判員にもわかりやすい立証が可能となるよう、一層の配慮が求められ、とくに、自白の任意性を効果的にするため、取調べの一部を録画・録音するなどの、従来、考えもしなかったことが行われる時代になった。[3]

四　裁判は、司法試験という難関を突破した専門裁判官がするものとされてきた。そこへ、選挙権者の中から無差別に選定された裁判員と言う名のしろうとが加わる。しかも、このしろうとが、少し覚えたかと思うと、事件毎に交代してまた別のしろうと六人になる。にもかかわらず、裁判の中核にあって被告人の運命を決する事実の認定、法令の適用及び刑の量刑については裁判官と共に判断する権限を有する（裁判員法六条一項）。ふつうではすまない。

そこで、このしろうと判断を適正にする方策として導入されたのが、「公判前整理手続（三一六条の二以下）」である。言ってみれば、従来、専門家が公判廷でしていた証拠調べを、裁判員のいない公判の外へ持っていき、そこで、あらかた片付けておこうという趣旨である。ならば、裁判員と共にする公判の審理を、計画的かつ継続的に、迅速に、充実して進めるための準備を整えることにより、裁判員の困惑・混乱をより少なくすることができる。従ってこの作業は、第一回の公判期日前に終えなければならない（三一六条の二）。

ここで、今までは、被告側に手の内を見せないという作戦でしぼられていた証拠開示も大きくゆるむことになる。証拠開示のルールは修正され、開示する証拠が拡大された。被告側から見れば、裁判が、一層有利になったということであり、捜査側は、今まで以上に工夫と努力が要請されることになる。

公判が始まると、まず、起訴状の朗読がなされる。これから裁判が始まる。闘いの争点はこれであるぞ、と高らかにラッパを吹き鳴らすようなものである。いわば宣戦布告である。

裁判長は、この宣戦布告に耳をすました後、闘いのルールを示す。被告人に対し、終始沈黙し、又は個々の質問に対して陳述を拒むことができること。その他、裁判所の規則で被告人がその権利を保護されるに必要な事項も告げられる。何故、被告人だけに言って検察官に言わないか、というと、こちらの方は百も承知の玄人だからである。裁判長としては、しろうとの方にこわがるな、審判は公平である、お前にはこれこれの保護があるぞ、と言ってやるのである。

裁判長は、以上のことを告げたあと、被告人及び弁護人に対して、被告事件について陳述する機会を与えなければならない。以上を冒頭手続という。公判廷の争いは、かくて、本番を迎えることとなる。

事実の認定は証拠による。たとい、自白していても、ほかに証拠がなければ無罪である。警察官による証拠書類の作成も裁判員制度の影響を受けることになる。当然である。

証拠の提出は、まず検察官から行う。被告人及び弁護人は、この証拠にかみつくのである。かみついてこわしてしまえばよい。証人であれば、反対尋問の機会を与えられ、第三者の裁判官が、信用できない、と感ずる程度にやっつければよい。

動かぬのは物証である。これが、最高の決め手になる。しかし、かみつく場所がないわけではない。被告人の自室から盗品が出てきた、それはこれです、と誇らかに検察官が法廷に示すと、弁護人は、それは、後から、捜査官の手によって被告人の家に運ばれたものである。被告人の関知するところでない、として、その主張を裏づける証拠の提出をしたりする。捜査がしっかりしていれば、つまり、差押手続が公明正大であれば、そういう言いがかりをつけさせる余地はない。

ところが、この種の紛争が時々起こるのである。物証があったと喜ぶのは早い。その捜索・差押の過程を慎重に公正に進めなければならない。

ともあれ、証拠調が終わると検察官は、事実及び法律の適用について意見を述べる。被告人及び弁護人も意見を述べることができる。

裁判官は、公判廷で取調べた証拠に基づき、検察官が訴因としてあげた犯罪事実の証明が十分になされていると認めるときは、有罪の判決をする。この場合は、刑を免除する場合を除き、刑の言渡しを共にする。逆の場合は無罪の判決が言い渡される。

それから一定期間の間に、検察官側・被告側、どちらか不満のある側から上訴がなされれば、高等裁判所・最高裁判所と、最終結論が遅れることになるが、上訴して争う道が閉ざされると、判決は確定し、刑の執行の段階を迎える。以上が公判段階である。

裁判の執行は、検察官の執行指揮によって行われる。刑の執行段階である。

(1)　「人殺し等の一定の重罪に当たる事件」は、二〇〇六（平成一八）年一〇月二日以降二〇〇九（平成二一）年五月二〇日までの間、「死刑又は無期若しくは短期一年以上の懲役若しくは禁錮に当たる罪（三七条の二第一項）」であるが、二〇〇九（平成二一）年五月二一日からは、「短期一年以上」が、「長期三年を超える」に拡大される（平成二〇年政令一四〇号）。

(2)　裁判員による事件は、「死刑又は無期の懲役若しくは禁錮に当たる罪に係る事件（裁判員法二条一項一号）」と法定合議事件（裁判所法二六条二項二号）「故意の犯罪行為により被害者を死亡させた罪に係るもの（裁判員法二条二号）」である。殺人、傷害致死、危険運転致死、現住建造物等放火、強盗致死傷等がこれに当たる。

（3）　警察庁は、二〇〇八（平成二〇）年四月、警視庁及び大規模警察において、裁判員対象事件のうち、自白事件で、将来自白の任意性をめぐって争いになりそうな事件を選定して、取調べの一部を録画・録音する実験に入ることを公表した。

第二章　捜査の開始

第一節　捜査の端緒《たんしょ》と捜査の開始

一　端緒にはどんなものがあるか

一　原因がなければ結果はない。疑いがなければ捜査をしない。

警察官は、犯罪があると疑えば捜査を開始する。何故に疑うようになったか。その原因には、さまざまのものがある。街を警らしているときに、どろぼう、の声があった。追いかけられている男を民衆と一緒につかまえてみると、ハンドバッグのひったくりだった。この際、犯罪が行われたことは明白である。この男を連行し、取調べて検察庁へ送る。それらの一連の行動は、まさに犯罪の捜査であるが、捜査の原因は現行犯人の発見と逮捕である。

このように捜査を開始する原因となった事実を、われわれは「捜査の端緒《たんしょ》（慣用読みで「たんちょ」もある）」と呼んでいる。

甲家の息子のAが最近帰ってきてぶらぶらしている、というのを耳にした。それとなくさぐってみると、果して、店の物を使いこんで逃げてきていたのがわかった。

この場合、捜査の端緒は近所の風評《ふうひょう》である。どこそこに死体が上がった。調べてみると他殺体である。この場合の捜査の端緒は死体の発見である。

このように、捜査の端緒には、さまざまのものがある。警察官の目に触れるもの、耳に聞こえるもの、どこに端緒が転がっているかわからない。

その一部は法に規定されている。法はとくに、国民の権利義務に関係して一定の規律のもとにおかなければならないものを選んで、特別に規定しているのである。

その必要は、平成も十数年たつと、さらに増してきて、警察官と国民との関係について次々に新立法がなされるようになる。

戦後の一時期、警察官を国民生活の外側に切りはなし、「民事不介入の原則」などによってあまり立ち入らないようにする風潮《ふうちょう》があった。警察もその風潮にのり、私的自治を尊重し、主としてそのエネルギーを重要犯罪の捜査などに注ぐ体制を作ってきたのである。しかし、やがて国民の方から、もっと国民生活に密着する活動をして欲しいということになってきた。平成一二年に作られた「ストーカー行為等の規制等に関する法律（平成一二年法八一号）」はそういう風潮の変化によるものである。

警察官は、法定されているものに限らず、広く端緒把握の努力をしなければならないが、法定のものは、その規定された内容にもとることのないよう配慮を要するのである。

二　ここに、捜査の端緒の主なるものを整理してみると、次のようなものがある。

(一)　法に規定のあるもの

1　現行犯（刑事訴訟法に規定のあるもの）
2　告　訴（　〃　）
3　告　発（　〃　）
4　請　求（　〃　）
5　自　首（　〃　）
6　首　服（刑法に規定のあるもの）
7　変死体の検視（刑事訴訟法に規定のあるもの）

8　職務質問（警察官職務執行法に規定のあるもの）
9　申出（ストーカー行為等の規制等に関する法律による「つきまとい等に係る警告を求める旨の申出」）

㈡　その他のもの

1　被害届
2　投書等匿名《とくめい》の申告
3　新聞紙・出版物の記事、放送、インターネットを利用して提供される情報
4　風　説
5　捜査中、他の事件を発見認知する場合

右のうち、法に規定されているものは、それなりの理由があって、とくに規定されているのであるから、その規定の趣旨内容については明確な知識を持っていなければならない。

資料提供者の名誉や信用、とくに、被害者等に対する配慮は、警察官の心得として重要である（そのため平成一一年六月に規範の一部が改正された。九条から一一条を参照のこと）。

最近「知る権利」に惑《まど》わされて職務上知り得た秘密の厳守がゆるむ傾向にあるが、「知る権利」は、主権者国民が、国家、自治体、社会公共を支える観点から必要とされるものであり、決して個

人の生活の平穏《へいおん》やプライバシーに関わっていいというものではない。このことは、銘記《めいき》しておかなければならない。

二　法に規定のある端緒のあらまし

一　現行犯　二　告訴と告発の意味　三　告訴・告発の受理
四　親告罪の告訴　五　自首　六　検視　七　職務質問
八　申出

一　犯人が、警察官や、その他の人々に見つかる時期によってその取扱いが異なるのは当然のことである。今、目の前で人を殺そうとしている、とすれば、何はともあれこれを阻止《そし》し、次に犯人を逮捕するということになるし、店の物をかっぱらって、まさに逃げ出そうとしているのに気がついたら、「どろぼう」と叫んで追いかける。パトロール中のお巡りさんが、このかけっこを現認《げんにん》したら、直《ただ》ちに民衆と一緒になって犯人を追跡逮捕する。このように、犯行の最中、又は犯行直後に発覚したものを「現行犯」と言って令状なくして逮捕することが許されている。人を逮捕するということは、重大な人権侵害であるから、裁判官の令状を持たなければ、してはいけないことになっているが、例外として、現に燃えている犯罪、今、火を消す必要のある犯罪——と言っても放火のことではなくて、もろもろの犯罪の発生、鎮圧《ちんあつ》の状況を比喩《ひゆ》的に言っているのであるが——についていては、令状をもらってくる暇に勝負しなければならないので誰でもすぐに逮捕することが許されるのである。刑事訴訟法は、「現に罪を行い、又は現に罪を行い終った者を現行犯人とする(二一二条一項)。」と書いている。この内容については、「人に対する強制捜査」(第四章)の所で詳しく勉強する機会があるので、ここでは省略するが、警察官の捜査の端緒として、現行犯人はもっともありふれたものである。

二　いきなり現場があってそれにぶつかるのではなく、人の口・情報によって犯罪が発覚することがある。

公務員が職務を遂行中犯罪を発見することもある。

警察に犯罪を知らせる第一順位は、犯罪の被害者であることが多い。被害者が殺されてしまえば、近親からの訴えがある。近所その他の第三者からの急訴もあろう。

これらの場合に、これが端緒となって捜査が始まるのであるが、犯罪の中には、加害者と被害者との関係が複雑で、必ずしも被害者が処罰を望まないものがあり、警察としても、何が何でも捜査し、処罰を求めるのがいいのかどうか疑問になるものがある。たとえば強姦《ごうかん》罪である。関係が微妙で一概《いちがい》に処罰相当と結論を下すわけにはいかない。法が、被害者等から処罰を求めてきたとき、はじめて処罰を考える罪を幾つかきめているのは、そのためである。

さて、法は、犯罪のあったことを告げ、その処罰を求める者が誰であるかによって、同じ申告行為でも呼び方を別にしている。

たとえば、被害者のするのを「告訴」と言っている。被害者に代わるべき者、たとえば子の被害に対する親、妻の被害に対する夫等も、被害者に準じて考えられるから、その申告を「告訴」と呼ぶ。告訴をできる者のグループを告訴権者といい、法定されている（二三〇条～二四四条）。

まず、犯罪により害を被った者、である。通常被害者といっている（二三〇条）。

次に、被害者の法定代理人である。法定代理人というのは、未成年者や、精神病者等で独立して売買等の法律行為のできない者のためにおかれる民法上の制度で、親権者（未成年者の父母）と後見人である（民法八一八条・八三九条～八四一条）。

第三に、被害者が死んでしまったときのもので、被害者の配偶者、直系の親族（本人の父母や子）又は兄弟姉妹である（二三一条二項）。

また、被害者の親族は、被害者に代わって告訴をしなければならない法定代理人が被疑者本人であったり、又は被疑者の配偶者や親戚だったりしてよく、その責務を果さない場合に、告訴人として、被害者を援けることができるようにされている（二三二条）。

更に、全然身寄りのない被害者の場合は、検察官が告訴権者を指定する制度もおかれている（二三四条）。

以上に掲げた者以外の第三者が、犯罪の申告をして処罰を求めることは、「告発」と呼ばれている。何人も、犯罪があると思料するときは告発をすることができる（二三九条一項）。とくに、公務員は、その職務を通じて犯罪を発見したときは、告発を義務づけられている（二三九条二項）。

三　第一線の警察官、とくに、地域巡査にとっては、以上のいずれも、実務上それほど縁の深いものではない。なぜなら、それらは、いずれも、申告の相手方として、「検察官又は司法警察員」がきめられているからである（二四一条）。

民主主義の世の中で、被害者等から、とくに処罰を求めてきているのであるから、その処理経過を明白にして、最終的には、告訴人・告発人又は請求人に起訴したかどうかを通知しなければならない（二六〇条）。そこで、事件を司法警察員の判断に移し、間違いのない処理がなされるよう、配慮されているのである。巡査は、告訴・告発を受けたときは、直ちに、これを司法警察員たる上司の処理にゆだねなければならない（犯罪捜査規範六三条。以下単に「規範」という。）。告訴・告発を口頭で受けた場合は、告訴調書等にして、後日の争いのないようにしなければならない。

四　通常の告訴の場合は、単に捜査の端緒となるに過ぎないからあまり問題はない。ところが同じ告訴でも、それがないと犯罪の起訴ができないという、重大な性質を持ったものがある。世に親告罪の告訴と言われるものである。

刑法をみると、「……の罪は、告訴がなければ公訴を提起することができない。」と規定されているものがある。たとえば強姦罪である。刑法第一八〇条にそのように書かれている。強姦か和姦《わかん》か微妙なところがある。そのうえ、被害婦人の名誉の問題がある。ごりごり捜査を進めて被疑者をあげればそれで済《す》む、というものではない。また、親族間のどろぼうがある。事を荒立ててがたがたするくらいなら、親戚だ、くれてやろうという場合もある。裁判にかけ、処罰をするかしないか、一ぺん当事者の意見を聞いてみてはどうか。

こういう配慮から、一定の罪については、告訴を訴訟の条件とし、これを欠いたら起訴してはいけない、とする。このように、告訴を訴訟の条件としている犯罪を親告罪というのである。

親告罪といえども、告訴前に捜査をしなければならない場合がある。告訴をするかしないか、被害者が考慮できる期間が六か月もある。性犯罪と拐取罪の一部については、その期間すら撤廃されるという改正が平成一二年になされている。もし、告訴がなされない間に何の捜査もしないでいて最終ぎりぎりで告訴があったりすると、証拠は散いつし、捜査がやりにくくなっているおそれがあるからである。もちろん被害者の名誉等、普通以上の注意が必要とされる（規範七〇条）。告発についても、同じような問題がある。通常の告発は、単なる捜査の端緒にしか過ぎないが、特定の犯罪については、それが訴訟条件にされている場合がある。この場合は、告発がなければ起訴することができない。

しかし、告発のある見込のもとに、捜査を先行させる必要のある場合もあり、捜査のできることは、告訴の場合と全く同じである。有名なロッキード事件に際して、議院の告発がなされる前に、関係者の逮捕が敢行《かんこう》されたのはその例である。

ところが、捜査は遂げられていた。告訴もなされたというのに、告訴の受け方が悪くて公判廷の争いになることがある。明白に犯罪事実を告げ、はっきり犯人の処罰を求める意思表示をした告訴状ないしは告訴調書を欠くことはできないのである。

告訴は取り消されることもある。既に起訴され裁判にかかっている。つまり、公《おおやけ》の手に移されている場合は別として、起訴前であるならば、一たんしてみたものの示談《じだん》になれば取り消すことも可能である。この場合の取扱いも、告訴のときと同様である。親告罪とそうでない場合の違いも同じである。

五　犯人自身が観念して出てくることがある。よく、「犯人が自首して出た」と報道される。事件解決は、犯人を捕まえることによって進展するが、法律上の「自首」には、そういう心がけのよい犯人の刑を減軽してやろうという趣旨がある。そこで、その処理経過は間違いのないものでなければならず、ここでも、その申告の正規の相手方は、「検察官又は司法警察員」でなければならない。自首調書の作成等、その取扱いは、告訴・告発と同様であるから、上司へのすみやかな報告を忘れないようにすることが大切である。

なお、右のような法律効果、すなわち、刑の減軽を受ける「自首」は、新聞などでいわれる一般の自首より、やや、内容が限定されているから、知っておくとよい。すなわち、法律上の自首は、犯罪事実も犯人も、いまだ捜査機関に発覚していないことを原則としている。犯罪事実は、たとえば、死体が転がっていた等、知られていたが、誰が殺したのか、一向《いっこう》目鼻がついていなかった、ということ、でも減軽の対象になる。これに反して、既にホシが割れて指名手配になっていた場合は対象にならない。

しかし、私は人を殺しました、と交番へ出頭された場合、一応そこで聞くことは聞いても、果してそれが、右にいう自首にあたるかどうか、判断しかねるのが普通であろう。

また、自分の署だけでなく、都（道府県）にも関係のないよその事件であることも多い。そういう場合でも、わがことのように取り扱い、管轄の所へ移していく配慮が必要である。

上司に報告してその指揮を仰《あお》ぐ、ということを忘れてはならない。

六　第一線勤務をしていると、多かれ、少なかれ、不自然な死体にぶつかることがある。水死人がある。路傍《ろぼう》で倒れ死んでいる者がある。見付けた人は、ちゅうちょなく、最寄りの交番へ駆けこんでくるであろう。

警察官は、それらの異常死体を処理しなければならない。

ところで、一口に、異常死体だ、不自然な死体だ、と言っても、幾つかの種類があり、それぞれ取り扱い方に違いがあるのだ。

たとえば、明らかに自動車にひかれたと思われる死体が道路に転《ころ》がっていた。発見した警察官又は急訴を受けた警察官は、所要の措置をとったうえ、現場に駆けつけ、現場保存・実況見分等の活動が始まる。

水死人を発見した。水の中でぶくぶくしている。一見水に溺《おぼ》れて死んだと見えるが、殺されてから水につけられたのか調べてみないとわからない。いずれにしても、警察官は、死体を発見し、又は死体がある旨の届出を受けたときは、すみやかにその死体の所在地を管轄する警察署長にその旨報告しなければならない（死体取扱規則三条）。

湾《わん》内を漂流《ひょうりゅう》していた死体を漁船が見つけて自分の港に運んできた。警察に届出があったので、どこにあった死体か、よくよく確かめると、隣の署の管内の海上であった。このとき隣へ持って行ってくれ、などと言ってはいけない。ほとけが漂流をやめて安住《あんじゅう》した地、つまり届け出られた警察に管轄があるのだ。

不自然死体のうち、犯罪がからんでいるのかどうかわからないものがある。それについては、検察官が検視の手続をとることとされている。したがって、警察は、そういう死体がある旨、署長から検察官に通知しなければならない（検視規則三条）。

検視とは、死亡が犯罪に起因するものであるかどうかを判断するために、五官の作用により死体の状況を調べる処分をいい、その死亡が、犯罪によるかどうか明らかでない死体――これを変死体又は変死の疑いのある死体という――について検察官が行うこととされている（二二九条一項）。遠隔地等で、検察官が間に合わない場合は、警察官が検視を代行することがある。しかし、その権限は、あくまでも検察官のものである。犯罪にかかわりがあるかどうか、微妙な所のある判断は、検察官に留保《りゅうほ》しておこう、という、警察不信の最中にできた規定である。しかし、警察力が充実し、死体専門の刑事調査官（検視官）が各地に置かれ、その資格も捜査経験一〇年以上、警大の法医専門研究科を出た警視の階級にある警察官ということで、一層の充実をはかられている（平成一二年警察庁丙捜一発三一号）。特殊な事例を除いて、警察官にウェイトをかける正常化は達成されている（二二九条二項）。

そういういきさつのある処分であるから、巡査にこれをする権限はない。巡査が、死体を発見し又は死体がある旨の届出を受けたときは、すみやかに署長にその旨を報告して、現場保存等、臨機の措置をとり、専務員の到着を待つこととされている。その間死体に対する礼を失してはならない（死体取扱規則五条）。

検視の後、その死体が犯罪によるものだと判明すれば、凶悪事件の捜査がそこから始まる。検視は、その意味において、捜査の端緒として重要なものである。

七　警察官は、不審者を見付けたら質問をすることができる。歩いている者を止めて質問をするのであるから、場合によっては人権じゅうりんのそしりを受ける。そこで、法律で権限を明らかにしておかなければならない。

警察官職務執行法（昭和二三年法律一三六号）は第二条に警察官の質問権を明定している。

警察官は、不自然な動作や言語・服装・所持品等から判断して、何らかの犯罪に関係がありそうだという者を停止させて質問をしてもよい。警察署や、交番・駐在所に同行を求めることもできる。

これが、有力な犯人逮捕のきっかけになることがある。これについては、別に警察官職務執行法の授業に譲《ゆず》り、ここでは、捜査の端緒として重要なものであることを指摘するにとどめる。

八　きれいな人だな、どんな所に住んでいるんだろう。そう思ってふと跡をつけてみたくなる、その程度ならまだしも、片思いの果てに相手が我慢のならないつきまといをするものがいる。平成一二年からそうした行為を「つきまとい等」と定義して加害者に警告や禁止命令を発することになった。いよいよ警察官も人の恋愛に関わることになる。法令や捜査規範を読んで、その心構えをあらためておく必要がある。

三　法に規定のない端緒のあらまし

一　被害届等　二　風説等

一　犯罪によって害を被《こうむ》った事実に関して、被害者等から届け出られて捜査を開始することが、最も普通の例である。告訴・告発も、大きく被害の申告の中に含まれるが、親告罪のように、厳格な取扱いを必要とするところから、法律で要件等がきめられている。単なる被害の申告は、それに反して、何の方式も要求されていない。書面でも口頭でもかまわない。それによって被害の存在を知り、捜査を開始することに意味があるのである。そして、受けた以上は、以後警察活動として、迅速《じんそく》的確な働きがなければならない。事件が他署管内であるからといって受付を渋《しぶ》るようなことがあってはならない。

また、届書を受け取ってもよし、口頭でもかまわないのであるが、内容を被害届に記載させるのが無難である。お巡りさん書いて下さい、と頼まれたら代書してもかまわない。しかし、その場合は、代書の理由を記載して署名押印しておくのがよい（規範五八条）。

これらは、後日、被害届が、法廷で証拠として用いられる場合に備えたものである。

届出人本人の記載した届書だけで足りない場合は、別に、参考人供述調書を作成するのであるが、上司に報告のうえ、その指示によるのが適切である。

届出が匿名の場合がある。贈収賄《ぞうしゅうわい》や脱税など、内部告発的な性質の事件は、これを端緒とすることが多い。直ちに上司に報告してその指示を仰ぐべきである。

匿名《とくめい》の申告について注意しなければならないのは、その秘密を他に漏《も》らさない、ということである。申告者の人権にかかわることがあるばかりでなく、広まることによって被疑者に用心させることがあってはならないからである。

二　人の噂《うわさ》に、耳をとめて、不審を感じて調べてみたら、意外な事件にぶつかることがある。規範は、新聞紙その他の出版物の記事、匿名の申告、風説その他広く社会の事象に注意するとともに、警ら・職務質問等の励行《れいこう》により、進んで捜査の端緒を得ることに努めなければならないとしている。

しかし、心そこにあらざれば見れども見えず、聞けども聞こえず、である。犯罪があるかないか、ピンと感ずるようになるためには、平素の心がけが大切だとされる。

それは、何が犯罪か、刑罰法規に関する知識を欠いたらわからない、と同様に、どのような犯罪が、管内で発生したことがあるのか、それは、どういう端緒であったのか、を知っている者と、知らない者との間では、あらかじめカンが違ってくるのは当然だし、また、管内での盗品（盗品その他財産に対する罪に当たる行為によって領得された物。以下、「盗品等」と略称する。）の動き、経路等に関するおよその知識、ぐ犯者のよく集まる場所や、前科者の動静など、普段から蓄《たくわ》えられている基礎的知識が、一つの風評に対するカンの鋭さを保証することを知らなければならない。

ローマは一日にしてならず、名警察官も平常の努力によって育ってくる。

第二節　捜査の着手

端緒があれば、捜査が始まる。

捜査の目的は、言うまでもなく、犯人及びそれが犯人だという証拠を明らかにすることである。あれが犯人らしい、という見込や、犯人だと思う、という、人の意見だけでは、捜査をしたことにならない。

たとえ、私がやりました、という人が現れても、確かに、その人がやったという、証拠が整わなくてはならない。

証拠には、物的証拠もあれば、人的証拠もある。ただ、被疑者の自白だけでは足りないのである。見方によれば、本人がした、と言っているのだから間違いはない。しかし、過去において、そのため、無理な自白を得ようとして、人権じゅうりんに陥る例があったので、何人も、自己に不利益な唯一の証拠が本人の自白である場合には、有罪とされ、又は刑罰を科せられない、こととされた（憲法三八条三項）。

世に「科学捜査」という言葉がある。

犯人の残した微細《びさい》な証拠でも、これを科学の力を借りることによって利用していこうとする捜査である。

名探偵シャーロック・ホームズは虫眼鏡を使用した。今は、電子顕微鏡《けんびきょう》や、ガスクロマトグラフィーのような分析《ぶんせき》機器まで動員されている。犯人の方から見ると、なるべく完全犯罪をなし遂げたい。指紋というものが発見されて万人不同である。現場にこれが残れば逃れる術《すべ》もない。となれば、犯行の際に手袋をするようになる。怪盗〇〇号と称せられる忍び込みの名人がいた。本人は、現場に何の証拠も残していない、と思った。ところが、ついにつきとめられ、逮捕されてから、何でわかったかを聞くと足跡だという。羽がない以上、足跡は残る。これを採取し、識別する知識の発達が、犯人の狡智《こうち》を追い抜いたのだ。その上最近では、ＤＮＡ（遺伝子細胞）の微妙な分析までできるようになり、ＤＮＡ型記録検索システム（ＤＮＡ型データベース）ができた。

このように、捜査活動が、一面、証拠を集める活動だということになると、もはや、はじめから、たとえば地域警察官の現場保存の活動から、細心の注意が必要とされることになる。

捜査の開始は、人間の持つ注意力の極限を働かせる活動のはじまりである。そして、それは、一人・二人の活動ではなく、警察組織という、人的陣容・物的設備をあげての活動のはじまりである。よくよく、上司の指揮を受け、間違いのないようにしなければならない。

また、事件には、緩急軽重《かんきゅうけいちょう》というものがある。いつ、どの部分から着手するかは、急訴事件で現場へ急行する場合を除いて、慎重・周到な判断に基づかなければならない。功をあせり、一人で立ち向かうなど、一見ほめられそうな行為が逆に批難を受けることがあるのはそのためであり、警察官たるもの、常に、チームワークを重視しなければならない。

第三節　告訴・告発

一　告訴・告発と監督者

告訴・告発は、その受理から、既に巡査の仕事ではない、とされている。

告訴又は告発は、書面又は口頭で司法警察員にすることとされている。第一線で、被害者等から、口頭で告訴があったとする。巡査から、直ちに、司法警察員たる監督者に報告があるであろう。

そして、それが単なる被害申告であっても、申告してきた国民にとっては大変なことである。また、人を陥れる目的で虚偽の告訴、告発やその他の申告をしてくるものもいる。これらは犯罪として処理しなければならない（刑法一七二条）。また、それが、親告罪であったとしたら、いいかげんに、よし、メモしておけ、という指示ではすまないであろう。

親告罪の告訴は、訴訟の条件である。それが有効に受理され、適切に処理されることがなかったとしたら、裁判ひいては処罰それ自体の成否に関係してくるのである。(1)

二　告訴を誰がしてきたか（告訴人）

一　Ａ交番のＢ巡査です。今被害申告に来ている人がいますが、どうしましょうか。と電話報告を受け、とりあえず、どのように指示するか。本署へ来てもらえ、というのも一つの態度であるが、民衆サービスの立場から、時と場合によっては、幹部がその交番へ出向くこともあるであろう。更に、親告罪でなければ、報告してきたその巡査に処理させ、後に報告させることも可能である。

このとき、監督者として、また、司法警察員として、まず考慮すべきものは、申告者が、申告してきた犯罪とどう関《かか》わっているか、その関わり方である。

第三者による告発で訴訟条件になるものは、国税犯則取締のように、しかるべき機関からなされるものに限られる。

交番へ駆けこんでくるようなもので、訴訟条件取扱いの配慮を要するものは、まず、親告罪とみて間違いはない。

ところで、親告罪は法定され、親告罪の告訴人も法定されている。それ以外の者からなされてもだめである。親告罪の告訴は、一の権利であり、その告訴人は告訴権者である。無権利者からの告訴は無効である。そして、告訴権者は、犯罪との関わり方できめられている。

まず、被害者から始まる。次いで近親、その他へと拡大されていく。

二　犯罪により害を被《こうむ》った者は、告訴をすることができる（二三〇条）。直接犯人にやられた本人のことである。心から愛している恋人が強姦された。将来結婚しようと思っていた男から見ると、これは耐えられないことである。おれも被害者だ、とわめきたくなるだろうが、だからといって彼に告訴をする権利はない。妻がやられても死にでもしないかぎり夫に権利はない。妻は夫の物ではない。独立の人格をもった本人である。もし、告訴をしたければ、本人からなされなければならない。では、いかなる犯罪の被害者が、問題の告訴権者になるかである。整理してみると次のようになる。

1　刑法に規定されているもの

(1)　信書開封罪（一三三条）

(2)　秘密漏示《ろうし》罪（一三四条）

(1)(2)は、第一三五条によって親告罪とされている。

(3)　強制わいせつ罪（一七六条）

(4)　強姦罪（一七七条）

(5)　準強制わいせつ及び準強姦罪（一七八条）

(6)　(3)(4)(5)の未遂罪（一七九条）

(3)〜(6)は、第一八〇条によって親告罪とされている。ただし、二人以上の者が、現場において共同して犯すと親告罪ではなくなる（一八〇条二項）。

(7)　過失傷害罪（二〇九条一項）

(7)は同条二項によって親告罪とされている。

(8)　未成年者略取及び誘拐罪（二二四条）

(9)　営利目的等略取及び誘拐罪（二二五条）

(10)　拐取幇助《かいしゅほうじょ》・被拐取者収受罪（二二七条一項三項）

(11)　(8)(9)(10)の未遂罪（二二八条）

(8)〜(11)は、親告罪であるが、ただし、営利目的というその犯罪を犯した目的如何《いかん》によっては、親告罪としない。営利の目的でなくとも、被疑者が被害者と婚姻する場合がある。その場合は、その婚姻の無効又は取り消しの裁判があるまでの間、告訴の効力はないことになる。(二二九条)。

⑿　名誉毀損《きそん》罪(二三〇条)

⒀　侮辱《ぶじょく》罪(二三一条)

⑿⒀は第二三二条によって親告罪とされている。

⒁　私用文書等毀棄《きき》罪(二五九条)

⒂　器物損壊罪(二六一条)

⒃　信書隠匿罪(二六三条)

⒁〜⒃は、第二六四条によって親告罪とされている。

⒄　窃盗《せっとう》罪(二三五条)

⒅　不動産侵奪《しんだつ》罪(二三五条の二)

⒆　⒄⒅の未遂罪(二四三条)

⒄〜⒆は、第二四四条によって、他の犯罪とは違った取扱いを受けている。それは、親族間においては、もう、はじめから処罰するのをやめよう、という考えで、いや、遠い親族の場合は被害を被った人の意思に任せよう、と、親族を二つに分け、遠い方を親告罪とする。

親族は民法第七二五条によって、六親等内の血族と配偶者と三親等内の姻族《いんぞく》をいうのであるが、そのうち、縦《たて》の血のつながりと配偶者、つまり、直系血族と配偶者の間では処罰しない。すなわち刑を免除しよう。また、その他の親族でも、同居している者も処罰をやめよう、ということになる。一方、その他の親族の場合を親告罪として、告訴を待ってその罪を論ずることとされている。

以上の考え方を、「親族相盗《しんぞくそうとう》」と言い表している。親族相盗例は他の財産犯にも拡大されている。

(20) 詐欺罪（二四六条）
(21) 背任《はいにん》罪（二四七条）
(22) 準詐欺罪（二四八条）
(23) 恐喝《きょうかつ》罪（二四九条）
(24) (20)～(23)の未遂罪（二五〇条）
(20)～(24)は、第二五一条によって親族相盗の考え方に従って親告罪とされる。
(25) 横領《おうりょう》罪（二五二条）
(26) 業務上横領罪（二五三条）
(27) 遺失物等横領罪（二五四条）

⑵⑸～⑵⑺は、第二五五条により親族相盗の考え方に従って親告罪とされている。

以上が刑法に規定されている親告罪の全部であるが、その性質上、四グループに分けて記憶しておくのが便利である。すなわち、

その一は、人の秘密や名誉に関する犯罪である。⑴⑵⑿⒀⒃がそれにあたる。犯罪は犯罪でも、第三者が騒ぐことによって、かえって被害者の被害を大きくしてしまう。とくに新聞に報道され、週刊誌に書き立てられる苦痛は、犯人への憎しみを超えるものがある。何よりもまず、被害者の出方を見る必要のある犯罪である。

その二は、女性や子供に関係するところの多い犯罪である。⑶～⑹、⑻～⑾がそれにあたる。その性質は、恩愛《おんあい》や、性に関するものである。この種の犯罪は、被害者の名誉に関係するばかりでなく、何よりも、その真相がミストに包まれている。合意があったのか、強制に終始したのか、当事者でなければわからないところがある。また、過失で人をけがさせたなどというものもそうである。そこでまず、被害者の意思を尊重してかからなければならない。例外は前述の二人以上共同して現場でするわいせつ・強姦等の場合と営利目的拐取の場合である。

その三は、物を壊《こわ》す犯罪である。物でも、家になればその価値の大きさに客観性があり、被害感情を強く刺激することがわかるが、その他の物では、大事にされているものかどうか、主観的

要素が大きく占めていてよくわからないところがある。そこで、まず、被害者自身の意思を見て処罰をすべきかどうか、判断することとされた。

その四は、親族相盗である。その趣旨は前述のとおりである。

2　刑法以外の法律によって親告罪とされているもの

特許法第一九六条のほか、意匠・著作権等、特殊な権利に関して、それぞれの関係法律の中に規定がおかれている。

さて、以上の犯罪の被害者は、加害者の処罰を求めて、警察官又は検察官に告訴する権利を有する。ところで、誰が被害者にあたるか、つまり、告訴権者として、有効に処罰を求める意思表示をすることができるか、ということが、犯罪によっては争いになる。以下は、その主なる例である。

⑴の信書開封罪について

信書は発信人がいて受信者がいるわけであるが、その内容から考えるとその双方が被害を被ったと見ることができる。問題の手紙が、どちらの手もとにある間にやられたかは、問題にしなくてもよい（大判昭和一一年三月二四日、集一五・三〇七）。

⑿の名誉毀損罪について

妻の名誉毀損について夫の告訴は効力がない（大判明治四四年六月八日、録一七・一一〇二）。

⒂　の器物損壊罪について

国又は地方公共団体に属する財物について、次の例がある。

○地方裁判所支部の建物の扉・ガラス戸等の損壊――当該地方裁判所所長に告訴権を認める（東京高判昭和三二年一二月二七日、集一〇・一二・九四四。本件の上告審である最決昭和三三年七月一〇日、集一二・一一・二五〇〇）。

○警察の備品の損壊――警察署長に告訴権を認める（長崎地大村支判昭和三三年六月一七日、一審刑集一・六・九一六）。

○市立中学校の和裁室の扉の損壊――校長に市を代表して告訴する権利を認める（同右）。

○市立高等学校の校庭の損壊――市長のした告訴を是認する（最決昭和三五年一二月二七日、集一四・一二・二二二九）。

私人の物は、所有権者はもちろんであるが、それ以外にも、

○賃借していた建物のガラスの損壊――賃借人にも告訴権を認める（仙台高判昭和三九年三月一九日、集一七・二・二〇六）。

○株式会社の備品の損壊――損壊の時の代表取締役に告訴権を認める（最判昭和三一年七月三日、集一〇・九九九）。

○抵当に入った自己所有の物を自分で損壊――親告罪であり、抵当権者に告訴をする権利がある（大判昭和一四年二月七日、集一八・二〇）。

等の判例があり、最判昭和四五年一二月二二日、集二四・一三・一八六二は、所有権者に限らないとした。(2)

三　幼女がいたずらをされた、精神異常者の名誉が毀損されたというような場合、被害者本人だけに告訴をするかしないかの判断を求めることには無理がある。

法律は、そういう場合に、どうすることにしているか。

まず、常識は、親がいたらば親にさせよと考えるであろう。親がいなければどうするか。親がわりの人がいて、めんどうをみたらよい。

法律も常識と同じように支《ささ》え棒の存在を考えている。親か、親がわりになる者又はそれに近い者、これらを法は、親権者又は後見人といい、総称して「法定代理人」という。

被害者の法定代理人は、独立して告訴をすることができる（二三一条）。

未成年者が父母の親権に服するのは当然として（民法八一八条）、父母がいなかったり、いても、ロクでなしの場合には親権者としての権能を否定されることがある。そして、代わりに、後見人がつけられる。

欧米では、よく、祖父母や伯叔父母らから遺産を相続して、親は無産者、子は財産家というケースがちょくちょく見られる。そういう場合の財産の管理者には普通、親がなるのであるが、場合によっては、弁護士その他、別に後見する人がおかれることがある。

わが国でも、たとえば、殉職《じゅんしょく》した父のお陰で相当額の奨学金などを譲られている子をたまに見かける。そして、その管理は、未亡人たる母がしている。ところが、若い未亡人に愛人ができ、その愛人がロクでなしであったりすると、子の金に目をつけ、引き出そうとする。母は一生懸命に守ろうとするが、そのうち、捨てられるがこわさに、ついつい、男の言うことを聞いたりする。さて、この場合に、子の奨学金を誰が守るか、である。法はこの場合に、母の管理権を失わしめて（民法八三五条）、代わりに「未成年後見人」一人をおく（民法八四一条・八四二条）。

また、成人であっても、精神上の障害により、是非分別《ぜひふんべつ》の能力を欠く状況にある者として、後見開始の審判を受けることがある（民法七条）。つまり、日常の売買をはじめ、一切の法律行為を後見人に任せることとされる。

このように告訴をしてきた人が、本人でなかった、としても、右の法定代理人であるかも知れない。法定代理人のした告訴で問題になった例を二、三あげてみると、

(3)〜(6)　わいせつ等の罪について（刑法一八〇条関係）

○父は告訴をしないで母のみが告訴をしてきてもよい。被害者の親権者が二人あるときは、その各自が第二三一条第一項所定の被害者の法定代理人として告訴をすることができるものとされる（二八条、最判昭和三四年二月六日、集一三・一・四九、一人の期間の徒過、告訴の取消については、広島高判昭和三〇・六・三〇裁特二・一一・五六〇）。

○私生児の父親は、父としてその子を認知し法律上父としての地位を確立しておかない以上、

たとえ、血のつながる親子であっても告訴権は認められない（大判昭和五年一二月二三日、集九・九四九）。

○継母が告訴をしてきても、その告訴は有効でない（大阪地判昭和三五年七月二七日、集二・一〇八二）。

○法定代理人は、被害者本人とは独立に告訴をしたりしなかったりできる。被害者に従属するのではない（大判大正一〇年四月二日、録二七・二三七、最判昭和二八年五月二九日、集七・一一九五）。これを「固有権説」といい、被害者本人に従属して、告訴権の有無を論ずる「独立代理権説」に対比されている。

次に、法定代理人が被疑者であるなど、被害者保護に欠けるような特別の事情がある場合は、法定代理人でない親族が代わって告訴をできるようにしている（二三四条）ほか、被害者は、別の人にみずからの告訴の代理をさせることができる。

夫の物が、たまたま遊びに来た妻の弟に盗られたとする。親族相盗例として、この場合、夫の告訴がなければならないが、妻が代りに警察へ出かけた。これを受ける警察官は、代理権の有無について注意を払わなければならないが、判例は、必ずしも本人の委任状の添付《てんぷ》を要求していない(3)。告訴は代理人によりこれをすることができる。告訴の取消についてもその代理権の存在が実質的に証明される限り適法・有効である（二四〇条）。法は当該代理権の存在の証明について格段なる要式を規定していない。ただ、代理権の存在を調書等により、実質的に証明されさえすればよい、というのである。

ところで、わが、規範は、その第六六条に、被害者の委任による代理人から告訴を受ける場合には、委任状を差し出させなければならない、と、はっきり形式を整えることを要求している。告訴の取消の場合も同様である。規範は、更に、被害者以外の告訴権者から告訴又は告訴の取消を受ける場合には、その資格を証する書面を差し出させることとしている。したがって、被害者以外の告訴権者が、更に代理人を立てた場合には、まず、告訴権者の資格を証する書面と、同人作成の委任状の二通を差し出させなければならないことになる。

規範は、日常の警察活動をルーティン化して間違いのないようにするため、法のきめた以上の手続を要求することとしているのであり、警察官の日常事務としては、そのように取り扱うことを原則としなければならないことは、言うまでもないことである。

しかし、もし、相手が、「いいではありませんか。やかましいことを言わないで、こっちも忙しいんだから、そのように調書にでも何でもはっきりしておいて下さい。」と、委任状の提出を頑強《がんきょう》に拒《こば》む場合は、それでは受け付けられない、などと言わず、てん末を明確に記録して後日に備えるようにするのが、正しい取扱いの方法である。

四　被害者の配偶者が死者に代わって告訴をすることは当然として、直系の親族又は兄弟姉妹も告訴をすることができる。ただし、被害者たる死者がはっきり告訴をするなと言っていた場合は、その意思を尊重して、告訴はできないこととされている。

名誉毀損罪については、死者の親族・子孫が告訴権を有する。

また、身寄りのない者が親告罪の被害者で、本人をはじめ、その他の者にも、告訴をできる適当な人が見あたらないような特殊な場合のために、検察官が告訴人を指定できるようにしている（二三四条）。

告訴できる人がいないために、被害者になっても誰も処罰されないなどという法の穴はないようにされているのである。

三　告訴人が犯人を知ったのはいつか（告訴期間）

一　告訴期間　二　犯人を知った日　三　法定代理人の告訴期間

一　「私の娘が怪我《けが》をさせられました。犯人はどこの誰です。」という訴えを受け、まず判断することは、傷害罪には、故意の場合と過失による場合がある。そのどちらだろう、ということである。過失による場合ならそれは親告罪であること。告訴が訴訟条件になっているから、適法有効な告訴がなされなければならないこと、親だというから、告訴権者としての資格はありそうだ、ということ。であるが、それらを確かめるのと並行して、その告訴人が、いったい、いつ、犯人を知ったのか、が判断されなければならない。

それは、親告罪には、告訴期間が定められており、犯罪終了後犯人を知った日から起算して六か月を過ぎると、告訴をしても無効であるとされるからである（二三五条一項）。

告訴があれば、刑事司法権の発動がある。それなのに、もし、いつまでも、告訴権者は告訴をせず、しかも、そのしない状態が確定しないのでは、いかにも不安定である。

言いかえると、刑事司法権の発動という公益に関係することが、いつまでも私人の意思に左右される状態のままであることは好ましくない。

そこで、法は、告訴期間というものを定め、その期間を過ぎれば、何人もその事件について告訴をしても無効であることとした。

二　そこで、告訴を受けた司法警察員は、それが有効な告訴であり、刑事司法権発動に踏み切らなければならないものであるか判断するために、まず、告訴をしてきた者が告訴人であるかどうかを確かめ、次に、その者が、犯人を知った日がいつであったかを確認する必要があるわけである。

ところが、この「犯人を知った日」というのがいつであるかの確認については、少なくとも、告

訴人が犯人の告訴を決定し得る程度に知った日がいつであるか、を問題にしなければならない。(4)

たとえば、暗がりでぶつかってきた男の人相服装を街灯のあかりで見ると、年齢三二、三歳ぐらい、身長一メートル六五センチぐらい、面長《おもなが》・色白、髪は七三、左頬《ほお》に小豆《あずき》大のホクロがあり、茶色ようのオーバーを着て黒色ようの短靴をはき、体格のガッチリした一見サラリーマン風であった。というのは、詳《くわ》しそうで、まだ、どこの誰か、言いかえるならば、警察官に捕まえさせるか慰謝料《いしゃりょう》を取るか、具体的に行動を起こす対象としては未だ特定していると言えない。つまり、第二三五条のいわゆる「犯人を知った」にあたらない。

こういう例の多くの場合は、被疑者を警察で捜すまで、被害者は、被疑者の何人なるかを知らないであろうから、犯人を知った日をきめるのにそう苦労はいらない。

すなわち、被疑者が警察に捕まり、面通しの段階が被害者にとって犯人を知った日になる可能性が多いからである。

三　しかし、既に犯人を知っていながら、示談交渉の破局の末、その尻を警察に持ちこむ場合は、告訴期間を徒過《とか》したかどうかをよく判断しなければならない。

「娘が怪我をさせられました。犯人は娘の友だちのAです。厳重に処罰して下さい。」と言ってきた場合に、注意しなければならないのは、法定代理人たる親権者の告訴は、被害者たる娘が、被害当初から犯人を知り、しかも、その時が六か月以上前であっても、親の知ったのが最近であれば、告訴期間を別に計算して、告訴期間が定められるからである(5)(二三六条)。

この親が犯人を知った日はいつであったかが、問題である。そこで質問してみる。

「犯人は間違いなくどこの誰だな。」「はい、間違いありません。」「いつ、彼が犯人だとわかったか。」「いいえ、娘が知っていまして、もうはじめから確かなものです。」「事件はいつだったか。」「そうです、昨年の正月過ぎだと記憶しております。」「で、何故、今時分言ってきたのか。」「ええ、はじめは知らぬ仲でもなし、許してやろうと考えたのですが、一向、態度がよくならないもんで、思い余って訴え出ました。」

昨年の正月末といえば、犯行のあった日、すなわち、娘が犯人を知った日から六か月を経過していることは明白である。

親が知ったのがいつか、である。「はじめは知らぬ仲でもなし」と判断したのはいつの時点か、その点を確認しなければならない。

「娘の奴は、暮になってから白状しまして」、ということであるならば、少なくも一年は犯行後経過している。しかし、告訴してきた日が五月前であれば、この親の告訴権は未だ消滅していないことになる。しかも、その点の確かめは、この親の言い分だけでなく、娘の供述とか、その他確認のための捜査が必要になるというわけである。

四　告訴（告発）受理の方式

一　書面による告訴と口頭による告訴　二　告訴調書の記載

一　一般の告訴は、単に捜査の端緒となるに過ぎないから、どんな受け方をしても問題はないが、親告罪については、方式手続を考えておかないと、後で有効に告訴がなされていたかどうか争いになるおそれがある。

まず、告訴権を有する者から、告訴期間内に、司法警察員に対して書面又は口頭で告訴があったとする。

書面でなされた場合は、内容をよく検査して足りない分は、別に参考人調書にして補充をすれば足りるが、口頭でなされた場合は、司法警察員は、別に調書を作ることとされ（二四一条）、普通、「告訴（告発）調書」に記載するものとされている。

その形式については法令上特別の規定はないので、告訴の趣旨さえ明らかであれば、とくに告訴調書の形式によらなくてもよいとする判例があるが、[6] 裁判所が許してもそれは特別の場合として、通常はきめられた方式を「型」として遵守することにより、手続上の穴をあけることのないようにすべきである。電話請けだけにとどめてはいけない。

二　告訴調書に記載することは、犯罪事実と処罰を求める意思を中心として、その他必要事項であるが、親告罪では、とくに、前述した要件——本人に告訴権があるかどうか、告訴期間を徒過してしまっているかどうか（告訴の年月日と、告訴人が犯人を知った年月日）の記載を落としてはならない。

犯罪事実は明白でなければならないが、必ずしも犯罪の日時・場所・態様につき、逐一《ちくいち》、詳細に記載することまで要求されていない。しかし告訴（告発）する犯罪は特定されていなければならない。[7]

特定する、ということは、何もかも一致することまでを要求されているのではなく、たとえば、犯人の氏名を誤記することがあっても、特定の犯罪事実につき、その犯罪の犯人を処罰したい意思が明らかであれば、許されるのである。[8]

処罰を求める意思も、明白でなければならない。とくに代理人の場合は、代理権の有無がはっきりしたうえで、明確に本人の意向が伝えられるのでなければならない。[9]

逆に、処罰を望む意思が、状況上明らかにされるならば、言葉のあやで告訴をしません、という語が含まれていても、なお処罰の意思が明らかであるものとして処理された例もある(10)。

五　告訴の取消

一　告訴の取消を許す期間　二　告訴取消の方式　三　条件付告訴

一　被害者の心はゆれ動いている。一たんは告訴してみたものの、被疑者側からはいろいろ働きかけがある。示談に応じたくなるかも知れない。処罰するかしないか、私人の判断に任せてある法の趣旨は、また、そうした心のゆれ動き方を予想しているものと言ってよい。ただ、あまり、いつまでも、そんな状態におくことは、刑事司法の運用上好ましいことではない。告訴期間というものを置き、犯人を知った日から起算して六か月はそういう状態を許そうというのである。それについてはさきに述べた。

法は、親告罪について一たんは告訴してみたが、途中で処罰の意思がなくなった場合のために「取消」という手続を設けている。

告訴は公訴の提起があるまでこれを取り消すことができる（二三七条一項）。公訴の提起があった。裁判所へかかった、というのに、なおかつ取消を許していたのでは、国としてのむだがひど過ぎる。そこで、取消は、公訴の提起前、と限られたのである。また、取消後は二度と同一事件に関して告訴を許さない（二三七条二項）。

二　告訴の取消は、当然、告訴のときの方式を踏んでなされなければならない（二四三条）。すなわち、書面又は口頭でもって司法警察員になされなければならない。これを受けた司法警察員が、補充するための参考人調書を作ったり、又は、口頭の取消請求を受けて、告訴取消調書を作ったりしなければならないことも同様である。

この取消手続について留意すべき要点は、検察官との連絡を迅速適確にしなければならない、ということである。

さきに述べたように、公訴の提起を境として、取消が有効になされるかどうかがきまる。捜査が終わり、事件は既に検察官に送付されている後から、取消の意思表示がなされたとする。ぐずぐずしていると検察官は起訴してしまうかも知れない。もっとも告訴取消の意思表示は、司法警察員になされれば、その時点で起訴されていなければ有効である。しかし、起訴をし、裁判所の方でもそれを受けて所定の手続をとるとすると後から実は有効な取消がなされていた、警察からの連絡が遅かった、では、同じ刑事司法に携わる者として申し訳ないことである。

次に、取消の意思表示は明白にしておかなければならない。

過失傷害事件について、あのような危ないことをする人が工事場にいては商売もできません——、安心して寝ることもできませんので、厳重な処分のほどを願います、という告訴がなされていた。ところで、その後、被害者から嘆願書《たんがんしょ》が出て、それは、次のように記載されていた。

情状御賢察《けんさつ》遊ばされて今回に限り特別の御寛大なる御訓戒《くんかい》程度にとどめ、本人の身柄については御放置願えれば、私らの本望《ほんもう》であります。

このどこにも、先にした告訴を撤回《てっかい》する意思表示の記載がない。ムードとしては何だか許してやってくれという風にとれるが、はっきり、いついついたしました告訴を取り下げたい、という表示が見あたらない。これを補充する調書もない、ということになれば、取消が有効になされたという結論は得られないことになる。(11) 警察官としては、この点を問いただし、明白にしておくことが必要である。

三　中には、条件をつけてくる者もある。

犯人が、十分慰謝料を払うなど、誠意を示してくれない以上告訴いたしたい。この場合の告訴の意思は前例と同様にあいまいである。告訴には、取消の制度があるのだから、まず告訴を明確にしておいてもらって、後から、十分誠意がつくされたから告訴を取り下げたい、と言ってくるのが普通だし、いよいよになったら、そのように指導する方が親切であろう。しかし、理論上は、条件付訴訟行為ということで議論はなされている。この場合でも、実務の常識と結論は変わらないのである。

すなわち、条件があったからと言って直ちに告訴そのものが無効だと解するのは乱暴である。右の例でも、告訴があった。しかし、十分誠意がつくされたので取下げになった、というのと、告訴状に条件があった。つまり告訴はなされていない、として、ほうっておく。出した被害者は、犯人の誠意に疑問があるので、そのまま新たな意思表示をしないでいるが、告訴をしたつもりでいる。というのでは、警察の誠意が疑われるかも知れない。

ただ、告訴の出し方にかかわらず、全体として、その趣旨が、告訴をしようとするものであるかどうかを判断してきめる余地のあることをさきに述べたが、それを思い出してもらいたい。この場合も、条件を含めて、全体として告訴をする意思があるのかないのか判断すべきであるし、何よりも、直接告訴人に会う立場にある警察官としては、その辺をはっきり聞いておく、補充調書にしておく、という配慮が必要であろう。

話合いがこじれた場合のもう一つの例として、誠意をつくしたので告訴権を放棄《ほうき》した、というのに、気が変わって告訴に踏み切ったのはけしからん、と被害者の方で怒る場合である。しかし、逆《さか》恨《うら》みである。告訴権の放棄は許されていない(12)。

六　告訴事件と捜査

一　告訴前捜査　二　告訴不可分の原則　三　共犯と告訴の不可分
四　告訴（告発）事件の送付

一　通常の場合告訴があり、それを端緒として犯罪ありと思料するならば、警察官は直ちに捜査に着手しなければならない。

ところで、親告罪の場合、告訴がなければ裁判にかけられることもなく、捜査の結果はむだに終わるおそれがあるが、警察官はどうしたらよいか。

犯罪捜査規範は、告訴又は告発のあった事件については、とくにすみやかに捜査を行うように努めよと、規定している（規範六七条）。また、親告罪については、直ちにその捜査を行わなければ証拠の収集その他事後における捜査が著しく困難となるおそれがあると認めるときは、未だ告訴がない場合においても、捜査しなければならない、とする。もちろん、この場合に、被害者又はその家族の名誉・信用等を傷つけることのないようとくに注意しなければならないのは、親告罪が、被害者等の意思を第一次的に尊重しようとする趣旨に照らして当然である（規範七〇条）。

すなわち、親告罪の告訴は、訴訟条件であるから、これを欠いては起訴することができないが、ただ、それだけのことであり、犯罪があると思料するときは、犯人及び証拠を捜査するものとする第一八九条第二項の権限を否定するものではない。

司法警察員は、犯罪があると思料するときは捜査を開始し、かつ、捜査の目的を達成するために必要な取調べをし、法律の定めに従って強制の処分をすることもできる。しかも、その開始の時期にもし制限があるとするならば、散いつ・風化する証拠の収集を不可能にし、ついには、親告罪の捜査自体を無効にするおそれがある。親告罪の告訴は六か月間は、出されたり、出されなかったり起訴前はまた、取り消されたりすることがあるのだから、その間捜査を待つことはできないのである。(13)

ただ、被害者等の名誉を、未だ告訴の意思もきまらないうちに、勝手に警察の方でそこなうことがあっては、親告罪にしている意義が没却《ぼっきゃく》されるので、普通以上に捜査に神経を使わなければならない。

たとえば強姦事件を風評等によって認知したとする。強姦罪は親告罪であるから、被害者等から告訴がなされない以上犯人の処罰ができないが、告訴のあることを見越《みこ》してひそかに捜査を開始したとする。ところが予期に反していっかな告訴がなされる気配が見えない。また、一たんは告訴があったが、起訴前に取り消された、となると、捜査はむだになる、被疑者は悪質に過ぎ、放置するに忍びない。ままよそのうち気が変わって告訴があるかも知れない、せっかく捜査したのだから、起訴だけは先にして、後で告訴の追完《ついかん》（後から穴埋めをすること）をしよう、というのは許されない。あくまでも告訴は起訴前でなければならない。

ところが、はじめ、親告罪でない、と思って起訴したところが後から、被告人と被害者とが親族関係にあることが判明したりすることがあるので、追完を許そうとする学説もあるが、(14) 警察官としては、あくまでも起訴前に告訴をとっておくということに徹《てっ》しなければならない。

二　どうしても処罰したいために、無理をしても結局はだめである。たとえば強姦罪を要素に分解してみると、おどして言うことを聞かせる、脅迫する、という行為が含まれている。脅迫罪は親告罪でないから、しめた、これだ、ということで、脅迫罪として起訴をした例がある。

しかし、裁判所は、「脅迫して強《し》いてこれを姦淫《かんいん》したのは強姦罪である。そして、強姦罪は親告罪であるから、その構成要素である脅迫の行為についても、強姦に対する告訴がなければその罪を論ずることはできない」とした(15)。これを「告訴不可分《ふかぶん》の原則」というのである。すなわち、一個の犯罪事実（前例の強姦）の各部分（脅迫・暴行・わいせつ・姦淫等）は、それぞれ密接不可分であり、犯罪事実の一部分に対する告訴又は取消の効力は他の部分に及ぶ、というものである。この原則によると、告訴がないのに、脅迫罪、あるいは暴行罪で、強姦という犯罪事実を分解して処理することは許されないのである（客観的不可分）。

三　次に、捜査を進めているうちに、共犯事件であることに気がつくことがある。たとえば甲所有の金庫が壊されたので、甲は、被疑者Aを器物損壊罪で告訴した。警察が捜査してみると、AのほかにBがいて、共に共同して甲の金庫を壊したことがわかった。告訴はAについてしかなされていない。しかし、Bについて改めて告訴をとる必要はない。告訴は、特定の犯罪に対してなされるので、既に、当該事件に関して告訴がでている以上、それに加功《かこう》する犯人の全部が対象になっていると観念されるからである（主観的不可分）。

親告罪について、共犯の一人又は数人に対してした告訴又はその取消は、他の共犯に対してもその効力を生ずる（二三八条一項）。

このように、告訴不可分の原則は、犯罪事実の全部を一体として告訴の対象たらしめると同時に、これに加功した犯人の全部を一まとめにして面倒を見ようとするものであると言うことができる。人の側からこれを見ると、犯罪事実は、客観的対象であり、犯人はその主体であるから、別に、

「告訴の客観的不可分」・「告訴の主観的不可分」というように、区別して命名することができる。そして、その全体が「告訴不可分の原則」である。この考え方は、告発に準用される(二三八条二項)。

この原則は、告訴のあらゆる場合に貫徹《かんてつ》されているのか、それとも例外はあるのか、というと、もちろん例外はあるのである。

右の例で金庫が壊された。更に捜査してみると、金庫の中には、乙の証券が保管してあり、それがABに盗られていることがわかった。ABの窃盗である。窃盗は親告罪でない。器物損壊罪のほかに窃盗が加われば、事件はますます面白くなる。ところが、乙とBは、叔父甥《おい》であった。つまり親族である。同居はしていない。さきに説明した相対的親告罪――通常は親告罪でないが、同居していない親族が被疑者であるという特別な場合に親告罪となる――にあたり、これを親族相盗というのだ、ということを思い出してみると、Bについては、とくに、乙から告訴をとっておく必要があるのではないか。

そこで告訴不可分の原則を復習してみると、一個の犯罪事実についてなされた告訴は、その犯罪事実の各部分を貫徹してその全部に及ぶのであった。

問題の事件は、甲の所有する金庫を破壊して、乙所有の証券を盗った、と言うのであるから、金庫の破壊と、窃盗とは、一連の目的――窃取――に照らして考えると、犯行の手段と、その結果との関係にある。刑法は、これを「牽連犯《けんれんはん》」と言って、一罪として処理する（刑法五四条）。

一罪として処理される事実ならば、その一部分、つまり、器物損壊罪についてなされたとはいえ、Bの窃盗部分に対して推し及ぼすことができないか、という疑問がある。

しかし、右の論理の進め方は、右の事件が一罪であるかどうか、ということ、それも、元来は二罪だが、刑を科するにあたって便宜《べんぎ》上一罪として扱う――これを科刑《かけい》上一罪ともいう。――というテクニックを挟《はさ》んでそのうえでの結論である。これは、一罪であるかどうか、という形式に、あまりにもとらわれ過ぎているきらいがある。

今、考えている問題は、告訴である。親告罪の告訴である。そして、親告罪の告訴は、被害者の名誉・感情を優先させて処理する方が、やみくもに捜査を展開し、被疑者をあげるよりも大切な事である、という判断に基づいている。

窃盗事件の中に、乙Bの親族関係が浮かんできた。これを、単に、甲Aに着目した器物損壊罪の告訴の延長上に置き、乙Bの風雪に洗われた特殊の関係、そこから生まれてくる微妙な乙の立場を、何ら考慮することなく捜査を進めてよいか、ということになる。乙の告訴、Bを処罰してくれ、という苦しい判断を、聞いておく必要があるのである。事件が一罪であり、告訴には、不可分の原則がある、などという問題を超えるものが、そこには認められるのである。

これを、告訴不可分の原則の例外と言うならば、まさに例外である。捜査をする者にとっては、そういう理論の問題ではなく、現実に被害者乙に対する思いやり、人間としての判断がそうさせるのだということである。法律理論は、そういう常識を破るものではない。

四　捜査を終了したら、嫌疑のあるものも、ないものも、区別せずに、事件をすみやかに検察官に送付しなければならない（二四二条）。

告訴（告発）事件以外の場合は、捜査してシロになれば、捜査を打ち切り、改めて検察官に送致したりはしないのであるが、告訴（告発）事件に限って、シロ・クロにかかわらず、書類及び証拠物を添えて事件を検察官に送付するのである。検察官は、これを受けて、公訴を提起し、又は提起をしない処分をしたときは、すみやかにその旨を告訴人又は告発人に通知しなければならない（二六〇条）からである。(16)

（1）　大阪地判昭和三五年七月二七日、下刑集二・一〇八二

（2）　最決昭和三二年九月二六日、集一一・九・二三七六は、強姦被害者の一三才一一月の少女の告訴を有効とする。

（3）　最判昭和三五年八月一九日、集一四・一〇・一四〇七は、「刑訴法第二四〇条の代理人による告訴取消の場合につき、当該代理権の存在の証明について格段なる要式を規定していないこと等から考えて、その代理権の存した事実が実質的に証明せられる限りにおいて、当該告訴取消は適法有効のものと解するを相当とすべきである。され

ば本件取消は……中略……委任状の添付又は該取消調書に『代理』の記載がないとの一事によって直ちに該告訴取消を無効と断ずべきものではない。」としている。

(4)　東京高判昭和三九年四月二七日、集一七・三・二九五は、「『犯人を知った』とは、犯人の氏名・年齢・職業・住所等の詳細を知る必要はないが、少なくとも犯人を他の者と区別し告訴の意思を決定しうる程度に特定して認識することを要するものと解すべきである。」(同旨、最決昭和三九年一一月一〇日、集一八・九・五四七)。

(5)　最決昭和二八年五月二九日、集七・一一九五は、「被害者が犯人を知った時から六か月を経過していても、法定代理人がこれを知った時から六か月の期間内にした親告罪の告訴は有効である。」とする。

いわゆる固有権説に立っているわけである。本人の告訴期間の徒過は法定代理人の告訴権に影響しない。

(6)　最決昭和三四年五月一四日、集一三・五・七〇六は、「犯罪の被害者又はその法定代理人の検察官又は司法警察員に対する供述調書であっても、右被害者らが検察官又は司法警察員に対し犯罪事実を申告し犯人の処罰を求める旨の意思表示を録取したものであれば本条第二項の告訴調書として有効である。」

(7)　大判昭和六年一〇月一九日、集一〇・四六二は、「告訴状に、その犯罪を特定し得る程度の記載があれば、告訴は有効であって、必ずしも犯罪の日時・場所・態様等について、いちいち詳細な申立をしなければならないものではない。」

(8)　東京高判昭和二八年二月二一日、集六・三六七は、「被告訴人の氏名を欠き、又はこれを誤記しても、犯罪事実を申告し、犯人の訴追を求める意思表示があれば、適法かつ有効な告訴となる。」

(9)　大阪高判昭和二九年一二月二一日、判特一・一三・七四六は、「私の実弟が私の夫の所有金を盗んだことについて告訴すると述べ、かつ被害の状況を供述し、以上の被害を蒙りましたことについて厳重な御処分をお願いします、と記載されているけれども夫の代理人として、夫の意思を受けて行為していることが明白でない場合は、適法な告訴と言えない。」

(10) 最判昭和二二年一一月二四日、集一・二一は、「被害者が告訴をしませんという語句を使用しても、その供述全体の趣旨が犯罪事実を申告し犯人の処罰を求めるものであれば、親告罪の告訴として有効である。」

(11) 高松高判昭和三一年一月一九日、判特三・三・五三は、「告訴の取消は先に為した告訴を撤回する訴訟手続上の行為であって、既に捜査機関に対し他人を告訴した者が後日単にその犯人に対する寛大な処分又は不処罰を望む旨を捜査機関に申し出たとしても、先になした告訴を撤回する意思のあることが明らかでないならば、告訴の取消があったとは言えない。」

(12) 最決昭和三七年六月二六日、判例時報三一三・二三は、「被害者の法定代理人は、告訴権の抛棄をすることはできず、したがって同人の検察官に対する告訴は有効である。」

(13) 福岡高宮崎支判昭和二八年一〇月三〇日、判特二六・一一六は、「告訴を待たなければ犯罪捜査に着手できないものとすれば、親告罪においては犯人の発見、証拠の収集に大きな制約を受け、ひいては後日告訴があったとしても、犯人の検挙、公訴の提起を不能ならしめる場合も予想せられる……司法警察職員が、親告罪について告訴の提起をされていない場合でも犯罪の捜査に従事することは、何ら法の禁ずるところではない。」

(14) 団藤重光「新刑事訴訟法綱要七訂版」三六〇頁・三六一頁は、「通説判例はかような告訴の追完を否認する。しかし、訴訟の発展に着眼すれば、当該事件がはたして親告罪であるかどうかは起訴の当初には必ずしも明らかではなく、審理の経過によってはじめて判明する。起訴のときに告訴の存在を必要と解することはかような事態に適しないと言わなければならない。そればかりか、かような場合に一たん公訴棄却を言い渡した上、再度の公訴提起を待つというのは無用の手続である。部分的親告罪の場合には、それさえもできないであろう。かようにわたくしは告訴の追完を認める見解を至当と考える。ただし、追完に遡及効《そきゅうこう》を認めるべきではない。」

(15)　広島高判昭和二五年一二月二六日、集三・六九二は、「強姦未遂事件において告訴がない場合に、構成要件の一部である脅迫の事実のみを起訴することは許されない。」。暴行では、札幌高判昭和二七年六月二五日、集五・六・九九五がある。

(16)　第二四二条は、司法警察員は、告訴又は告発を受けたときは、速やかにこれに関する書類及び証拠物を検察官に送付しなければならない。と規定し、これを立案した検察官の一部からは、戦前の考え方をそのまま、告訴告発事件は裏面に複雑な事情の介在するところから、検察官が当初から干与し、司法警察職員を指揮して捜査を進める必要があると主張されたが、警察力の充実に伴い、現実は警察が独立して捜査を遂げ、しかる後、検察庁に送付する運用が定着し、本条立案当初の極論は崩れ去った。

「特に書類、証拠物と規定したのは、本来事件自体を送らずに取り敢えず書類と証拠物だけを検察官に送り、その指揮を待つべき趣旨と思う。そして指揮に従い捜査をしてから第二四六条による事件の送致をすべきものと思う。しかし、実際には事件そのものを送ることと差異のない運用となっている。すなわち、あらためて事件の送致はなく、本条の送付により事件送致も済んだものとして取り扱われているのである。」（小野ほか「ポケット注釈全書(3)改訂刑事訴訟法」四六三頁）

「しかし」より後が重要である。

この件に関する理論上、実務上の争いの経過及び内容については、桐山隆彦「警察官のための刑事訴訟法解説」二二六・二二七頁に詳しい。

第四節　検　視

一　検視と監督者

犯罪のうち最も重要な殺人事件の捜査は、死体の検視から始まる場合が多い。

警察本部には、「刑事調査官（検視官）」と称せられる上級幹部（捜査経験一〇年以上で、警大の法医学研究科を出た警視の階級にある警察官）がおり、死体を見る専門家として、犯罪の疑いのある死体のほとんどを検分している。

ところが、刑事訴訟法第二二九条は、検視をする者として検察官を規定し、第二二九条第二項で司法警察員にその処分をさせることができる、としている。

実体と法文とがかけ離れている一例であるが、それだけに、警察と検察と、協力関係にある二つの官庁の権限の接点をなす問題であり、監督者は、これに対して、明白な知識をもっていなければならない。

巡査は、どっちを向いても検視とは直接の関係はない。司法警察員の問題である。

死体を見、又は死体の存在を知らされた巡査は、すみやかに上司に報告し、その判断を仰ぐ必要がある。

中間幹部は、その内容・手続に精通《せいつう》し、わずかな時間の間に、冷静適確な処理がなされるよう平素から心がけていなければならない。

検視については、前記刑訴の規定があるほか、犯罪捜査規範には何の規定もおかれていない。代わりに作られたのが、検視規則（昭和三三年国家公安委員会規則三号）と、死体取扱規則（同四号）である。(1)

二　検視の対象となる死体

一　不自然死体　二　犯罪被疑死体

一　およそ人間の死には、自然死と不自然死とがある。老衰《ろうすい》・病死など、看取《みと》る人がいて手当をつくした上で往生《おうじょう》を遂げるというのが自然死である。老衰死でも、看る人もなく、役場の人が訪れて数か月前に死んでいるのがわかった、というのは、自然とは言い難《がた》い。遺書を残した覚悟の自殺も、自然死とは言い難い。病院に入院中容態にわかに革《あらた》まり、死んでしまった、というのも、一見自然のようでいて、何か薬石《やくせき》に間違いはなかったのか、疑わしい面が残れば自然死ではない。

このように、不自然死の種類は多い。自然死は論外としても、不自然死の全部について検察官の検視を要するか、というと、多数説も実際も、そうはなっていない。

年間一万件に近い死亡交通事故を例にとってみればすぐわかることである。警察官が現場に急行し、実況見分その他所要の措置をとっているが検視ではない。

明らかに他殺とわかる死体については、警察官は、時を移さず、捜査を開始し、実況見分・検証等の活動に入る。

また、犯罪に関係ない、たとえば自殺であったことが明白である死体については、その死体を見分するとともに死因・身元その他の調査を行い、身元がわかれば遺族に、わからなければ死亡地の市町村長に引き渡す（死体取扱規則四条・八条）。

二　問題になるのは、この中間にあるものである。つまり、犯罪によることが明らかな死体（犯罪死体）でもなく、犯罪によらないことが明らかな死体（非犯罪死体）でもない。犯罪によっているのかよらないのか、疑問の残る死体、つまり、犯罪被疑死体である。

検視に関する第二二九条の規定をみると、

変死者又は変死の疑いのある死体があるときは、その所在地を管轄する地方検察庁又は区検察庁の検察官は、検視をしなければならない、とされている。

この「変死者又は変死の疑のある者」が、検視の対象である。そして、検視とは、変死体について、その死亡が犯罪に起因するかどうかを明らかにするため、五官の作用によりその死体の状況を調べることである。

その死因が犯罪に起因するかどうかを明らかにする作用である。してみるとはじめから犯罪死体である、また、非犯罪死体である、と判明しているようなものを改めて検視する必要のないことは明白である。

すなわち、第二二九条にいう「変死者又は変死の疑のある死体」というのは、右でいう、「犯罪被疑死体」と同一である。(2)

検視の対象となる死体とは、その死因が犯罪に起因しているかどうか明らかでない死体――犯罪被疑死体である。

三　検視をする者

第二二九条に明らかなように、(司法)検視をする者は検察官である。

遠隔その他、検察官にできない場合は、警察官が代行することがある（二二九条二項）。警察官が行う場合は、検察官の権限を代行する、代わって行うのであり、事後に検察官に報告しなければならない、とされる（検視規則五条）。この場合の手続きは、検視規則によるものであって、法上、検察官から予《あらかじ》め包括的に与えられることはないので注意がいる。

代行検視をする者は、司法警察員である。巡査にはできないのが原則である（巡査でもさきに説明したように司法警察員の指定を受けることがあるから、その場合は当然、代行検視をしてもよい）。通常は、専門の検死官——刑事調査官が行う。

四　検視の実行

一　検察官への通知　二　検視の実行と医師の立会
三　検視後の手続　四　検視と屋内立入り

一　変死体発見の報告があり（検視規則二条）、それが、犯罪死体でも、非犯罪死体でもないことを確認したら、すみやかに本部長に報告するとともに、検察官に必要事項を通知しなければならない。

この報告並びに通知は、警察署長が責任をもってすることとされているが（検視規則三条）、これを補佐する刑事課長の命を受けて、警部補係長が起案することが多いであろう。

報告はとくに方法を定められていない。通知も同様である。ただ、相手方の検察庁が、管轄違いにならないよう、注意をすることである。検視をする者は、その死体の所在地を管轄する地方又は区検察庁の検察官であり、通知は、その者に対してなされなければならない。

通知の内容としては、

一　変死体発見の年月日時・場所及びその状況

二　変死体発見者の氏名その他参考となるべき事項

（参考事項の例としては、①死亡の原因と思われる事項。②変死者の住居・職業・氏名、年齢・性別《不明の場合は、推定年齢・性別・人相・特徴・着衣等》。③発見者と届出人が異なる場合には、届出人の氏名等及び死者との関係。④届出の時刻、等であるが、判明していることだけを適宜通知すれば足りるであろう。）

のようなものがあるが、これをすみやかに通知する措置をとる。方法は問わない。第一報・第二報と分けてもかまわない。しかし、対官庁間のことであるから、一括して文書にするよう努める必要があるであろう。

通知を受けた検察官は、検視のため自ら出向いてくるか、代行検視を命じてくるか、どちらかであるが、それまでの間、変死体及び現場の保存に努めるのは当然である。

二　代行検視となり、本部の刑事調査官（検死官）が出向いてくる場合はよいが、署限りでしなければならないときは、刑事課長若しくは刑事係長が責任もってこれを処理しなければならない。さきにも述べたように、検視の目的は、死因の究明である。それも、解剖などのように医師の行う徹底した究明ではなく、死体の外側から、五官の作用により、すなわち、目鼻等によって視察判断するものである。ただ、死体を損壊したり、礼を失したりしない以上、遺族の承諾があれば、相当のことをしてもよい。たとえば、眼瞼《まぶた》を返して溢血《いっけつ》点を見るなどの外部的な検査は当然として、裸にして肛門を見たり、ゴム管を使って胃の内容物を取ったり、注射針で血液やずい液を採取する程度のことは許されるのである。

しかし、これらの活動は、高度の医学的知識を必要とする場合が多いので、医師の立会を求めてこれを行うようにしなければならない（検視規則五条）。孤島等で、どうしても医師が間に合わない例外中の例外は、これまた、法は不可能を強いるものではないので許されるにしても、通常はこの立会を欠いて不明のそしりを招かないようにすべきである。もともと検察官の権限とした趣旨は、警察官では、間違わないか、という危惧《きぐ》によるものであるから、代行にあたっては、慎重な配慮をしなければならないのである。

三　こうして、もし、犯罪に起因する疑い濃厚となったら、当該検察官に連絡し、犯罪捜査としての実況見分・検証等の活動に移行することになる。この場合、検視の結果を報告するために制定されている検視調書を省略して、実況見分調書ないし検証調書をそのまま報告に使うことも時としては許されるであろう。

さて、以上の活動を通じて問題になるのは、変死体が屋内にある場合である。

四　何人も、現行犯人を逮捕する場合を除いては、その住居に侵入されたり、捜査されたりすることはない。人の住居は不可侵《ふかしん》である（憲法三五条）。それでは、屋内の検視はどうなるのだ。検視の令状などというものがあるのか、という問題である。答はノーである。検視の活動は、令状によらないで行われている。それでは違憲か。というと、議論は分かれるのである。

議論は分かれるが、確立された判断は、検視の処分に令状はいらない。令状なくして屋内に立ち入り、屋内にあった変死体を検視する行為は適法である。

その理屈、支えとしては二方面から説かれている。その一は、検視は緊急処分である、という考え方である。変死体は、遺族といえども勝手に葬《ほうむ》ることは許されない（刑法一九二条）。といって放置しておくことは、衛生その他の点から見て問題がある。憲法第三五条が保証しようとする住居の平穏は、既に死神によって荒らされている。ちょうど犯罪が現に行われていること、たとえば人が殺されかかっているということと急を要するということについては同じだ。間髪《かんはつ》を容《い》れずに処置すべき実態だ、という考え方である。かかる緊急の場合は、令状よりも何よりも処置を緊急に行うことが、住居の平穏を維持することにつらなる。それが社会通念である、と。(3)

もう一つは、検視行為そのものの性質が捜査活動ではなく、刑事手続について規定する憲法第三五条とは直接関係がない、とするものである。

憲法第三三条以下は、刑事手続の規定であり、第三五条は、犯罪捜査のために行われる捜査押収について令状の必要をうたったものである。ところが、検視は、犯罪の嫌疑の有無を発見するために行われる処分であって、犯罪の嫌疑を前提とするものでないから、捜査そのものではない。(4)したがって、令状によらなくても、憲法第三五条には抵触《ていしょく》しない、とする。

警察官としては、以上の議論の当否に深入りする必要はない。ただ、変死体が存在し、既に住居の平穏は害されている。一刻も早く検視をして、もとの平穏に返してやらなくてはならない。そういう、個人や、社会の安全のうえから責務を負わされているのだ、という自覚のうえに立って、迅速適確に処理する心がけが大切である。

五　死体の解剖

外側から五官《ごかん》の働きに頼ってする検視行為には限度がある。もっと確実な観察を必要とする場合には死体を解剖しなければならない。解剖は、検視の延長としてずるずるしてしまうことは許されない。検視の区切りをつけて、解剖という、次の処分に移行する手続がいる。

まず、犯罪があると思料できる、何か有力な証拠が得られたが、なおかつ、死体を解剖したいという場合は、捜査活動としての検証・鑑定の段階に移行するわけである。この場合は検証令状ないしは鑑定処分許可状が必要である。検証は、物に対する強制処分であるから、人の住居に入って行う場合は、憲法第三五条によって令状がいるのである。しかし、その処分は、外部からほぼ確認できる弾丸を、皮膚をさいて取り出すとか、一般人にもできそうな、簡単なことに限られるので、本格的な解剖を要する場合は、鑑定処分許可状を得て医師らに鑑定を嘱託《しょくたく》すべきである。

犯罪がない、ということが明らかになってきたが、なお念のため、解剖しておきたい、という場合は、監察医(5)に嘱託して行う（死体解剖保存法八条）。それは、もはや犯罪捜査ではないから、鑑定嘱託書は使えないし、もちろん鑑定処分許可状も必要でない。別に様式にこだわらずに嘱託することができる。

その結果、予想に反して犯罪に起因するということがわかったら、解剖した医師は、二四時間以内に警察へ届出をすることになっている（死体解剖保存法一一条）。もし、その届出を受けたら、直ちに犯罪捜査に移行するのであるから、捜査上の行為であるところの鑑定嘱託をして解剖結果の所見を求める手続をとる。鑑定処分許可状はいらない。

さて、犯罪の客体であるかどうか、これによって明らかになった。では用の済んだ死体をどうするか、が次の問題である。

一般に、警察官は、死体を発見したり、また、発見の届出を受けたりした後、その処理をする第一次機関とされている。

犯罪のにおいのある死体を真っ先に取り扱うのはあたりまえであるが、全く、犯罪に関係のない死体・自殺も、災害による死体も、警察官が見分して、それから、遺族なり、関係機関なりに引き渡すこととされている。

そして、その活動・手続を明確にしたものが、死体取扱規則（昭和三三年国公委規則四号）である。警察官は、この規則によって不自然死体の一切を取り扱う。非犯罪死体であっても、警察官が取り扱うのは、警察官には、公共の安全と秩序の維持の責務があるからである。

犯罪死体の取扱いも、実況見分・検証の終わった後、行政上の必要な手続をとらなければならないことがある。犯罪被疑死体については、はじめ、検視規則によって処理した後、死体取扱規則の対象に移されてくる（死体取扱規則二条）。この規則によって遺族への引渡し、遺族のわからない場合の市区町村長に対する手続等がとられるのである。

こうして、犯罪に関係しそうな死体は、必要な処分を終わってから、無関係の死体ははじめから、警察官の取扱い対象として、死因の調査、身元の照会、遺族への引渡し、市区町村長への報告等、一連の手続が行われる。警察官は、死体を発見し、又は死体がある旨の届出を受けたときは、すみやかに署長に報告する（死体取扱規則三条）。その後は、検視・実況見分・検証にわたるもののほかは、死体見分のうえ死体見分調書を作成（死体取扱規則四条）、遺族等への引渡しをする。

(1)　通常犯罪捜査に関する定めは、刑事訴訟法のほかは、犯罪捜査規範（昭和三二年国公委規則二号）によることとされているが、検視に関して別立ての検視規則が作られたについては、いきさつがある。制定を急がれていた犯罪捜査規範の中から、検視に関する規定を削除して後日の相談に任せる措置をとるほかはなかった。つまり、関係官庁の間で意見の一致をみることが難しかったのである。その辺の事情については、「逐条解説犯罪捜査規範」警察庁刑事局編二・三頁に詳しい。

(2)　小野ほか「ポケット註釈全書(3)改訂刑事訴訟法」四三〇頁は、「変死者と変死の疑ある死体とを区別する実益はない。両者を包括して、その死亡が犯罪によるものではないと断定できない不自然死の死体をいうものと解すれば足りる」とする（同旨、平野龍一「刑事訴訟法」八七頁）。松尾浩也「刑事訴訟法上」の平成一一年新版は、「犯罪による死亡であることが明白な場合も、司法検視の対象になるという見解も主張されている。これは、およそ人の死を含む犯罪については、捜査の開始に際して検察官の統制を働かせる方がよいという考え方に基づいている。しかし、この考え方自体が現行法の趣旨に合致しない憾《うら》みがあるだけでなく、代行検視が一般化している実状からみても、とくに積極説をとる根拠は乏しいと思われる。（九四頁）」とする。これが今日の通説である。反対説は、これに反して明白な自然死以外のもの一切を指す。つまり、検視は難しい仕事なので「ルーズにできないため、不自然死についてはこれを検察官に報告せしめることによって、完璧を期することができるのではあるまいか。」（三堀博「検死の意義について」捜査研究、昭和三〇年七月、一五頁以下）というのである。警察官不信の情勢と、戦前、検察官が捜査を主宰した郷愁とがごっちゃになった議論であり、歴史的遺物として記録にとどめられるに過ぎない。

これらの論争の雰囲気を知るためには、桐山隆彦「警察官のための刑事訴訟法解説」一〇二～一〇六頁に詳しい。

(3)　小野ほか「ポケット註釈全書(3)改訂刑事訴訟法」四三〇頁は、「その理由は緊急処分と見るべきだからであろう。そうすれば、死因が犯罪による死体又は犯罪によるとの疑いのある死体を見分する場合には、形式上検証として見分するにしてもそれは本来緊急処分として令状を要しないと見るべきであろう。」同じ趣旨のものとして、「逐条解説検視規則」警察庁刑事局三二頁、高田卓爾「刑事訴訟法」三四一頁がある。

(4)　団藤重光「条解刑事訴訟法上」四四一頁は、「検視は犯罪捜査そのものではないが、これに準ずる性質をもつものであるから、少なくとも住居等の内に入って行う検視については、憲法第三五条に準じてこれを取り扱う必要がある。ただ、それが厳密な意味での捜査処分に属せず、かつとくに緊急を要することを考慮するときは、すぐにこの規定を違憲と解することはできないであろう。」とする。

(5)　死体の取扱いを適正にして、医学の進歩や公衆衛生の向上をはかる目的で、死体解剖保存法（昭和二四年法律二〇四号）が作られてある。同法により、都道府県知事は、一定地域内の伝染病、中毒又は災害により死亡した疑いのある死体その他死因の明らかでない死体について、その死因を明らかにするため監察医を置き、これに検案させたり、解剖させたりすることとしている。ただし、監察医の検案、解剖より、検視が優先させられているのは当然である（死体解剖保存法八条）。

第三章　任意捜査

第一節　任意捜査の意義と原則

一　任意捜査の意義

一　ある事件で警察が捜査している、ということは、一般人には普通わからない。新聞報道を見る。きまって、逮捕したとか、捜索したとか、警察が強制力を行使したことを書いている。

捜査といえば、家宅捜索、被疑者の逮捕のような権力行使が常道《じょうどう》のように思えるが、実は、任意が原則なのである。

捜査の端緒を得たら、まず、どういう活動が始まるか。たとえば、内偵・聞込にあたる。尾行する。張込をする。犯罪現場を見分する。そのほとんどが隠密裏《おんみつり》に、したがって、任意につまり強制なしで遂行される。

目撃者や被害者などの参考人の話を聞くにしろ、第三者の手元にある関係書類や物件を参考にするにしろ、捜査は人々の同意と納得のうえに立って進行する。その活動は無限である。捜査官の知恵と努力の見せどころである。

とは言ってもあくまでも権力をもった警察官の活動であるから、何の規則も限界もないといったら行き過ぎになる。その活動は「捜査」である以上、刑事訴訟法にその根拠があり、従って法のもつ限界もまた厳然としてある。相手のない仕事はともかく、相手があってその承諾を得たからいいということにはならない場合もあるから注意が要るのだ。

第一九七条〔捜査に必要な取調べ〕①　捜査については、その目的を達するため必要な取調をすることができる。

「必要な取調」、これが、任意捜査の根拠を規定したものである。ここでいう「取調」は、ふつう供述を求める意味に解されている取調べ室における取調べを含め、広く、捜査の目的を達するため

にとられるすべての処分（捜査活動）を言っている。(1)これには限界がある。この第一九七条一項後段には、
　但《ただ》し、強制の処分は、この法律に特別の定のある場合でなければ、これをすることができない。

と、書いてある。すなわち国民の権利義務に響《ひび》く活動でしかも強制にわたるようなことは、任意捜査の枠《わく》組《ぐみ》の中には入らない。この「任意」と「強制」との間がいつも問題になるのである。

　捜査官の側にしてみれば、説得して言う通りにしてもらう、承諾を得てしたことだ、と思っても、相手はそうでないかもしれない。

　任意か強制か、際《きわ》どいところでその限界が争われる。

二　捜査官にとって、強制か、任意か、その見分けは大切であるが、目安としては、令状をもらってしなさいという風に、法律に書いてあることが「強制」に属する事柄であり、書いてないことは、「任意」でできる範囲の事柄である。そう考えておいてさしつかえはない。必ずしも、「有形力の行使」にこだわらなくともよい。有形力の行使がなくとも、強制の範囲に入れられることもあり、逆に有形力の行使と言えるものであっても、時と場合や程度によって、強制ではない、とされることもある。「強制捜査」でいう「強制」とは、まず、個人の意志を制圧することから始まる。
　そして、制圧された人の身体、住居、財産等に制約を加える。嫌だということを敢《あ》えてする。そ

うやって、捜査の目的を実現することである。制圧には、心理的なものもあるのだ。それだけのことだから、当然、あらかじめ憲法や法律に書いてあり、かつ、そこに漏れはない、と考えておいてよい。(2)

とは言っても、具体的な場合については、任意の限界はどこにあるのか、たとえば、犯人が路上の集団の中にまぎれこむという例があった。追って中に入れば少数の警察官では袋叩《ふくろだた》きにあう可能性がある。そこで、五分ないし一〇分たってから応援に駆けつけた機動隊の力を借りて犯人を探索し検挙しようとする。機動隊は大楯《おおたて》をもってその集団の進行にストップをかけ、見分の上犯人でないと認められる者を順次立ち去らせるという措置をとった。この停止させたことが任意か強制か、争われて最高裁まで行き、結果は任意捜査の範囲に属すると言うことになった。(3)

おとり捜査が、問題にされたことがあった。麻薬覚せい剤取締まりのように、客を装ってはじめて売人を突き止めうる場合がある。ところが、その場合、売人は、捜査員又はその意を受けた者にそそのかされて犯罪を犯したということになり、捜査機関がみずから犯罪を作りだし、はまった相手を逮捕するとはなにごとだ、と争われた。これに対して、はじめから犯罪の意図のない対象（犯罪誘発型）と、もうずっとやっている対象に売りの機会を与える場合（機会提供型）では違うだろう、という学説が出てこれが通説になった。そして、二〇〇四（平成一六）年七月一二日、ようやく最高裁第一小法廷の判決が出され、機会提供型おとり捜査は、一九七条の任意捜査だ、ということが、明確にされた。その要件は、①麻薬覚せい剤事件のように、直接の被害者がいない事件で、②通常の犯罪捜査の手法では摘発《てきはつ》が困難であり、③相手はすでに犯意ができていて、機会さえあれば、売り買いの犯罪を犯すおそれのある者である場合である。

また、承諾があったからと言って、していいことと、して悪いことがある。この点、とくに注意を要する。

極めて人権に関する事柄は、たとえ、本人が承知したからと言って、してはいけない。たとえば逮捕である。本人が、捕まってもいい、と言ったとて、令状なく、また、現行犯要件にもあてはまらないのを逮捕することはできないのだ。捜索も同じである（規範一〇八条）。

家の中を探させてくれ、どうぞ、と言ったからとて、してはいけない。女子の身体の捜索も同じである。強制にわたる場合は、刑事訴訟法に一定の方法が記載されており、それを履践《りせん》することなく、相手方の承諾に賭《か》けることは許されない。

それほど人権にかかわる問題でなくとも、承諾を得るにあたっては承諾を強制したり、又は強制したと疑われるような言動があってはならない。更に、後から、強制されたと言われないよう、任意性を確保することに神経を使わなければならないのである（規範一〇〇条）。

人の承諾は、内心の意思の表明であるから、いつでも変わるおそれがあり、後から、警察が勝手にした、という攻撃がなされる例もあるからである。

被疑者の写真を撮《と》ることについても、被疑者が身体の拘束を受けている場合の規定があり（二一八条）、その場合は令状を要しないとしているので、その他の場合は令状がいるのかどうか、つまり、本人の承諾も令状もないまま、その容ぼうや姿態を撮影できるのかどうかが問題とされることがある。

しかし、刑事訴訟法は、前にも述べたように（本章一節一・一）無限の捜査手段のうち、国民の権利義務に響きそうなものを最小限に規定してあるものであるから、規定のない分野は任意であり、また、ある規定を拡大解釈して強制の分野に取り込もうとすることはできないのである。

したがって物理的に強制して撮影を強行しようとする場合は別として、普通にとるのは任意捜査の手段として許されることである(4)。

三　このように、「任意」と「強制」の間は際どい多くの問題を孕《はら》んでいる。

そして、この限界をめぐって「任意」の領域を広く取るか、それとも「強制」の領域に多くを含めてそれについてまわる司法的抑制に期待するかの二大潮流《ちょうりゅう》があり、そのぶつかり合う所には渦《うず》が発生しているわけである。「任意捜査」といえば体裁《ていさい》はいいが、所詮《しょせん》は国家権力の発動の一種であり、何よりも公正が要求される。警察官にその公正が期待できないならば、警察以外のチェックにそれを期待することになる。

しかし、捜査の第一線に立つ警察官にとっては、千変万化する実態にすばやく主体的に対応する「任意捜査」こそが本流でなければならず、その公正の確保は、警察官の使命そのものであると言っても過言《かごん》ではない。まことに「捜査は任意が原則」であり、任意なればこそ人知れず密行《みっこう》し、被疑者やその家族等の人権をマスコミの不当な侵害から守ることができるのである。一九九四（平成六）年に起きた松本サリン事件を見ればわかるように、強制捜査に随伴《ずいはん》して被疑者や参考人の社会的地位や名誉を踏みにじるのが現代のマスコミ状況である。これを勘案《かんあん》するだけでも、むしろ人権のためには「任意」の領域でいろいろ考えなければならない問題があることを銘記《めいき》しておく必要がある。(5)

平成一一年六月に行われた規範の改正は、犯罪に関する申告者等、情報、資料の提供者や、被害者等の、心情や人格、名誉、信用等に、特段の配慮をするよう新しい条文を加えている。時勢《じせい》に即応するとそうなるのである。留意すべきことである。(6)

(1) 平場安治ほか「注解刑事訴訟法中巻」三六頁は、「刑事訴訟法は、『取調』という語を広狭二義に使用している。第一の狭義のものとしては、……中略……人を対象としてその者の供述を求める行為を意味する。第二の広義のものは……中略……本項にいう「取調」も後者に属するものであって、結局、捜査の目的を達するに必要な処分一般を意味するものと解すべきである。」とする。

(2)　最決昭和五一年三月一六日、集三〇・二・一八七は「捜査において強制手段を用いることは、法律の根拠規定がある場合に限り許容されるものである。しかしながら、ここにいう強制手段とは、有形力の行使を伴う手段を意味するものではなく、個人の意志を制圧し、身体、住居、財産等に制約を加えて強制的に捜査目的を実現する行為など、特別の根拠規定がなければ許容することが相当でない手段を意味する」とし、逆に任意捜査における有形力の行使は、軽度のものまで全く許されないものではなく、社会通念上「具体的状況のもとで相当と認められる限度」を超えないものは許されるとする。

(3)　最決昭和五九年二月一三日、集三八・三・二九五は、「停止を求めるための説得の域にとどまる」と認定し「適法な職務執行にあたる」としながら、「これによって犯罪にかかわりのない多数の第三者の自由をも制約することとなるのであるから、かかる停止が警察官の職務執行として軽々に許されるべきものではないことはいうまでもない」とする。

(4)　最判昭和四四年一二月二四日、集二三・一二・一六二五は、「警察官が、正当な理由もないのに、個人の容ぼう等を撮影することは、憲法一三条の趣旨に反し、許されないものといわなければならない。」としながら、「犯罪を捜査することは、」「公共の福祉のため必要のある場合」に当たるから、「警察官が犯罪捜査の必要上写真を撮影する際、その対象の中に犯人のみならず第三者である個人の容ぼう等が含まれても、これが許容される場合がありうるものといわなければならない。」とする。

(5)　一九九四（平成六）年に発覚したオウム真理教事件では、第一次通報者はマスコミの狂奔《きょうほん》下に天下晒《さら》しの刑、それも無実の罪で苦しみ通した。ただ一回の強制捜索押収の手続に悪乗りされたからである。

憲法や刑事訴訟法が作られた半世紀前の頃は、警察官の「任意」を危険視して「強制捜査」に必要的に随伴する司法的抑制に期待をかけるのがいいとされる風潮があった。しかし時代は変った。捜査はマスコミと人権に眼をつぶることができない。そして事件が重大であればある程「強制捜査」はマスコミ発表を抜きにはできず、その後にくる被疑者やその家族の人権すなわち天下晒しの刑の軽重を測らなければならなくなった。

(6) 犯罪捜査規範（昭和三二年国家公安委員会規則二号）は、一九九九（平成一一）年六月一八日国家公安委員会規則八号をもって改正され、秘密の保持等の九条に捜査の端緒や資料を提供してくれた人の名誉、信用に対する配慮を促す二項、一〇条の二に被害者等に対する配慮、一〇条の三に被害者等に対する必要事項の通知等、関係者の名誉や信用、人権に配慮することを義務づける規定が追加された。

第二節　人に対する任意捜査

一　人に対する任意捜査の態様

任意捜査の態様は無限である。

捜査員が聞込にでかける。内偵・尾行・張込をする。それらは、ほんの一部にしか過ぎない。しかし、法が濫用《らんよう》を懸念《けねん》し規定をおいたものは、それほど多くない。出頭要求、取調べ、鑑定《かんてい》・通訳・翻訳《ほんやく》の嘱託《しょくたく》、それに、地域警察官に関係の深い職務質問と同行がある。

いずれも、逮捕とか、自白とか、国民の権利義務に密接に関連する行為である。任意に属するが強制と紙一重のところがある。法は用心してこれらの処分について規定した。警察官も知識を明確にし、用心して疑いをかけられることのないよう注意しなければならない。

出頭要求・取調べは、人に対する任意捜査のうち、代表的なものであるが、相手が、被疑者であるか、参考人であるかによって、捜査員の心構えも変われば、方法にも違いがある。

二　被疑者の出頭と取調べ

一　捜査の核心は、被疑者を取調べて事案の真相を明らかにすることであるとされ、作成された供述調書は、しばしば有罪・無罪の決め手にされることが多かった。ここから、自白偏重の誹《そし》りが生まれ、しばしば捜査の適正化が問題になった。

平成になると、ついに司法改革の機運が起こり、主権者国民の参加を促す裁判員制度等の一連の改革の中で、捜査と取調べをめぐる監視・監督の目は二重に強化されることとなった。

その一つは、裁判員に選ばれる主権者国民の目が入ってきたことだ。供述調書等もこの目を意識した表現等に注意をはらう必要を生じ、これらの傾向を踏まえて、二〇〇七（平成一九）年にはまず規範の改正がはかられた。

その二は、それに連動しながらさらに、二〇〇八（平成二〇）年からは、「被疑者取調べ適正化のための監督に関する規則」（平成二〇年国家公安委員会規則四号。以下「適正化規則」という。）による取調べ等の監視、監督という警察部内の新しい目が、加わることになった。

二　被疑者というのは、犯人であるかどうか、疑われている者、一応、犯人と想定してかかった者であり、捜査上、シロになるか、クロになるか、今後の努力にかかっている者である。その前段階に、いつ被疑者に切り替わるかわからない者として重要参考人がいる。

捜査員は、被疑者の周辺を洗っていって、どうしても、一度、直接本人にあたって心証を得る必要がある、と判断する場合があり呼出しをかける。つまり、出頭要求である。

司法警察職員は、犯罪の捜査をするについて必要があるときは、被疑者の出頭を求め、これを取調べることができる（一九八条一項）。しかし、呼出しを受けた相手方は、必ずしも出頭を義務付けられるわけではない。出頭を拒《こば》むことはもちろん、出頭後退去することも自由である（同条ただし書）。捜査上、人の自由を拘束できる場合は最低限その者が犯罪を犯したことを疑うに足りる相当な理由がある場合である（一九九条）とされている。しかも、裁判官の発する逮捕状を必要とする。また、逮捕状があっても、その罪が軽い罪すなわち三〇万円（刑法、暴力行為等処罰に関する法律及び経済関係罰則の整備に関する法律の罪以外の罪については、当分の間、二万円）以下の罰金、拘留又は科料にあたる罪であると、とりあえず呼出しをかけて、出頭しない場合にはじめて逮捕しなさい、ということになっている（一九九条一項）。逮捕を許されている場合であってもそうである。まして、灰色であっても、疑いがあるだけだという場合に、呼出しをかけても、来なくてあたりまえ、来ないからといって、署に、ひきずってくるようなことは許されないのである。

第一九八条第一項による呼出しは、電話、呼出状（規範別記様式七号）の送付その他適当な方法により、出頭すべき日時、場所、用件その他必要な事項を呼出人に確実に伝達しなければならない。方式については法律上とくに制限はないが、人権への配慮を確実にしなければならない。被疑者又は重要な参考人の任意出頭には、本部長又は警察署長の指揮が要ることとされる（規範一〇二条）。呼出しの場所も、警察署や交番が普通で、とくに限定されているわけではない。

呼出しをしたら、呼出簿（規範別記様式八号）に記載しておく。後日の紛議にならないよう、記録を適正にしておく必要があり、呼出簿の様式も不動文字を増やし、決裁欄が入れられた。これは、取調べを適正にするための警務系統による監視・監督とも関連する。

三　第一九八条第一項の呼出しを受けて所定の場所に出頭してきた被疑者の取調べにあたっては、その場所の環境を国民に対して明確にする必要があり、透視鏡等の整備された取調べ室によることが望ましい。

いよいよ取調べを開始することになったら、冒頭にまず自己の意思に反して供述をする必要がない旨を告げなければならない（一九八条二項）。この告知は、取調べの冒頭で行うこととされているので、取調べが数回にわたり、あるいは、数日にわたる場合は、そのたびごとに、告げる必要があるかというと、判例は、包括《ほうかつ》して一回、冒頭で行えばよいとする。(1) ただし、署員から本部員に、取調べ担当者が変わったなど、人が変わったりしたら、やり直しをする方が好ましい（規範一六九条二項）。これに反して、はじめからチームワークを組んで、数人の捜査員が入れかわり立ちかわり、取調べをするような場合まで、人が変わったとして、いちいち、告知の必要があるわけではない。

外国人に対する告知には注意がいる。ふつうの外国人は日本語もわからず、まして日本の法律制度などは知る由《よし》もない。にもかかわらず捜査官の方は無神経にふつうの日本人に対するように扱かって失敗した例がある。(2)

精神又は身体に障害のある者も、取調べを行う時間や場所等について特段の配慮が要る。供述の任意性に疑いをかけられることがないよう適切な方法を用いなければならない（規範一六八条の二）。

四　取調べの結果は文書（供述調書といわれる。）にするのが普通である。作成に当たっては、司法警察職員捜査書類基本書式例（以下「基本書式例」という。）の書式による（規範一七九条三項）。後に、公判廷で証拠として活躍させるには、方式を整えておく必要がある。記載に当たっては、形式に流れることなく、また、ヤマカンや誇張を避け、裁判員にもわかりやすい表現を心がけなければならない。内容には犯意、着手の方法、実行行為の態様、未遂既遂の別、共謀の事実等犯罪構成に関する事項については特に明確に記載するようにしなければならない。裁判員制度の発足に対応して規範はさらに、事件の性質に応じて必要と認められる場合には、主題ごと又は場面ごとの供述調書を作成するなどの工夫をせよ、と促している（規範一七九条一項二号）。必要なければ、調書にしないことや（一九八条三項）、数日分をまとめて記述するなどの方法もあるが(3)、世相の変わりもあるから、できるだけ取調べの経過を明らかにするのが望ましい(4)。

調書にしたら、最後に被疑者に閲覧《えつらん》させ、あるいは読み聞かせ、誤りがないかどうかを問い、もし、被疑者が増減変更の申立をしたときは、その供述を調書の中に記載する（一九八条四項）。

形式的に、とくに重要なのは、被疑者の署名又は押印である。署名及び押印を共に欠く調書は、これを証拠とすることができない（三二二条一項）。しかし、中には署名できない人もいるであろうから、そういう場合は、警察官が代書し、その事由を記載のうえ署名押印することによって代えることが許されている。また、押印することができないときは、指印《しいん》をもって代えることも許されている（規則六一条）。被疑者が、部分的に調書の各葉を確認する場合がある。その場合は、そのことを証するため、該当各葉の欄外に署名又は押印を求めることとする（規範一七九条三項）。

供述調書が、公判廷で証拠として用いられるためには、ほかに一定の要件があるが、後述に譲《ゆず》ることとする（七章二節三の五）。

三　被疑者の出頭・取調べと職務質問・同行

一　警職法の同行　二　刑事訴訟法の同行　三　質問と取調べ

一　職務質問をして、どうも納得できない、という場合に、相手を促《うなが》して、交番や本署へ同行を求めることがある。

このときの同行は、警察官職務執行法第二条第二項によるのであり、最初に本人を認めたその場で質問を続行することが本人に対して不利だとか、又は交通の妨害《ぼうがい》になると認められる場合に付近の警察署等に同行を求めるのである。もし逃げようとするならば相手の肩や手をとらえて押し止め、更に同行を求める程度の有形力の行使は許されており、(5) また、エンジンキーを抜いて自動車をしばし止めることも許されているが、(6) 同行を拒否する者の手をつかんでひきずったり、二人で両腕をとって同行するようなことは許されない。(7)

これは、たまたま、路上等において不審を抱いて質問を深め、犯罪の予防ないしは、犯罪の端緒を得ようとする活動であり、特定の犯罪の被疑者として、ある程度特定したうえで呼出しをかける第一九八条第一項の捜査活動とは違うことを知っておかなければならない。

すなわち警職法による同行に関しては、何らかの罪に関係がありそうだという疑いのある相手であるのに、本人の居所も何も、特定されるに至っていない段階においての停止であり、同行の求めであるのだから、ある程度の有形力の行使は当然であり、警察官が呼びかけたのに、応じないで逃走するのを見逃す方が、むしろ、警察活動の本旨《ほんし》に照らして是認《ぜにん》されることができない(8)。

もちろん、職務質問のうえで、何らかの犯罪が明らかになった今、質問を受けている男は、その明らかになった犯罪の被疑者、いや、犯人その者である、という確信を得ることがあるかも知れない。その場合の警察官は、その確信を抱くに至った段階から、司法警察職員としての活動に移るのだ、という考え方もあるわけである。

その点、現場の警察官は楽になった。そういう競合《きょうごう》した法律関係を意識して活動せよ、ということは、必要がなくなったからだ。

ただ、はっきりしておかなければならないことは、逮捕と紛《まぎ》らわしい行為をとるな、ということと、同行は、あくまでも任意であるから、説得に配意して短気を起こさないようにせよ、ということである。

二　この点、制服活動に従事している地域警察官が同行する場合は、職務質問の相手方が、特定の犯罪の被疑者として明白になり、本署に同行する必要が生ずる場合の方が一般的であろう。そして、そこにも問題の種はある。

そこでこの場合を考察してみると、まず、不審な相手方を発見して停止を求める。この際多少のいさかいがあったとしても、敢然《かんぜん》として停止させ、質問を遂げなければならないのは前述のとおりである。

次に、これを、同行を求め、駐在所ないし交番に行くとする。この場合の同行は、警職法によるのである。

ところが、これにクレームが入る。もし、街頭で質問したところが、既にして特定の犯罪の被疑者であるということが明らかになった。それからの同行は第一九八条第一項の同行ではないか、と。

地域警察官は、そこまで頭を使う必要はない。あくまでも、警職法で同行すればよいのである。

そして、上司に報告して、後は、その指示に従えばよい。

ただ、何故、右のようなクレームが入るか、若干《じゃっかん》説明すると、それは、同行が逮捕と同視されるような態様のものであったかどうか、つまり、司法警察活動が逸脱《いつだつ》しているかどうか後で問題になることがあるからである。

地域警察官としても、もし、質問によって後に説明する緊急逮捕なり、現行犯逮捕なりの要件を満たす場合にぶつかったら、その段階から、積極的に逮捕行為に入ることがあるかも知れないが、建前は、あくまでも同行でよい。そして、上司の指揮を受けて事後の行動をきめればよい。

ところが、相手方がすなおに同行に応じない。どうみても逮捕してよい場合にあたる、というとき、なおかつ上司の指揮を求めている余裕がなく、自らの判断で逮捕し直ちに本署に連行する必要のある場合もあるであろう。

そういう場合は、地域警察官であると同時に、司法警察職員の一員として、刑事訴訟法に基づく逮捕行為に移らなければならない。警職法第二条第三項が「……刑事訴訟に関する法律の規定によらない限り、身柄を拘束され、又はその意に反して警察署、交番若しくは駐在所に連行され、若しくは答弁を強要されることはない。」と書いたのはその趣旨である。

しかし、地域警察官は、警職法に基づいて同行するよう、最後の最後まで、努力するにこしたことはない。

ただ、警職法の許す有形力の行使の範囲を逸脱した場合に、それを救う道は、刑事訴訟法による逮捕権しかない。具体的には、現行犯・準現行犯・緊急逮捕のどれかにあたるかどうか、ということに帰着《きちゃく》する。そして、その判断は幹部がするから、遅滞《ちたい》なく報告のうえ指揮を仰《あお》ぐべきである。

さて、その幹部であるが、長い間、任意捜査に有形力の行使はない、ということで困難を強いられてきた。ところが、一九七六（昭和五一）年、四半世紀以上経ってからではあったが、ようやく最高裁のお墨付きが出たことはすでに述べた。「有形力の行使は、任意捜査においても許容される場合がある」とされたのである。(9)

三　さて、交番等へ同行を求めて相手方がこれに応じたとなると、次は、質問ないしは取調べということになるが、第一九八条第一項の出頭を求めて取調べをするには、あらかじめ自己の意思に反して供述する必要のない旨を告げてからでないと取調べをすることは許されない。

しかし、警職法第二条による質問の場合に、そういう制限はないから注意をする必要がある。いきなり質問して差支えはない。

地域警察官としては、あくまでも、職務質問をする、ということに徹して差支えないであろう。

さきにも述べたとおり、もし、必要があって逮捕権を発動したのであれば、以後、刑事訴訟法の規定に従って、右の供述拒否権の告知が必要であり、怠《おこた》れば、以後の供述は、任意性を欠くものとして、せっかく調書にしても、以後、公判廷で証拠として用いるのが難しくなる。(10)

このように、刑訴法によったか、警職法によったか、によって、供述拒否権の告知が必要になったり、必要でなくなったりするので、地域警察官の同行行為が、行き過ぎて逮捕と同一視すべき態様になってしまったのかどうか、被疑者とのクエスチョン・アンド・アンサーを開始する前に判断決定をしておく必要がある。地域警察官は、よく上司に報告し、適確に状況を説明してその誤りなき判断を頂いておく必要があるわけである。

そして、地域警察活動としては、職務質問と、そのための同行、ということで一貫しているのがよいわけである。

四　不審者の同行と幹部の指揮

一　質問同行に対する判断のポイント　二　出頭要求と逮捕の始期

一

さて、地域警察官から被同行者の処遇について指揮を求められた場合に、幹部は、どのような着眼で、どのような判断をするか。

場合を分けて、まず、職務質問の対象者につき、考察してみよう。

相手が素直についてきた場合は問題ない。質問を続行し、更に必要があったら、本署に同行を求めて、更に深い質問をすることもできよう。

ただ、その場合に、本署で刑事係に引き渡し、以後、刑事が質問を続けるとなると、そこに、警職法第二条か、第一九八条か。行政的取締りの一貫としてなされているのか、特定犯罪の被疑者の取調べとして、司法警察活動の一貫としてなされようとするのか、疑問を生じ、へたをすると、後から、供述拒否権の告知をしたとかしないとか、問題になるおそれがあろう。

第一線実務としては、刑事係に引き渡されたときから、司法警察の対象になったのだ。したがって、供述拒否権を告知し、第一九八条第一項による取調べをするのだ、と割り切っておいて差支えがない(11)。

ただ、それでもクレームの入る余地がある。

それは、以上の判断は、地域警察官による同行が、正しく警職法第二条第一項及び第二項の要件を充足し、その同行方法につき、逸脱を問題にする余地がない、ことを前提とするからである。

もし、逸脱があるならば、それは、もはや警職法に根拠をおく行政的取締りの範囲ではなく、司法警察の分野に属する。

すなわち、警職法第二条第三項の「身柄を拘束され、又はその意に反して警察署、交番若しくは駐在所に連行され、若しくは答弁を強要され」たにあたるケースとなり、それは、「刑事訴訟に関する法律の規定によらない限り」してはいけないからである。

幹部は、同行の態様、その後の質問の雰囲気《ふんいき》等、詳しく報告を受けてそれが、逸脱のないものであるかどうかを確かめ、もし、逸脱があるならば、その逸脱のあった時点から、逮捕と同視すべき状態が始まったと判断し、所定の手続を選択しなければならない。(12) もし現行犯逮捕の要件を満たしているのであれば現行犯逮捕手続書以下、その手続を進めればよい。また、もし、現行犯逮捕の要件がない、とするならば、残りは、緊急逮捕しかない。そして、その要件の充足にあいまいのところがあるならば、幹部が上塗《うわぬ》りをして、第二一〇条所定の緊急逮捕の手続を進めるほかはない。

以上の基礎になる判断は、地域警察官の職務質問・同行が、警職法の要件を逸脱しているかどうかにある。第一九八条第一項の出頭要求の一態様としての任意同行と比較すると、警職法の方が、有形力の行使を含めて、より強い権限を保証しており、大は小を兼《か》ねるからである。

二　次に、はじめから、第一九八条第一項により出頭を求め、警察官が同行する場合につき、考察してみよう。

通常呼出しは、刑事係等の依頼に基づき、地域警察官からなされる場合が多い。しかし、その場合、同行にまでは至らないのが普通である。何故ならば、特定事件の被疑者として出頭を求むるにつき、同行を必要とするような場合は、本件係の刑事が出向くのが通例である。第一九八条第一項による出頭は任意であるから、できるだけ、刺激を与えないよう配慮するので、目立ちやすい制服の使用は避《さ》けるのが普通であるからである。

第一九八条第一項の出頭要求は、これを拒むことができる。しかし、数回呼び出しても、どうしても出頭しない場合は、そこまでで捜査を打ち切る理由になるはずはない。最後には、その意思に反して、どうしても出頭してもらわなければならない。そこで、実務では、四、五回呼んでもこない相手は、証拠隠滅か何か、当該被疑事実の解明を遅らせる意図《いと》があるものとみて、通常逮捕状を請求して処理することとされている(13)。

ところが、任意同行をする、つまり、警察官が自宅まで行って、「ちょっと用があるから」とか申し向け、自動車に乗せて同行して本署へ出頭させるときに問題が起きる。この場合は、通常、逮捕状を得ているケースが多い。すなわち、被疑事実の解明が進み、被疑者が特定した段階で逮捕状を用意し、もし本人に逃亡の気配《けはい》が感じられるならば、いつでも逮捕するという構えで、なおかつ相手方の意思を尊重し、第一九八条第一項によって出頭を求める。ただし、警察官は同行する。

この場合、既に逮捕状態に入ったか入らないかで問題になる。逮捕状があるのだからどうなろうと、文句はないのではないか、と考えるのが普通であるが、それが意外な破綻《はたん》を迎えたのである。

逮捕は、四八時間。それから検察庁に送って二四時間。それ以上の身柄の拘束を必要とするときには、検察官から勾留の請求をする。ところが、勾留請求の時間に制限がある。被疑者が身体を拘束されてから七二時間を超えることができない（二〇五条二項）。検察官が、今日の午後三時に勾留請求をしようとすると、被疑者の身柄拘束の始期は三日前の午後三時過ぎでなければならない。しかるに自宅に赴《おもむ》き、任意同行を求めたのが、三日前の午前八時半であったとすると、その任意同行が、逮捕状態であっては困るわけである。すなわち、裁判官は、もし、その任意同行が逮捕状態であったとすると、当然、身柄拘束の始期は三日前の午前八時半であった、しかるに今――時間制限を約六時間超過して――勾留請求をしてきた、これは却下《きゃっか》である、と判断する。

却下であれば、直ちに被疑者を釈放しなければならない（二〇五条四項）。捜査はそれで一頓挫《いちとんざ》である。

これに対する対策は二つしかない。

まず、任意同行に名をかりた逮捕状態を作らないことである。次に、もし、どうしてもその状態にならざるを得なかったら、逮捕の始期をその時に求めて、七二時間の計算に不足のないようにすることである。

そして、その判断の基礎となる事実関係を正確に把握《はあく》できるよう平素から報告連絡のできやすい雰囲気を醸成《じょうせい》しておくことである。

では、事実関係を判断して、何が逮捕状態であるのか、その基準になるものがあるか、というと、それは、ケース・バイ・ケースで考えるほかはない。

たとえば一見して警察のものとわかる黒塗りの自動車で本署まで同行したとする。もちろん警察官が同乗し、見ようによっては逮捕・連行するように見える。

しかし、場合を分けてみよう。まず第一例は、深夜、自宅から同行した。第二は、深夜、交通機関がなくなった街頭から同行した。このように、シチュエーションをかえてみると、同じ自動車、同じ態様でも、一方は、逮捕に近くなり、一方は、日常普通のことのように見えてくる。逆に言うと、そういうシチュエーションの説明不足で、裁判官の判断を誤らせ、あたら事件をパーにするケースも多いのではないかと考えられる。

そこで、判例を検討し、大づかみな、基準に近いものを、とくに、裁判官の眼のつけ所を知っておいて、事前に、その見方で検討する必要があるであろう。

そういう観点に立つ場合に、参考になるものとして第一線裁判官の提言がある。(14) すなわち、裁判官は、次の各点を考慮し、総合的に逮捕状にあったたか、なかったかを判断する。

1　同行時の用件・行き先等

ある汚職《おしょく》事件で逮捕状を用意し、午前八時ころ、二人の刑事が呼出しに出かけた。被疑者の自宅につき、身分を明かして被疑者の存否を尋ねたところ、被疑者自身が面接に応じた。

「A町の農業構造改善事業についてお尋ねしたいことがあるから、A警察署までおいで下さい」

と、申し向けると、

「わかりました。着替えをしますから、上がって待っていて下さい」

と、全く素直に応じ、警察署まで同行した。

同じ申し向け方が次のような場合はどうであろうか。

出て来た被疑者に対して、じろり、と一べつをくれて、

「今から警察に行くけんわかっとろうが」

相手は身に覚えがあれば素直に応じるかも知れない。また、覚えのあることが幾つかあれば、そのうちのどれかで迷うかも知れない。いずれにしてもその判断は複雑である。なおかつ、ついてくるとしたら、最も強く作用しているのは、自信あり気な、警察官の威圧《いあつ》的態度であろう。また、そうでなくても、そうとられる余地は十分にある。

2　時間的関係や被疑者の準備の状況

前の例のように、時ならぬときの同行は、不自然のそしりを受ける。被疑者が余裕をもって出て来たのか。その場から準備もなく、引きずられるようにして出て来たのか。

3　同行の具体的方法、ことに車利用の状態や警察官の人数、看視《かんし》方法同行拒否の有無

黒塗りの警察車両やジープは、一見してお迎えが来た、と近隣にわからせるものであるから、時と場所によっては使用しない方がよい、とされる。

また、警察官も、制服は刺激的であるから私服でいくのが好ましい。人数も、三人で取り囲むようにして問題になった例がある。

4　場所的関係、ことに路上か住居か。

さきに例をあげたとおりである。深夜の路上は比較的自然であるが住居からは不自然である。

5　取調べの状況、食事・用便時の看視の有無、退去希望の有無

長時間にわたること、警察官が、用便・食事のときも付き添っていること、睡眠をとる場所を与えないこと、等が問題となる。朝から調べて午後七時頃になっても取調べていて、違法視された例がある⑮。

6　逮捕状準備の有無、同時に捜索・差押が行われたか否か。

捜索・差押をした場合は、本人の近隣に対する名誉は既に害されている。既に準備された逮捕状をいつ執行するかということに関連して、本人の名誉という任意の原則は既に破られている。なお、かつ、逮捕を遅らすのは、時間かせぎではないか、という疑いをもたれる。

以上の諸点のほか、特殊事情があれば、それも考慮される。たとえば、深夜から明け方まで引き

続いて取調べ、被疑者には、椅子《いす》でうたた寝をさせただけであっても、被疑者が外国船の乗組員であり、出港予定が迫っている点を考慮された例がある。

さて、以上に分説した諸点は、その一つ一つが単独で決定的になるのではない。より合わさって一つの状態ができ、それが、逮捕状態であるかどうかが判断されるのである。

また、同行後、被疑者は、そのまま警察官の手中にいなければならない。というのではなく、いやなら、いつでも退去することができる。出頭を拒んだり、出頭後退去することができなくなるのは、被疑者が逮捕又は勾留されている場合に限られている（一九八条一項ただし書）。

この際も同様である。もし、せっかく連れてきたのに、ろくろく聞かないうちに相手はすでに退去の素振《そぶ》りを見せるとする。この時、警察官は当然押し止めたくなる。

このように、連れてくる、置いておく、そして退去させないようにする、その一切の挙動が「任意捜査」にも許される「有形力の行使」の限度内にあると言えるか、それとも特別の根拠規定の範囲内になければ許容されることのない「強制手段」に渡るのか、問題はケース・バイ・ケースに検討されることになる。

しかし、有難いことにその指針はすでに最高裁から出されている（前出注9）。

警察官は、この最高裁判例の指針に従い、その「具体的状況」の取調べに当っては、前記の裁判官の提言を参考に捜査を進めればよいのだが、弁護人や弁護人になろうとする者の中には、驚くような言動をする者もいる。

あの一九九五（平成七）年に日本中を震撼《しんかん》させたオウム真理教の事件で、捕《つか》まった凶悪被疑者に黙秘はおろか、留置場（今の留置施設）から取調べ室にいくことも拒否せよなどと助言して物議を醸《かも》す者がいた。

これを知って人々は驚きあきれたのであるが、もともとこれには深い訳があった。

第一章第一節四の中の「弾劾主義《だんがい》」という言葉を思い出してもらいたい。これを尊重し、強調したい。

学者の間では、捜査官と被疑者との立場の対等・平等を強調するのあまり、拘束中といえども、被疑者に退去の自由が失われているわけではない、として、第一九八条第一項ただし書を、通説のように、被疑者に義務を課したものとせず、拘置所の居房（今の居室）から取調べ室へくるように強制することはもちろん、取調べ室から、居房（今の居室）へ帰りたいと言ったらこれを許さなければならない、と説《と》く者がいたのだ(16)。

この考え方は、世に「捜査構造論」として次第にやかましくなっている議論の一部で、もともと捜査は、捜査機関が単独で行う準備活動に過ぎず、被疑者とて、これと独立・対等の裁判当事者として準備を行うものであり、捜査機関に屈従《くつじゅう》してその捜査の客体としての役割を果たすだけが能ではない、という、いわゆる「弾劾的捜査観」に基づくものである。

警察官は、通説・判例に基盤をおき、逮捕又は勾留されている場合は、被疑者に義務あり、として仕事を進めて差支えないのであるが、その場合でさえ、自由を許そうという議論が存在するほど、難しい問題を含んでいることを認識し、かりそめにも、供述の任意性が疑われるような言動を慎《つつし》まなければならない、ということである。

五　参考人の出頭と取調べ、鑑定・通訳・翻訳《ほんやく》の嘱託（付　証人尋問のあらまし）

一　参考人と被疑者　二　鑑定等嘱託　三　証人尋問のあらまし

一　犯罪の認定は証拠により、被疑者の自白だけでは証拠が足りない。
被害者はもちろんのこと、目撃者その他の参考人が、犯罪の固めに重要な役割を果すことは言うまでもないことである。

さて、警察官は、それらの者を訪ねて、いろいろ参考になる話を聞くのであるが、その内容を証拠とする必要を生じたときには、本人から供述書（上申書）を提出させるか、その供述を録取した参考人供述調書を作成しなければならない。

これらの書面は、場所を選ばず、どこででも作成可能ではあるが、警察署等に出頭を求めて取調べをするのが普通である。

第二二三条第一項は、司法警察職員は、犯罪の捜査をするについて必要があるときは、被疑者以外の出頭を求め、これを取調べ、又はこれに鑑定・通訳若しくは翻訳《ほんやく》を嘱託することができる旨を規定する。

被疑者の場合（一九八条）と供述拒否権告知の一点を除けば、その方式・手続等、全く同じである。すなわち、出頭を拒否できることはもちろん、出頭後、いつでも退去できること、供述の録取、その閲覧、読み聞け、増減変更のすべてが前述の方法と変わりがない。

供述拒否権の告知だけが違う。被疑者と参考人との取扱いで、ここだけが違うのは、被疑者は、既に犯人として疑われている身であるから、自分を防禦《ぼうぎょ》する必要があり、そのためには、供述をしない自由を確保しておかなければならないのに対して、参考人は、あくまでも、他人の事についてしゃべる立場である。場合によっては、参考人は化けの皮で、実は、共犯被疑者であるかも知れない。「重要」という字がついているが、よく、新聞等で、参考人の呼出しがまるで被疑者の出頭のように騒がれることがある。

そのように、参考人から被疑者に、また、被疑者から参考人に転換することはあるが、参考人が被疑者に変わる場合は、もちろん、改めて供述拒否権を告げ、いま一度供述させたうえで、被疑者供述調書を作成すればよい。取調べは、やむを得ない理由がある場合のほかは深夜を避け、また、長時間に及ぶことを自粛しなければならない（規範一六八条）。

だから、参考人で呼んで被疑者にする。その転換点をどこにするかが難しい。

女が殺されてその郵便貯金通帳や印鑑などが取られたという事件が発生した。その女には同棲《どうせい》していた男がいたので警察はこれに出頭を求めた。

問題はその男が午後の一一時過ぎに出てきたことだ。当然、取調べは徹夜になり、翌日の午前九時半過ぎに自供を得られた。しかし、殺したまではよかったが、金品は後から出来心《できごころ》で盗んだと言っているので、始めから強取の意思があったのかなかったのか、捜査官の追及はさらに続き、ようやく身柄拘束、通常逮捕に切り変えるに至ったのはその日の午後九時二五分頃になっていた。任意捜査の看板の下、取調べることえんえん二二時間、しかも夜を徹して休憩は、というと食事時の二、三〇分という強行軍をやってしまった。

これでは問題になるのは当然、単純な強殺事件がとうとう最高裁の判断を仰ぐところまで行った。しかし結論は警察官に味方した。よかったことがいくつかあった。すなわち、取調官による暴行、脅迫、その他直接的な供述の強制がなかったこと、冒頭本人から進んで取調べを願う旨の積極的な承諾があったこと、始めの上申書では強殺か単純殺かの点で郵便貯金の払戻時期をめぐって虚偽《きょぎ》の供述があったこと、さらに取調べを通じて被疑者が帰宅や休息の申出をした形跡《けいせき》がないこと等々、任意性を争うポイントが押さえてあったことだ。最高裁は、それらを「総合勘案」して「社会通念上任意捜査として許容される限度を逸脱したものであったとまでは断ずることができず、その際になされた被告人の自白の任意性に疑いを生じさせるようなものであったとも認められない(17)」と言ってくれたのだ。

こうして作成された参考人の供述書（上申書）又は参考人供述調書は、後に説明するように、一定の条件のもとで証拠として採用される。調書に署名又は押印の必要な点は、被疑者の場合と同じである。

二　被疑者が外国人であったりして、必要があれば、第三者を呼び出して通訳又は翻訳を嘱託することができる。

また、専門的な学識経験による判断がほしければ、これに鑑定を嘱託することもできる。これらの嘱託は、相手方の承諾を前提とする。強制する方法はない。

三　さて、参考人が出頭に応じない。また、出頭してもすぐ退去してしまう。又は話すことは話したが、公判廷で被告人と眼を合わせれば、供述をひっくり返す可能性が極めて高い、というような場合に、どうしたらよいか。

参考人であるから、被疑者のように、逮捕してしまうことはできない。しかし、その参考人は、犯罪の捜査に欠くことのできない知識をもっていることが明らかである。参考人がしゃべらないのが、自分や身内の者をかばうためだ、というなら、まだ許せるが、そういう特殊な身分関係もない被疑者の被疑事件について何もしゃべらないというのは、国民として、法秩序を維持する努力に対して無責任に過ぎる。

何とか方法があるはずである。

法は、そのようなときのために、第二二六条と、第二二七条をおいた。すなわち、公判前の証人尋問の手続である。

頭から出頭しないし、してもしゃべらない、という、最も非協力な参考人に対して尋問の道を開くのが第二二六条。一たんは話をしたが、公判では、圧力等に負けて前言をひっくり返しそうな者の証言を確保しておくのが第二二七条の手続である。

六　公判期日前の証人尋問《じんもん》

一　制度の意義　二　重要証人の保全　三　畏怖《いふ》する証人の保全
四　手続

一　裁判は、証拠によって争われる。証拠、とくに、人証は、直接、公判期日に証人をして供述させればよい。

公判では、被疑者以外の者は、証人として証言させることができる。

しかし、公判期日に証人がいなくなるような場合はどうしたらよいか。たとえば、重要な証人予定者が海外へ行ってしまう。あるいは、重傷で明日をも知れない。証人は、クロを証明する証人である場合もあり、シロを証明する証人である場合もある。

原告すなわち検察官側と被告側とが証拠を出し合って対等に闘《たたか》うに際し、どちらの側にも困った場合があるとすれば、公判期日に、必要な証人がそろわないことであろう。

そこで、法は、証拠保全の手続をおき、検察側も被告側も、人証確保のために、第一回公判期日前に裁判官に対して、証人尋問《じんもん》の請求ができるようにした。
被告人・被疑者又は弁護人については第一七九条があり、検察官について、第二二六条及び第二二七条がある。

二　第二二六条は、「犯罪の捜査に欠くことのできない知識を有すると明らかに認められる」第三者が存在し、その者を第二二三条第一項によって任意出頭を求めたところ出頭を拒否した場合、又は出頭はしたが供述を拒んだ場合に、検察官から裁判官に対して、第一回公判期日前に限って証人尋問の請求をすることとしている。

「犯罪の捜査に欠くことのできない知識」とは、たとえば、犯人の行方《ゆくえ》を知っているなど、犯人の検挙につながる知識や、その他犯罪捜査に関して必要な知識をいう。

その場合に、証人が、被疑者の氏名まで知っている必要があるか、というと、そこまでは要求されていない。捜査機関が、犯罪ありと思料することが相当であると認められる程度の事実があれば足り、したがって、捜査の初期の段階から、この方法を利用できることを知らねばならない。

三　第二二七条は、一たん、供述をした者が、公判になってから、その供述をくつがえしたりして、真相究明が混乱することを防ぐもので、まず、捜査機関に対するはじめの供述が、任意になされたものであること。公判期日においては、「圧迫を受け」、前の供述と異なる供述をするおそれがあること。かつ、その者の供述が、犯罪の証明に欠くことができないと認められる場合、であることを要件としている。

たとえば、暴力団事件のように、被告人のにらみはもとより、傍聴席《ぼうちょうせき》の方もこわいとか、選挙違反事件のように、村八分《むらはちぶ》のおそれがあるとか、さまざまな種類の圧迫を感じて、はじめにした素直な供述をかえようとするものがいる。そういうおそれを察知《さっち》したら、警察官は、直ちに、この裁判官による証人尋問を利用することを思い立たなければならない。

共犯事件などで、相被疑者であっても、お互いに、お互いの行為に関して証人となれることが、判例によって確立されている(18)。

盗品等犯人と窃盗本犯との関係、選挙の買収と、被買収など、取調べの際の供述と、公判廷の供述とがくい違うことによって、犯罪の証明自体がぐらつくような問題については、本条による証拠の保全を検討しておく必要があるのである。

四　しかし、この手続は、検察官だけが請求できる者とされている。警察官には権限はない。犯罪捜査の過程で有力な武器となるこの手続が、何故、警察官に直接発動できるようにしなかったのかは、立法当時の情勢と、政策的理由によるものである。

警察官は、司法警察職員捜査書類基本書式例（以下「基本書式例」という）様式第一〇号「証人尋問請求方連絡書」によって検察官に連絡し、裁判官に対する請求手続をとってもらうことになる。

この場合に、一体、何を尋問しておくか、具体的内容について、判断し、計画しておくのは、警察官である。本件捜査を主宰している警察官以外に考えられる者はいないはずである。この点を銘記し、検察官に対する連絡では、尋問事項その他の事項を連絡することを忘れてはならない。もちろん、前述の要件を整えることは言うまでもない。

この請求を受けた裁判官は、請求の要件が整っていれば証人尋問を実行する。尋問者は裁判官である。もし、却下されたら、再び不足を補って請求をしなおすことになる。この手続は通常の証人尋問のときと、同一の原則に従って遂行される。すなわち、参考人の召喚がなされ、また、勾引もなされる。宣誓《せんせい》又は証言拒否についても同様に処置される。

尋問にあたっては、検察官に立会の権利がある。尋問することもできる。

しかし、弁護人又は被疑者については、裁判官の許可がなければ立会はできない。裁判官は、捜査に支障を生ずるおそれがないと認めた場合にのみ、立ち会わせることとなる。立会を許されればその際に、検察官と同様に尋問することができる。

さて、こうして作られた尋問調書は、裁判官から検察官に対して送付してくる。警察の手に入るのは、それからである。

この尋問調書は第三二一条第一項第一号の書面として証拠能力を持つ。

(1)　最判昭和二八年四月一四日、集七・四・八四一は、第一回の取調べの際に供述拒否権を告げてあれば、八日後同一検察官の取調べの際に再度告知する必要はないものとしている。「第一回供述調書には、検事が同女を取調べるにあたり、あらかじめ刑訴第一九八条第二項に従って供述を拒むことができる旨告げたという記載がある。第二回の取調べはそれから八日後になされたのであるが、同一の犯罪につき、同一の検事によってなされた取調べであるから、同女はこの時には供述を拒み得ることは既に十分知っていたものと認められる。このような場合には、改めて検事から供述拒否権のあることを告知しないでも、刑訴第一九八条第二項に違反するものとは言えない」。

また、団藤重光「条解刑事訴訟法上」三六七頁は、「告知は一連の取調の手続につき——たといその途中で取調をする者が代わっても——その事前に一回これを行えば足りるものと解する。」と、取調者が代わっても、その都度告げなおす必要はない旨認めておられる。

もちろんこれに対して、反対の学説もある。平野龍一「刑事訴訟法」一〇八頁は「この告知は、憲法第三八条の直接の要求ではない。とするのが判例である（たとえば最判昭和二五年一一月二一日、集四巻二三五九頁）。確かに、告知それ自体が憲法の要請だとは言えないが、自己に不利益な事実に関する限り、被疑者が知らなかったとき、及び権利の行使が困難な事情があるときなどには、告知自体も憲法の要請だと言わなければならない。なお、この告知は、取調ごとに行わなければならない（同旨、小野ら「ポケット注釈」三五四頁）。

(2)　浦和地判平成二年一〇月一二日、判例時報一三七六・二四は「捜査当局としては、かかる被疑者に対し最小限度、日本国憲法及び刑事訴訟法の保障する被疑者の諸権利（黙秘権、弁護人選任権）の告知を十全《じゅうぜん》に行い、被疑者による右権利の行使を実質的に保障する責務があることは当然というべきであるが、更に、前記のように、能力・素養の十分でない通訳人に対しては、通訳人としての責務（客観的な第三者として、被疑者及び捜査官の発言を忠実に通訳すること）について注意を促して、これを自覚させ、また、少なくとも供述調書の読み聞けの段階については、これを録音テープに収めるなどして、後日の紛争に備えるくらいの対策が要求されて然《しか》るべきであろう。

しかるに、本件においては、このような点に関する捜査官側の配慮は甚《はなは》だ不十分（というより、全くなかったといってもよいくらい）であって、黙秘権や弁護人選任権が被告人に理解し得るような形で告知されたとは到底認められない。」とし、またG子の識別供述については、「仔細《しさい》に検討すると、種々の問題点があって、これが犯行と被告人との結びつきの認定上高度の証拠価値を有するものとは到底認められない。人物の識別供述の危険性については、かねてより各方面で議論されていることは周知のとおりである。そして、最高裁を含む近時の上級審判例は、識別過程に暗示や誘導が介在することがないようにするため、面割り手続を慎重にする必要があり、単独面接はできる限り避けるよう指摘しているのであるが（最一判平成元・一〇・二六判時一三三一・一四五、東京高判昭和六〇・六・二六判時一一八〇・一四一、大阪高判同六〇・三・二九判タ五五六・二〇四各参照）、本件において、右のような教訓が全く生かされなかったことは、誠に遺憾《いかん》であるというほかにない。」としている。

(3) 東京高判昭和二九年五月六日、判特五・一五一は、「供述調書は供述者が供述したところを録取するものであるから、通常は供述者の供述とこれを録取した調書の作成年月日は同一時である。しかしこれは必ず一致しなければならないもので、同一人に対する数日にわたる取調の場合は毎日ごとに供述調書を作成しなければならないという規則は存在しないのであるから、数日にわたって供述者をして供述させた後、日をあらためこれを一括録取して調書を作成すること即《すなわ》ち調書作成の日が供述の日よりもおくれることも当然許されるものと解すべきである。」とする。

(4) 平場ほか「注解刑事訴訟法中巻」五一頁は、団藤「前掲書」三六八頁を引用しながら「被疑者が供述をしても調書に録取するかしないかは取調をする者の裁量にゆだねられる、との趣旨であろう。ただし、これが完全な自由裁量を許すものであるかどうかは問題であって、とくに被疑者に有利な供述をした場合に全く調書をとらないことになれば、これが公判の段階において被疑者に不測の不利益を生ぜしめるおそれなしとしない。この意味で、被疑者から記録にとどめておくよう申出があった場合には、調書作成の義務があると解すべきではあるまいか（常に調書作成の義務があるとする見解として井戸田「捜査法大系1」二五一頁）」とする。

(5)　札幌高函館支判昭和二七年一二月一五日、集五・一二・二二九四頁は、巡査が被疑者の右肩に手をかけて停止させた行為につき、

「○○巡査が被告人の肩に手をかけた行為は同巡査の職務質問に反抗的で、且つ逃げようとする被告人を停止させて質問しようとする職務遂行上の妥当な方法として用いられたもので、その場においての職務執行上の正当な方法であって、これによって同巡査の被告人を停止させて質問した職務の執行を違法ならしめるものではない。」とする。

左手肘《ひじ》付近を押さえて一寸《ちょっと》引いた件に付、仙高判昭和三〇年一〇月一三日、特報二・一九・九九八頁腕に手をかけた件につき、最決昭和二九年七月一五日、集八・七・一一三七頁がある。

(6)　最決平成六年九月一六日、集四八・六・四二〇は「被告人運転車両のエンジンキーを取り上げた行為は、警察官職務執行法二条一項に基づく職務質問を行うため停止させる方法として必要かつ相当な行為であるのみならず、道路交通法六七条三項に基づき交通の危険を防止するため採った必要な応急の措置に当たる」とする。

(7)　行くまいとしているのに警察官は来なければいけないという態度で、手をつかむか引っ張るかはっきりしないが両手をかかえるようにして引っ張りその横と後ろに各一人ついてジープの後部に連れて行った。……中略……数人で押し上げるようにして後部荷台に乗せた行為につき、山口地判昭和三六年九月一九日、下刑集三・九・八八五

頁は、「かような方法は如何なる意味においても到底任意の同行とは解せられず、右は同行に名を藉《か》りた強制力によるいわれなき拘束か、被告人の意見に反する連行である。」ときめつけている。

(8) 大阪高判昭和四六年七月二〇日は、警察活動の本旨に照らして次のようにいう。「警察官が職務質問しようとして停止を求めるため呼びかけたにも拘《かかわ》らず相手方がこれに応じないで逃走するのを拱手傍観《きょうしゅぼうかん》して放置してかえりみないような態度は、警察活動の本旨に照らし是認することはできないのであって、このような場合には逃走する相手方を追跡し停止を求めて自己の疑念を解くため強制にわたらない程度においてあるいは注意を与え、あるいは翻意せしめることこそ警察官としての職責に忠実なゆえんというべきであり、このように解することが公共の福祉と基本的人権の保障との調和を図りかつ警察法の精神にかなうものと言わなければならない。」としている。

(9) 最決昭和五一年三月一六日、集三〇・二・一八七「捜査において強制手段を用いることは、法律の根拠規定がある場合にかぎり許容されるものである。しかしながら、ここにいう強制手段とは、有形力の行使を伴う手段を意味するものではなく、個人の意思を制圧し、身体、住居、財産等に制約を加えて強制的に捜査目的を実現する行為など、特別の根拠規定がなければ許容することが相当でない手段を意味するものであって、右の程度に至らない有形力の行使は、任意捜査においても許容される場合があるといわなければならない。ただ、強制手段にあたらない有形力の行使であっても、何らかの法益を侵害し又は侵害するおそれがあるのであるから、状況のいかんを問わず常に許容されるものと解するのは相当でなく、必要性、緊急性なども考慮したうえ、具体的状況のもとで相当と認められる限度において許容されるものと解すべきである。」とする。

(10) 判例は、必ずしも、これを欠いたからといって、直ちに、その後の供述に証拠能力がない、と言っているわけではない。

最判昭和二五年一一月二一日、集四・一一・二三五九は、「憲法第三八条は、裁判所が被告人を尋問するにあたりあらかじめ被告人にいわゆる黙秘の権利あることを告知理解させなければならない手続上の義務を規定したものではなく、したがってかような手続をとらないで訊問したからとて、その手続は違憲とは言い得ず、……中略……また、これらの取調に基づく被告人の供述が任意性を欠くものと速断することもできない。」とする。青柳文雄「刑事訴訟法通論上巻」三四七頁は、「この供述拒否権の告知は、憲法第三八条第一項が捜査の段階まで含むところに由来するのであって、もとより供述の任意性の担保の意味もあるけれども、それは附随的効果ともいうべきものである。したがってこの不告知が直ちに任意性の問題に影響するものではない。」と述べて判例と同一の立場をとる。

ところが、多くの学説――通説になっている――はこれに反対し、この告知をしていない供述は証拠能力がない、又は証拠禁止である、とするのである。たとえば、団藤重光「条解刑事訴訟法」三六七頁は「問題になるのは、本項の告知を怠ったが他の状況によって供述の任意性を立証することのできる場合に、その供述調書に証拠能力を認めるべきかどうかである（三一九条・三二二条参照）。これを積極的に解することも理由がないわけではない（宮下、五五頁）。しかし、供述拒否権の事前告知は取調手続の重要な方式であるから、その履践を確保するためにも、その違反は――供述の任意性の有無にかかわらず――供述調書を無効ならしめるものと解するのが相当である（宣誓をさせないでした証人訊問は、たとい証言が真実であっても証言を無効ならしめることを参考にされたい。）。」とする。

これに追随する学者は、たとえば、平場安治「改訂刑事訴訟法講義」三四一頁、柏木千秋「刑事訴訟法」五六頁、等がある。

(11) 金子仁洋「第一線警察活動としての任意同行、警察学論集二五巻」一・二号、昭和四七年参照

(12) 熊谷ほか「捜査法大系Ⅰ」任意同行と逮捕の限界・熊谷弘五二頁は、「行政目的から司法目的に移行して行ったような場合には、これを一体的に観察し、いつから逮捕状態になったかを考えるべきであり、刑訴法上の時間制

限の始期が、その時から始まるものと考えることがむしろ制限時間経過のゆえの違法を理由とする勾留請求却下を免れるために必要なことである。」と指摘される。

(13) 最高裁判所事務局編「令状関係法規の解釈運用について(上)」三頁は、この出頭要求に応じないこと等に基づいて、逃亡のおそれあるいは罪証隠滅のおそれがあると認められる場合に限って逮捕状を発付することができる、と指摘する。

(14) 熊谷弘「前掲論文」六九頁

(15) 富山地判昭和五四年七月二六日、判時九四六・一三七

(16) 平野龍一「刑事訴訟法」一〇六頁

(17) 最決平成元年七月四日、集四三・七・五八一　なお、この判例は最決昭和五九年二月二九日、集三八・三・四七九が、対象者のプライバシーの制約を伴う一定の監視を容認して「任意捜査の一環としての被疑者に対する取調べは、事案の性質・被疑者に対する容疑の程度、被疑者の態度等諸般の事情を勘案して、社会通念上相当と認められる方法ないし態様及び限度において許容されるものである」とした考え方の上に立っている。

(18) 最判昭和三三年五月二八日、集一二・八・一七一八は、従来の判例を変更し、共犯の相被疑者について「けだし共同審理を受けていない単なる共犯者勿論《もちろん》、共同審理を受けている共犯者(共同被告人)であっても、被告人本人との関係においては、被告人以外の者であって、被害者その他の純然たる証人とその本質を異にするものではないからである。されば、かかる共犯者又は共同被告人の犯罪事実に関する供述は、憲法第三八条第二項のごとき証拠能力を有しないものでない限り、自由心証にまかさるべき独立、完全な証明力を有するものと言わざるを得ない。」とした。

第三節　物に対する任意捜査

一　物に対する任意捜査の態様

一　被疑者がどんなに詳しく自白しても、それだけでは有罪にならず、参考人の供述や、物的証拠による裏付けを必要とする。人の口は変わりやすいから、最も確実な物的証拠があるか、ないか、が、しばしば有罪・無罪のきめ手になる。

そのように、大切な物的証拠を手に入れるために、さまざまな活動がなされる。とくに、微細《びさい》な物に至るまで利用しつくしてやまない科学捜査の重要性は、ますます高まる一方である。

しかし、もともと、物証を探し、手に入れ、分析検討する警察活動が基本である。その活動には、任意もあれば強制もある。関係者の承諾を得て物を手に入れることが第一であり、次いで、令状を得て強制的に取り上げることもできる。また、令状がなくても、人を逮捕する現場では強制的に物を手に入れることができる。

これらの活動を、専門的には、捜索――探すこと。押収――物を手に入れること。検証――物を調べること、という風に言っている。

二　捜索は、犯人の居所をつかんだり、凶行に使用された凶器を探したりする活動であり、また、たとえば急訴を受けて警察官が急行し、現場で証拠物を探したり、対象人物のポケットに手を入れたりすることをも言っている。

三　また、押収には、差押と領置という二つの行為が含まれている。差押は、強制的に物を手に入れること。領置は、任意に手を入れることをいう。

領置については、第二二一条がおかれている。すなわち、司法警察職員は、被疑者その他の者が遺留した物又は所有者・所持者若しくは保管者が任意に提出した物は、これを領置することができる。

職務質問を発端《ほったん》として、ついに、被質問者の所持物を任意提出させ、領置することがあるが、それは、この手続によるのである。

領置したときには、捜査書類としての領置調書を作成しておかなければならない。

領置調書には甲と乙の二種類がある。

警察官が任意提出を受けて領置する場合に用いるのが甲、警察官が相手方なしで、みずから遺留物を発見して領置する場合に用いるのが乙の方である。

いずれも基本書式例のうちにある（様式二二号・二三号）。

乙を作成するに際して注意しなければならないのは、立会人を得て領置が公正に行われたことや遺留物の遺留されていた状態を後日証明できるようにしておくことである。

こうして、一たん領置するとその物の支配は捜査機関に移り、以後、改めて押収を解いてもとにもどす（還付という）までその状態が続く。この効果は、差押も領置も同じである。

四　しかし押収は、その物の所有権を取り上げるのでなく、捜査官が一時的にその物を支配すること。すなわち、占有権を取得するにとどまる。用が済めば、持主に返す。すなわち還付することになる。永久にとり上げる必要――たとえば犯罪の用に供した凶器などを犯人の手元に返すのはいいことではない――のある場合は、別に、没収等の手続を必要とする。

五　他人の物であるから、原状を維持して最後に円満に返還できるように心がけるのは当然として、領置物は、もともと捜査や裁判に必要な証拠物であるのだから、指紋その他の付着物を破壊しないように注意するとともに、その物をできる限り原状のまま保存するため適当な方法を講じ、滅失《めっしつ》・毀損《きそん》・変質・変形・混合又は散逸《さんいつ》することのないように注意しなければならない（規範一一一条）。

そうはいっても、保管に不便な物や運搬の難しい物がある。また、危険を生ずるおそれのある物もある。

それらの物の保管にあたっては、例外として看守者をおくとか、所有者等、持ちつけていた人に頼んで保管してもらうとか、別の方法を考えなければならない（一二一条一項・一二二条一項）。とくに問題なのは、危険を生ずるおそれのある物である。

六　一般に、押収物の取扱いは、慎重を要するため、警察本部長又は警察署長の指揮を受けて行うこととされている（規範一一二条）。しかし、危険を生ずるおそれのある物は、報告したり、指揮を受けたりしている間に、とり返しのつかないことになる場合がある。一巡査とはいえ、国民の生命・身体・財産の保護に任ずる者として、独断をもって処置しなければならないのが、この場合である。法は、その場合を想定して、危険物の廃棄処分に限って、巡査でもこれをできることとし、警察署長等への報告も、事後でいいこととしているのである（一二一条二項・二二二条一項、規範一一二条一項）。廃棄にあたっては、「廃棄処分書」（規範別記様式一〇号）を作成しておくのであるが、もともと、証拠物として必要があって領置したものであるから、廃棄後、跡かたもなしというのでは、そもそも領置したことが意味をなさなくなる。

そこで、処分に先立ち、その物の状況を写真にとっておくとか、見取図・模写図又は記録の方法により明らかにしておく配慮が必要である。

とくに必要があると認められるときは、当該領置物の性状・価額等を鑑定に付しておく配慮をし、また、後に、再鑑定できるように、その物の一部を保存するなど万全を期しておくことが要請されている（規範一一三条）。

廃棄の理由も明確にしておかなければならない。ほかに予防の方法があったのに、軽々しく廃棄処分に付し、その理由もはかばかしく説明されていなければ、捜査上ないし裁判上の証拠物を失うのみならず、もとの所有者等の財産権を侵害することにもなりかねない。

七　検証は、物を調べる行為である。たとえば、犯罪現場の状況を目で見て調べるとか、証拠物を手でさわって確かめるとか、人間の感覚――五感――の作用によって物を調べることをいう。

この働きにも、強制と任意の二種類がある。任意の検証活動としては、たとえば、犯罪現場を調べることがある。これを、実況見分と言っている。

任意であるが、関係者の承諾がしっかりしておれば、強制活動としての検証と同様の効果が認められ、実況見分の結果、作成された調書——実況見分調書——は、検証調書の一種としての取扱いを受けることとされている。

八　以上の三活動を通じて、とくに注意しなければならないことは、任意性の確保、すなわち、関係者の承諾を確実に得ておく、ということである。

強制活動については、法に厳重な要件がおかれており、何を遵守《じゅんしゅ》すればよいか、明白であるが、任意の活動については、明確な規定がおかれていないので、なおのこと注意を要するのである。それは、承諾があったかなかったか、後で水掛論《みずかけろん》になるおそれがあり、とくに、憲法でも明文によって保護されている人の住居の平穏を守る点については任意の家宅捜索を自粛《じしゅく》するなど（規範一〇八条）十分な注意を必要とされているのである。

二　実況見分

一　実況見分と検証　　二　立会人の指示・説明　　三　見分者の意見

一　検証は、第二一八条ないしは第二二〇条により強制力をもってする場合は、要件も明確であり、公判廷で証拠として採用される方式も明らかである（三二一条三項）。

しかし、実況見分については第一九七条による任意処分と解されるほか明確な規定がおかれていないため(1)、その価値についてはさまざまな論議がなされた。

ある者は、第三二一条第三項は、捜査機関の検証調書について規定はしているが、実況見分調書には触れていない。もともと、検証は、裁判官の令状によることにより、観察・記述を意義あるものとし、また、正確にすることが保証されているのである。令状によらない実況見分を、これと同一に論ずることはできない、とした(2)。

しかし、通説・判例は、任意捜査としての現場観察の有用性を認め、その結果を記載した書面——実況見分調書——を検証調書と同一に取り扱うことを容認している(3)。

それは、一方が強制処分であり、他方が任意処分だというだけのことで、物の観察が正確公正になったり、不正確・不公正になったりするはずがない、という考えに基づいている(4)。

なるほど、強制処分に関しては、人権擁護《ようご》の見地から、厳格な要件が記載されている。現場観察にあたる捜査官に、多少の慎重さが見られたとしても、それは、人権を考えるからであり、現場観察がより慎重になるという性質のものではない。

犯罪現場は証拠の宝庫である以上、手段が強制的であるか、任意的であるかは、関係のないことであり、捜査官は、常に、綿密《めんみつ》に正確に公正に観察を進める必要があるのである。

そして、先輩たちのそうした努力は、実を結び、今日の司法関係者の一般感覚では、実況見分調書は、検証調書と少しも変わらないところまできている。検証調書だからといって、とくに信頼できるという、きわ立った区別感はないのである。(5)

交通事故現場の観察になると、この点は、更に明白である。

令状を取って、検証をする場合は、住居への立入等、捜査活動が人権と触れ合う場合に考慮されるので、街頭を主現場とする業務上過失致死傷事件のごときは、実況見分によるのが普通であり、その調書も簡易化が進められている。

もちろんそれは、多くの経験例に照らして記載の迅速《じんそく》化・簡易化をはかったのであり、現場観察の重要な内容を省略することを許したものではない。

そして、その点が明白であるからこそ、交通事故・事件の証拠としての実況見分調書の役割は、一貫して最重要位置を占めている。

司法警察職員は、犯罪の現場その他の場所・身体又は物について事実発見のため必要があるときは、実況見分を行わなければならない(規範一〇四条一項)のであるが、その観察は周到《しゅうとう》、調書作成は正確でなければならない。

かりそめにも、一般人や弁護人・被告人の作成する同種の文書に比べて同様の程度であることは許されない。警察官の作成する実況見分調書には、プロとしての観察眼、真実への肉迫度《にくはく》が確保されていなければならない。

だからこそ、捜査機関の作成した実況見分調書は、とくに、検証調書と同視されうるのである。(6)

二　実況見分にあたって更に法的に問題になるのは、立会人の指示説明の取扱いである。

実況見分に、被疑者・被害者・目撃者その他の関係人を立ち会わせ、必要な指示説明を求めることは、極めて必要なことであるが、それは、現場における被疑者等の供述を録取《ろくしゅ》しているのではない、ということを銘記しておかなければならない。既に説明したように、供述を録取した場合に、それを公判廷で証拠として利用しようとするならば、供述拒否権を告知し、供述者の署名若しくは押印を必要とする。

ところが、実況見分における指示説明は、それを足がかりにして現場を観察しようとする実況見分の一手段にしか過ぎないのである。だから、実況見分調書に記載するときは、その指示説明に基づいて見分した結果はどうだという結果を記載するという立場を堅持《けんじ》していなければならない。

規範は、第一〇四条と第一〇五条に詳細な規定をおいている。

すなわち、指示説明を記載するには、その範囲を超えるな。たとえば、自分があそこでこういう行動をとったのは、こういうつもりからであったなどと、動機や、心境を記載するのは筋違《すじちが》いというものである。そして、どうしてもその範囲を超えて記載したい場合は、供述調書に関する法第一九八条第三項から第五項まで、及び第二二三条第二項の規定によること、供述拒否権を告げておくことを注意している。

以上の注意をはらって作成された実況見分調書は、その指示説明部分に、署名若しくは押印がなくとも、また、公判廷で指示説明書を喚問《かんもん》し、被告人に尋問の機会を与えなくても、第三二一条第三項によって証拠に採用でき、憲法第三七条第二項前段に違反するものではない、とされるのである。(7) ちなみに憲法第三七条第二項は、被告人の反対尋問を経ない供述を証拠として採用することを許さない趣旨のものである。

裁判員制度の実施に伴い、しろうとにもわかる読みやすい書類が求められ、実況見分調書に写真をつけた場合は、その部分に説明を付記するなど、わかりやすくする工夫が求められることになった。

三　実況見分調書は、あくまでも観察の結果を記載するものである。したがって、捜査官の主観的な意見や判断を記載してはいけない。

ただし、指示説明が、それを元とする一定の客観的な認識結果をもたらすように、捜査官の認識した客観的事実から、経験則に照らしてなされる一定の推理判断までも拒否するものではない。たとえば、血液の飛び散り方から、受傷時の被害者の状態を推理するようなことは、経験豊かな捜査官の間では自然則に近い確度をもってなされるのが普通であり、その種の記載は、見分の当然の結果として容認されるのである。

三　領　置

一　遺失物の領置　二　領置の手続　三　保管・廃棄・没収　四　還付・仮還付　五　保管等の責任

一　捜査機関が、捜査上又は裁判上必要となる物を手に入れる手続を押収といい、そのうち強制的になされるのを差押、任意になされるのを領置といっている[8]。

犯罪があると、犯罪現場やその他の場所から必要な物を採集する。持主のわからない物もある。所有者のはっきりしている物もある。法は、これを、①被疑者その他の者が遺留した物、②所有者・所持者若しくは保管者が任意に提出した物、という風に分けて、それらの物を領置することができるとしている。

任意提出を受けた物は、そのまま領置の手続をとって差支えがない。また、遺留物でも、捜査官が自分で発見採取した物も、直ちに領置の手続をとることは問題がない。何人の利益も害さないからである。

しかし、遺留物を第三者が拾って届け出た場合も同様に処理してかまわないか、というと若干問題が残る。その場合、遺失物法（平成一八年法律七三号）によって、その物の権利に変動が起こることがあるからである。

領置は（差押も同様であるが）その物を完全に捜査官ないしは国や公共団体の所有に移すのではなく、単に、その物を占有するにとどまり、留置の必要がなくなったら、直ちに、元の所有者等に還付しなければならない。

そこでもし、第三者が拾って届けたとすると、遺失物法により拾い主に権利が発生する。すなわち、拾い主は、落し主が見つかれば報労金（同法二八条）を、見つからなければその物の所有権を取得することとされている（同法四条、七条、民法二四〇条）。もし遺失物法によることなく、拾い主からの任意提出を受けたことにして、直ちに領置の手続をとると、拾い主の持つ利益を阻害することがある。

拾い主が、正当な利益を受けようとすれば、まず、還付を受けてから再び警察署長に届出、それから六か月の公告期間を待たなければならないが、一市民にとって、警察へ差し出す行為を二度も要求されるのは、不可解であろう。

そこで、まず、行政官庁としての警察署長が遺失物法による届出を受け、同法所定の手続を経た後、保管者として、今度は、司法警察職員たる警察署長に任意提出し、法第二二一条所定の領置の手続をとるのが妥当《だとう》とされるのである。市民と警察との関係は、一回で済《す》むからである。

留置の必要がなくなったときは、まず、行政官庁たる警察署長に還付し、あとは、遺失物法所定の手続をとることになる。

二　領置するときは、「任意提出書」（基本書式例様式二一号）を差し出させたうえで「領置調書」（甲）（基本書式例様式二二号）を作成し、別に、「押収品目録交付書」（基本書式例様式三五号）を交付して、経過を明らかにしておかなければならない（一二〇条、規範一〇九条）。

それによって、提出者の任意であったことを証明し、また、用済《ようずみ》後の還付先について争いが起こらないようあらかじめ、意思をはっきりさせておくことができる。

警察官が遺留物を発見し、直ちに領置する場合は、単独行為になるが、その領置が公正に行われたこと、遺留の状態が明白であることを担保するため、立会人を得て、「領置調書（乙）」（基本書式例二三号）によって経過を明らかにしておくことになる（規範一一〇条）。

立会人は、遺留物のあった場所によって異なるが、①公務所ならば、その長又はこれに代わるべき者、②人の住居又は人の看守する邸宅、建造物若しくは船舶内ならば、住居主若しくは看守者又はこれらに代わるべき者、更に、これらの人を立ち会わせることができないときは、隣人又は地方公共団体の職員を立ち会わせるのがよい。③屋外などの場合であって、適当な人が得られなかったならば、他の同僚警察官を立ち会わせてもよい。

どうしても立会人を得られなかったときは、その理由を明記しておくほかはない。

三　領置した物は、できるだけ原状のまま保存するようにしなければならない（規範一一一条）が、例外が許されないわけではない。

その一は、留置の必要の判断などのため、錠《じょう》をはずし、封を開き、その他必要な処分を行う場合であり（一一一条二項・二二二条一項）、その二は、その物が危険を生ずるおそれがあるため、これを廃棄する場合である（一二一条二項）。

それ以外に、運搬又は保管に不便な物であっても、単に看守者を置き、又はその他の者に、その者の承諾を得て保管させうるのみである（一二一条一項）。

例外中の例外として、もし、その物が没収できる物である場合は、滅失若しくは破損のおそれがある物はもちろん、保管に不便な物も、これを売却し、代価を保管する道が開かれている（一二二条）。

没収できる物とは、刑法第一九条にいう①犯罪行為を組成した物。②犯罪行為に供し又は供せんとした物。③犯罪行為から生じあるいは犯罪行為によって得た物又は犯罪行為の報酬《ほうしゅう》として得た物及びこれらの物の対価として得た物である。

たとえば、わいせつ文書頒布《はんぷ》罪におけるわいせつ文書が①の例であり、殺人に供された凶器《きょうき》が②の例、賭博《とばく》によって得た物が③の例にあたる。

四　領置した物が、捜査上も裁判上も用済となったら、すなわち、留置の必要がなくなったら、これを元へ返さなければならない。

このように、没収できない物、その必要のない物、証拠として用い得ない物、又は証拠として用いる必要のない物は、まさに、留置の必要のない物であるが⑼、それらの物は、所有者等、利害関係人に還付しなければならない（一二三条）。

還付とは、押収物の押収をとき、これを所有者等に返還することをいう。

従って、差押処分が違法として取消されたから、もとの所有者に返す行為は還付に関する処分ではない。それは「差押処分の取消しにより押収の効果が消滅した後にその占有を移転するものにすぎない⑽」。

このほかに、仮還付という処分がある。還付は、捜査機関の方で必要がなくなって、自発的になされることがあると同時に、所有者・所持者又は差出人の請求がある場合もある。しかし、必要があって領置しているのであるから、おいそれとこれを元の木阿弥《もくあみ》にしてしまうわけにもいかない。そういう場合に、物の事実上の支配は移す。しかし、押収の効力は判決等、事件の決着がつくまで継続しておく、という、官民両方の顔を立てた手続が仮還付と称する処分である（一二三条二項）。したがって、両すくみの体《てい》となり、事実上その物の支配をしていても形状をかえる等、捜査上ないしは裁判上の必要を減殺《げんさい》するような行為は一切許されないこととなっている。

領置した物が、盗品等である場合は第一順位で被害者に還付する道が開けている（一二四条）。しかし、盗品等でも、転々流通する間に善意の第三者の手に渡ったりすると、被害者の追求権が消滅することがあり、必ずしも、常に被害者に還付すればよいというわけではないので注意を要する。

還付・仮還付の処分をするにあたっては、相手方から「（仮）還付請書」（基本書式例様式三七号・三八号）を徴しておくのであるが、この手続で最も難しいのは、相手方の選定である。

通常は、盗品等であれば被害者、その他の物であれば差出人を相手方とするのであるが、財産権の帰属は、必ずしも一定せず、たとえ被害者であっても、既に権利を喪失《そうしつ》している場合がある。また、所有権者と所持者とがいて、その両方が被害者として、その物の支配を望んでいる場合もある。

もともと財産権のような、民事上の権利は、多少のことがあっても、現在の法律状態を尊重して先にさかのぼり、いたずらに、権原関係を追究することによって、現在の秩序の方々にひびが入ることをおそれている向きがある。

たとえば「善意・無過失・平穏・公然」という概念《がいねん》がある（民法一九二条）。ある物の所有者でも何でもない者が、何らかの取引の結果その物を事実上支配して、しかも、善意・無過失・平穏・公然であれば、その物の所有権は、もともとの所有者の手を離れて、その事実上の支配者に移ってしまう、という考え方である。これを民法は「即時取得」といっている。

盗品等とは、財産罪たる犯罪行為、たとえば、窃盗・詐欺等により不法に領置された財物で被害者が法律上それを追及することのできるものであるとされているが、(11)即時取得の対象となった物は、言いかえると被害者が法律上それを追及することができなくなった物、盗品等性を失った物である。盗品等性を失い、盗品等でなくなった物は、もはや、被害者に還付すべき理由が明らかであるとは言えないのである。

たとえ盗品等であっても人手から人手にわたり、やがて、それが盗品等であるとはつゆ知らない人のもとで公然と所持されるようになれば、その形態を尊重し、取引の安全を保護するのが、近代法の建前だ、というわけである。

しかし、この考えを例外なく実行するとなると、一たん盗難にあえば、もはや、その物が被害者に回復される可能性は極めて小さいものになる。

そして、盗品等故買《こばい》組織を助長させ、ひいては泥棒稼業を有利な職業にするおそれがある。

民法は、そこまであまくない。取引の安全も大事だが、取引社会を発達させる基盤を提供している治安《ちあん》維持も忘れてはならないのである。

すなわち、占有者が、当該物について善意・無過失・平穏・公然を主張するとする。一般の物であれば、そのまま、即時取得の対象になるのであるが、当該物が盗品又は遺失物《いしつぶつ》であると、その物を失うにつき、不本意であった被害者や遺失主に一般に比べて、幾分か権利を残しておいてやろうとする。

もともと自分の意思で手離《てばな》した物ではないのだから、これを回復する権利を認めよう、というのである。しかし、いつまでも回復請求権が生きているのでは、古物を手に入れたり、取引をしたりする人たちは、片時《かたとき》も安心できない、ということになる。人殺しでも時効はある。これも一定期間に制限する必要がある。二年間ならどうであろう。

そこで、被害者又は遺失主は、二年間を限って、その物の回復を請求できることとする（民法一九三条）。ところが、取引社会の要請は、これでも我慢《がまん》がならないとする。取引社会は、発達すればするほど、物の転々流通は激しくなる。一たん取引市場に出て転々した物を、大枚《たいまい》を投じて手に入れた。床の間に飾って楽しんでいたところ、警察が来てそれは盗品だから持って行くぞ、被害者に返すからお前の物にはならない。これではひどいではないか、ということになる。

怪しげな人から格安に手に入れたのなら、やっぱり、ということになるが、れっきとした業者にすすめられて買ったのだったら、買い主の胸は治まらないであろう。やはり、一般と一たん市場に出た物とは区別する必要がある。でなければ、取引の信用はがた落ちになる。こうした考えから、取引市場に出た物を手に入れた人から回復するためには、被害者又は遺失主といえども、その取引代価を弁償すべきである、ということになった（民法一九四条）。

この制度で長らくやってきた。しかし、終戦後の道義の退廃《たいはい》によって、泥棒は増え、故買屋が増加した。警察は取締に手を焼き、古物営業・質屋営業に関しては民法の制度に制限を加え、被害者側に有利に、業者側に不利になる新制度を打ち立てた。それが、質屋営業法（昭和二五年法律一五八号）及び古物営業法（昭和二四年法律一〇八号）である。

同法は、質屋や古物商の手に渡った盗品及び遺失物については、民法の規定にかかわらず、被害者や遺失主は、一年を限って無償で返還を受けられるようにした（質屋営業法二二条、古物営業法二一条）。

質屋や古物商は、盗品等の取扱いの頻度《ひんど》が高く、目利《めき》きもすぐれているから、一般より条件が厳しくても差支えがない、という判断に基づくものである。

五　さて、以上の保管・廃棄・換価・還付又は仮還付の手続は、いずれも警察本部長又は警察署長の指揮事項とされていること（規範一一二条）、廃棄処分のほかは司法警察員たる警察官でなければしてはいけないこと（二二二条一項ただし書、規範一一二条四項）とされているので注意しなければならない。

財産権の得喪《とくそう》に関する問題だから、間違いや争いをなくそうということである。

司法巡査に廃棄の処分を許したのは、事態が急であるからであろう。この場合は、警察本部長や警察署長に対する報告は事後になってもやむを得ない。

以上の手続は、いずれも文書によって明確にしておくことは言うまでもない。

廃棄や換価の処分をするには、まず、その理由を明確にしておく必要がある。危険であるということや、滅失や破損のおそれがあるということは、それぞれ、相当の客観性がなければならない。

また「廃棄処分書」（規範別記様式一〇号）又は「換価処分書」（規範別記様式一一号）を作成しておかなければならない（規範一一三条）。

(1)　実況見分は、第一九七条第一項の「必要な取調」に含まれ、任意の捜索とともに明文はないが許されるとするのが通説判例である。捜査は、もともと密行を主とし、その態様は無限であるが、そのうち、とくに、人権とのかかかわりから注意を要するもの、また、何らかの法律効果の存在を明示する必要を感じるものについて規定がおかれるにとどまり、規定されていない捜査方法を否定する趣旨ではない（青柳文雄「五訂刑事訴訟法通論上巻」三六〇・三六一頁参照）。

(2)　平野龍一「刑事訴訟法」二一六頁は、「検証は、裁判官の令状によって行うという形式をとるものであることにより、観察・記述を意識的にし、正確にする機能をも営むに反し、実況見分には、必ずしもこの保証がない。実況見分書も含むとするならば、私人がその見聞を記録したものも、同様に取り扱わなければならないであろう（通説も、弁護人の作成した書面までは広げるが、一般の私人のものまでは認めない。）。限界を明確にするためには、検証に限るのが妥当だと思われる。実況見分などの場合には、その書面を見ながら口頭で供述させる方法もとりうるのである。」（規則一九九条の一二）といって、あえて通説・判例に異を唱える。

(3)　通説は、実況見分調書も検証調書に準じてその証拠能力を認める。たとえば、田中和夫「新版証拠法」一七二頁は、「第三項（三二一条）によれば、その検証をした者が証人となって反対尋問にも服するのであるから、実況見分書を同項に含まれると解しても弊害がなく、積極説に賛成である。」とされる。

平場安治「改訂刑事訴訟法講義」二〇四頁は、「本項（三二一条三項）がメモの理論の一適用である以上必ずしも強制処分たる検証の場合に限定する必要はない。それ故に検察官・検察事務官・司法警察職員の任意処分たる実況見分の結果を書面に記載した実況見分書はもちろん弁護人の実況見分書にも（三二一条三項の規定を）類推適用すべきであろう。」とする。

最判昭和三五年九月八日、集一四・一一・一四三七は、業務上過失致死事件について「刑訴第三二一条第三項所定の書面には捜査機関が任意処分として行う検証の結果を記載したいわゆる実況見分調書も包含《ほうがん》するものと解するを相当とし、かく解したからといって同条項の規定が憲法第三七条第二項前段に違反するものではないことは当裁判所大法廷判例（昭和二四年五月一八日宣告、刑集三・六・七八九参照）に照らして明らかであるから、原判決には所論憲法の解釈を誤った瑕瑾《かきん》ありとは言えず、所論は採用できない。」としている。

(4)　青柳文雄「五訂刑事訴訟法通論下巻」三八一頁は、「第三二一条第三項は、法第二一八条・第二二〇条の規定による検証がここに含まれることはもちろん、任意捜査による実況見分書もこれに準じて解釈されるべきである。」とし、次のように説明されている。
「本条により証拠能力が認められるのは、五感の作用により感知したところを写真・図書等の補助手段の助けを借りて多くは正確に表してあるということと、細部の点まで記憶を強いることはできないという事柄の性質によるものであって、裁判官の許可の有無または逮捕に際して行われたから特に適正であるということではないからこれに限らないと解する方が正当である。」と、実務の実体を正確に表現されている。

(5)　横井大三「証拠・刑訴裁判例ノート(2)」一一九頁は、実務家の立場から、証拠法則は、社会通念を基礎におき、具体的な判例の積み重ねによって徐々に形成されるべきであるとしながら、「われわれの間の一般感覚では、実況見分調書は、検証調書と少しも変わらないのである。検証調書なるが故に信頼できるというきわだった区別感はない。」と説かれる。

(6)　実況見分調書を検証調書と同視し得る根拠としては、注(3)のように、反対尋問の場が残されていること、又は、メモの理論を援用できることが示されているが、横井大三「前掲書」一二〇頁は、「極めてあいまいな表現ではあるが」と前置きしながら、「捜査機関の実況見分調書はその正確さへの信頼度が一般供述調書とは異なり、検証調書と同じであるという理由を加えてみたいと思う。」と主張される。

(7)　最判昭和三六年五月二六日、集一六・五・八九三は、次のように判示している。
「捜査機関は任意処分として検証(実況見分)を行うに当たり必要があると認めるときは、被疑者・被害者その他の者を立ち会わせ、これらの立会人をして実況見分の目的物その他必要な状態を任意に指示・説明させることができ、そうしてその指示・説明を該実況見分調書に記載することができるが、右の如く立会人の指示・説明を求めるのは、要するに、実況見分の一つの手段であるに過ぎず、被疑者及び被疑者以外の者を取り調べ、その供述を求めるのとは性質を異にし、従って、右立会人の指示・説明を実況見分調書に記載するのは結局実況見分の結果を記載するに外ならず、被疑者及び被疑者以外の者の供述としてこれを録取するのとは異なるのである。従って、立会人の指示説明として被疑者又は被疑者以外の者の供述を聴きこれを記載した実況見分調書には右供述をした立会人の署名押印を必要としない……中略……更《あらた》めてこれらの立会人を証人として公判期日に喚問し、被告人に尋問の機会を与えることを必要としないと解すべきである。」

(8)　団藤重光「条解刑事訴訟法上」四二〇頁は、「領置は押収の一種である（二二一条一項本文でも明白に『前条の規定によってする押収』といっている）。差押との差異は、占有取得の方法が強制的でない点だけである。」とする。

(9)　最決平成二年四月二〇日、集四四・三・二八三は「刑訴法二二二条の準用する本条一項（一二三条一項）にいう還付は、押収物について留置の必要のなくなった場合に、押収を解いて原状を回復することをいうから、被押収者が還付請求権を放棄するなどして原状を回復する必要がない場合又は被押収者に還付することができない場合のほかは、被押収者に対してすべきである。」とする。

(10)　最決平成四年一〇月一三日、集四六・七・六一一

(11)　大判大正一二年四月一四日、集二・三三六頁は、「刑法二五六条ニ所謂贓物ハ不法ニ領得セラレタル物件ニシテ被害者ニ於テ法律上追及スルヲ得ヘキモノヲイフ」とされている。

第四章　人に対する強制捜査

第一節　強制捜査の意義と必要性

一　強制捜査の意義

捜査は、なるべく任意捜査の方法によって行わなければならない。

また、そうする限りにおいて、その手段や方法は無限である。

しかし、被疑者が逃走を企《くわだ》てたり、必要な証拠の提出を拒《こば》んだり、隠滅《いんめつ》したりするのを、ただ、説得と、周辺捜査だけで目的を達成しようとしても、限度があることは自明《じめい》である。

そこで、法は、厳しい要件のもとではあるが、捜査機関に最小必要限度の強制力を与え、人権との調和をはかりつつ、刑罰権の実行を担保《たんぽ》しようとする。

このように、捜査機関が強制力を用いて捜査の目的を遂げようとする活動を、強制捜査というのである。

強制捜査は、捜査目的を達成するについては不可欠な活動であるが、一方、国民の人権と深くかかわるために、その抑制が必要とされ、時代とともに、それぞれの国にふさわしい調和点が発見されてきた。

専制権力の強い所では、捜査目的の達成に重点が片寄り、人権尊重の立場は、しばしば踏みにじられる運命をたどった。

また、英米とくに、米国のように、国家権力よりも先に、人民の生活が存在したような国では、捜査官は任意処分ができるにとどまり、強制処分を必要とするときは、裁判官に請求することとされた。

わが国は、ドイツ・フランス等、欧州大陸に発達した法系を模範として受け入れ、これを検非違《けびい》使《し》以来のお上《かみ》の捜査の伝統に継《つ》ぎ木したので、旧法時代は、とかく人権じゅうりんのそしりを免《まぬが》れ難《がた》かった。

しかし、現行法のもとにおいては、まず、憲法に、均衡《きんこう》を破るほど多くの強制処分の抑制《よくせい》を意図《いと》する規定がおかれ、これを受ける刑事訴訟法典においても、強制処分は、同法に特別の定めがある場合に限り（一九七条一項ただし書）なし得ることとされ、しかも、同法の関係条文の解釈にあたっては、人権擁護の立場から、時としては、明文を破るかと疑われる極端な議論がなされている(1)。

警察官は、その捜査目的を達成するにあたっては、日本国憲法下のこうした傾向をも考慮に入れ、強制力の行使を必要最小限に自制する立場をまず、再確認すると同時に、強制捜査の限界をよくわきまえて、いやしくも人権じゅうりんの疑いをかけられるようなことを慎まなければならない。

二 令状主義

一 令状主義の意義　二 例外　三 許可状か命令状か
四 逮捕の段階的とらえ方

一　強制捜査の主軸をなす考え方に「令状主義」がある。

何人も、現行犯として逮捕される場合を除いては、裁判官の発する逮捕の理由を明示した令状によらなければ逮捕されない（憲法三三条）。

捜査機関の独自の逮捕を原則として禁ずる趣旨である。そして、裁判官のチェックを受けてはじめて逮捕できるようにする。

二　令状なしに人を逮捕できるのは、現行犯の場合だけである（緊急逮捕は、令状による逮捕に含めて考えられている。後述参照）。

現行犯は火にたとえるならばまさに現に燃えている犯罪である。又は火は消えたがくすぶっている犯罪である。火事のあること、ないしはあったことが外見上明白である。子供でもその事実を見誤ることはない。

現行犯であることは、そのように明白である。警察官でなくとも、しろうとでも見誤ることはない。そこで法は、裁判官のチェックを必要としないばかりでなく、一般私人もこれを認めたら直ちに逮捕することを許した(2)（二一三条）。

三　もともと強制処分は裁判官のものであるという英米法流の考え方と、捜査官にも権限があるとする欧州大陸流の考え方との間に、裁判官による司法的抑制の考え方が存在するわけである。したがって、令状の性質に関しても、英米流にいけば裁判官の命令状ということになり、大陸流にいけば許可状である。命令状というのは、元来裁判官に専属する権限の光を受けてそれを補助する、というものであり、許可状というのは、もともと捜査官にある権限の行使が止められているに過ぎない。それを裁判官によって禁止を解除してもらい、したがって令状記載の事項に関しては、

もともとの権限が働き出す。行使するもしないも捜査官の判断に任せられる、という考え方である。(3)

そして、通常逮捕状は、許可状だと考えられているのである。

人に対する強制捜査の種類としては、通常逮捕・緊急逮捕及び現行犯逮捕に分類されるところの「逮捕」と、逮捕後、検察官の請求によって裁判官から認められる「勾留《こうりゅう》」とがある。

四　今、逮捕に限って考察してみると、一般的に通常逮捕をもって本則とし、緊急逮捕と、現行犯逮捕とはその例外として説明されている。

それは、憲法第三三条の規定の体裁《ていさい》に由来《ゆらい》するのであり、もともと、捜査官には、野放しで逮捕権を行使させない。司法的抑制のもとに服し、例外としてわずかな場合にだけ令状なしの逮捕を許そう、という考え方が基礎におかれている。

しかし、一方、逮捕の現場の側から考察すると、まず、裁判官を引き合いにするまでもなく、しろうとが見ても明白で、しかも、直ちに制圧を必要とする現に燃えている犯罪がある。

次に、火は消えたが、まだまだ余じんがくすぶっている。言いかえると、犯罪が行われた痕跡《こんせき》がまだ明瞭な状態にあって、逮捕者にそれがよくわかる場合がある。

また、何をしたか、よくはわからないが、人に追いかけられている。また、シャツやズボンに血をつけている、血をふき取った跡と思われる、曇りのついた上着を持っていた、警察官を見たとたんに逃げ出した、などという例のように、一見怪《あや》しい人物にぶつかるときがある。

その人物が、何らかの犯罪を行ったことはわかるが、犯行の時からある程度時間がたっている。実務上は、時間をかけて一定の人物の内偵《ないてい》を続け、材料をつかみ、裁判官から逮捕状をもらって逮捕に赴《おもむ》くというよりは、勤務時間中に、右の例のような異常事態にぶつかって、とっさの判断を強いられることの方が多いであろう。

こうしてみると、およそ、犯罪は社会の敵《てき》であり、官民を問わず、現認したら直ちに制圧逮捕すべきものであるが、時がたち、場所を移動するに従って次第にあいまいになり、あいまいになればなるほど人違いのおそれがあり、したがって逮捕の要件が難しくなり、裁判官による司法的抑制が表面化していく、という風にとらえることもできるであろう。

さて、以上のことを整理すると、まず、最も明白な現行犯については、司法的抑制どころか、一般人でも逮捕して差支《さしつか》えがない。また、多少時間的にはずれるが、まだまだ痕跡の残っているものを準現行犯として、現行犯と同様に取り扱ってよいとする（現行犯・準現行犯）。

次に、もはや現行犯といえるほど明白ではないが、少なくとも、警察官というプロの眼で見て、一定の罪を犯したことを疑うに足りる充分な理由があり、かつ、急速を要する場合は直ちに逮捕してもよいが、事後に裁判官の審査を受けなければならないとする（緊急逮捕）。最後に、充分な理由はないが、相当の理由があれば、事前に裁判官の許可を得て逮捕してもよろしい、とする（通常逮捕）。

この場合の裁判官とのかかわり合いは、令状という媒体《ばいたい》を通じて保たれている。そして、充分な理由があるときの令状請求は巡査でもよいが、相当の理由しかないときは、原則として警部以上の階級にある警察官に判断させることとしている。

これを整理してみると犯罪があって犯人がいる。各々明白に特定していて、その結びつきもまた疑いを入れない。そういうものから、犯罪もあいまいであれば被疑者もわからない、という、捜査開始のふり出しになる状態との間に、種々の段階がある。法は、これを三段階に分類して、最も明白なものには一般人にまで逮捕の判断と実行をさし許し（現行犯・準現行犯）、充分な理由のある一定の重い犯罪については、一般人はだめだが、巡査には許し（緊急逮捕）、そして、最も普通の場合、すなわち、相当の理由のある場合は、警部以上の階級にある者のみが、判断し得るものとした（通常逮捕）。

裁判官の抑制に服するのは、第二及び第三段階であるが、第二段階では事後の、第三段階ではじめて事前の許可がいるのである。

何が「充分な理由」であり、また「相当の理由」であるかは後述する。

(1)　平野龍一「刑事訴訟法」八三・八四頁によれば、「捜査の構造については、全く対照的な考えがある。一つは、糺問《きゅうもん》的捜査観ともいうべきもので、他は、弾劾的捜査観ともいうべきものである。前者によれば、捜査は、本来、捜査機関が、被疑者を取り調べるための手続であって、強制が認められるのもそのためである。ただ、その濫《らん》用《よう》を避けるために、裁判所又は裁判官による抑制が行われる。このようにして、捜査はある程度法律化され、当事者主義の萌芽《ほうが》がみられることになる。これに対し、弾劾的捜査観では、捜査は、捜査機関が単独で行う準備活動に過ぎない。被疑者も、これと独立に準備を行う。強制は、将来行われる裁判のために（すなわち、被告人、証拠の保全のために）、裁判所が行うだけである。当事者は、その強制処分の結果を利用するに過ぎない。ただ、検察官・司法警察の発達とともに、ある限度で、強制の処分を検察官・司法警察職員にゆだねる傾向が生ずる。そこで、結果において、この二つの形態は接近してくる。わが法も、この接近した構造をとっている。しかし、基本的にどちらの捜査観を前提とするかによって、個々の規定の解釈にも、大きな差異が生まれるのである。」

そして、この弾劾的捜査観を前提とし、たとえば、「逮捕・勾留は、将来公判廷へ出頭させるためであって、取調のためではない。」という風に、「現行の実務にも法制にも合致しない」（青柳文雄「五訂刑事訴訟法通論上巻」三二五頁）結論を主張、多くの学者や実務家に影響を与えている。

(2)　平野「前掲書」九六頁によれば、「これは、被逮捕者が犯人であることが明白で、司法官憲の判断を経なくとも、人権侵害のおそれがないためである。」

(3)　前注（1）参照。弾劾的捜査観に立てば、「憲法が令状主義をとったのは、裁判官だけが強制処分できるとしたもので、令状は当然に命令状であることが予定されている。」「ところが法は、逮捕状・捜索差押令状を許可状とした。これが、逮捕するのは、本来捜査機関であって、裁判所は、その濫用を防ぐために、令状でこれを抑制する趣旨だとするならば憲法の正しい解釈ではない。逮捕の許可とは、事情が変更したならば逮捕しなくともよいという条件つきの命令だと解しなければならない。」（平野「前掲書」八四頁）

これに対して、青柳教授は、「差押捜索許可状（二一八条）は取得された証拠品を捜査官が利用するのであって、令状を発した裁判官の下に持参するのではないし、その令状によってどのような行為がなされたかの報告があるわけでもない。これでは命令状というにはあまりに無責任であって許可状と言わなければならないだろう。……中略……そして、逮捕状は弾劾的捜査観をとる以上は命令状だと解されているけれども、英米法の逮捕状のように二四時間以内に裁判官の下に連れて来いという命令ではなくて、警察官が四八時間はその身柄を拘束してもよい（二〇三条）、続いて検察官は二四時間拘束してもよい（二〇五条）、その間に必要がなければいつでも釈放しなければならない、起訴前の勾留を請求したいときだけ裁判官の所に連れて行く（二〇七条・六一条）というのであっては命令状というのにほど遠い。これも許可状と言わざるを得まい。」（青柳「前掲書」三一四頁）とする。

第二節　現行犯逮捕

一　現行犯の要件

一　現行犯人の意義　二　明白性　三　時間的接着性

一　警察官は、眼の前で犯罪が行われているのを目撃すれば、直《ただ》ちにこれを制圧し、犯人を逮捕する責務がある。警察官の権限行使の場は、所属する都道府県の管轄《かんかつ》によって区切られているが、こと、現行犯に関しては、そうした制限もとりはらわれている（警察法六五条）。

警察官は、また急訴を受けて現場にかけつけ、犯行を現認しないまでも、犯罪の痕跡《こんせき》が明らかなのを見て、被疑者を捜索・逮捕する場合もある。

また、特定の犯罪の被疑者の特徴を知らされ、緊急配備に従事中、それらしき人物を発見、逮捕行為にでる場合もある。

いずれも、現に罪を行っている者、現に罪を行い終わった者、又は罪を行い終わってから間がない者を逮捕しようとする場合であり、犯罪及び犯人が明白で、人違い等の間違いを起こす余地のないものである。

このように、現に罪を行い、又は罪を行い終わった者を現行犯人といい、また、罪を行い終わってからある程度の時間の経過はあるが、どろぼう、どろぼう、と追呼《ついこ》されているとか、着衣に血をつけているとか、一定の外部的条件から判断して、罪を行い終わってから間がないと明らかに認められる者を、現行犯に準ずるものとして（二一二条）、何人も、これを令状なくして逮捕することができるとしている（二一三条）。

前述のように、現行犯は、犯罪を火にたとえれば、現に燃えている犯罪である。あるいは、今、火が消え終わったが、煙がまだ、もうもうと上っている。

その状態から、一見して、何らかの犯罪が犯され、犯人は、その男であると、逮捕者において明白な認識を得られる性質のものであり、人違いなどの人権問題が起こる余地がないものである。

多少なりとも、その辺に疑いが残る場合は、もはや現行犯ではなく、緊急逮捕か、通常逮捕の問題として、捜査を先行させなければならない。

そして、明白である、というためには、次の要件を充足していなければならない。

第一は、逮捕の時、逮捕者から見て、犯罪及び犯人が明らかであって、誤認のおそれが全くないこと（犯罪と犯人の明白性）。

第二は、その犯罪が、逮捕者の目の前で敢行《かんこう》されているか、又は、逮捕者から見て、犯行後、時間的に接着した段階にあることが明らかであること（時間的接着性）である。

二　第一の要件に関連して考慮すべきことは、特定の犯罪を犯していることが、外見上明白であるかどうか。たとえば、犯罪の中には、逮捕・監禁罪や、不退去罪のように、被害者の置かれた状態や、被疑者の行為自体が犯罪を構成し、しかも、その犯行状態が途切れず継続しているものがある（継続犯）。金太郎あめは、どこを切っても金太郎の顔が出てくるように、このような犯罪は、いつこれを見ても、目の前で犯罪が行われているから、いつでも現認でき、また、いつでも現行犯として逮捕できる。外見上明白の代表例である。

ところが、窃盗《せっとう》犯になると、他人の物を窃取《せっしゅ》することによって犯行自体は窃取の直後に終了し、たとえその物が、持主等の手を離れたままになっている。つまり、法益侵害が継続している場合であってもそれは盗品等を持っているだけであり、犯行後、相当の時間を経過した後には、もはや窃盗の現行犯とは言えなくなり、第二の要件を考慮に入れなければならなくなる。

三　殺人や傷害のように、犯行を現認するならば、犯罪も犯人も誰の眼にも明らかであるが、時間を経過し、犯人が立ち去った後になると、急速にあいまいさを増すものについては、とくに、第二の要件すなわち時間的接着性との関連が問題になる。

二　現行犯認定の実際

一　まず考えること　二　次に考えること

一　具体的な例でみよう。

現行犯は、何人もこれを見たら逮捕してもよい、とされるのであるが、実際は、一一〇番するとか、交番に駆《か》けこむとか、警ら中のお巡りさんに告げるとか、警察官を求めてこれに急訴するのが普通である。

そこで、駆けつけた警察官は、急訴事件の全ぼうをとっさに判断して行動に移らなければならない。

そして、法律上は、前述のように現行犯の要件がきめられており、それを充足しない場合は、後に述べる緊急逮捕とか、その他の手段も選ばなければならない。

今、店で暴れている男がいるとの急訴を受け、警察官が現場に駆けつけると、男は、既に去ってその場にいない。事情を聴取すると、三〇歳ぐらい、うぐいす色のジャンパーを着て酒の臭《にお》いをさせ、店に入ってくるなり金を貸してくれ、と言った。断ると、そこにあった裁《た》ちばさみを取り、被害者につきつけて、心臓をぶち抜いてやろうか、とわめいたので、一一〇番をしたのだという。

警察官は、すぐ、現場付近の捜索にあたる。すると、被害者方から東に二〇メートルぐらいの所に、それらしき男がいるではないか。駆けつけてから既に二〇分ぐらいはたっている。どうしたらよいか。

そこで、その場合の判断の仕方を述べてみると、まず、要件二の現場に駆けつけたときの時間的接着性に配慮すべきである。といっても、どの程度時間的接着性があればよいかは、明確な基準があるわけではない。

犯行があって、急訴がなされる。まず、ここに時間の経過がある。次に、急訴を受けた警察官が、所定の受理措置を行った後、現場に急行する。そこでも時間を消費する。

さて、前述のように、駆けつけた、見た。その見た時が、犯行の時からどのくらい経っているかを判断するのである。それには、急訴受理のその時から、頭がきいていなければならない。そして、その経過が、通常警察官が急訴を受けて現場に急行するに必要な時間帯であれば、「現に罪を行い終わった」という時間的段階にあるものといえる。判例によれば、約二一、三〇分というところである。[1]

二　次に考慮しなければならないのは、要件一の犯罪及び犯人の明白性である。さきに述べたように、暴行や傷害のように、犯行そのものが外部から見て容易に覚知《かくち》できるものであっても、時間的・場所的隔《へだ》たりによって、その明白性は急速に減っていく。これは恐喝《きょうかつ》である。まして、恐喝のように、言葉のやりとりを問題にするような犯罪については、一層の注意がいることはいうまでもない。

たとえ、現場から十数メートルであっても、犯罪の痕跡・影響を身につけないで、関係のないバーに入ってしまえば、そこで、現場との連続性は断ち切れ、現行性すなわち「現に罪を行い終わった」という要件からははずれてしまうことは明らかであろう。判例では、二〇メートル離れた路上での逮捕を違法とし、緊急逮捕ならわかる、としたものがある。

すなわち、特定の犯罪を、特定の犯人が犯したということが、逮捕者において、逮捕の時に明白でなければならないとすると、駆けつけた警察官に、なるほど、ここで犯罪が行われた。これをやったのはあの犯人だ、と、直接覚知できる材料がそろっていないとされたのである。逆に、それさえはっきりしていれば、多少の場所的移動は許されるのである。[2]

前例では、駆けつけた警察官は、犯行はもちろん、犯人を直接見ていない。あるのは被害者の指示・説明だけである。

うぐいす色のジャンパーの男が付近にいても、それだけで、これを現行犯逮捕するのは危ない。そこで、警察官は、例によって質問をする。答は、否認だ。そこで同行を求めて被害者宅に赴き、対面のうえ、これに間違いない、という被害者の供述があったら、今度はこれを現行犯人と認めていいか。

結論だけ、端的《たんてき》にいうと、現行犯逮捕をしてもよい。ただし、なぜ現行犯と認定したか記録は客観的に詳しくしておく必要がある。

たしかに、逮捕者すなわち警察官は犯行を現認せず、犯人についても被害者の指示・説明を頼りにするばかりである。犯罪及び犯人の明白性、とくにその外見的明白性を言う限り問題があることはもちろんであるが、もともと私人が逮捕できる犯罪を実力上のこわさからみずから手を下さず、警察官の来臨《らいりん》を待つ、という国民の一般的傾向からみても、警察官がその目で直接覚知したものでなければならない、とするのは実情に合わず、やはり、被害者や目撃者らの供述も参考とし、駆けつけてから見た現場の状況その他客観的な材料等と相《あい》まって、犯罪及び犯人の明白性を客観的に判断することが許される、と考えるのが自然であろう。

自動車の場合は、もっと距離の要件はゆるやかになる。

タクシーの運転手が、殴《なぐ》った犯人を乗せたまま、約二〇〇メートル走って交番に乗りつけ、助けを求める場合も同様、殴ったところを見ていないから、とは言えないであろう。(3)

ただ、いたって疑問のある場合は、後述する緊急逮捕の手続により、司法的抑制のある方法を選ぶべきである。

なお、あまりに軽い罪の場合、たとえ、現行犯であっても、逮捕をさしひかえる必要のあることは容易に理解できるであろう。第二一七条は、三〇万円(刑法、暴力行為等処罰に関する法律及び経済関係罰則の整備に関する法律の罪以外の罪については、当分の間、二万円)以下の罰金、拘留又は科料にあたる罪の現行犯については、これまでに述べた要件のほかに、更に、①犯人の住居が明らかでない場合、②犯人の氏名が明らかでない場合、③逃亡するおそれがある場合、の三つの要件を掲げ、そのいずれか一つ、又は二つ以上が満たされない限りは、現行犯逮捕をしてはいけない、こととしている(二一七条)。

三　準現行犯

一　準現行犯の意義　二　要件

一　前例で、急行した警察官に、犯人はまだその辺にいるはずです、という代わりに、店の従業員に跡をつけさせてある、来て下さい、といい、付近を探し回ったところ、跡をつけて被疑者のいるところを見とどけ、そのまま見張っていた従業員にあう。あそこにいます、とその従業員はいう。

さて、そこで駆けつけ現行犯として逮捕できるかというと、できるのである。

前例との違いは、被疑者は現場から立ち去りはしたが、被害者側のチームワークによって、全く見失われていない、という点である。

しかし、「現に罪を行い終わった」というためには、前述のように時間的近接性がなければいけない。そこで、右の例で、もし、犯行から逮捕までの時間的隔たりが、二、三〇分程度であれば、これは、第二一二条第一項の現行犯として逮捕することも可能である。

もし、一時間も、二時間も経っていたらどうであろう。前述のように、これは、もはや「現に罪を行い終わった」とは言えない。

しかし、被害者側はわざわざ跡をつけ、見失わないようにしていた。現場の痕跡や影響を断ち切って無関係になろうとする被疑者に対して、被害者の方は、逆に一本の糸をかけ、切れないように手繰《たぐ》っていた。つまり犯行現場との結びつきを維持していた、とすると、犯人も犯罪も、共に明白であって、現に罪を行っている。又は現に罪を行い終わったときとその明白性において変りがない。違うのは時間だけである。それも、わずか数十分ないしは数時間の差である。

これを、駆けつけた警察官に逮捕させることができないというのは、常識的ではない、と言われそうである。

法律は、こういう場合に備えて、一定の態様を類型化し、それにあてはまる場合は、犯罪も犯人もまだ明白性を失っていない、という場合を法定した。

それが、「準現行犯」という概念である。現行犯そのものではない。しかし、それに準じて考えることができるものである。

第二一二条第二項は、①犯人として追呼されているとき。②贓物又は明らかに犯罪の用に供したと思われる凶器その他の物を所持しているとき。③身体又は被服に犯罪の顕著《けんちょ》な証跡《しょうせき》があるとき。

にしている。

④誰何《すいか》されて逃走しようとするとき、という四つの場合を列挙《れっきょ》し、その各々の場合にあたる者が、もし、罪を行い終わってから間がないと明らかに認められるときは、これを現行犯人とみなすこと

すなわち、時間的段階を考えると、もはや「罪を行い終わった」ということはできない。が、ここにあげられた四つの類型があてはまる場合を想定すると、少なくとも、「罪を行い終わってから間がない」場合は、犯罪と犯人の明白性に欠けることはない、とするのである。

もともとこの四つの類型は、犯罪を行い終わってから間がない場合の犯人の態様を示しているので、これにあてはまる場合は、間がない段階であると言える。また間がない段階に、犯人にぶつかれば、こういう態様にある場合が多かろう、という、相互補完の関係にあるものであるが、思考の論理的整理を行って、それぞれあてはまるかどうかを順次検討しようとするのである。

前例でいうと、店の従業員に跡をつけさせ、見失わないようにしていた。しかし、警察官が到着して探すのに手間どり、通常現に罪を行い終わったと認められる段階から、時間的に遊離《ゆうり》してしまった場合でも、この第二一二条第二項第一号の要件、「犯人として追呼されているとき」にあたり、かつ、「罪を行い終わってから間がないと明らかに認められる」ならば、「現行犯人とみな」してこれを逮捕することができる、という考え方である。これを整理してみると準現行犯の要件は、

①第二一二条第二項各号（前記四種）にあてはまるものであること。②罪を行い終わってから間がないと明らかに認められること、である。

二　説明の順序として、まず、第二の要件から見ていこう。

「罪を行い終わってから間がない」の前段は、さきに説明した、「罪を行い終わった」と全く同じである。

ここで問題になるのは「間がない」である。

「行い終わった」というのは、犯罪の実行行為を終了した直後をさし、時間的には、二、三〇分後までを含むことが、判例の積み重ねによって明らかにされている。

「間がない」というのは、それから後のしばらくの時間をさす。

犯罪の実行行為の終了後、時間的に近接していることを意味するが、二、三〇分より長い時間の隔たりを容認するものであることは自明であり、通説は、最大限数時間を出ないとする。[4] 判例に現れた長い例は、二時間ちょっと、というのがある。[5]

一応右の時間を頭において、現場では、駆けつけて逮捕行為に着手する直前の時間が、犯行のときからどのくらい経っているかを考え、もし、二時間範囲のものであったら、次に、第一の要件たる第二一二条第二項各号のどれにあてはまるかを考えるのが順序である。

たとえば、被害者側がわざわざ跡をつけ、見失わないようにしていた前出例は、第一号の「犯人として追呼されているとき」にあたる問題であった。ここで、要件を整理してみると、

「犯人として追呼されているとき」

というのは、その者が犯人であることを直接知っている者――被害者等から、逮捕を前提として、追跡、呼びかけを受けていることである。

犯人と犯罪との結びつきが、最も明瞭な場合は、犯行現場で、犯人が現に罪を犯している場合であるが、その現場から、ずっと追跡を受けているとなると、その犯人は、犯行現場から、わが身を断ち切って一般人の中にまぎれこんだことにはなっていない。犯行現場との連続性は断たれていない。

したがって、犯罪と犯人との結びつきは、誠に明白であるといわなければならない。

追呼されている犯人が、現行犯に準ずる取扱いを受ける根拠は、まさに、この明白性にある。この明白性を阻害する条件がでてきたら、もはや、ここでいう犯人として追呼されているときにあたらず、(6)したがって準現行犯ではなくなる。たとえば、追呼が中断した場合である。

途中まで追いかけてみたが諦《あきら》めて家に帰った。そこへ一一〇番で警察官が来たので元気を出してもう一ぺん探した、という場合である。

この場合は前述のように明白性を欠いて現行犯にならないが、準現行犯として考えてみても、追呼にあたらず、緊急逮捕等、後述の問題に移さなければならない。

「贓物《ぞうぶつ》又は明らかに犯罪の用に供したと思われる凶器その他の物を所持しているとき。」

「身体又は被服に犯罪の顕著な証跡があるとき。」

警ら中、あるいは警戒中、盗んだ物ではないかと思われる物を持っていたり、衣服に血をつけて歩いていたり、人を殺傷できる道具を隠し持っていたり、要するに、おかしい、と思われる者を発見して職務質問をすると、案外すらすら、どこそこでこれを盗って来た、と自供する場合がある。盗ったのは何時だ。一時間ほど前です。よし、準現行犯だ、と速断してはいけない。罪を行い終わってから間がないことはわかった。盗品等を所持していた。それでどうして、準現行犯にならないことがあるか。というと、もう一ぺんふり出しにもどって、現行犯の明白性、とくに、外見的明白性を思い出していただきたい。

今、目の前にいる男が、特定の犯罪を犯してから間がない、と言い得るためには、逮捕者たる警察官の目に、そのことが、直接覚知されるのでなければならない、という、あの原則である。

職務質問によって、あるいは、任意の取調べによって自供を得、それによって、右の事実がはっきりした場合は、現行犯とは言えない。はじめから、警察官の目に相手の持っている物が、盗品等その他前記のしろものである、ということがはっきりしていて、職務質問は単に確認的にしたので、聞くまでもなく明白であった、ということを要するとされている。

自供によって、はじめてわかるような場合は、いわゆるたぐっていって、はじめて盗品等であることが確認されたり、犯罪のあったことがわかったりするので、もはやこれは現行犯ではない、とされるのである。(7)

普通は、緊急配備のように、犯人の人相特徴等の情報を得ていて、それらしき者にぶつかる場合に、これらの類型が役立てられるであろう。

「誰何されて逃走しようとするとき。」

もし、もし、と声をかけられて突然逃げ出すのはもとより、懐中電灯で照らしたとたんに逃げ出すのも誰何されて逃走するにあたる。

警察官の姿を見て逃げ出すのも同様である。(8)

ここで注意しなければならないのは、盗品等所持のくだりで述べた、あの犯罪と犯人の明白性である。単に職務質問したら逃げ出した。何で逃げるかさっぱりわからぬ、というのは、ここでいう準現行犯ではない、ということである。

やはり、犯罪の届出があった、とか、緊急配備が発令されていて、それらしき者を特定する予備知識がある場合でなければならない(9)。

何の罪かわからない、という場合は、更にたぐって、緊急逮捕等に持ちこむのが、正しい措置であるということを忘れてはならない。

四　現行犯逮捕後の手続

一　引致《いんち》　二　逮捕手続書

一　司法巡査が現行犯人を逮捕した場合は、直ちに、司法警察員のもとに、その犯人を連れて行き、その身柄の措置をきめてもらうのであるが、このように、逮捕された被疑者の身柄の措置をきめるため、権限ある司法警察員のもとに連れて行くことを「引致《いんち》」といっている。

一般民衆から、現行犯人の引渡を受けた場合は、後に、その逮捕が問題にならないよう、いろいろ聞いておく必要がある。

すなわち、逮捕者は誰か、その人の住所は。また、逮捕者と連行した人が異なる場合は、その人の氏名・住所は。更に、逮捕の理由は。いずれも、後に、逮捕された被疑者の人権に関係して問題にならないよう、事実関係を明白にするに必要な事項である。

二　引致をすると、更に、現行犯人逮捕手続書（甲・乙）（基本書式例様式一七号・一八号）を書かなければならない。

みずから逮捕した場合は甲、私人の逮捕した者を受け取った場合は乙を作成する。甲と乙との違いは乙に、「逮捕者の住居・職業・氏名・年齢」の記載があるほかは、全く同じである。

共通して重要なことは、「現行犯人と認めた事由」が、上述の現行犯人の要件を充足していると判断できるほどに記載されているかどうかであるが、私人から現行犯人を受け取った場合は、みずから逮捕していないだけに、要領よく聞きとって、必要事項を、おちなく記載するようにしなければならない。

引致は、その後になる。第二一五条が、「直ちに」（二〇二条・二一五条）と書かずに、「速《すみ》やかに」とした理由はそこにある。

逮捕手続書は、被疑者の身柄のあり方が、それを見れば明らかになるものでなければならない。それは、およそ、被疑者の身柄の拘束に関係する重要事項を網羅《もうら》していて、しかも、正確であることを要する。

たとえば、逮捕者が数人である場合は、その協力関係を明らかにしておく必要があるし、被疑者が氏名不詳であれば、人相・体格、その他の特徴等によってこれを特定する必要がある。逮捕の日時は、拘束時間の起算点になるから、「何時何分」までを正確に記載しなければならない。

現行犯人と認めた理由は、第二一二条の要件にあてはまる状況や、現認された犯罪事実を具体的、かつ、詳細に記載して、犯罪事実の証明に役立つものにしておく必要がある。

たとえば、「窃盗をしようとしているのを現認した」では、いったい何を窃取しようとしたのか、未遂《みすい》か、既遂《きすい》か、さっぱりわからない。「暴行しようとしているのを現認した」では、いかなる暴行を加えようとしたのか明らかでない。

また、逮捕時の状況についても、具体的・詳細に記載して、たとえば、抵抗の程度によっては公務執行妨害罪を立てるための材料にしたり、逃亡をはかったり、証拠隠滅をする等の行為があれば、留置の要否をきめる資料にしたりしなければならない。

私人の逮捕したものについては、警察官が現認していないだけに問題になりやすい。

逮捕の理由すなわち、どうして犯人と認めたのかを明らかにするばかりでなく、場合によっては、連行者に本署まで同行を求めるなど（二一五条二項）、事実関係をあいまいにしない配慮をする必要がある。

五　現行犯における犯罪及び犯人の明白性

一　逮捕者の覚知し得る状況　二　内偵張込《ないていはりこみ》による知識の援用
三　捜査チームの一部の情報による覚知

一　現行犯逮捕については、逮捕の時において、逮捕者が犯罪及び犯人を直接、明白に覚知できることが要請される。

被害者等の指示・説明や、被疑者の自供によって、特定の犯罪が、特定の被疑者によって敢行されたことが判明した場合は、たとえ、それが犯行の時に時間的に近接していても、なお、現行犯として逮捕できる場合にあたらない、というのが、一部の判例の示すところである。

直接、明白に、逮捕者において覚知する、ということの難しさは、逮捕者たる警察官の眼の前で犯行が起きても、なお、明白と言えない場合があることによって極《きわ》まる。

たとえば、逮捕監禁罪や、不退去罪のような継続犯は、犯行の外見的明白性が引き続いて存在するために、これを直接、明白に覚知することは、比較的容易であり、公務執行妨害罪・暴行罪・傷害罪・凶器準備集合罪のような、身体的動静それ自体によって犯行を覚知できるもの、銃砲刀剣類所持等取締法による所持禁止違反のように、特定物の所持を禁止されているもの等は、これを現認するに、さほどの困難は認められない。

しかし、たとえば、詐欺・恐喝のように、被疑者の意思表示の内容が問題となる場合、贈収賄罪《ぞうしゅうわいざい》のように、金銭授受を目撃しても、それだけでは犯行が行われていると断定し難《がた》い場合、競馬・競輪の呑《の》み行為のように、一定の専門的知識を必要とするもの等、犯人の外見的動静を目撃しても、直ちに犯罪を覚知し難い場合が問題である。

すなわち、現行犯人を認定するためには、原則として、逮捕者みずからが、直接認識し得た材料によって、犯罪及び犯人を明白に覚知することを要する、とされるのであるが、被害者等の急訴の内容、急行した警察官に対する事情の説明・犯人の指示等を、警察官の直接覚知し得る現場の状況、被疑者の挙動等とあわせ判断して、犯人及び犯罪を明白に認識することは許されないだろうか。

更に、事前の内偵《ないてい》・張込《はりこみ》等による蓄積《ちくせき》された情報のうえに立って、被疑者の幾《いく》ようにもとれる身体的動静を時間・場所・相手方等、客観的諸条件によって限定し、特定の犯行の一こまと断定することにより、これを現認した場合は現行犯として、逮捕することは、明白性の要件にもとるであろうか。

まず、現場の状況に急訴の内容等を加えて犯人を覚知する問題に関して実例を見よう。

恐喝被疑事件があった。警察官は恐喝現場の付近に待機していたが、被害者と被疑者のやりとりの内容を直接聞くことはできなかった。内容は、被害者の申告によって知った。警察官は、それと、待機中に現認した、被疑者の態度・動静、被害者の反応等とともに総合判断して恐喝罪現行犯と認定、これを現場で逮捕した。

ところが、裁判所は、これを現行犯逮捕と認めなかった。現行犯人として逮捕し得るためには、現に罪を行い又は罪を行い終わった者であることが、現場の状況等から逮捕者に直接覚知できる場合でなければならない。

しかるに当該警察官は、現場付近にいたことはいたが、被疑者・被害者間のやりとりの内容を聞いたわけではない。また、現場において被疑者の態度・行動等から恐喝罪にあたるような事実を認定できる状況を覚知したわけでもない。ただ、被害者から恐喝されたという申告を受けただけである、と判断されたのである(10)。

同じような恐喝事件で現行犯と認められた例がある。路上で時計を喝取《かっしゅ》された女が、今夜一〇時にN駅入口に金を持ってくれば時計を返す、と言われて警察官に申告した。

警察官が張りをかけていると、男が現れて、「金を持って来たか。ここではまずい。喫茶店に行

こう。」と言って被害者を連行しようとするのを目撃、これを現行犯逮捕した。裁判所は、これを是認したのである。(11)

ここではまずい……、という言動は、直ちに恐喝の実行行為の一部だとは言えまい。問題は、提出された証拠資料である。先の例では何故そのように、咄嗟《とっさ》の間に現行犯と認めたかという総合判断につき叙述《じょじゅつ》が足りなかったのではなかろうか。

裁判所も、その現場において被告人の態度・行動等から恐喝罪にあたるような事実を認め得る状況を覚知したというわけでもない、と言っているので、もし、そのような状況が説明されていたらどうなったか、予断を許さないのである。

実務家の中には、「現場の状況ということにはある幅を認めなければならない。この事件でも現場の状況に被害者の訴を加えてそこに現行犯人がいるということが明白になればよかった」とする者がある。(12)

二　次は、事前の内偵・張込等による蓄積された情報の利用と現行犯の認定の問題である。犯罪によっては、事前の内偵・張込等によって得た専門的知識と、現場における諸状況を総合大観して、今、眼の前で犯罪が行われている、と覚知できるに至る場合がある。逆にいうと、そういう事前の知識を欠いては、何人も犯行を現認することができない、という類《たぐい》のものである。

実例をみよう。事案は、競馬における呑み行為である。警察官はかねてからTが呑み行為をしているという疑いをもち内偵していた。そして、Tを現行犯人として逮捕するに至るのであるが、その当日、T方近隣に張込をかけ、Tらの動静を見てますます嫌疑を濃《こ》くしていった。そして、たまたま、T方に赴き、呑み行為の申込をしてきたAを職務質問のうえ現行犯逮捕し、その供述によって確信を深め、ついにTを呑み行為の現行犯として逮捕するに至った。

現場の警察官にとっては、犯行誠に明白であった。まさに、燃えている犯罪の逮捕である。

しかし、これを一般人の眼におきなおして考えてみよう。まず、呑み行為なる犯罪の何たるやを知らない。まして、T方を中心に、TやA等のしていることをみても、何の疑念も生じないであろう。

もし、現行犯は、通常人を標準において何人においても犯情明白であることを要するとすれば、この事案は、現行犯として処理すべきものにあたらないであろう。

更に、現場で直接犯行を覚知するには、被害者の申告その他、予備知識は不要という立場をとれば、あらかじめ内偵して得た知識や、Aから聞いた知識をもとにして、さてこそ、Tの現行犯としての明白性を判断することはできなかった、と言わなければならないであろう。

ところが、裁判所は、この事案においては積極的な態度を示した。もとより、現行犯の考え方として、何人が見ても犯罪実行中であることが明瞭でなければならない、とする基本的立場は堅持《けんじ》している。しかし、競馬の呑み行為や又は賭博《とばく》行為のごとく隠密《おんみつ》のうちに行われる犯罪においては、事前の内偵・張込によって得た客観的知識を援用し、現行犯の存在を認知することのあるべきことを理解しなければならない、というのである。

このような場合は、もし、同様の資料を一般人に与えれば、一般人にとっても犯情明白であるということができる。だから、現行犯に関する一般原則に違背《いはい》しない、という。

一般人は職務質問もできなければ内偵もできない。したがって、一般人に知識を提供すれば、というのは、明白性の質的判断をするについての想像的推理にしか過ぎない。プロとしての警察官が権限に基づいて活動し、その専門的知識を生かして犯罪を現認することは当然とされたのである。(13)

三　事前の内偵・張込による知識の援用により現行犯を現認するのが右の例だとすると、更に、チームワークを組んで、数人の警察官が協同の捜査活動をしている場合に、逮捕者＝現認者ではなく、現認していないチームの一人が、現認したチームの他の人の情報によって逮捕することも許されるとするものがある。

たとえば、定域測定方式による自動車の速度違反取締の例である。

スピード取締をする場合に合図係・測定係及び記録係が互いに協力して現認した速度違反の犯人

を、停車係が記録係の通報によって停車させ現行犯逮捕する場合がそれである。

この場合、停車係は、車体の特徴・ナンバー等の通報を受け、該当車両を停車させるのであり、必ずしもスピード違反を現認するとは限らないばかりでなく、自動車の速度を計算に入れて配置につくため、通常、現認者と停車係との間は、三〇〇メートルほどの隔たりがあるのが普通である。

裁判所は、当該取締にあたった警察官がチームワークを組んで活動する当該事案のような場合は、現認したわけではない。合図を受けた警察官が、測定現場を離れること三〇〇メートルの地点で逮捕しても、なお、現に罪を行い終わったに該当《がいとう》するとし、また、右警察以外の者には犯人がいかなる犯罪を犯したかが一見して明白であるような状況がなかったとしてもかまわない、としたのである。(14)

右の例のように予《あらかじ》め網《あみ》を張るのではないが、事件発生の無線連絡を受けて交番付近を特別の情報をもとに警戒することがある。

事案によると、現場から四キロ離れた交番の巡査が、事件発生より一時間後、通りかかった犯人らしき者に職質をしかけ、逃げ出したので追っかけて準現行犯逮捕した。これが最高裁まで争われたが、結果は警察官に軍配《ぐんばい》が上がっている。(15)

警察官としての活動の結果、現認できることと、一般人が犯罪捜査に関係なく現認することとの間に、現実の差があることが容認され、しかも、警察官が、その肉眼によって犯行を現認しなくても、チームワークにより、組織捜査の一員として、他の警察官から提供された知識を援用して現行犯を認定する場合も、なお、現に罪を行い終わったことを覚知するにあたって明白性に欠けるところはないのである。(16)

六　現行犯人でないものの引致を受けた幹部の措置

司法巡査から現行犯人ないしは準現行犯人として逮捕した者の引致を受けた場合（自分で逮捕してきた場合を含む。）、直ちに次の手続をとることとされている（二〇三条・二一六条）。

(1)　被疑事実の要旨を告げること。

(2)　弁護人を選任できる旨を告げること。

(3)　弁解を聴き取ること。

(4)　留置の要否の判断——留置の必要がないと思料するときは直ちにこれを釈放《しゃくほう》すること。

(1)は、逮捕手続書の記載によって述べればよく、(2)は、後に詳述《しょうじゅつ》の機会がある。(3)は、相手方の言いわけを聞き、それをそのまま、弁解録取書《べんかいろくしゅしょ》（基本書式例様式一九号）に記載しておく。文字どおり、弁解を聞くので取調ではないから、供述拒否権の告知等、取調べに必要とされる手続は無関係である。

さて、問題は⑷である。とくに私人の逮捕したものは、そのまま、身柄《みがら》を拘束《こうそく》すべき事件であり相手であるか、慎重に判断しなければならない。

また、司法巡査の逮捕してきたものでも、それが果して現行犯の要件にはまっているかどうか、準現行犯としてどうなのだろうか、具体的に詳密《しょうみつ》に検討判断を加えなければならない。

裁判の傾向を見ても、近時ますます、捜査手続の合法性の確保を問題にするようになっている。古くは、犯行後の経過時間と犯行現場からの距離的関係が主なる判断の対象であったことに対し、近年は、犯罪及び犯人の客観的明白性を意識する判例が増《ふ》えてきている。そして、その判断は厳しさを増《ま》している。

司法警察員の責務は、ますます難しさを加えてきているのである。

そこで、現行犯人を受け取った司法警察員は、前述のように、まず、時間的接着性を検討し、現行犯か、準現行犯かの一応のめやすを立ててから、次に、犯罪及び犯人の明白性について検討を行い、なお、かつ要件にはまらないと判断するものについては、直ちに釈放の手続をとることをちゅうちょしてはならない。

しかし、ここで、問題になるのは、なるほど、現行犯人でも準現行犯人でもないが、特定の罪を犯した者であることは明らかであり、これをこのまま解き放つことは、治安維持の責に任ずるものとして、誠に忍《しの》び得ない、という場合にぶつかったときである。

その場合でも、まず釈放手続をとるべきことは法の要請であり、工夫《くふう》はその先にある。すなわち、現行犯人として連れてきたものを任意同行とみなしたり、また、緊急逮捕をしたことにして、はじめからその書類を作成するようなことがあってはならない。

必ず、まず、現行犯逮捕の手続をとり、しかる後、第二〇三条による釈放手続をとる。

そして、もし、後に述べる緊急逮捕をすることができる犯罪であれば、改めて、緊急逮捕の手続をとる。

また、緊急逮捕できない犯罪ではあるが、解き放つに忍び得ないものであれば、被疑者を待機《たいき》させるなどの措置をとり、すみやかに逮捕状を請求して通常逮捕にもちこむことになる。

この場合、現行犯人逮捕手続書・弁解録取書など、現行犯逮捕に必要な手続書類をまず作成し、そのうえ、書類上釈放手続をとったことを明白にし、そのうえで、改めて、緊急逮捕なり、通常逮捕なりの手続書類を作成するのである。

同一被疑事実について二回以上逮捕することは、正当な理由があれば許される。この点については、後に詳述する。

(1)　熊谷ほか「捜査法大系Ⅰ」現行犯の要件・増井清彦一一八頁は、「私人が犯罪を現認しても自ら犯人を逮捕することは稀《まれ》で、警察官が通報により現場に駆けつけて犯人を逮捕することが圧倒的に多い。制度運用の実情からすると、一般に『急報を受けた警察官が現場に急行するのに普通かかる程度の時間』が経過していないときは、まだ『現に罪を行い終った』という時間的段階にあるとみられる場合が多いのではあるまいか、その最大限は、三、四〇分を出ないものと解せられる。」とする。

判例では、最決昭和三一年一〇月二五日、集一〇・一四三九が、犯行後逮捕までに四〇分経過しているのを容認した原審を「是認することができる。」としているが、熊谷は、これに反対し、この現行犯逮捕は違法だ、とする。最も多いのは、二〇分前後であろう。

(2)　京都地決昭和四四年一一月五日、判例時報六二九・一〇三は、「司法巡査が被害者の供述に基づいて被疑者を『現行犯逮捕』した時点においては、被疑者について緊急逮捕をなしうる実体的要件が具備されていたとは認められる」が、「現行犯逮捕ないしは準現行犯逮捕をなしうるまでの実体的要件が具備されていたとは認められない」とする。しかし、福高判昭和二八年六月五日、判特二六・二三は、「法第二一二条第一項にいう『現に罪を行い終った者』とは、時間的段階における観念で場所的観念ではないから、現に罪を行い終わった者が、たとえ場所的には犯行現場から些少《さしょう》異なった場所にいたとしても、なおこれを現行犯人として取り扱い得るものと言わなければならない。」とし、最決昭和三三年六月四日、集一二・九・一九七一は「住居侵入の現場から約三〇メートル離れた地点で逮捕した場合であっても、時間的には、住居侵入の直後、急報に接し、巡査が自転車で現場に駆けつけ、逮捕したものであるとき」を適法とする。

(3) 釧路地決昭和四八年三月二二日、刑裁月報、五・三・三七二は、被害者運転のタクシーに乗客として乗りこんだ被疑者から理由なく殴られたので約二〇〇メートル走って派出所に届けた事案につき、「被害者は……中略……被害の約一分後には警察官に被害の事実を告げ、同警察官において、被害者の顔面に殴打された痕跡があることを確認し、更に被疑者に対して、右暴行を加えた事実があるか否かを質問し、同人が自認したため、現行犯人として逮捕したことが認められるから、これらの事実によれば、被疑者は、刑事訴訟法第二一二条第一項にいう『現に罪を行い終った』に該当する。」として、犯行を指示・説明によって知った警察官の現行犯逮捕を是認している。

(4) 小野ほか「ポケット註釈全書(3)改訂刑事訴訟法」三九八頁は、「犯罪の実行行為終了に接着する数時間以内をいう。」とする。団藤重光「条解刑事訴訟法上」四〇三頁は、「最大限度において数時間出ないものと解しなければならない。」とする。

(5) 犯行から二時間一〇分後に盗品たる荷車を所持しているのを発見された場合、広島高松江支部昭和二七年六月三〇日、判特二〇・一八五は、それにあたるとする。

(6) 仙高秋田支部判昭和二五年三月二九日、判特八・七九は、犯行の現場で犯行を現認した者が、被疑者を追い、被疑者が自宅に盗品等を持ち込むのを見届けたうえで直ちに警察官に連絡し、急訴を受けた警察官がこれを逮捕した事案で、「Y女は……中略……自ら被告人を現行犯として逮捕し得べきを之を避け時を移さず所轄I警察署に届け出て同署において即刻本件を検挙したことが認められるし客観的に之を検討するも右証拠により右届出は本件盗難発生と時間的に接着し届出人の立場とその前後の行動により現行犯逮捕の要求と解するのが相当と言わねばならない。」とする。仙高昭和四四年四月一日刑月一・四・三五三も同旨

(7) 東京地決昭和四二年一一月九日、判タ二一三・二〇四は、警察官が、深夜ボストンバッグをかついだ土工風の

男を職務質問をして、バッグの中に盗品の銅線を所持している旨を自白させ現行犯逮捕したのに対して、「準現行犯の性質、とくに準現行犯逮捕については裁判官の令状を要せず、かつ、私人もこれをすることができることからすると、準現行犯逮捕が許されるためには、原則として、被疑者の挙動・証跡、その他の客観的状況（被害者等の事前の通報等を含む。）により、誰の目にも罪を行い終わって間もないことが明らかであることを要するものと解すべきである。職務質問（一種の任意取調と解される。）等によって初めて犯罪が明らかになった場合には、緊急逮捕の手続により、犯罪の嫌疑の有無等について裁判所の審査を受けさせるのを相当とする。ただ、客観的状況からみて、罪を行い終わってから間がない疑いが極めて高い場合、簡単な、いわば確認的な職務質問を行い、その結果罪を行い終わってから間がないことが明らかに認められるに至ったとき、準現行犯逮捕が許される余地がないでもない。」とする。

(8)　最決昭和四二年九月一三日、集二一・七・九〇四は「犯行後四〜五〇分経過した頃、現場から約一一〇〇メートルの場所で、逮捕を開始したときは、『罪を行い終わってから間がないとき』にあたり、また、警察官が犯人と思われる者を懐中電灯で照らし、警笛を鳴らしたのに対し、相手方が逃走しようとしたときは、『誰何されて逃走しようとするとき』にあたる。」とする。

(9)　大阪高判平成八年九月二六日、判時一五九七・八一は、二一二条一号から三号までの要件よりも四号の場合の法を厳しく見る。この方が「『罪を行い終わってから間がないと明らかに認められる』ことが求められる」とする。この判例では、関係者の報告以外に外見上犯罪のあったことを覚知しうる状況にはなかったとして、国家賠償を認めている。

(10)　大阪高判昭和三三年二月二八日、大阪高検速報昭和三三年二月一四日は、「本件において司法警察員Aらは被告人と被疑者とが会合して話し合っている間付近に待機していたもので、直接右話合の内容を聞き知ったわけでもなく、かつ、その現場において被告人の態度・行動等から恐喝罪に当たるような事実を認め得る状況を覚知したというわけでもないのであるから、被害者から被告人が脅迫的言辞を弄《ろう》して金員を要求した旨の報告を受けたとすれば、これに対して緊急逮捕の手続をとるのは格別、現行犯人として被告人を逮捕するのは違法であることを免れない。」（傍線著者）

(11) 東京地決昭和四八年三月九日、刑裁月報五・三・三六八は、「被害者に『金を持って来たか。ここではまずい。喫茶店に行こう』と言って、被害者を喫茶店に連行しようとした行為も、恐喝という一連の実行行為の一環であって、現に罪を行いつつある者であるということができる。また、逮捕警察官らは、前記のごとく被害者から被害状況を聞き、かつ、被疑者の第二現場での言動をすべて現認しているのであるから、逮捕警察官らにおいて右の両者を総合して客観的に明確に被疑者が現に罪を行いつつある者であると判断したのは正当であると言うことができる。」

(12) 横井大三「捜査・刑訴裁判例ノート(1)」五四頁は、大阪高判昭和三三年二月二八日の判例（前注）に関連して、「『現場の状況』ということにはある幅があって、（この）事件でも、現場の状況に被害者の訴えを加えて、そこに現行犯人がいるということが明白になれば、その場合の現行犯の逮捕は違法ではない。」と指摘される。

(13) 東京高判昭和四一年六月二八日、判特一七・六・一〇六は、競馬の呑み行為を内偵・張込によって知識と現場の状況とを総合して現行犯を認定することを容認して次のようにいう。

「現行犯について常人逮捕が許される所以《ゆえん》は、一般的にいえば、何人が見ても犯罪実行中であることが明瞭であることによるものであるけれども、競馬における呑み行為や又は賭博行為の如く隠密のうちに行われる犯罪の場合においては、事前の内偵・張込等によって得た客観的資料に基づく知識を有しない通常人には現行犯であるということは認知できない場合であっても、警察官はそれらの資料に基づく知識によって容易に現行犯の存在を認知し得る場合があるということを理解すべきであり、このような場合に同様の資料を警察官でない通常人に供給すれば、その者は直ちに現行犯逮捕の要件があるということを認知し得る場合が多く存するというべきである。これを本件について観るに、警察官がかねて内偵の結果得た知識（資料）、当日（逮捕当日のことと思われる）被告人の近隣に張り込んで被告人らの動静を看視して得た知識、Aを職務質問し、次いで現行犯として逮捕したことから得た知識（Aが被告人T方に出入し、呑み行為の申込をして来たことを自認し、且つ競馬新聞や申込のメモを所持していたこと。）を、警察官でない通常人に供給したら、その者は少なくともT方にはAの相手方となって現に呑み行為の申込を受け又は受け終わった者が現在するということを認知し得た筈であり、したがってその者に対し現行犯人逮捕の要件があることを理解し得たであろうと考えるべきである。ただし、この場合通常人である限りAを職務質問することや、T方宅に立ち入り又は逮捕現場で差押検証等をする権限はなく、警察官はこれらの権限を法律上賦《ふ》与《よ》されているという点が異なるわけであるが、職務質問やその他法律上許容された捜査活動により犯人を逮捕する知識を獲得することは正に警察官の役目であるから、このような活動によって得た知識を活用して犯人を逮捕するということも、固《もと》より当然の捜査活動であると言わなければならない。」（傍線著者）

(14)　東京高判昭和四一年一月二七日、下刑集八・一・一一は、「数人が一グループとなり、互いに連絡をとって速度違反の取締りをしようとするいわゆる定域測定式速度違反取締りにおいては、合図係・測定係及び記録係が互いに協力して現認した速度違反の犯人を、停車係が記録係の通報によって停車させた場合にも、なお右犯人は『現に罪を行い終った』現行犯人というべきであり、停車係が配置されていた場所があらかじめ道路上に測定された一定区間の出口から約三〇〇メートル離れた地点であったことは高速度で走行する自動車の速度違反の取締りのため必要かつ相当の距離であるから、このことによって右犯人が、『現に罪を行い終った』現行犯人とは認められないと解すべき理由は見当たらない。なお、原判決は、いわゆる現行犯人は当該事件の現場における諸状況からみて、何人にも誰が犯人であるかが明らかに識別できる場合でなければならないと説示しているが、現行犯人というためには、犯罪が行われたことが、逮捕に着手する直前に外部的に明白であり、したがってその犯人が外部的に明白であれば足り、当該取締りに当たった警察官に被告人が速度違反の犯人であることが明白である以上、右警察官以外の者には、犯人がいかなる犯罪を犯したかが一見して明白であるような状況がなかったとしても、被告人がいわゆる現行犯人ではないとする理由はない。」

(15) 最決平成八年一月二九日、集五〇・一・一は「犯行現場から直線距離で約四キロメートル離れた派出所で」「いわゆる内ゲバ事件が発生し犯人が逃走中であるなど、本件に関する無線情報を受けて」「警戒中」「約一時間を経過したころ、被告人Xが通り掛かるのを見付け、その挙動や」「様子を見て、職務質問のため停止するよう求めたところ」「逃げ出したので、約三〇〇メートル追跡して追い付き、その際、同被告人が腕に籠手《こて》を装着しているのを認めたなどの事情があったため、同被告人を本件犯行の準現行犯人として逮捕した」「また、被告人Y、同Zについては」「検索中の警察官らが、本件犯行終了後約一時間四〇分を経過したころ、犯行現場から直線距離で約四キロメートル離れた路上で」「職務質問のため停止するよう求めたところ、同被告人らが小走りに逃げ出したので、数十メートル追跡して追い付き、その際、同被告人らの髪がべっとりぬれて靴は泥まみれであり、被告人Zは顔面に新しい傷跡があって、血の混じったつばを吐いているなどの事情があったため、同被告人らを本件犯行の準現行犯人として逮捕した」のは、「いずれも刑訴法二一二条二項二号ないし四号に当たる者が罪を行い終わってから間がないと明らかに認めるときにされたものということができるから、本件各逮捕を適法と認めた原判断は、是認することができる。」とした。

(16) 団藤重光「現行犯・警察研究」一九・九・二三～二四は、準現行犯についてであるが、第二一二条第二項に列挙された要件的状況をさし、「必ずしも、かような状況だけによって、罪を行い終ってから間がないことが認定される必要はなく、他の事情とあいまって、それが認められれば足りるであろう。たとえば、犯罪発生直後に被害届又は指名手配があったような場合に、その被害届又は手配の内容とあいまって、かように認定される場合も、また準現行犯として取り扱ってよいと考える。」とされる。

第三節　緊急逮捕

一　緊急逮捕の要件

一　犯罪が発生してから風化隠滅するまで、長い時間と段階がある。発生したてのころ、すなわち現に発生しつつあるもの、発生し終わった直後のもの、それに発生してから間がないものまでを含めて、これを現行犯と呼び、その犯罪及び犯人の明白なるが故に、何人でもこれを逮捕鎮圧《ちんあつ》できることとした理由はさきに述べた。

さて、時が過ぎ、もはや現行犯とはなし難《がた》いが、なお、犯罪と犯人の明白性が残るものがある。しかも、現行犯は、眼の前の鎮圧をかねてその措置は緊急を要するが、犯罪後一定の時間を経過したものであっても、犯罪と犯人が明白であり、しかも、その犯人が逃亡してしまいそうである場合は、なお、緊急に措置を要する場合にあたる、と言わなければならない。

このように、犯罪と犯人が明白であり、かつ、緊急にその身柄を拘束する必要のある場合をみると、現行犯のほかは、必ずもらうこととされている裁判官の令状をとりに行く暇がない。つまり、令状を持たないで被疑者を逮捕する結果になる。

犯罪現象を取り扱う警察官にしてみれば、犯罪も犯人も明白だ。しかも、相当の重罪を犯しているとなると、これを見逃しなさい、という方が、国民に対してすまないことになりそうだと思うのが自然であるし、国民感情から言っても、そうであろう。

たとえば、職務質問によって、盗品等を持っている犯人を発見した。

前述の要件に照らせば「賍物を所持している（二一二条二項二号）」にあたり、準現行犯として逮捕できそうだ。

ところが、準現行犯には、もう一つの要件がある。「罪を行い終わってから間がないと明らかに認められるとき」である。

そこで、その盗品等について、いろいろあたってみると、二日前に盗られたことがわかった。二日前。「間がない」というのは、数時間以内である。判例によれば二、三時間が限度である。これを準現行犯として逮捕することはできない。

では、見逃《みのが》すか。本人は住所不定で、しかも今でも逃げ出しそうにしている。

こういうときのために、法は、緊急逮捕という制度を設けた。裁判官の令状をもらってから逮捕すればよいのであるが、相手によってはそうもしていられない、というときのために、令状はさておき、とりあえず身柄を拘束してしまおう、というものである。

二　しかし、現行犯と違って、現に燃えたりくすぶったりしているわけではない。既に、相当の日時を経ているものであるから、場合によっては、無実の人を不当に拘束する結果を招くかも知れない。

プロの警察官にとっては、そういう間違いはあり得ない。鍛《きた》え上げた眼識《がんしき》によって、あたかも、一般人が、現行犯を認めるように、確実に、被疑者とそうでないものを選別することができる。

しかし、制度として考えると、警察官にもいろいろある。そして、現行犯のように眼の前で、又は近接した時点で犯罪及び犯人の存在を覚知するのではないから、多分に警察官の主観的嫌疑に頼らざるを得ないところがある。

だとすると、緊急逮捕の許される範囲は、現行犯に比べて、厳しく、狭いものにしなければならない。

まず、緊急逮捕できる罪の種類が限定を受ける。すなわち、死刑・無期又は長期三年以上の懲役、禁錮《きんこ》にあたる、いわば重い罪に限って緊急逮捕が許される。

ここに掲げた罪の種類は、刑法等の罰則に規定されているものをさす。たとえば、他人の家に無断で押し入ってわめき散らすとする。刑法第一三〇条によれば、「正当な理由なく人の住居」「に侵入」するものである。そういう「者は、三年以下の懲役又は一〇万円以下の罰金」である。すると、住居侵入罪は、長期三年の罪であるから、ぎりぎりで、緊急逮捕の対象犯罪であることがわかる。

このように、法文に、「三年以下の懲役又は禁錮に処する」と書かれているものが、緊急逮捕の対象となる犯罪の下限を示す。公務執行妨害罪（刑法九五条）もそうである。参考のために六法全書を開いてみるといい。

三　次に、警察官の抱く嫌疑が、十分に濃《こ》いことが要求されている。何しろ、令状を持たないで人の身体を拘束しよう、というのである。現行犯罪とは言えないほど、時の経過はあったが、なお、犯罪と犯人の明白性については、令状をもらってから逮捕する場合に比較してより明白であることを要するのである。

すなわち、後述する通常逮捕――あらかじめ裁判官の令状を得てから逮捕する――の場合は罪を犯したことを疑うに足りる「相当の理由」があればよいとされるのに対して（一九九条）、緊急逮捕の場

合は罪を犯したことを疑うに足りる「充分な理由」が要求されている、というのは、そういうことである。(1)

「充分な理由」というのは、警職法にいう「何らかの犯罪」はもちろん通常逮捕のときよりも、嫌疑が十分に濃いことを要するが、まだ、被疑者の段階であり、これから検察官に送られ、調書等の嫌疑を濃くする資料がつけ加えられるのであるから、確実に起訴されるほど明白な嫌疑でなくてもよいのは当然である。(2) たとえば、集団暴行事件で、被疑者が数人いたのであるが、被疑者等の氏名・住所を知ることができない。各人ごとの人相・体格等の特徴も具体的に表示できない。この段階では、もちろん起訴はできない。しかし、犯人を確認した警察官が追尾《ついび》して、群集にまぎれていても、これを識別できるのであれば、緊急逮捕をするに必要な犯人の明白性がある。つまり、その犯人が、当該集団暴行事件の被疑者の一人である。「充分な理由」はある、とされるのである。(3)

四　第三に、急速を要し、裁判官の逮捕状を求めることができないこと、が必要とされる。緊急性がないならば、逮捕状を準備して、通常逮捕をすれば足りるからである。

そこで、緊急逮捕をされた側からは、令状なしで逮捕された。令状をとる間があったのにとらないで逮捕した、と抗弁《こうべん》されることが多い。

職務質問をして充分な理由を発見した、というのは、まだよいとして、「詐欺にかかった。相手はAです。」という申告があった。呼出しをかけて任意ですまそうと考えていると、本人の所在がわからない。まあ、そのうちにでてくるだろう、とすましていたところ、被害者が被疑者を同行して警察署へ出頭して来た。任意取調べてみると、詐欺罪を犯したと疑うに足りる充分な理由がある。しかも、取調べの段階で、これから証拠隠滅をはかったり逃げたりするな、という感がとれる。現に、本人は帰る帰ると言っている。

そこで、被疑者Aを緊急逮捕したところ、被害申告があってから、逮捕の日まで何日も余裕があったではないか、とやられた。しかし、裁判所は、任意捜査の原則を認めて緊急逮捕の決意をせざるを得なくなった段階で緊急性があるかないかを判断してくれた。そして、緊急性はあったと判示したのである。(4)

さて、以上、緊急逮捕にあたって考慮すべき事項、すなわち、緊急逮捕の要件を整理してみると、①死刑又は無期若しくは長期三年以上の懲役若しくは禁錮にあたる罪を犯したものであること。②前①の罪を犯したことを疑うに足りる充分な理由がある場合であること。③更に、急速を要し、裁判官の逮捕状を求めることができないときであること、である。第二一〇条前段に規定されている。

これらの要件は、すべて、緊急逮捕をするその時に存在していなければならない。逮捕後自白させて、それも一緒にというのは許されないから、注意しなければならない。

二　緊急逮捕の手続

一　犯罪事実の要旨の告知　二　引致　三　令状請求
四　緊急逮捕手続書

一　いよいよ逮捕しなければならない、と決意したその時に、前述のような要件が存在しているかどうか、頭の中でよく整理しておく必要があるが、次に実際に、逮捕行為に移る場合に、被疑者に言っておかなければならないことがある。

それが、「その理由を告げ」（二一〇条一項）の、「その理由」である。具体的には、これから逮捕しようとする被疑事実、すなわち何故逮捕の決心をしたか、その嫌疑の内容と、急速を要し、裁判官に逮捕状を求めることができなかったこと、の二つである。(5)

お前は盗みをしたから逮捕する、というだけでは足りない、とされているから注意しなければならない。本当は令状がいるのだ。それなのに令状を持っていない。切符はないけどとりあえず電車に乗せてくれ、という場合は、切符を買う間のないことを告げるであろう。この場合も同じである。

通常逮捕ならば、被逮捕者は令状を見て観念するチャンスがある。緊急逮捕だ、といって逮捕する場合も、被疑者には、何故、令状もなしで急いで逮捕するのか、身に覚えがあろう、といえば、そのとおりであろうが、逮捕者の側がそのことを、どのように表現するかは、防ぐ側からすれば、興味のある事柄である。

二　次に、いよいよ逮捕をしてしまったら、直ちに、司法警察員に引致すべきことは、現行犯逮捕のときと同じである（二一一条・二一六条参照）。

三　ここに、緊急逮捕をした場合の特有の手続がある。

裁判官の令状をとることである。

緊急逮捕をしたときは、直ちに逮捕状の請求をする手続をしなければならない。そして、もし、逮捕状が出なかったときは、逮捕した被疑者を直ちに釈放することになる（二一〇条一項後段）。

現行犯のときは、全く令状というものを必要としなかった。それは、犯罪と犯人が明白であり、しかも、犯行時に接着した時間帯になされるものであるからであった。

緊急逮捕は、逮捕者の主観的嫌疑がより勝っているとされる。外見的明白性・客観性という点では、現行犯に及ばない（一般人から見ればそうである）。

そうだとすると、あるいは、無実の人を逮捕するなど、間違いを起こす可能性も皆無《かいむ》とは言い難い。何かにチェックをさせなければならないと考えるのが当然のなり行きである。

そこで、登場してくるのが裁判官であり、警察官は、いろいろ書類や資料を整えて裁判官に見てもらう。それが令状請求である。そして、よければ令状というお墨付《すみつき》を、悪ければ令状請求却下という決定によって、直ちに逮捕した被疑者を釈放することになる。

これを司法的抑制というのである。これによって、捜査機関の行過ぎや間違いがチェックされる。

さて、この令状請求手続は、「直ちに」なされなければならない。

もともと緊急逮捕は、現行犯として逮捕される場合を除いては、令状によらなければ逮捕されない、とする憲法第三三条に反するように見えるために違憲合憲の争いがあった。そして、今では、合憲ということで落ち着いているが、[6]その理由づけが確定せず、なお、議論は継続中である。通説は、緊急逮捕は令状による逮捕であるとする。なるほど、逮捕のときは令状を欠いているけれども、後から令状を得てこれを補完《ほかん》するのであるから全体としては令状による逮捕であるというのである。[7]

そうだとすると、できるだけ、令状のない時間は短い方がいい。令状請求を「直ちに」しなければならないのはそのためである。

そこで通常逮捕状を請求する場合に比較して、重大な譲歩《じょうほ》がなされる。

それは、通常逮捕状の請求は、警部以上の階級にある司法警察員で、それぞれの公安委員会から指定された者が責任をもってこれにあたる（一九九条二項、規範一一九条）のに対して、緊急逮捕状の場合は、司法巡査でも責任をもってこれにあたることができる、とされる（規範一二〇条一項）。

理由は急ぐからである。

早ければ早い方がよい。ところが規範の第一二〇条第二項は、身柄取扱いの重要性にかんがみ、緊急逮捕した被疑者の身柄の処置については、順を経て警察署長に報告し、その指揮を受けなければならない、とも規定する。そこで、署長に報告するために、深夜の緊急逮捕の令状請求が、翌日まわしになり、問題になる場合がある(8)。

報告は報告、令状請求は令状請求としなければならない。きまりきったことは、時を移さず、どしどし進める積極性が必要である。

直近上司の役割は大きい。巡査はまず、その指揮に従うようにすべきであろう。

四　現行犯逮捕の場合に、直接被疑者を逮捕した警察官が「現行犯人逮捕手続書」を作成することとされているのと同様に、緊急逮捕の場合も、前述の第二一〇条の要件のあることを認めて逮捕を実行した警察官が――巡査の場合は司法巡査として――「緊急逮捕手続書」（基本書式例様式一五号）を作成する。

記載事項のうち、被疑者の住居・職業・氏名・年齢、逮捕の年月日時、逮捕の場所等の記載は、現行犯のときと同じである。

罪名・罰条《ばつじょう》については、逮捕の時にそうだと確信した罪名・罰条を書く。緊急逮捕の要件は、逮捕の時の材料をもって判断される。後から、取調べ等で判明し、訂正していくことはあっても、判断の基礎資料は逮捕の時を標準にしなければならない。逮捕の時に被疑者に理由を告知した。その理由となっている罪の罪名・罰条を書くのである。

緊急逮捕の要件については、簡明に、直截《ちょくせつ（さい）》に記載する。くどくどしく犯罪の動機やその他、情状にあたるものは、この際は必要がない。むしろ、「充分な理由」について、一体、何をもって対象被疑者であると確信したか、具体的に、かつ、詳細に記載しなければならないであろう。

急速を要し裁判官の逮捕状を求めることができなかった理由は、今、目の前で、証拠隠滅や、逃亡のおそれのあることを直感したわけであるから、その旨を具体的に記載しなければならない。令状請求の暇がない、というのは、逮捕を決意するに至ったその時を標準にすることは、前述のとおりである。

三　緊急逮捕の合憲性と令状請求の時間

一　合憲の理由　二　令状説　三　現行犯説
四　最高裁判例の解釈　五　直ちにの意味

一　緊急逮捕が憲法に違反するものでない、ということは、最高裁判例（昭和三〇年一二月一四日、前掲参照）によって確定しており、警察官は、迷うことなく、この制度を活用して、社会治安上の責務を課《か》さなければならない。

二　ただ、残念なことには、右の判例は、合憲の結論は下しているものの理由付けに明確性を欠き、そのため、緊急逮捕の要件の解釈にも争いが残っている。

争いは、憲法第三三条の書き方が意をつくしていないところから始まる。

憲法第三三条（逮捕の要件）　何人も、現行犯として逮捕される場合を除いては、権限を有する司法官憲が発し、且《か》つ理由となつてゐる犯罪を明示する令状によらなければ、逮捕されない。

これを、文字どおりに読めば、逮捕するには令状がいりますよ。ただし、現行犯だけは例外にしましょう、例外はそれだけですよ、ということになる。緊急逮捕の入る余地はない。

現に、このように読んで、緊急逮捕は、憲法第三三条からはみ出した制度で違憲であるとする学者が存在している。(9)

では、何故、無理をしてまで、緊急逮捕という制度をこしらえなければならなかったか、ということ、それは、社会治安上の必要である。重大凶悪な犯人が目の前にいる。しかし、令状が間に合わない以上逃がしてしまえということになるだろうか。

もとより人を逮捕するということは、重大な人権侵害である。よくよくのことがない以上しない方がいい。

しかし、凶悪犯人を、少しの間でも野放しにすることから生ずる別の人権侵害をどうしてくれるか、ということになる。

人権侵害と人権尊重、個人の自由と、社会公共の福祉とのぶつかり合いの間に、妥協点《だきょう》を見いだしたのが、捜査と人権に関する制度であり、その妥協を文字に書き表したのが、憲法第三三条である。

その記載は、現行犯と、令状による逮捕との二種類にとどまっている。緊急逮捕は、そのどちらかに含まれている、としなければならない。争いは、ここから起こる。

どちらへも入れられないが、制度は必要なので、憲法の精神に反しない、ということでお茶を濁《にご》しておこうとする説もある。(10)

代表説は、令状による逮捕であるという説と、現行犯類似のものであるという説である。どちらをとるかによって、事後の令状請求手続等に違いがでてくる。

まず、令状による逮捕は、逮捕の時に令状を欠いてはいるけれども、後から令状を得て追完するからなお、全体として逮捕状による逮捕たる性質を失わない、とするものであり、通説とされている。(11)

この説の特徴を実務的に見ると、まず、令状請求は、逮捕後、即刻これを行わなければならないことになる。全体として令状があるときと同等に見ようというのだから令状の欠けている時間が長過ぎるのは困る。刑事訴訟法制定にかかわった東大教授の団藤重光氏によれば、「きわめて近接した時期」でなければならない。第二に、「令状の発付」が条件であるから、出なかったときは違憲の行為として逮捕した巡査はどうなるか不安が残る。もちろん、違憲の行為だからといって、それが、刑法上ないしは行政上の責任を問われるかどうかは別に論じなければならないが、警察官としては気色《きしょく》が悪い。

三　これに対して、緊急逮捕は、憲法第三三条にいう「現行犯」にあたるものである、という説に立てば、もともと令状なくして許される逮捕であるから、ある程度緩《ゆる》やかな解釈が可能になる。(12)現に、実務では、一般に、事件の複雑性、被疑者の数、警察署からの距離、交通機関の事情等を考慮して、「できるだけ速やかに」行ったと合理的に見られる限り、「直ちに」といってよいという緩やかな解釈がとられている。被逮捕者を警察署に引き渡し、逮捕手続書などの資料を整備し、逮捕状請求書を作成したうえで、五、六時間後に手続をとる場合が少なくない。(13)

さて、警察官は、判例を基準として活動することになるのであるが、前掲最高裁昭和三〇年一二月一四日の判決は、一体、右のどの説によって説明されるものであるかが、検討されなければならない。

四　最高裁の判例は、次のように述べている。

「かような厳格な制約の下に（二一〇条のごとき制約の下にの意）罪状の重い一定の犯罪のみについて緊急やむを得ない場合に限り、逮捕後直ちに裁判官の審査を受けて逮捕状の発行を求めることを条件とし、被疑者の逮捕を認めることは、憲法第三三条の規定の趣旨に反するものではない。」

通説の代表として、前掲団藤氏の所説を掲げて比較してみよう。

「憲法第三三条をあまり厳格に解することは困難である。たとい令状の発付が逮捕行為の事後であっても、これにきわめて近接した時期において行われるときは、逮捕手続全体として逮捕状によるものと言えないわけではない。かようにして——疑問の余地がないわけではないが——緊急逮捕も必ずしも違憲ではないと解する。」

「令状の発付」を条件としている同じ団藤氏の別の本（「新刑事訴訟法綱要七訂版」三四〇条）は、これを「事後とはいえ、逮捕に接着した時期において逮捕状が発せられる限り」と、一層《いっそう》明瞭に表現しておられる。

逮捕状の「発行を求めること」と、「発せられる」とでは、実務上大きな違いがある。逮捕後、直ちに逮捕状の発行を求めれば、たとい、発付がなくても、逮捕行為自体は憲法違反のそしりを受けないですむのか、あるいは、一生懸命請求して、もし裁判官が出してくれない場合は、逮捕したこと自体が違憲のそしりを受けるのか、という違いである。警察官としては、最高裁の方がうれしい。もともと実務は、どちらかといえば、判例を基礎において行動するのであるから、この場合は、令状請求さえしっかりしておけば、違憲のそしりを受けない、と記憶しておけばよいであろう。

さて、もとへかえって、それでは、この最高裁判所の判例は、緊急逮捕を現行犯逮捕に近いものとして合憲を理論づけようとしたのであろうか、というと、判例の文言自体からは何とも言えないということになっている。

ただ、実務家の代表として横井大三氏は、「私は本件判決の多数意見は従来団藤教授により代表された緊急逮捕合憲論の理論付けにいわば画期的《かっきてき》な変更を加えたものとして注目に価《あたい》するものと思うのである。」「多数意見が緊急逮捕をもって現行犯逮捕と同様令状を要しない逮捕と考え、補足意見が更にそれを明確化していると理解するならば、最高裁判所の見解は一致して、緊急逮捕を合憲としたというばかりでなく、憲法の合理的解釈・文字にとらわれない実質的な理解方法を示したものとして注目すべきであると考える。(14)」と説かれる。

この判例を補足して出た斎藤裁判官の意見によれば、「憲法第三三条中の『現行犯として逮捕される場合を除いては』とある規定は、……アメリカ憲法修正第四条と同じく、合理的な捜索・逮捕・押収等を、令状を必要とする保障から除外する趣旨と解すべきものと考える。されば、右憲法第三三条の除外の場合には、刑訴第二一二条第一項の現行犯逮捕の場合は勿論《もちろん》同条第二項のいわゆる準現行犯逮捕の場合及び同法第二一〇条のいわゆる緊急逮捕の場合をも包含《ほうがん》するものと解するを相当とする。従って、右第二一〇条第一項後段の場合に逮捕状が発せられないとき、すなわち逮捕につき令状の裏打がないときでも逮捕そのものは適憲であるとしなければならない。」ということであり、また、小谷・池田両裁判官は、現行犯を令状なくして逮捕できるのは、その犯罪の嫌疑が明白であって裁判官の判断をまつまでもないからであり、その理屈は何も本来の現行犯に限る必要はなく、似たような場合があれば、許してもかまわない。緊急逮捕の要件をみると、「犯罪の嫌疑は、当該捜査機関の主観的判断では足らず、客観的妥当性のある充分な理由の存する場合であるから、現行犯の場合に準じて考えられる明白な根拠をもち、裁判官の判断を待たないでも過誤を生ずるおそれがないものとしなければならない。」だから「第二一〇条の緊急逮捕の規定は、令状の保障から除外している憲法第三三条の場合の枠外に出たものではなく、同条の除外の場合（つまり現行犯の場合—著者）を充足したものと認めることができるから、適憲であると解するを相当とするものと考える。」と説明される。

五　警察官は、判例によって行動すればよく、問題の最高裁判例は、直接みずからの立場をせん明してはいないけれども、右のような読み方がある、ということを指摘して、次に、令状請求手続の時間的制約を示す、「直ちに」の意味をもう少し掘り下げてみよう。

緊急逮捕は、令状による逮捕である、という説に立てば、「直ちに」とは、「即刻」を意味し、即刻とは、その足でということになる。これに対して、緊急逮捕は、憲法第三三条にいう「現行犯の場合」に含まれるという説に立てば、もともと令状を必要としないのであるから、請求時間をそうやかましく言わなくてもよい、ということになる。

実務上は、「できるだけ速やかに」というほどの運用になっていることは、前述のとおりである。(15)しかし、裁判官のこれに対する考え方は年々厳しさを加えてきている。裁判官の指示で、請求を翌日まわしにしたところ、勾留請求の段階になってから、別の裁判官は、これを違法とし、それを

理由に勾留請求を却下するという、目覚《めざ》ましい例があるほどである。(16)

その件の裁判官は、裁判官の独立性を強調し、たとい、警察・検察・裁判の三者協定があったとしても、それによって他の裁判官は拘束を受けない、といったのである。

これは、少々極端であるが、たとえば、前掲最高裁昭和三〇年一二月一四日の判例でも、横井氏のような読み方がある反面、判決は、緊急逮捕が、厳格な手続的制約のもとにある制度であるから合憲となり得ると判断されたものであるとし、「直ちに」逮捕状を求めるべきことの要請は、右の合憲性の問題に直接結びつく重要な手続であるから、やはり、「即刻」というくらいの猶予《ゆうよ》しか許さない趣旨だ、という読み方をする裁判官もいることを注意しておこう。(17)

しかし、「直ちに」といっても、不可能を強いるものではない。(18) 交通事情や、深夜の状態によっては、翌日に請求がのびたとしても、許される場合のあることは当然である。請求が、やむを得ない事情によって翌日まわしになるような場合、夜のうちに、被疑事実の要旨及び弁護人を選任できる旨を告げ、弁解録取書を作成し、更に取調べに入ることが許されることは当然である。(19) が、取調べの結果作成された供述調書は、緊急逮捕状を請求する場合の疎明《そめい》資料とはなり得ないから、本末《ほんまつ》転倒《てんとう》することのないよう、注意しなければならない。

すなわち、裁判官が審査するのは、逮捕時に、緊急逮捕の要件があったのかなかったのか、とい

うことであり、後から作られた供述調書で、判断するのではないからである。(20)

要件が弱いから、自白を得て補強を、というのはだめであるから、肝《きも》に銘《めい》じておく必要がある。

四　身柄の釈放と令状請求

緊急逮捕をした被疑者に、引致の途中逃走されてしまった場合、又は引致してきた被疑者が、人違いであったり、身柄拘束の必要性がなかったりして、司法警察員の段階で釈放の判断をすることがあるであろう。

その場合に、緊急逮捕状の請求をするのかしないのか、という問題である。

緊急逮捕をした司法巡査が、引致の途中に被疑者を逃がしてしまった。手柄《てがら》を立てたつもりが一転して叱《しか》られなければならないことになる。この場合の上司の受け方は、十分注意をしなければならない。

緊急逮捕は、最高裁の判例（最判昭和三〇年一二月一四日、集九・一三・二七六〇）にいうように、「厳格な制約の下に、罪状の重い一定の犯罪のみについて、緊急已《や》むを得ない場合に限り、逮捕後直ちに裁判官の審査を受けて逮捕状の発行を求めることを条件とし、被疑者の逮捕を認める」ものである。逮捕時において、右の厳格な制約——すなわち、緊急逮捕の要件を満たしているだけでなく、「逮捕後直ちに裁判官の審査を受けて逮捕状の発行を求める」ことが要求され、それがあって、はじめて、逮捕の合法性が担保《たんぽ》されるわけである。

したがって、もし、「逮捕状の発行を求めること」がない場合は、たとい、逮捕時に、所定の緊急逮捕の要件が存在していたとしても、本件逮捕は、違法の評価を受け、逮捕者たる巡査は、刑法第一九四条の特別公務員職権濫用罪に問擬《もんぎ》されるという、割に合わない結果を招くことがあるので十分注意しなければならない(21)。

もとより、この結論に対しては反対がないわけではない。

それは、第二一〇条にいう「この場合」は、「緊急逮捕をした場合」の意であるが、それ以上に、身柄拘束中であるかどうかを明示する文言はない。ただ、後段に、逮捕状が発せられないときは、直ちに被疑者を釈放しなければならないとあるから、逮捕状請求時には、身柄を確保していることが条件になっているように読むことは不可能ではない。

これを法律的にいうと、「緊急逮捕をした場合」というのは、被疑者を逮捕し、引致したことをいうのか、それとも単に身柄拘束があった場合をいうのか、という見解の争いがあり得るわけである。

したがって、裁判官に緊急逮捕状を求めても、出してくれるところもあり、出さないところもある可能性あり、一定し難い、ということを覚えておかなければならない。

緊急逮捕状の請求はこの場合必要ないから、撤回させればよい、という裁判官もいるかもしれない。

しかし、警察官としては、前述の最高裁の判例のように、逮捕状の発行を求めることが条件になっていることを銘記し、この場合でも、逮捕状の請求を怠《おこた》ってはならないのである（規範一二〇条三項参照）。

こうして、裁判官の審査を受けることにより、逮捕行為の正当性が担保される。緊急逮捕状の発付は、既に終了した過去の逮捕行為を追認する意味のものである。

さて、緊急逮捕状の請求が、右のような性質を持っているとすると、次に、問題になるのは、逃がした被疑者は、何で逮捕するか、ということになる。

これも異説がある。緊急逮捕状が出ているのに、身柄は手元にないのだから、その緊急逮捕状の効力で、再度、見つけ次第逮捕すればよいという考え方もあり得る。

しかし、緊急逮捕状は、逮捕行為の正当性の審査だとすると、その効果は後ろ向きであり、新たな逮捕行為を容認するものでない、と観念しておく方が無難《ぶなん》であり、新たな逮捕のためには、後に述べる通常逮捕の手続を踏んでおくのが正しい、と知っておかなければならない。(22)

五　令状請求に必要な疎明資料

一　充分な理由　二　添付《てんぷ》資料

一　緊急逮捕は、特定の重い罪を犯したことを疑うに足りる充分な理由がある場合で、急速を要し、裁判官の逮捕状を求めることができないときになされるものであるから、それらの要件に関して、緊急逮捕手続書の記載を中心に、その他、収集し得た資料を添付《てんぷ》して裁判官に緊急逮捕状の請求をすることになる。

ところで、問題が二つある。その一は、「罪を犯したことを疑うに足りる充分な理由」というのは、どの程度の内容をさしているのか、ということ、その二は、緊急逮捕手続書に添付される資料は、いつを標準として、どの程度のものがあればよいか、ということである。

その一の「充分な理由」は、類似の他の場合、たとえば、職務質問のときの「何らかの犯罪を犯し、若《も》しくは犯そうとしていると疑うに足りる相当な理由」や、後に述べる通常逮捕の場合の「罪を犯したことを疑うに足りる相当な理由」と並べて、そのどれよりも高度の嫌疑を要すると説かれる。

しかし、有罪判決間違いなしというほどの嫌疑や、そこまでいかなくても起訴確実というほどの嫌疑をも要するものとは解されていない。

緊急逮捕は、いまだ、捜査中の行為であり、まず逮捕して、それから、取調べその他の捜査活動を重ねることにより、漸次《ぜんじ》嫌疑を濃くしていくその活動の初期の段階のものであるから、その嫌疑の程度も、職質や、通常逮捕に比べれば濃くなければならないが、勾留・起訴・有罪判決と進行する後の段階に比べれば、薄くともかまわないわけである(23)。

しかし、そういった、段階に照らして、嫌疑の程度を明確に、図式的に明らかにすることは不可能に近い。すべて、ケースごとに判断するほかはないのである。

判例によれば、養老院に収容されていた二、三の老人が、直接捜査機関に「管理者が受配物資を横領《おうりょう》して我々に食べさせない。そのため、多数人が死亡した」と証言した程度では、嫌疑の充分な理由とするに不相当である、とし(24)、民事の権利関係が不明であるのに、一方的に告訴人の言い分によって権利関係を告訴人に有利に理解し、被告訴人を窃盗罪の嫌疑ありとするがごときは、いまだ罪を犯したことを疑うに足りる充分な理由があるとはなし難い、とする(25)。

か、と思うと、人違い逮捕でも、その人が疑われるにつき充分な理由があったから、捜査官に過失はない、とする判決もある。

　事案は殺人事件である。

　真夜中に、東京である雑貨商Aが手おののようなもので殺害され、次女B子が強姦《ごうかん》されたうえ、現金一万五、〇〇〇円と懐中《かいちゅう》時計ほか四点が強奪《ごうだつ》された。

　聞込捜査の結果、〝私立探偵〟と呼ばれていた男が犯人ではないかと思われる次の事実を探知《たんち》した。すなわち、犯行現場の近くに廃品回収業者の集落があり、そこに、事件の一月くらい前から、私立探偵と自称する一見サラリーマン風の男が、毎夜一二時近くになると姿を見せ、鞄《かばん》の中から薄よごれたシャツやズボンを出して変装する。そして、いずれかへ消えて行き、三時間ぐらいたつと、帰って来て、元の背広姿にもどり、立ち去って行く。

　その私立探偵は、事件前夜遅く同集落に姿を見せ、翌朝三時ころまでたき火にあたっていたが、その時から急に姿を見せなくなった。

　ちなみに、事件発生は、午前三時一〇分ころである。

　捜査官は、この私立探偵を怪しいとみて、更に集落内の聞込みを続けた。

　私立探偵と親しかったという船員Dが見つかった。Dは、事件発生後、おれは犯人を知っているなどと言っていたこともわかった。

事件から三か月たったころ、捜査官は、いよいよDを取調べた。結果は、私立探偵の嫌疑を濃くする次の事実が判明した。

Dは、事件の一か月前ころから私立探偵と知り合い、しばらくして数日浅草山谷《さんや》の旅館に同宿した。私立探偵は、泥棒に入るのはわけないと語り、手口などを説明した。

事件発生の二日前、Dは、私立探偵から、ゴム手袋と、ナタの依頼を受けた。

また、事件の前日、私立探偵は入る所が見つかったとDに語り、ナタのようなものを白い長そでのシャツのようなもので包んで、「やってくる」といって出かけた。

それから数日、事件以来、集落に帰らなかった私立探偵に、Dは集落付近の橋のあたりで出会った。新聞で事件を知っていたので、雑貨商殺しの犯人は君だろう、と言うと、足をぶるぶる振るわせながら否定し、食事に行ってくると言って立ち去った。Dは、それ以来私立探偵を見ていない。

ここまでくると、私立探偵を探すのが急務となる。犯行直後、犯人が被害者宅を出るところを目撃したEや、被害者B子の供述ともこの私立探偵の人相年齢が酷似《こくじ》している。

問題は、この私立探偵なるものの特定である。捜査官は、写真と面割《めんわり》をその手法に用いた。まず、私立探偵と面識あるFに、神奈川県警の保管する被疑者写真一万枚余を示し、その中から一枚を選んだ。Fは、被告甲に似ていると述べた。

次に、この写真を、類似の他の二〇枚ほどの中に混ぜてDほか六人の面識ある者に示した。六人が六人とも、甲の写真を選んだ。

そこで、甲の身辺を捜査したところ、同人は先妻と離婚し、他の女と同棲《どうせい》しており、また当時、失業中であって転居のおそれがあったので、これを緊急逮捕した。翌日緊急逮捕状が発付された。ところが人違いだったのである。

しかし、甲から出された損害賠償請求事件で、裁判所は、〝私立探偵〟が、原告甲であると認めたのもむりからぬところであって、逮捕状請求時には、結局甲が本件犯行を行ったことを疑うべき相当の理由は存在していた、とし、また、裁判官が、以上の資料によって甲が本件犯行を行ったことを認めうる嫌疑を認定したことが認められるから、逮捕状の発付についても過失があったということはできない、とした(26)。

この事件は、面割捜査の恐ろしさを示すものであるが、一万枚の中から一枚という、選び出しの課程で、確実性はもちろんないが、充分な理由を認定するに不足はない、と判断されたものであろうか。

二　次に、緊急逮捕手続書に添付される資料には、逮捕時までに明らかになった資料と、自供など、逮捕後明らかになった資料とがある。その両方をあわせて疎明資料にすることは許されるが、緊急逮捕の要件存否の判断に用いられるのは、逮捕時までに判明した資料に限られる、ということを注意しなければならない(27)。

漫然《まんぜん》と逮捕して、後から、自供させて補強しておこう、という態度は許されない。逮捕の時に、警察官が、嫌疑十分とみた、それは、何に拠《よ》ってそうみたのか、その点を裁判官は審査するのである。

裁判官の審査は、それだけにとどまらない。事情は、刻々と変化するはずであるが、逮捕状を請求した、その時点でも、一定の要件——身柄拘束継続に必要な——を審査する。もし、その要件を欠くならば、たとい、逮捕時に適法であっても緊急逮捕状の請求は却下してしまう。そして、警察官は、身柄釈放の手続をとらなければならないのである。

ただし、裁判官は、請求却下の理由の中でその点に触《ふ》れてくれるであろうから、逮捕が違法であったかどうかと、びくつく必要はない。

請求時に整っていなければならない要件とは、引き続き、一定時間被疑者の身柄を拘束する必要要件——通常逮捕状が出される要件をいう、とされている(28)。

これを要するに、緊急逮捕状を請求するときは、逮捕時に緊急逮捕の要件があり、令状請求時には、少なくとも、通常逮捕の時の要件（後述）が整えられていなければならないということである。

しかし、そのため、逮捕状請求の時間が著しく遅れるようなことがあってはならないことは、前述のとおりである。

「逮捕状請求書（乙）（基本書式例様式一六号）」に「緊急逮捕手続書（基本書式例様式一五号）」と、「捜査報告書」を添付すれば通常は足りるのであるから、とくに、緊急逮捕手続書中、被疑者が「罪を犯したことを疑うに足りる充分な理由」については、司法警察職員が、被疑者のどの点をとらえて緊急逮捕の必要ありとの確信を得るに至ったか、具体的、かつ、詳細に記載せしめなければならない。

また、「急速を要し裁判官の逮捕状を求めることができなかった理由」についても、たとえば、犯罪発覚により、証拠隠滅又は逃亡のおそれが生じたので現場で逮捕しなければならなくなった点を、具体的に記載するようにしなければならない。

六　令状請求を却下された場合の身柄の措置

逮捕状が発せられないときは、直ちに被疑者を釈放しなければならない（二一〇条一項後段）。

しかし、一定の重い罪を犯しているという嫌疑が消えていない場合は、捜査官は、これを大海に放しっぱなし、というわけにはいかないであろう。

そこで、再逮捕の問題がでてくる。

普通、できるだけ近接した時点で、通常逮捕状を請求し、当該被疑者を再逮捕する。

この場合に、前にした緊急逮捕の、容疑が薄いのに、後から自白させて補強しよう、とか、また、直ちに令状請求をしなければならないのに、三〇時間も経過してから請求して遅れるにつき合理的な理由がなかったとか、逮捕の要件の判断又は手続の重要部分において捜査官にエラーがある場合には、再逮捕を許すべきではないという意見がある。

もっとも、一度エラーがあったら、永久に逮捕できなくなる、というのでは、刑罰権の実現を不能にしてしまうから、絶対に再逮捕を許さない、というのではなく、原則としてそうだ、というのである。

しかし、だからといって、緊急逮捕が、ルーズに行われるとするならば、制度の趣旨は壊されてしまう。

警察官は、この点に留意して手続の厳正を確保する配慮のうえで、どうしても身柄を必要とする場合に、再逮捕の手続をとるようにしなければならない。

そして、その場合に、裁判官は、一度、違法な逮捕がなされたことを考慮に入れて、逮捕の必要性については、普通の場合よりも厳格に取り扱うことは当然であるから、疎明の整備に一段と配慮する必要があることを知らなければならない。

かりそめにも、前の緊急逮捕令状の請求を却下されたことを、隠したりすることがあってはならない。

同一の犯罪事実についてその被疑者に対し前に逮捕状の請求又はその発付があったときは、その旨を裁判所に通知することとされており（一九九条三項）、その通知は、逮捕状請求書の記載によってなされなければならないからである（規則一四二条一項八号）。

この違反があれば、再び逮捕状請求は却下の憂目《うきめ》を見るであろう。

(1) 小野ほか「ポケット註釈全書(3)改訂刑事訴訟法」三九四頁は、「第一九九条の『相当な理由』よりも一層嫌疑程度の高い場合をいう。」とする。
(2) 程度の高さについては、前掲書は「有罪判決をなし得る程度の確実性はもちろん、公訴を提起し得る程度の確実性も必要でない。」とする。
(3) 最判昭和三二年五月二八日、集一一・一五〇八は、「集団暴行犯人の住所・氏名を知ることができず、各人ごとに人相・体格等の特徴を具体的に表示できなくても、犯人と確認、追尾した司法警察職員が、群集中に混在する犯人を容ぼう等により識別できる以上、緊急逮捕をするに必要な被疑者の特定があるということができる。」
(4) 大阪地判昭和三九年二月一五日、下刑集六・一五〇は、「なるほど警察が本件被害を知ったのは、右逮捕より二二日以前であり、また遅くとも四日前には被疑者の所在不明であることを知っていたことは、原裁判官指摘のとおりであって、その間通常逮捕状請求の余裕があったことは、明白である。しかしながら、本件事案の特殊な性格、犯行の態様、被害額等を考慮するとき、警察がその段階で直ちに強制捜査に踏み切らず任意捜査を続けたことは一応理解できるところであり、このような場合、あらかじめ通常逮捕状を準備しなかったことから直ちに緊急逮捕手続の緊急性の要件を欠くとは言えないものと考える。」

(5)　「本条（二一〇条）摘記の罪を犯した嫌疑が十分で急速を要する事情にあることを告げるべきである。」（小野ほか「ポケット註釈全書(3)改訂刑事訴訟法」三九五頁）

団藤重光「条解刑事訴訟法上」三九九頁は、「『その理由』とは、やや明確を欠くが、……要件たる事由をいうものと解する。」とする。本文の緊急逮捕の要件たる事由の全部である。同旨平野龍一「刑事訴訟法」九五頁

(6)　最判昭和三〇年一二月一四日、集九・一三・二七六〇が、その有名な判決である。大法廷は全員一致で緊急逮捕の合憲性を認めた。

「かような厳格な制約の下に（二一〇条のごとき制約の下にの意）罪状の重い一定の犯罪のみについて緊急已むを得ない場合に限り、逮捕後直ちに裁判官の審査を受けて逮捕状の発行を求めることを条件とし、被疑者の逮捕を認めることは、憲法第三三条の規定の趣旨に反するものではない。」

(7)　この説の先達は団藤重光氏である。その古典的な一節を引用してみると、「英米法において現行犯以外にも令状によらない逮捕を認めているのであり、憲法第三三条をあまり厳格に解することは困難である。たとい令状の発付が逮捕行為の事後であっても、これに極めて近接した時期において行われるときは、逮捕手続全体として逮捕状によるものと言えないわけではない。かようにして――疑問の余地がないわけではないが――緊急逮捕も必ずしも違憲ではないと解する。しかし、緊急逮捕の合憲性を肯定することのできるのは、ただかような意味においてであるから、逮捕状を求める手続は即刻に行われることを要し、また、逮捕状の発付が遅延するときは――逮捕状の請

求の却下がなくても――被疑者を釈放しなければならないものと解する。」（団藤重光「条解刑事訴訟法上」三九八頁）

(8) 福岡高裁管内の簡裁判事の昭和四〇年一〇月の会同において、左のような問答が見える。
○刑事局係官（法務省）　警察署長の決裁を得てから令状を請求してくるのが実情か。
○小林簡易　さきに警察署長に報告してから令状を請求してくるが、本末転倒ではないかと考える。
○佐世保簡易　警察署長ないし課長の決裁を経てから請求してくるが、司法巡査でも請求できるのだから、早く請求してくれと督促している。
○直方簡易　署長の決裁は不要だからと督促しているが、遅くなった場合には理由書をつけさせている。
○杵築簡易　逮捕から令状請求まで四日を経過したことがあるが、これは却下した（最高裁判所事務総局編「令状関係法規の解釈運用について（上）」六四・六五頁）。

(9) 違憲論は、第二一〇条が、逮捕の後に逮捕状が発せられない場合を予想しているが、これは明らかに違憲であること及び逮捕状が発せられた場合でもこれに補正的追究の効力を認めることは疑問であり、更に、追究の遡及効は認められないから、緊急逮捕は憲法に違反すると主張する。例えば平場安治「改訂刑事訴訟法講義」三五三頁

(10) 平野龍一「刑事訴訟法」九五頁は、「実質的にその社会治安上の必要を考えたとき、右のような緊急の状態（二一〇条の要件を充足する状態の意）のもとで重大な犯罪について例外を認めることの合憲性を、かろうじて肯定しうるであろう。」と説く。
また、高田卓爾「刑事訴訟法」三二五頁は、「思うに憲法の規定を正面から解する限り緊急逮捕の合憲性を理論づけることは困難と思われる。ただ、とくに重大且つ凶悪な犯罪の被疑者について一般の場合と異なった例外を認めることは、必ずしも憲法の精神に反するとまでは言い切れないと思われる。」とし、その線に沿って、現行法よりも厳しい要件による制度を示唆《しさ》されている。

(11) 団藤重光「条解刑事訴訟法上」三三九頁。前節注（3）参照

(12)　「綜合判例研究叢書《そうしょ》、刑事訴訟法(16)」一三二頁

(13)　本田正義「緊急逮捕後の逮捕状請求の却下」実例法学全集刑訴法六頁

熊谷ほか「捜査法大系Ｉ」緊急逮捕の運用・金子仁洋九九〜一〇二頁は、東京における「逮捕状検討票」の運用を紹介し、更に、夜間の午後八時から翌朝午前八時半までの令状請求を翌日まわしとする慣行のあることを紹介し、「結局、緊急逮捕状の請求に要する時間は、即刻その足で、と考えるには建前上無理があり、また、二、三時間というように、一般的に標準を掲げうるものでもない。具体的なケースによって判断されるほかはない。」としている。

(14)　横井大三「捜査・刑訴裁判例ノート(1)」三三三〜三三六頁

(15)　京都地決昭和四五年一〇月二日、判例時報六三四は、「……直ちに手続がなされたかどうかは、単に緊急逮捕したときから逮捕状の請求が裁判所に差し出されたときまでの所要時間の長短のみによって判断すべきではない。被疑者の警察署への引致、逮捕手続書等書類の作成、疎明資料の調整、書類の決裁等、警察内部の手続に要する時間及び事件の複雑性、被疑者の数、警察署から裁判所までの距離、交通機関の事情等も考慮の外におくべきでなく、したがって、このような観点からすると、右にいう『直ちに』は、緊急逮捕後『できる限り速かに』という意義に解するを相当とする。」としている。広島高判昭和五八年二月一日、判時一〇九三・一五一は「約六時間を経過したとしても、被害者も捜査に協力していないなど本件事情の下では、必要最小限の疎明資料の収集・整理に要した必要やむを得ないものといえ、『直ちに』の要件を欠くものではない」とする。

(16)　前注の京都地裁昭和四五年一〇月二日の判決は、検察官の準抗告を受けて、その極端は原判決を取り消したものであるが、しかし、裁判官の指示があったとしても、翌日まわしにした請求手続は結局違法であるという判断をし、取消は、別の理由でしているのであるから、注意を要する。「……本件逮捕状の請求は、緊急逮捕時である昭

和四五年九月二七日午後七時三〇分ころから約一二時間三〇分経過した後になされている。……しかして、このように逮捕状の請求が遅延するに至ったのは、前記のように、裁判官の指示に従ったことによる事実が認められるのであるが、たとえ、かような事実が介在したとしても、それは右の『直ちに』の判断資料として考慮に入れるべき性質のものとは解されない。したがって、司法巡査が緊急逮捕後約一二時間三〇分経過した後になした本件逮捕状の請求は、右にいう『直ちに』なしたものとは称し難く、違法の評価を免れない。」

(17)　新関ほか「令状基本問題七五問」秋山規雄・深夜になした緊急逮捕について翌朝緊急逮捕状を請求する場合と刑訴法第二一〇条の『直ちに』の意義六八・六九頁は、

「右判決は（最判昭和三〇年一二月一四日の前掲判決――著者）、緊急逮捕が刑訴法上とくに緊急を要する場合にやむを得ずなされる処分であること、重大な犯罪の十分な嫌疑がある場合に限ってなされること等の制限があるほかに、何よりも逮捕後は『直ちに』裁判官の審査を受けるべきこととされていること（令状が発せられることではない。発付されると否とにかかわらず裁判官の審査を受けること。）によって、身体拘束の時間が極めて短くなるよう刑訴法上制約されており、実質的にも緊急処分と見られるような手続的制約に服していることを理由としてはじめて合憲と考えうる趣旨を判示したと解されるのではなかろうか（その後、同じく緊急逮捕を合憲であるとした最高大法廷昭和三六年六月七日、判刑集一五・六・七一五の池田・入江裁判官補足意見では『直ちに裁判官の逮捕状を求める手続をなさしめ、逮捕状が発せられないときは直ちに釈放すべきものとする限り、人権保障上格別の弊害もなかるべきこと』と述べられている。）

以上のように考えてくると、『直ちに』逮捕状を求めるべきことの要請は、緊急逮捕の合憲性に直接結びつき欠くことのできない重要な意味をもっていることになる。そうだとすると、『直ちに』については、令状主義の例外として極めて厳格に、すなわち『即刻』というくらいの猶予しか許さない趣旨であると理解すべきことになろう。」

(18)　福岡高裁管内刑事裁判官会同昭和三三年一二月通達質疑追(2)二一九・二二〇頁は、

「問　緊急逮捕の場合に、逮捕後どの程度まで令状発付の遅延が許されるかを判断するについて、その基準を如何に考えるべきか（熊本地裁）」という問に対して次のように答えている。

「答　法は、裁判所において発付につき長時間を要することは予想していない。抽象的に何時間くらいまでよいとは言えないが、請求があれば具体的場合に即応して処理しなければならず、午前中にあった請求を明日に延ばして発付することは、特段の事情のない限り許されない。しかし、不能のことを強いることはできないので、夜間若しくは遠隔の地で逮捕した場合などには、請求が翌朝になることは差し支えないと考える。」

(19)　桐山隆彦「前掲書」一六九頁

(20)　桐山隆彦「前掲書」一七二頁

(21)　団藤重光「条解刑事訴訟法上」は、この点に関して、「緊急逮捕における逮捕状の発付は、逮捕行為を遡及的に正当なものとする一種の追認的効果を持つものであるから、逮捕後被疑者を釈放したときも、やはり、逮捕状請求の手続をとらなければならない。その手続をとらないときは、かりに実質的に緊急逮捕の要件を具備していたとしても、逮捕状によらないで逮捕したことになり、したがって不法な抑留になることを注意する必要がある。」とする。

(22)　最高裁判所事務局編「令状関係法規の解釈運用について（上）」八一頁から八六頁までに、昭和四〇年五月の東京高裁管内刑事裁判官会同、の内容が紹介されている。その最後に、刑事局第二課長のまとめに近い言葉があるので左に記しておく。

「○刑事局第二課長　刑事局においては、緊急逮捕状を発付することに異説をとなえるものはなかった。すなわち、緊急逮捕は、法の厳格な要件のもとに緊急を要する例外的場合として、令状を持たずに逮捕が許される場合であり、逮捕行為が行われたときは、直ちに裁判官に逮捕状を求める手続がなされなければならない。したがって、現実の身体の拘束が行われ、被逮捕者が逮捕者の支配内に入った以上は既に逮捕行為が開始されたのであるから、爾後被逮捕者が逃走・釈放等により右の支配から脱したときは、緊急逮捕における逮捕行為を引致までとみるとしても、これを論ずるまでもなくそれまでになされた逮捕行為の当否について、裁判官の審査を経なければならないものと考える。また逮捕状請求時に身柄拘束ないしその可能性は必要ではない。そして緊急逮捕状は、第一次的にはこれまでの逮捕行為の正当性を認めるにとどまり、同逮捕状により新たな逮捕行為を許容する性質のものではないから、これにより被疑者を再逮捕し得ないのみならず、既に全く実力支配を脱した被疑者を再逮捕するについては、改めて通常逮捕状によるべきものと考える。」

(23) 小野ほか「ポケット註釈全書(3)改訂刑事訴訟法」三九四頁は、「第一九九条の『相当な理由』よりも一層嫌疑の程度の高い場合をいう。有罪判決をなし得る程度の確実性はもちろん、公訴を提起し得る程度の確実性も必要ではない。しかし、勾留の要件としての嫌疑の程度との比較は困難である。捜査の段階が異なるので、やはり勾留の要件としての嫌疑よりも確実性の程度は低くてもよいものと考える。」としている。

(24) 名古屋高判昭和三二年一一月一九日、訟務月報四・一一・六三

(25) 名古屋高金沢支判昭和三一年四月二七日、下級民集七・四・一〇七一

(26) 東京地判昭和三六年五月八日、判例時報二五八・七

(27) 最判昭和二五年六月二〇日、集四・一〇二五、は、供述調書の添付があっても、それ以外の資料によって判断可能の場合であれば問題ない、とする。「いわゆる緊急逮捕の場合、被疑者が罪を犯したことを疑うに足りる十分な理由の一つとして、逮捕後得られた自供の存在することを挙示した逮捕状請求書に基づいて逮捕状が発付されたとしても、逮捕手続書の記載並びに逮捕までに集取されたその他の資料によって逮捕者において被疑者が罪を犯し

たことを疑うに足りる十分な理由があると判断したことが一応肯定され、前記自供の記載がなかったとしても、逮捕状請求書その他の記載によって逮捕の理由のあることが一応肯定され逮捕状が発せられたものであろうと判断される場合には右緊急逮捕は適法有効である。」また昭和四〇年一〇月の高松高裁管内簡裁判事会同で、次の発言がなされている。「〇高松高等　捜査官が、被疑者が自白するだろうという見込で、緊急逮捕したところ現場では自白しなかったが、警察署へ連行して取り調べた結果自白した場合、その自白調書を逮捕状請求の資料にすることについては、疑問がある。しかし、捜査官が現場で自白は得られなかったが、被疑者の態度などで罪を犯したことを疑うに足りる十分な理由があると判断して緊急逮捕したような場合は、捜査官から逮捕当時の状況をきいたうえで、十分な理由があると判断すれば逮捕状を発付してもよいと考える。」（最高裁判所事務総局編「令状関係法規の解釈運用について（上）」七四頁）

(28)　小野ほか「ポケット註釈全書(3)改訂刑事訴訟法」三九六頁は、「裁判官は、逮捕当時における緊急逮捕の要件の具備の有無を審査するのはもちろんであるが、仮にそれが認められても請求につき許否を決する当時において少なくとも通常逮捕の要件の存しないときは逮捕状を発すべきではないと思う。」とする。通説である。

第四節　通常逮捕

一　通常逮捕の要件

一

警察官の日常活動において犯人に出くわし、急いでこれを逮捕しなければならない、というのが、現行犯逮捕であり、また、緊急逮捕であった。

これに対して、捜査員が、じっくり内偵捜査を遂行《すいこう》したうえ、一定の事実をつかんで身柄を確保しようとする場合に用いる手法が「通常逮捕」である。

司法警察職員は、被疑者が罪を犯したことを疑うに足りる相当な理由があるときは、裁判官のあらかじめ発する逮捕状により、これを逮捕することができる（一九九条一項）。

街頭活動をする警察官にとっては、令状によらない逮捕がむしろ通常であるが、もともと制度は、憲法第三三条を元祖として作られており、憲法第三三条は、令状による逮捕を原則とし、令状によらない逮捕を例外としている。令状による逮捕が、「通常」逮捕と呼ばれるのは、そのためである。

二　あらかじめ令状を用意して人を逮捕しようとする場合に、どういう条件が整っている必要があるか、というのが、通常逮捕の要件の問題である。

要件は二つある、とされている。

その一は、「被疑者が罪を犯したことを疑うに足りる相当な理由」があることであり、その二は、「逮捕の必要」があることである。その一は「逮捕の理由」と略称することができるが、逮捕の理由あり、と判断するためには、次の二点について考慮しなければならない。

第一点は、ここにいう「罪を犯した」という疑いは、特定の犯罪を犯したという疑いでなければならない、ということである。

「何らかの罪」（警職法二条一項）では足りない。たとえば、窃盗罪を犯した、詐欺を行った、という風に、罪が特定していなければならないのである。

一方、疑いの程度は、今までに説明してきた現行犯逮捕や、緊急逮捕に比較すると、最も軽い。この、嫌疑の程度を「相当な理由」といっている。これが考慮すべき第二点である。

なるほど緊急逮捕に比較すれば、軽い嫌疑であるが、それでも、その嫌疑は合理性をもっていなければならない。ただ漠然《ばくぜん》と怪しい、というのでは不十分で、相当程度の客観的・合理的な根拠を要する。

客観的・合理的な根拠とは、通常人の良識ある合理的な判断に従い被疑者が当該犯罪を犯したことを相当程度高度に肯認《こうにん》し得る場合のことである。それは、積極的に当該被疑者が罪を犯したことを肯認できるばかりでなく、消極的に、その被疑者が犯人でない、という資料（たとえば、アリバイをつきくずす資料）も必要だ、とされるのである[1]。

しかし、結局は、ケースによって判断するほかはない。判例の積み重ねによるのである。

三　その二、「逮捕の必要」についても、考慮すべき二つの点がある。

第一点は、逃亡のおそれの有無、第二点は、罪証隠滅のおそれの有無である。

裁判官は、たとい、被疑者が罪を犯したことを疑うに足りる相当な理由のあることがわかっても、たとえば、病気入院中であるとか、高齢であるとか、被疑者の年齢境遇並びに犯罪の軽重及び態様その他諸般の事情に照らして、逮捕の必要があるかないかを判断する、こととされている。

そして、被疑者が逃亡するおそれがなく、かつ、罪証を隠滅するおそれがない等明らかに逮捕の必要がないと認めるときは、逮捕状の請求を却下しなければならない（規則一四三条の三）。

更に、裁判官は、提出書類等だけでは足りないと思えば、請求者の出頭を求めてその陳述《ちんじゅつ》を聴《き》き、あるいはその者に対して書類その他の物、たとえば証拠物のようなものの提示を求めることができるとされている（規則一四三条の二）。

ここで注意しなければならないのは、「取調べの必要」は、「逮捕の必要」につながらない、ということである。

怪しいが、どうも資料が足りないので、引っぱって泥《どろ》をはかせるか、という発想で、逮捕状をとるのは許されない。

逮捕をするのは、そうしなければ、捜査が著しく阻害される場合、結局、逃げられるとか、証拠隠滅をされるとかにつきるのである。

以上が、通常逮捕の要件であるが、以上の要件があっても、対象となる罪があまり軽いものであると、これをいきなり逮捕するのは、人権とのバランスからいってどうかと思われる。

そこで、法は、三〇万円（刑法、暴力行為等処罰に関する法律及び経済関係罰則の整備に関する法律の罪以外の罪については、当分の間、二万円）以下の罰金・拘留又は科料にあたる罪については、以上の要件に、次の二要件を加えて判断したうえでなければ、逮捕状を出さないこととした。

すなわち、その一は、被疑者が定まった住居を有しない場合、その二は、正当な理由がなく、任意出頭の求めに応じない場合である。(2)

軽い罪については、まず、任意捜査でおやりなさい。しかし、捜査官が、被疑者に接触《せっしょく》できないようでは困るから、その場合は逮捕を許しましょう、というのである。

二　通常逮捕の手続

一　逮捕の手続　二　引致と通常逮捕手続書

一　通常逮捕状の請求は、司法巡査の役目ではない。国家公安委員会又は都道府県公安委員会の指定する警部以上の階級にある警察官に限られている（一九九条二項）。巡査が担当するのは、逮捕状を出された被疑者を逮捕することである。

ところで、逮捕状により被疑者を逮捕するには、逮捕状を被疑者に示さなければならない（二〇一条一項）。そうすることによって、警察官が権限をもって正当に逮捕するものであることを示し、また、憲法第三四条の要請する逮捕の理由の告知をすることにもなるからである。

逮捕状が手元になくても、急速を要するときは、その被疑者に、被疑事実の要旨と、逮捕状が発付されている旨を告げて逮捕する道が開かれている。これを、「逮捕状の緊急執行」といっている（二〇一条二項・七三条三項）。

指名手配被疑者などを発見した際に、この手を使う必要に迫られることが多いであろう。その際注意しなければならない点をあげてみると、まず、逮捕状が有効であるかどうか、いつも気を配っていることである。逮捕状には期限があるから（規則三〇〇条）、できる限り逮捕する前に、手配警察署に照会して、逮捕状の期限が切れていないかどうか確認するようにしなければならない。

次に、被疑事実の要旨であるが、急を要する場合であるのだから、逮捕状に記載されてあるように、詳しく述べたてる必要はないが、また、単に「窃盗で逮捕する」というように、罪名を告げただけで、一体どこのどの窃盗が発覚したのか、被疑者に判断のしようがないような言い方でも違法になるから注意しなければならない[3]。

憲法第三四条は、何人も理由なく逮捕されることを禁ずる趣旨である。と、言っても、勧進帳《かんじんちょう》の読み上げのように、「逮捕状記載の被疑事実の要旨一切を逐一《ちくいち》告知する[4]」必要はない。被疑者に理由なく逮捕するのではない旨を一応理解させうる程度が、最小限の要請であると知る必要がある。

逮捕状の緊急執行をした場合は、その逮捕状をできるだけ速《すみ》やかに示さなければならない（二〇一条二項・七三条三項）。

もともと緊急執行は、遠隔地において行われるところに意味があるわけであるから、指名手配被疑者に対して手配警察署に引致してから逮捕状を見せる場合のように、数日後になってもいたし方がない。[5]

しかし、逮捕の効力として留置できるのは最大七二時間であるから、この時間内に呈示《ていじ》するよう努めなければならないであろう。[6]

二　被疑者を逮捕したときは、司法警察員に引致し、逮捕手続書を作成することは、現行犯逮捕のときと同じである。

逮捕状を呈示して逮捕したときは、「通常逮捕手続書（甲）（基本書式例様式一三号）」を用い、緊急執行をしたときは「通常逮捕手続書（乙）（同例様式一四号）」を用いる。

被疑者の住居・職業・氏名・年齢、逮捕の年月日時、逮捕の場所等の記載については、「現行犯人逮捕手続書（甲）」のときと同様である。

「逮捕時の状況」はできるだけ具体的に記載する必要がある。たとえば、警察官の顔を見たら、急に逃げ出したので追跡格闘のうえ逮捕したとか、証拠物を火の中へ投じたとかいう具体的な状況を記載する。後の処遇に関係してくるからである。

緊急執行をした場合は、右のほかに、引致後逮捕状を示した事実を記載することとされている。

三　通常逮捕状の請求

一　請求者　　二　請求手続

一　通常逮捕状の請求は、公安委員会の指定する警察幹部の役割であるとされている。司法巡査はもとより、警察幹部でも、誰もがこの権限を行使できる立場にない。この権限を行使できる警察官は、国家公安委員会又は都道府県公安委員会の指定する警部以上の警察官に限られる（一九九条二項）（普通「指定警部」といっている）。そして、公安委員会は、指定した警察官について、裁判所に通知しておくものとされている（規則一四一条の二）。

これを具体的にいうと、警察庁及び管区警察局の指定警部（それ以上の階級の者を含む。以下同じ。）は、国家公安委員会が指定して最高裁判所へ通知する。都道府県警察の指定警部は、都道府県公安委員会が指定して、その所在地を管轄する地方裁判所へ通知しておく。変更があれば、それも通知する。

通常都道府県警察においては、警察本部長と、本部の刑事・警備・保安・交通・生活安全・公安等の各部課に勤務する者及び警察署に勤務する者を指定する方針がとられている。指定警部は、独立してその権限を行使するので、検察官の承認を得たり、また検察官を経由して裁判所へ請求したりする必要はない(7)。

二　さて、指定警部は、みずからの責任においてみずからの氏名を通知登録した裁判所に対して令状の請求をするのであるが(8)、請求にあたっては「逮捕状請求書（甲）」（基本書式例様式一一号）に謄本《とうほん》一通を添付し（規則一三九条二項）、更に、逮捕の理由及び逮捕の必要を疎明する資料を併《あわ》せて提出することとされている（規則一四三条）。

逮捕状請求書の記載にあたっては、次の諸点に注意しなければならない。

「氏名」について

被疑者を特定するためのものであるが、必ずしも常に明らかであるとは限らない。しかし、被疑者を特定する趣旨を貫徹すれば足りるから、人相・体格その他被疑者を特定するに足りる事項でよい（規則一四二条二項）とされる。戸籍《こせき》上の氏名と一致しない通称や、女子の婚姻《こんいん》前の姓などは、その他被疑者を特定するに足りる事項である。

「年齢・職業・住居」について

明らかでないときは、その旨を記載すれば足りる（規則一四二条三項）。

「引致すべき官公署又はその他の場所」について

A警察署又は逮捕地を管轄する警察署という風に、択一《たくいつ》的に記載することが許される。むしろ、そうすることによって、たとえば、緊急執行の場合の令状の事後呈示に好結果をもたらすと説く裁判官もいる。(9) 逮捕前においては、引致場所の変更も可能であるから（基本書式例様式一二号による）、せいぜい令状の事後呈示の問題で非難されることのないよう注意すべきであろう。

「逮捕の理由、逮捕の必要」について

逮捕状請求手続の中心をなす事項であるが、この記載だけでは足らず、ほかに、逮捕の理由については被害届・参考人供述書などの証拠を、また、逮捕の必要については被疑者の身分・経歴・交友関係、家庭の状況などを明らかにする捜査報告書・参考人供述書等の書面・前科調書、共犯者がある場合はその供述調書、所在不明であればその捜査報告書等の証拠を提出しなければならない。

更に、もし、裁判官からの請求があったら、進んで資料を提供し、あるいはみずから出頭して説明をつくすようにしなければならない（規則一四三条の二）。

裁判官はそれらの資料を検討して逮捕の理由があるかどうかをきめ、更に、たとえ逮捕の理由があったとしても、被疑者の年齢及び境遇並びに犯罪の軽重及び態様その他諸般の事情に照らし、被疑者が逃亡するおそれがあるかどうか、また、罪証隠滅の可能性があるかどうかを判断し、逮捕の必要性を決定する（規則一四三条の三）。

「前に、別の逮捕状の請求又はその発付があった旨の記載」について

同一被疑者について、同一の犯罪事実又は現に捜査中である他の犯罪事実について、前に逮捕状の請求又はその発付があったときは、その旨及びその犯罪事実を記載することとされている。また、同一の犯罪事実について、何故、新たに逮捕状がいるか、その理由も記載することとされている（一九九条三項、規則一四二条一項八号）。

時々、この記載を抜かす例が現れる。そして、その場合たとい逮捕状の発付があってもその逮捕状は違法になり、したがって逮捕も違法にされてしまう(10)。

この記載の欠如《けつじょ》は、重大な手続上の瑕疵《かし》である。

およそ、請求手続に瑕疵があるときは、一切逮捕状が出ない、というわけではないけれども、重要部分に瑕疵があれば、重大な方式違反として逮捕状が出されることはない、と考えなければならない。

また、一たん、見過ごされ、逮捕状の発付があったとしても、たとえば、勾留請求の際に発見されれば、結果は、違法な前提手続を理由として勾留請求却下ということになる。

もともと、逮捕のむしかえしや別件逮捕は、被疑者の人権にかかわらず問題の手続である。しかし、それは、全く許されない、というのではなく、合理的な根拠があれば、裁判官もこれを許そうとしているのである。

かりそめにも、この記載を欠略《けつりゃく》することのないよう、注意しなければならない。

四　再逮捕

一　同一事実による再逮捕　二　余罪と再逮捕
三　引致途中の逃走と再逮捕（逮捕状の効力）

一

余罪の多い窃盗被疑者を捕まえて、当初から判明している余罪の一つ一つに一本ずつ逮捕状をつけて半永久的に逮捕のくり返しをするとすると、何人もそれは不当だ、いや違法だ、と非難するであろう。

しかし、あのオウム真理教事件の被疑者、被告人に見られるように、一連の凶悪事件が次々に明らかにされ、その都度《つど》逮捕がくり返されるのを見てこれを不思議《ふしぎ》に思う人は少なかった。

すなわち、法は、合理的な理由のある場合までも再逮捕を禁じていない。

第一九九条第三項は、通常逮捕状を請求する場合において、同一の犯罪事実についてその被疑者に対し、前に逮捕状の請求又はその発付があった場合の手続を規定している。

これを要するに、同一の被疑者に対して、同一の犯罪事実で再逮捕することは、法の予想するところである。

同一の犯罪事実とは、たとえば、物を盗んで情を知った友だちの家に隠す行為を見ると、共謀《きょうぼう》して窃盗をした、とも言えないことはないし、盗んだのは甲だが、乙は情を知って蔵匿《ぞうとく》寄蔵《きぞう》に干与《かんよ》したと、言うこともできる。(11)

このように、社会的な一箇の事実は、見方を変えれば幾つかの犯罪に見たてることが可能である。逆に窃盗罪と盗品関与罪のように、異なった罪を構成する事実を調べてみると、同月同日同時刻で同じ場所で盗られた同一物について、一方は盗ったことを問題にし、他方は盗った物の運搬隠匿を問題にしていることがわかる場合がある。この場合に両罪の「基本的事実」は同一である、というのである。言いかえれば、「犯罪事実」が同一である。窃盗罪だと思ったら、盗られた物が遺失物で遺失物横領罪にあたったなどというのも、同一の犯罪事実に関係する問題である。(12)

法は、同一の被疑者に対して、同一の犯罪事実で逮捕をくり返す必要を認めている。

ただ、問題は、人権との関係である。逮捕が不当にむし返されてはならない。かといって、合理的な根拠のある再逮捕を認めていかなければならない。裁判官のそのための判断は重大であり、規則第一四二条第一項第八号は、そのための判断資料を裁判官に提出するようそれを逮捕状請求書の記載事項とした。そして、これを欠略することは、重大な手続違反であり、逮捕状発付等の手続の成否に関係することは、さきに述べたとおりである。

すべて、逮捕の不当なむし返しを防止する趣旨である。[13] したがって、合理的な理由がある場合は再逮捕をしてよい。

逮捕し、取調べていたら、容疑が薄くなり釈放するに至った。ところで後に重要な証人が現れ、これに驚いた被疑者に逃亡のおそれがでてきた。すなわち局面が変わった。これはまさに再逮捕につき合理的な理由のある場合である。事情の変更により、更に被疑者の逮捕の必要性が生じた場合[14]にあたる。

二　これに対して、当初から判明している窃盗余罪の一つ一つに、一本一本、逮捕状をとっていこうとするのが、逮捕のむし返しである。戦前、警察官の主観的嫌疑だけで二四時間拘束する手続があった。「検束《けんそく》」と言っていた。これが「むし返し」に使われた。署から署へたらい廻《まわ》しにしていくらでも拘束した。そこで、この戦前に悪名《あくみょう》はせた検束のむし返しを例にあげて、たとい、窃盗事件の取調べ中、強盗事件が判明しても、進行中の窃盗罪の制限時間内で処理すべきである。原則として、余罪についての再逮捕は許されない。

この議論は、後は、別件逮捕をめぐって再度問題にすることにしよう。

三　再逮捕で関連する次の問題は、引致途中に逃走した被疑者を何によって再逮捕するか、ということである。通常逮捕状の効力に関して論じられる。

すなわち、逮捕状というのは、被疑者の身柄を現実に拘束することによってその使命が終わるのか、被疑者を逮捕して引致するまでは、効力がなくならないで存在するのか、という議論である。もし、逮捕状の効力が引致までであるとすれば、引致途中に逃走した被疑者は、同じ逮捕状でいつまでも追っかけていられることになる。一方、花火のように、一たん実力行使をすれば、その瞬間《しゅんかん》に効力が使い果され、後に残った逮捕状は、焼《や》き殻《がら》にしか過ぎない、ということになれば、再度、同一事実について逮捕状の請求をしなければならない、ということになる。

この議論では、後者に軍配が上がっている。

すなわち、再度逮捕状をとりなおして探索逮捕すべきである。また、緊急逮捕の要件のある場合は、緊急逮捕してもよいことは当然である(15)。

けだし、逮捕状は、裁判官が、逮捕の許可を与えたものに過ぎないからである。

なお、以上の結論をとるとしても、逮捕しようとして、まだ、遂げないうちに逃がした場合、たとえば格闘中逃がした場合は、別であることを指摘しておきたい。その場合は、まだ、逮捕状を使い切っておらないからである。また、一たん手錠《てじょう》をかけたが、引致途中に逃げ出し、これを追跡中、隠れているのを発見するときのように、まだ実力支配を完全に離れていない場合も、新たに逮捕状をとるまでもなく、その場で逮捕できることは当然である。

五　別件逮捕《べっけんたいほ》

一　別件逮捕の意義　二　違法視される別件逮捕

一　ある犯罪の容疑で既に逮捕し、身柄を拘束している被疑者について、たとえ、余罪《よざい》が判明しても、現に進行中の制限時間内で処理すべきであって、余罪について新たに逮捕状をとり、いわゆる逮捕のむし返しをしてはならないという、強力な意見が法曹界《ほうそうかい》に存在することはさきに述べた。しかし、余罪のうちでも、たとえば、殺人事件のように、重大な犯罪が発覚したような場合は、新たに逮捕状を得て捜査を進行させる手続が普通に行われている。

更に、殺人事件の見込をつけながら、なおひきネタが弱いというので、窃盗とか詐欺とか、他の事件で逮捕状を得、その時間内に余罪として殺人事件の取調べもする、という手続が、捜査の常とうとして用いられている。

総理大臣の前歴《ぜんれき》のある大物政治家が、外国為替《かわせ》及び外国貿易管理法違反容疑で逮捕された。しかし、世論も新聞も、これらは、贈収賄罪《ぞうしゅうわい》を本命としてその取調べのために逮捕されたのだ、ということを疑わなかった。否《いな》、そう期待し、声援《せいえん》を送ったのである。

しかし、過去の事例を見ると、凶悪《きょうあく》な強盗強姦殺人事件を本命として詐欺罪で逮捕し、本件たる凶悪事件の捜査を遂行《すいこう》したことが、違法・不当な見込捜査として攻撃《こうげき》を受け、そうして得られた自《じ》白《はく》は否定され、無罪の判決を結果するようなことがちょいちょい起こっているのである。法律は、平等である。何がそういう差別を許すのか。疑問は一向に解決されていない。しかし、日常重大犯人と向き合う警察官にとっては、元首相様々とも言うべきであろうか。

まず、別件逮捕というものの内容を明らかにしてみよう。辞典を見よう。

「逮捕状を請求するだけの証拠のそろっていないA罪について被疑者を拘束して取り調べる目的で、証拠のそろったB罪について逮捕状を請求してその被疑者を逮捕すること。[16]」である。

この定義をかりて、さきの贈収賄罪事件についてみると、逮捕状を請求するだけの証拠のそろっていない贈収賄罪について当該政治家を拘束して取調べる目的で、証拠のそろった外為《がいため》法違反について逮捕状を請求してその政治家を逮捕する、ということになり、天下あげて声援を送った刑事手続の一種にほかならず、ことさら問題にするまでもない、ということになりそうである。

しかし、別件逮捕《べっけんたいほ》は、違法だ、とする学者の議論も無視できない。「つまり、証拠が不十分なために直ちに本命の事件について逮捕できない場合に、右事件の取調にあてる目的で、ことさらに軽い別件に名をかりて拘禁し、その期間を本来の事件についての取調に流用するという捜査方法は、いわば不法な見込捜査ともいうべく、許されないのである。[17]」（傍点著者）

この議論と、さきの定義との差は、別件が、「ことさらに軽い」点であろう。

最近の判例では、さらに突っこんでこの軽さを「未《いま》だ重大な甲事件について被疑者を逮捕・勾留する理由と必要性が十分でないのに、主として右事件について取り調べる目的で、甲事件が存在しなければ通常立件されることがないと思われる軽微《けいび》な乙事件につき被疑者を逮捕・勾留する場合」という言い方もしている。[18]

二　はじめこの問題は、殺人事件の引きネタに無銭《むせん》飲食を利用したところで専門家の眼に止まった。ある容疑者について、本件ではこれを逮捕勾留するに足《た》る証拠がないので、その容疑者の出入りする飲み屋を探せば、つけの未払いぐらいはあるだろう、と思いつき、犯行現場付近一帯の飲食店に写真を見せて聞込みの結果、そういう店があった。店の主人はその気がないのを、なだめすかして被害届を出させる。さて、容疑者を呼び出して本件に関連する足どりを聞いたが核心《かくしん》を話さない。そこで、用意した被害届、バーテンの供述調書、捜査報告書を資料に、既に判明した住所・職業は不詳《ふしょう》とする請求書を作って詐欺の逮捕状をとる。これで逮捕して引き続き本件の殺人事件を追求する。

いかにもフェアでない、このやり方は、ついに裁判所のチェックするところとなり、その後得られた自供《じきょう》は任意性がない、と否定。ほかに有力な証拠がないから事件は無罪という結末を迎えた。(19)何故、その後の供述に任意性がない、とされたのか、というと、もとの別件逮捕が違法だからという。違法な手続のもとになされた自供だからだめだ、とされるのである。後にこれは「毒樹《どくじゅ》の果《か》実《じつ》」という言い方をされるようになった。

本件について確実・具体的な資料がないので、「当初から専《もっぱ》ら本件捜査に利用する目的のもとに、前記認定のような単なるつけの未払いに過ぎないとも思われるような無銭飲食詐欺事実を探し出して来て逮捕・勾留するという意図をも明白に認めることができるのであって、いわば不当な見込捜査であり、いわゆる違法な別件逮捕・勾留に該当するものと言うべきである」「右違法な逮捕・勾留を利用し、」「本件につき被告人を取り調べたこと」がいけなかったとされたのである。

ちなみに、別件の詐欺事件は、起訴猶予《きそゆうよ》の決定を受けたが、熊谷判事は、これを、本当は無罪だろう、と指摘している。(20)

別件が、とるに足らないので、あくまでも本件中心の敵本《てきほん》主義であるという認定を受けたのである。これが、しっかりした別件であり、それだけで独立して逮捕・勾留・起訴に耐え得るものであれば、別件であろうと何であろうと、強制捜査の対象にして不思議はないし、また、その拘禁を利用して、取調べをすることは、通説・判例の容認するところである。(21)

しかし、しっかりした事件であるからといって一たん別件で逮捕したら、いつまでもこれを本件取調べのためにその拘束を利用できるか、というと、そうではない。

裁判例の傾向を見ると、逮捕勾留事実すなわち別件以外の余罪の取調べを野放しにする意図は見えない。それどころか、逮捕勾留中の被疑者の取調べ受忍《じゅにん》義務を規定する一九八条一項は、その別件についてのものであって、本件は任意だとする一方の考え方に押され、たかだか別件に関連する一定の範囲についてだけ取調べ受忍義務を肯定しようとするのである。

だから、別件についてはともかく、本件の取調べが別件逮捕勾留中に適法になされたかどうかは吟味《ぎんみ》され、違法ならその本件に関する供述証拠は否定されるという結果になる。

そして、その吟味は、まず、本件取調べに対し、取調官が被告人らに対し、取調べ受忍義務がないことを告知した事実があったかどうか。次に被告人らから自発的に余罪取調べを求めた事実があったかどうかという方向でなされる。そして、そういう事実が窺《うかが》われないときは、その取調べは強制捜査の範疇《はんちゅう》に入れられ、今度は本件事実と別件逮捕勾留事実との社会的関連性、事案の軽重、取調べ態様等を総合的に考察して慎重に判断されるという過程を経る。違法取調べであったかどうかは、このように吟味されていく[22]。

別件の取調べは早目に切り上げて、さて本件をゆっくり取調べるというやり方は問題を孕《はら》むということになる[23]。

本来、本件について拘束して取調べたければ、本件について裁判官のチェックを受けたうえでしなければならない。それを、たまたま、余罪の取調べが許されるのを奇貨《きか》として、別件で拘束し、本件を取調べるのは、本件についての令状主義の抑制を潜脱《せんだつ》するものである、というのである。主従の関係をさせてはいけない、ということである。

捜査官としては、独立して十分に逮捕・勾留の理由と必要性を具備《ぐび》するような別件を探し出すこと、次に、本件の取調べは、並行的か付随《ふずい》的に行うこと、その三に、別件について取調べも終わり、裏付《うらづけ》も終了したら未練《みれん》たらたら本件のために身柄を残しておかないことである。そして、余罪関係報告書（規範別記様式一七号）の記載による等取調べが強制拷問《ごうもん》にわたらなかった、という客観的保障に配意することである。

六　逮捕後の手続

一　引致《いんち》途中に注意すること　二　引致を受けた司法警察員の手続
三　身柄拘束の時間制限と検察官送致の意味　四　少年被疑者の扱い

一　司法巡査が通常逮捕状により逮捕したときは、直ちに司法警察員に引致《いんち》しなければならないことは、現行犯逮捕の場合と同じである。

指名手配中の被疑者を逮捕したときは、引致場所が、手配警察署になっている場合がある。そういう場合は、手配警察署まで連行《れんこう》してはじめて引致が完了する。

引致は、「直ちに」なされなければならないが（二〇二条）、遠隔地で逮捕され、手配警察署に引致されるには、護送という問題がでてくる。この場合にある程度時間がかかるのはやむを得ないこととされている。

護送《ごそう》途中に、必要があれば、仮に、最寄りの警察署へ留置することもできる（二〇九条・七四条、刑施法一五条一項）。この場合に、合法的に拘束中であることを証明するものとして、逮捕状を留置業務管理者（警察署長）に示すこととされている。

現行犯逮捕・緊急逮捕の場合の被疑者も、護送途中で最寄りの警察署へ留置することができる（二一一条・二一六条）が、この場合は、逮捕手続書を作成してこれを留置業務管理者（警察署長）に示し、逮捕の適法なことを明らかにすべきである。緊急執行により、通常逮捕状を所持していない場合も同様である。

引致が、合理的な理由により遅延《ちえん》した場合は、「通常逮捕手続書（基本書式例様式一三号・一四号）」中の「特別な事情により引致が遅れた事由」欄に、その旨、記入しておかなければならない。

引致の途中に、取調べをすることは避けた方がよい。取調べに入る前に、被疑事実の要旨を告げ、弁解を録取する等、第二〇三条所定の手続を履践《りせん》しなければならないし、第二〇三条は、それらの手続を、引致場所においてすることとしているからである。

もっとも、本人特定のために逮捕した警察官が、住所・氏名・職業等、所要の人定質問をすることがあるが、これは、逮捕行為の一環《いっかん》であり取調べではない。したがって、供述拒否権の告知を必要としないことは言うまでもない。

引致途中での質問は概して、その範囲にとどめるべきである。

二　司法巡査から、逮捕状により逮捕した被疑者の引致を受けた司法警察員は（自分が逮捕した場合を含めて）、直ちに、①被疑事実の要旨を告げ、②弁護人を選任できる旨を告げ、③弁解を録取し、④留置の要否の判断をすべきことは、現行犯逮捕で述べたのと同様である。

ここで、逮捕後の手続の締《し》めくくりとして、復習の意味も加えて、注意すべき諸点を整理してみると、この手続は、引致後直ちになされなければならないから、夜間等、場合によったら、仕事の系統に関係なく、当直中の司法警察員が誰でもこれを担当することが必要である。

被疑事実の要旨は、逮捕状記載の要旨を告げればよい。必ずしも全文を読み聞かせる必要はない。

弁護人を選任できる旨を告げるのであるが、被疑者に弁護の有無を尋ね、既に弁護人があると答えた場合は、告知の必要がない（二〇三条二項）。

次に、弁護人にからむ告知には、平成一六年から、第二〇三条第三項により、貧困者等に対する特例が付け加えられていることはすでに述べた（第一章第三節）。

司法警察員は、そのうち、人殺し等の重罪で、勾留状の発せられた被疑者に対しては、次の事項の告知というよりは、教示を新たに義務づけられるのである（規範一三〇条二項）。

その一は、引き続き勾留を請求される場合においては、貧困その他の事由により、自ら弁護人を選任することができないときは、裁判官に対して弁護人の選任を請求することができる旨である。

その二は、そうしたいときは、「資力申告書」を裁判官に提出しなければならない旨である。

そして、その三は、その資力が、基準額以上であるときは、あらかじめ弁護士会に弁護人の選任の申出をしていなければならない旨である。

この告知を受けた被疑者は、弁護士又は弁護士会を指定して弁護人の選任を申し出ることができる。その弁護士会も、決められている。それは、勾留の請求を受けた裁判官の所属する裁判所の所在地を管轄する地方裁判所の管轄区域内にある弁護士会である（三七条の三、二〇三条三項）。警察官は、この申出のとおりに通知の手続をとるのであるが、被疑者から弁護士は誰がいいか、と聞かれるような場合に、特定の弁護士を押しつけられたと後からクレームをつけられないよう注意する必要があろう。また、被疑者が、二以上の弁護士や弁護士会を指定しても、そのうちの一つだけ通知してやれば、法の義務はつくされたことになる。

被疑者に弁護人をつける趣旨は、訴訟が、検事対被告人の対決で争われるのに、被告人に支え棒がないと太刀打《たちう》ちできないという事情があり、被疑者の段階でも、既にその準備をしなければならないからである。

弁護人を選任できる旨を告知したかどうかは、弁解録取書に不動文字の記載があるので、ほかに調書に記載しておく必要はない(24)。

弁解の機会を与えるのは、取調べの開始ではない。したがって供述拒否権を告げる必要はないが、もし、被疑者が自発的に供述を始めるような形勢になったら、これを告げたうえで取調べるべきである(25)。

司法警察員は、以上の手続を踏んだうえで、更に、留置の必要があるかないかをきめる。留置の必要がない場合とは、犯罪の相当の嫌疑がない場合、逮捕の必要性がない場合である。通常逮捕の場合は、あらかじめ、それらを検討のうえ、逮捕を実行することが多いであろうから、人違いその他、予期せぬ事態を発見することが主眼とされよう。

三　留置の要否の判断をして、なお身柄拘束の継続を必要とするとした場合、そのまま、第一九八条ただし書の強い効果のもとで取調べを開始することができるのであるが、被疑者の人権を保護するために、法は、時間に制限を設けた。

すなわち、留置の必要があると思料するときは被疑者が身体を拘束された時から四八時間以内に書類及び証拠物とともにこれを検察官に送致する手続をしなければならない（二〇三条一項）。被疑者を受け取った検察官は、更に、二四時間以内に、釈放か勾留請求かを決断することとされ（二〇五条一項）、総じて、被疑者が自由を失った時から七二時間内に裁判官のチェックを受けるようになっている。

これを要するに、捜査官だけに身柄を任せておくことは、糺本主義に陥《おちい》り、不当な人権じゅうりんを起こす可能性がないわけではないから、制度としては、これをチェックできるよう、二つの節を置いたのだ、と解することができる。

まず、第一は、系統を異にする二つの捜査機関の相互牽制《けんせい》をはかったことである。

警察は、被疑者を拘束してから四八時間以内に、身柄に関する書類及び証拠物を検察官に送致し、検察官のチェックを受ける。

受け取った検察官は、ここで留置の要否の判断をし、必要がなければ釈放の手続をとる。

第二に、検察官は、警察捜査と併行して、必要な捜査を行い、起訴・不起訴の決定をする。二四時間以内に判断することができなければ、更に勾留ということになるが、この時、身柄に関して総合的に裁判官のチェックを受ける。不当・違法な拘束と判断されれば、勾留請求は却下され、被疑者の拘束は解かれ、人権の保護は全《まっと》うされる。

その全過程を通じて、警察の主体的な捜査活動は続行される。警察が捜査を止め、捜査責任から免れることのできるのは、警察段階での被疑者の特定と、有罪（又は無罪）の判断に必要な十分な資料を整え終わった時である。

かりそめにも、その途中で責任を免れ、結着のいかんは、検察官と裁判官にお任せする、という態度をとることはできない。

警察官はそう思っている。国民もまた、そう考えている。新制度になって五十数年、捜査の実態もまた、そうなっている。ところが、第二〇三条による身柄の送致についての学者の解釈は必ずしもそうなっていない。学者の書いた教科書を見ると、捜査が警察段階にあるのは身柄拘束の後、四八時間までであるとするものが多い。

捜査の終結の処分をするのは、起訴権を独占している検察官である。警察は、主体的に捜査を開始し、被疑者を特定し、裁判官の確信をさそうに足る証拠を集め、その時、終結の判断をする。しかし、それは、警察限りの活動に関するものであって、訴訟上の終結は、検察官の起訴・不起訴の判断をもってするのが制度の建前である。

そこで、第二四六条の事件送致の規定がおかれる。司法警察員は、犯罪の捜査をしたときは、速やかに書類及び証拠物とともに事件を検察官に送致しなければならない。「事件」を検察官に移さなければならない。

これには、例外が認められている。その一は、刑事訴訟法に特別の定めがある場合であり、その二は、検察官が指定した事件についてである。

第二〇三条の書類及び証拠物とともに被疑者を検察官に送致する、というのは、右のその一にあたる、というのが、通説になっているのである（「特別の定」二〇三条・二一一条・二一六条・二四二条・二四五条、少年法四一条）。

そうすると第二〇三条で身柄を送致するとき、早くも事件の捜査の責任は検察官のもとに移る、という解釈が、いとも素直に引き出されることがわかるであろう。

立法当時は、まさに、この考え方であったと思われる。警察は、戦前の行動の故をもって、国民の間に信用を失墜《しっつい》していた。同じ捜査を任せるならば、警察官より素養のある検事がましだ。そして立案権を握る検事の方も戦前捜査のマイナス責任は警察に、捜査の権限はそのまま継受《けいじゅ》するという姿勢を打ち出し、昭和二八年七月の第一六国会で終止符が打たれるまで、激しい抗争が続けられたことは、さきに述べたとおりである。

しかし、法律は、立法当初の意図はともかく、その後の社会事象の変化によって一人歩きをし、風化・土着していくのが世の常《つね》である。

第一九三条をめぐる警察・検察の関係を今問題にすることが、時代錯誤《さくご》の感なしとしないのと同様に、身柄送致後の捜査責任は、という議論も、現実ばなれをしている。

しかし現場の警察官が法解釈と実体との分裂に、惑《まど》わされることがないよう次の通説に反対する解釈を掲げておこう。

反対解釈というのはこうである。

第二四六条にいう「特別の定」には、第二〇三条の身柄の送致の規定が含まれている。すなわち、事件送致を、第二四六条によらず、第二〇三条の身柄の送致をもって代える趣旨だ、とすると、警察が捜査責任を負うのは、四八時間だけである、という結論になるのだが、東大の平野龍一教授は、「逮捕後の身柄の送致（二〇三条）・告訴・告発の場合の送付（二四二条・二四六条）が、その例外規定だとするのが通説であるが、法はいずれの場合も『事件の送致』という語を用いていないので疑問がある。のみならず、これらを事件の送致と解し、かつ事件の送致後は司法警察職員は捜査できないとするならば、司法警察職員が第一次的捜査機関である実は全く失われてしまう。捜査中は、同一事件について数個の捜査を考えることができるから、第二〇三条・第二四二条による送致・送付（これは事件の一部の送致である。）後も、なお警察では捜査することができ、終結後にこれを送致すべきものと思われる。(26)」とされる。

また、青柳文雄教授も「身柄事件の送致などは一部の送致であり、なお検察官の補助機関でなしに捜査の継続ができると解する。(27)」としている。

警察側、刑事訴訟法解釈運用の元締《もとじ》めを勤めた桐山隆彦氏は、「一応検察官に送致された後も、依然被疑者の身柄は同じ警察の代用監獄（今の留置施設）内に置き、同じ警察官がその捜査を続行することが、むしろ普通である。この場合においては、送致後もその事件について警察が責任を持って捜査を続行しなければならない。したがってこの場合のいわゆる補充捜査は警察の責任であり、検察官の指揮を受けて行うべき性質のものではない。」と説かれる。昭和二八年以来一貫してこの見解によって実務の指導がなされ、伝統・慣行が確立されてきていることを知るべきである。(28)

四　被疑者が、二〇歳未満の少年である場合は被疑事実の軽重によって、検察官に送致したり、家庭裁判所へ送致したりする。

少年は、成人と違って、まだ、可塑《かそ》性を持っている。善くも悪くもどうにでもなる。これを成人と同じ処遇をすることによって、かえって本物の犯罪者にしたてるようなことがあってはならぬ、というのが、法の建前《たてまえ》であり、身柄事件のすべてを検察庁に送致する原則の例外として、もし、被疑事実が罰金《ばっきん》以下の刑にあたるものであった場合は、家庭裁判所へ送致するのである（少年法四一条）。

また、捜査の結果、犯罪の嫌疑がなくなっても、正当な理由がないのに家庭に寄りつかない、とか、いかがわしい場所に出入りするとか、家庭裁判所の手にゆだねた方がよいと思料される少年については、これも家庭裁判所に送致することとされている（少年法四一条・三条）。

このように、少年は、特別扱いされるのであるから、成人との共犯事件を処理するときも、少年関係の書類や証拠は、分離して取扱いのできるようにしておかなくてはならない。

(1)　広島地裁呉支判昭和三四年八月一七日、下級民集一〇・八・一六八六は、「相当の理由」を説明して「通常人の良識ある合理的な判断に従い被疑者が当該犯罪を犯したことを相当程度高度に肯認し得る場合に限られるものというべきである。しかしてこれは被疑者が当該犯行を犯したことを積極的に肯認しうる資料が存するばかりでなく、若し被疑者が犯行を犯したものでないと窺《うかが》われる資料（たとえばアリバイの存在のごときの）存する場合には該資料自体証拠価値に乏しく否定的認定をなすに足らない場合は兎《と》も角《かく》しからざる限り他に右資料の証拠価値を覆すに足る有力な資料が存することにより否定的根拠を排斥しえない限りは右肯定的資料が存在することのみで相当の理由があるとなしえないものと解するのが相当である。」とする。

(2)　最判平成一〇年九月七日、判時一六六一・七〇は、指紋押なつ拒否事件に関して「被疑者Xは、生活が安定し、また、警察は逮捕状請求時までに証拠を相当程度有しており、Xも押なつ拒否については自ら認めていたため、逃亡のおそれ及び罪証隠滅のおそれが強いものであったということはできないが、Xが警察から五回にわたって任意出頭するように求められながら、正当な理由なく出頭せず、また、Xの行動には組織的な背景が存することがうかがわれたこと等にかんがみると、明らかに逮捕の必要がなかったとはいえない。」として、国家賠償請求を認容した原判決を破棄した。

(3)　福岡高判昭和二七年一月一九日、集五・一・一二は、「被告人に対し単に窃盗の嫌疑により逮捕状が発せられている旨即ち罪名を告げたのみで、被疑事実の要旨は告げていないのだから、前記法条所定の逮捕状の緊急執行の手続要件を欠如するもので、到底該逮捕を目して適法な逮捕とは称し難い。」とする。大阪高判昭和三二年七月二二日高刑集一〇・六・五二一になると、同じ理由で、逮捕の際、警察官に暴行脅迫を加えた被疑者の公務執行妨害罪を否定している。

(4) 東京高判昭和二八年一二月一四日、判特三九・一二一

(5) 団藤重光「条解刑事訴訟法上」三七六頁は、「短時間内に令状の事後呈示の不可能なような遠隔の地で本項(二一〇条二項)の手続によることが許されるかどうかは(ことに全国的指名手配の場合)、疑問の余地があるが、積極に解するのがおそらく妥当であろう。けだし第一に、勾引状の緊急執行の場合と異なり、執行指揮の点に関する難点は、逮捕状による逮捕については問題にならない(七三条、注(2)参照)、第二に、起訴前における捜査については、指名手配の方法は実際上とくに必要であり、第七三条第三項の「準用」については、捜査の特殊性を考慮に入れる必要がある。」とする。

(6) 「総合判例研究叢書、刑事訴訟法⑯」(田宮裕)九六頁は、「実務では数日を要してもやむを得ないとされているようであるが逮捕の効力として留置できるのは最大七二時間であるから、この時間内に呈示する必要のあるのは、当然だとすべきであろう。」とする(同旨、新関ほか「令状基本問題七五問」七二頁)。平野龍一「刑事訴訟法」九五頁のように、「短時間内に令状を示すことができないような指名手配による逮捕は許されない。」、という見解もある。

(7) 昭和二八年までは、司法警察職員である以上、段階をとわず、何人も逮捕状を請求することができた。しかし、戦後の混乱のさなか、逮捕権を濫用するという非難が高まり、一たんは、すべての警察官が、検察官の承認を受けずに逮捕状の請求をなし得ない制度を作ろうとする企てがなされた。しかし、昭和二八年七月の第一六国会において、警察官を限定のうえ、その警察官の独立固有の権限として、逮捕権を行使させることがきまり、今日に至った。これによって、警察が、検察庁から独立した捜査機関であるという体裁は守られたのである。なお、桐山隆彦「警察官のための刑事訴訟法解説」一四六頁参照

(8) 通常は、自分の所属する警察署の所在地を管轄する地方裁判所又は簡易裁判所の裁判官に対してするが(規則二九条一項)、例外も許される。桐山「前掲書」一四五頁参照

(9)　新関ほか「令状基本問題七五問」七三・七四頁

(10)　京都地決昭和三三年二月一〇日、一審刑集一・二・三一九は、「右の記載要件の欠缺《けっかん》にも拘《かかわ》らず爾後《じご》の判断により、なお当然に逮捕状の発付が是認されるような場合には、重大な瑕疵《かし》ありと言うことはできないが」発付するかしないか、「微妙且つ重大な場合に刑事訴訟規則第一四二条第一項第八号所定の他の犯罪事実につき前に逮捕状が発付されたことがある旨の記載を脱落したことは、裁判官の逮捕状発付についての判断を誤らしめる虞れのある重大な手続上の瑕疵である。」として、「かかる事項を記載せず、したがってこれに見合う疎明資料をも提出せずしてなされた請求は重大な瑕疵があるものというべく、かかる瑕疵ある請求に基づき発付された逮捕状も亦瑕疵ある逮捕状であると言うほかはない。」とする。東京地命昭和三七年一〇月一六日、下刑集四・九―一〇・九一八も右と同旨

(11)　最判昭和二六年五月一一日、集五・六・一〇・九一は、被告人が、ほか三人と窃盗を企て実行した、というのと、ほか三人が盗んできたものを情を知って自宅へ蔵匿寄蔵したということは「被告人が本件物品の不法領得に関与した点で共通しており、……基本的事実において同一性を失わない。」とする。

(12)　最判昭和二五年六月三〇日、集四・一五四一は、「窃盗と遺失物横領とがその日時、場所において近接し、その対象となった財物も同一である場合においては、窃盗の公訴事実を遺失物横領と認定しても、公訴事実の同一性を失うものとは言えない。」とする。

(13)　団藤重光「条解刑事訴訟法上」三七二頁は、「この規定（一九九条三項）は、過去における請求又は発付の事実を参考のために通知して、主として逮捕の不当なむし返しを防止する趣旨である。したがって再度の請求をしたことに合理的な理由があれば、逮捕の発付を妨げないのはもちろんである。」とする。

(14)　最高裁事務局編「令状関係法規の解釈運用について（上）」一〇〇頁は、「再逮捕を法律は予想していると言え

るが、特別の事情のない限り、原則としては、一たん逮捕した被疑者を更に同一事実により逮捕することは許されないと考えるべきであろう。どのような場合再逮捕を認めてよいかについては、一たん被疑者を釈放した後、事情の変更により更に被疑者の逮捕の必要性が生じた場合には、裁判官の必要性についての厳格な判断のもとに、更に逮捕状を発付してもよいと言われている。」とする。

(15) 青柳文雄「五訂刑事訴訟法通論上巻」三九一頁は、「逮捕した後に逃走されたときは、新たに逮捕状の発付を受けるか又は緊急逮捕の要件があればそれにより逮捕することになる。逮捕状は一たんそれによって逮捕した以上さらにこれを用いることはできないからである（法曹会決議昭和二九年四月一二日）」とされる。

(16) 藤木英雄ほか「法律学小辞典」八三四頁

(17) 「総合判例研究叢書、刑事訴訟法⒃」（田宮裕）二一二頁

(18) 浦和地決平成二年一〇月一二日、判タ七四三・六九、判例時報一三七六・二四

(19) 東京地判昭和四二年四月一二日、下刑集九・四・四一〇は、別件逮捕が違法であるという理由で自供調書の任意性を否定されたので、専門家の間で注目された判決である。この系統に属する浦和地決平成二年一〇月一二日は、目指す「甲事件が存在しなければ通常立件されることがないと思われる軽微な乙事件につき被疑者を逮捕・勾留する場合」を違法として、そこで作成された供述調書の証拠能力を認めなかった。

(20) 熊谷弘「別件逮捕の研究」七三頁参照

(21) 熊谷ほか「捜査法大系Ⅰ」別件逮捕（高田卓爾）一九五頁は、「一般に被疑者が乙事実で逮捕・勾留されているときに、逮捕・勾留の理由となっていない甲事実について捜査を行うこと、とくに被疑者から自供を得るためにその取調をすることが許されるかが論理的に先決問題となるが、これについては、右の甲事実の範囲などについて見解の相違はあるにしても、取調を許容する――少なくとも完全に否定はしない――のが通説といってよいであろう。

最高裁（最判昭和三〇年四月六日、集九・四・六六三）も、かの帝銀事件判決においてこれを認めている。」と説明されている。

最高裁は、狭山事件に関連してリーディングケースを出している。狭山事件というのは、昭和三八年五月に発生した世にいわゆる善枝ちゃん殺し事件であるが、まず、被害者宅にさし込まれた脅迫状が端緒となり、有力容疑者につき、捜査当局は、強盗強姦殺人、死体遺棄・恐喝未遂など、一連の被疑事実について、総合的な捜査を進めていた。そして、まず、恐喝未遂に、他の暴行・窃盗の各事実をあわせて逮捕状を請求した（第一次逮捕）。その後、捜査を続け結局強盗強姦殺人、死体遺棄等で逮捕、勾留（第二次逮捕）の上、起訴有罪にもちこんだ。これに関し、最決昭和五二年八月九日、集三一・五・八二一は、「第一次逮捕の時点においても、既に捜査官が被告人に対し強盗強姦殺人、死体遺棄の嫌疑を抱き捜査を進めていたことは、否定しえないのであるが、……恐喝未遂の事実について……を資料とし、右事実に暴行、窃盗の各事実を併せ、これらを被疑事実として逮捕状を請求し、その発付を受けて被告人を逮捕したのが第一次逮捕である。また、捜査官は、第一次逮捕・勾留中……『本件』についても、被告人を取調べたことが窺えるが、その間『別件』の捜査と並行して『本件』に関する客観的証拠の収集、整理による事実を解明し、その結果……『本件』について逮捕状を請求し、その発付を受けて被告人を逮捕したのが第二次逮捕である。

してみると、第一次逮捕・勾留は、その基礎となった被疑事実について逮捕・勾留の理由と必要性があったことは明らかである。そして『別件』中の恐喝未遂と『本件』とは社会的事実として一連の密接な関連があり、『別件』の捜査として事件当時の被告人の行動状況について被告人を取調べることは、他面においては『本件』の捜査ともなるのであるから、第一次逮捕・勾留中に『別件』のみならず『本件』についても被告人を取調べているとしても、それは、専ら『本件』のためにする取調というべきではなく、『別件』について当然しなければならない取調をしたものにほかならない。それ故、第一次逮捕・勾留は、専ら、いまだ証拠の揃っていない『本件』について被告人を取調べる目的で、証拠の揃っている『別件』の逮捕・勾留に名を借り、その身柄の拘束を利用して『本件』について逮捕・勾留して取調べるのと同様な効果を得ることをねらいとしたものであるとすることはできない。」（最決昭和五二年八月九日、集三一・五・八二一）とする。

平成に入ってからの判例を見ても、犯人蔵匿の事実で殺人の取調べをしたことにつき、「令状主義を潜脱する違法な別件逮捕とは、専ら本件について取調べる目的で、本件について逮捕するに足る疎明資料がないにもかかわらず実質的にその必要がないかまたは必要性の少ない軽微な別事件を利用して身柄拘束をしたうえ、あたかも被疑者に対し本件についての取調受忍義務を課したと同様の状態に置いて取り調べることをいうものと解するのが相当である。」としながら「本件犯人蔵匿の罪質、法定刑、態様、ことに長期間に多数の暴力団関係者が関与し、蔵匿場所も数ケ所を転々としていたことなどから罪証隠滅の可能性もあったことを考慮すると、その取調べと裏付け捜査に相当の時間を要したと認められるから、これによる身柄拘束の必要性は十分存したものというべく、いまだ専ら殺人の事実についての取調べのための身柄拘束であったとまでは認められない」（大阪高判平成二年九月二八日、判タ七五三・二三九、判例時報一三七八・四四）というのがある。

(22) 神戸地決昭和五六年三月一〇日、判タ四四八・一五〇、判例時報一〇一六・一三八

(23) 熊谷弘「別件逮捕の研究」三三頁は、この点について、「別件の取調が終わった段階で初めて問題が生じてくる。なぜならば、その後は、身柄拘束が専ら本件の取調に利用せられることになり、ある意味で、本件の強制捜査の実質を備えることになるからである。しかしながら、いつ別件についての取調が終わったことになるかということになると、必ずしもはっきりしないけれども、犯罪事実についての取調が終わり、裏付も一応そろった段階と考えてよいであろう。したがって、捜査官側としては、そういう段階になったならば、本件についての令状に切り替えておくべきであって、徒に捜査時間の延長を策して、別件の勾留を利用して本件を調べるようなことをすべきで

はないし、また勾留延長をしてまで本件を取り調べるようなことをすべきではない。……そこに令状主義潜脱という問題を生ずる余地が生じてくるのである。」としている。

(24) 最判昭和二五年一二月五日、集四・一二・二四八一は、「被告人の司法警察員に対する弁解録取書に司法警察員が被告人に対し『弁護人を選任することができる旨告げた』と記載されている以上右記載が印刷されたものであるからといって、ただちに右告知事実がなかったものということはできない。」

(25) 最判昭和二七年三月二七日、集六・五二〇は、供述拒否権を告知理解させることは、憲法第三八条の要請するところではない、とする昭和二三年七月一四日、集二・八四六の最高裁判例を引用して憲法論議を退け、更に、「弁解録取書は、専ら被疑者を留置する必要あるか否かを調査するための弁解録取書であって、同第一九八条所定の被疑者の取調調書ではないから、訴訟法上その弁解の機会を与えるには犯罪事実の要旨を告げるだけで十分であって、同第一九八条第二項所定のように被疑者に対し、あらかじめ、供述を拒むことができる旨を告げなければならないことは要請されていない。」としている。

(26) 平野龍一「刑事訴訟法」一一二頁

(27) 青柳文雄「五訂刑事訴訟法通論上巻」四二四頁は、もっとも青柳氏は、同じ本の三九一頁では「身柄だけを送致して、事件を送致しないことは許されない。」としているが、事件の一部送致の意と解せられる。

(28) たとえば、大阪を中心とする地方の警察では、勾留請求を司法的抑制を受けるためと考え、送致後も捜査の主体はあくまでも警察であるとする理論を前提として、両者の協議で、一〇日間の勾留期間のうち、一定の期間は警察が捜査の主体となり、残りの何日かは検察が主体となって捜査を行うこととしている。世にこれを大阪方式といい、四八時間後は検察に捜査が移り、警察はその補助をするという観念に対置して引合いに出される。

第五節　被疑者の勾留《こうりゅう》

一　勾留の要件

一　勾留の意義　二　要件

一　被疑者を逮捕してから、四八時間というわずかな時間では、捜査の万全をつくすことができない。日本の裁判は、ほとんどを捜査段階に作成された書面を中心に審理されている。アメリカのように、陪審《ばいしん》の前で直接審理をするのが主流であれば、あるいは、被疑者を特定し得たところで捜査を打ち切ることが可能になるかも知れない。日本の裁判は書面中心であり、四八時間内に証拠を用意することはとてもできない。

しかし、時間をかけて被疑者の身柄を拘束するとなると、人権問題が起きてくるはずである。その調和をどうしたらよいか。

そこで工夫されたのが勾留《こうりゅう》の制度である。

検察官は、警察から身柄の送致を受けてから二四時間以内に身柄の処分をきめ、勾留が必要とあれば、裁判官にその請求をする。裁判官は勾留状を発する（二〇五条・二〇七条）。勾留請求は、被疑者が身体を拘束されてから七二時間以内にされるようきめられている。勾留の理由がないときは、被疑者の身柄を釈放する。

要するに、被疑者を七二時間以上にわたって拘束する必要があるときは、公訴官《こうそかん》たる検察官を経由し、裁判官の司法的抑制《よくせい》を受けてからにしようというのが制度の趣旨である。

言いかえると、警察官は捜査の主宰《しゅさい》者として、身柄拘束の必要を判断し、必要な資料を添えて検察官の勾留請求を促《うなが》す。そして、公訴官としての検察官の判断を経たうえで裁判官のチェックを受け、人権保護上の万全《ばんぜん》を期するのが、逮捕よりも期間を長くとっているこの制度の趣旨である。

勾留は、被告人又は被疑者を拘禁する裁判及びその執行《しっこう》をいう。普通、被疑者に対するものは「被疑者勾留」といい、被告人に対するものは「未決勾留」という。刑罰の一種である拘留とは全く異なる。

被疑者勾留は、主として捜査のためになされ、その期間は最大二〇日に切られているため、この期間中の保釈は許されない。

未決勾留は、原則として最大限三か月の拘禁がなされるため、一定条件のもとに保釈《ほしゃく》が許されることとされている[1]。

勾留状の発付があったときは、その執行として勾留状に記載された指定の刑事収容施設内に拘禁する。

普通は、警察官署に付属する留置施設が用いられる。これに対して一九七〇年代後半頃から、勾留状を発する裁判官が、職権で勾留の場所を拘置所に変更する「職権移監」が現れるようになり争われたが、平成に入ってから最高裁により、その決着がつけられた[2]。こうした背景もあり、二〇〇四（平成一六）年の司法制度改革により、弁護人の働く場所が拡大され、被疑者段階までも国選弁護による被疑者の防御体制が強化された。警察は、現行法を執行する立場にあるものとして、忠実に、正確に制度を運用することによって、より一層人権に配意しつつ捜査の目的を遂げるよう努力すべきはもちろん、留置施設に留め置く必要性、相当性を基礎づける特段の事情を説明できるようにしておかなければならないのである。

被疑者又は弁護人等は、勾留に不服があれば、何故勾留されるのか、その理由を明らかにすることを、裁判官に求めることができる（八二条・二〇七条一項）。

これを勾留理由開示と言っている。公開の法廷でなされる（八三条・二〇七条一項）。

この法廷では請求者も検察官も、それぞれ意見を述べることができるとされているため（八四条）、時々、法廷闘争、宣伝の場に利用されることがある。これに対して裁判長は、場合によっては意見の陳述に代えて、意見を記載した書面を提出させることもできる（八四条二項後段・二〇七条一項）。

また、少年の被疑事件については、特別のことがない限り、検察官は勾留の請求をすることができない。代わりに、家庭裁判所調査官の観護《かんご》に付するか、少年鑑別《かんべつ》所に送致することとなる。少年法に特別の規定がある（少年法四三条・一七条）。

二　勾留ができるためには、まず、被疑者が逮捕されていなければならない。任意捜査で在宅中の者をいきなり勾留することは許されない。逮捕前置主義という[3]。

次に、勾留請求が、法定時間内になされていなければならない。任意同行後の逮捕について、任意同行のはじめから逮捕と同視すべき状況があったとして時間計算を遡《さかのぼ》らせ、請求が七二時間の制限を超え、しかもやむを得ない事由もなかったとして勾留請求を却下する例については前に述べた。

その三は、勾留理由があること、である。勾留理由は、被疑者が罪を犯したと疑うに足りる相当な理由がある場合で、①被疑者が定まった住居を有しないとき。②被疑者が罪証を隠滅すると疑うに足りる相当な理由のあるとき。③被疑者が逃亡し、又は逃亡すると疑うに足りる相当な理由があるとき、のいずれかに該当することである（二〇七条・六〇条）。

ただし、三〇万円（刑法、暴力行為等処罰に関する法律及び経済関係罰則の整備に関する法律の罪以外の罪については、当分の間、二万円）以下の罰金・拘留又は科料にあたる事件については前記①の住居不定の要件がある場合でなければならない（六〇条三項）。

「住居不定」は、被疑者の住居が不明である（黙秘権《もくひけん》による者等）とか、住所も居所もないとかする者である。

「罪証隠滅のおそれ」は、物証の毀棄《きき》・隠匿《いんとく》、共犯者との通謀《つうぼう》、参考人との通謀又はこれに対する圧迫、団体に属する者はその統制力を利用して各種の通謀・圧迫をすることなどが例であるが、隠滅対象が、当該被疑事実に関するものであり、かつ、隠滅の可能性があり、被疑者が隠滅を意欲している場合である。

よく、弁護人と通じて隠滅をはかるのではないか、と疑われるが、被疑者といえども、防禦《ぼうぎょ》権を行使できるのだから、弁護人を通して示談《じだん》交渉したり、参考人に働きかけたりすることは、直ちに罪証隠滅の行為ときめつけることはできない。

「逃亡のおそれ」は、具体的ケースにおいて、事案の軽重・性質、家族、住居、職業、年齢、身元引受人等、諸般の事情を判断してきめられる。余罪の有無も重要な判断材料である。

二　勾留の手続

一　請求　二　却下の場合の措置

一　被疑者の勾留も、未決勾留と同様に、裁判官の発する勾留状によってなされる。

この勾留状は、被疑者勾留に関する裁判官の意思を表示するものであり、命令状の性格を有する。通常逮捕状が、許可状の性質を持っていて、捜査官は、これを用いる用いないは自由であったのに対して、これは、命令状だから確実に執行しなければならない。

勾留請求は、検察官からなされるのであるが、これが、裁判官によって却下され、逆に釈放を命ぜられることがある。

この場合に、裁判官は、特別に釈放命令という命令を発することなく、単に、勾留請求を却下することによってその意思が表明されたとするのが実際の扱いである。

では、いかなる場合に、勾留請求が却下されるかというと、一つは、勾留の理由がない場合、言いかえると、さきに説明した勾留の要件を欠く場合である。

その二は、七二時間の制限時間を超え、しかも、その超過が、やむを得ない事由に基づく正当なものと認められない場合である（二〇七条・二〇六条二項）。

指名手配被疑者を遠隔地などで逮捕した場合は、引致に手間取ったりして、制限時間に間に合わないこともある。このような場合は、逮捕手続書・遅延事由報告書（基本書式例様式五六号）に遅れた理由を詳細に記載して、検察官はもとより、裁判官によく説明しなければならない。

任意捜査の延長上に逮捕・勾留をかみ合わせていく場合に、任意同行や、任意の取調べのつもりが、既に拘束の状態にあるものと判定され、任意同行を求めた時間を始期として制限時間を計算される傾向についてはさきに述べた（三章二節四参照）。

警察官たるもの、この点については、いくら神経質になっても、なり過ぎることがないのである。勾留の請求を受けた裁判官は、被疑者が逃亡していない限り、被疑事実を告げ、かつ、被疑者の陳述を聴くので、被疑者を連行しなければならない。

氏名・住所・職業等を黙秘する被疑者は、住所不定の判定を受けることになるから、何の妨げにもならない(4)。

二　さて、請求が却下された場合である。

逮捕の制限時間が余《あま》っていれば問題ないが、ない場合はどうなるのだろう。過去において重要被疑者を勾留の必要がないとして釈放を命ずるよりも、その場で、警察官から鍵《かぎ》を受け取ってみずからの手で被疑者を釈放する裁判官がいた。

しかし、捜査官としては、それでは困る場合がある。

そこで、検察官は、この場合、直ちに、準抗告《じゅんこうこく》の申立をする（四二九条一項二号）。

つまり、勾留請求却下の裁判に不服があるから、その取消を求める手続をとるのである。

その請求は、請求書を管轄裁判所に差し出してするのであるが（四三一条）、この請求を受けた裁判所は、合議体を構成して判断する（四二九条三項）。

さて、勾留請求却下によって、当然釈放されることになっていた身柄はどうするか。

検察官は、準抗告で抵抗している。裁判所は、合議体を構成し、請求内容を審査するのにある程度の時間がかかる。問題はその間である。

現実に身柄を扱っている警察官としては、釈放ならばその通知が、検察官から留置業務管理者たる警察署長あてにくるはずであるから、それをまって処置すればよい。これは検察官の働き場所である。

しかし、検察官の働きであるが、その成否によって事件の運命が定まるのであるから、捜査を主宰する警察官としては、その舞台のかけ引きについて関心をもっていた方がよい。

さて、検察官は、原裁判官（勾留請求をし却下された裁判官）のした裁判を不服として準抗告の請求をするのに併せて、身柄の釈放をしないことを求める手続もとる。勾留請求却下の裁判の執行（釈放）停止を請求する手続である。

裁判所によって必ずしも一定していないが、東京の例によると、その申立書の原本は、それから構成される準抗告裁判所に行くが、謄本《とうほん》が原裁判官に回り、原裁判官か、当直の裁判官が判断して、執行停止をするときは「勾留請求却下の裁判の執行は準抗告の裁判があるまでこれを停止する」旨の裁判書の原本及び謄本二通を作成し、謄本の方は検察官あて送付される。原本の方は、申立書原本に綴《つづ》られる。執行停止をしないときは、「勾留請求却下の裁判の執行停止はこれをしない」旨の裁判書になるが、その後の手続は右と変りがない(5)。

執行停止があると、身柄はそのまま、準抗告裁判が終わるまで拘束を継続できるわけである。勾留についての結着がつくまで、元の逮捕状の効力が継続するという考え方である。

ただ、ここで、警察官として注意しなければならないことは、身柄取扱いの方法である。勾留請求がなされ、それについて、裁判官の判断が出されるまでは、七二時間を超えても、なお、元の逮捕状の効力は生きているので、手錠をかけることも、格子《こうし》の中へ入れることも可能であるが、一たん、勾留請求却下の裁判がなされると、たとえ、その執行停止の申立がなされても、もはや、拘束を継続することができるのかできないのか、争いのあるところだということを考慮に入れておく必要がある。

すなわち、勾留請求却下の裁判だけでは、まだ身柄拘束の効力はなくならないので、更に、その効力を消滅させるには、第二〇七条の釈放命令がなければならない。勾留請求却下の裁判を執行する行為としての釈放命令とその実行が必要である、というのが多数の考え方であり、わが警察も、そう考えているのであるが、最近有力な学説として、勾留請求却下の裁判があれば、それによって、直ちに身柄拘束の効力は消滅する。何もない状態になる。とするものがあり、下級審判例にも現れているから注意しなければならないのである(6)。

何故なら、この後者の考え方に立つと、裁判官がその場でみずから手錠をはずして、被疑者が嬉々《きき》としてたっていくのを、手を振って見送るような例がでてもおかしくないし、また、もし、捜査官の方で、執行停止の申立をするから、それまで身柄をそのままで、と言っても、拘束はいけない。特別の事情がない限りは、原則として被疑者の手錠を解き、看守《かんしゅ》は遠巻きに離れて帰り、留置施設は止めて、保護室か控室《ひかえしつ》で任意待たせるような措置を講ずるよう、人権の保障に配意されたし、ということになるからである(7)。

警察官としては、直ちに検察官と相談して適切な、その場に応じた措置をとらなければならない。

勾留請求却下の裁判がなされてからの被疑者の身柄の拘束は、執行停止の申立をする以上、その手続が完了するまでできることは当然として、その拘束時間は、執行停止の制度を有効に活用するに必要な時間ということになろう。

すなわち、検察官が準抗告をすべきか否《いな》かを判断するに必要な合理的な時間、準抗告の申立をするに必要な合理的な時間、更に、準抗告の申立をした場合は、準抗告審が執行停止の許否の判断をするに必要な合理的な時間は身柄拘束を継続してもよいのである。

その時間を、何時間、というように一律にきめられないのは当然であろう。夜間の申立と朝方の申立では違うし、裁判官の居所によっては、合議体を構成するのに手間取ったりすることもあるからである。

以上によって、勾留請求却下の裁判に対して、一応の抵抗を試《こころ》みた結果、ついに準抗告の申立もまた却下ということになれば、被疑者は晴れて釈放、以後は、不拘束事件として任意捜査を継続するほかはない。

検察官から釈放の通知を受けたら、直ちに身柄を釈放する（刑施法一三八条、一七一条～一七三条）。引受人を呼び出すとか、何かの都合で署を出ることは遅れても、手錠をはずし、控室等に待たせる等、人権保障上必要な注意をはらわなければならない。

(1)　保釈は、保証金をつむことによって、勾留されている被告人の身柄を釈放する裁判及びその執行をいう（八九条〜九八）。被告人が死刑又は無期若しくは短期一年以上の懲役若しくは禁錮にあたる罪を犯したものであるときのほか、一定の場合を除いて、申出があれば、これを許さなければならないこととされている（八九条）。

(2)　最決平成七年四月一二日、集四九・四・六〇九

(3)　団藤重光「条解刑事訴訟法上」三八七頁は、被疑者勾留に関する第二〇七条を解説して、「本条は、『前三条の規定による勾留の請求（逮捕された被疑者に関するもの）』のあった場合に関する規定である。これは——少なくとも、原則的には——前三条（及びこれを準用する第二一一条・第二一六条）以外には被疑者の勾留の請求を認めない趣旨である。したがって身体の拘束を受けていない——実務上いわゆる在宅の——被疑者に対して、直接に勾留を請求することは許されないと言わなければならない。」としている。

(4)　東京高判昭和二七年四月八日、集五・五五四は、「裁判官が、被疑事件を告げ、これに関する陳述を聴いた際には、いずれもその氏名・年齢・住居を黙秘したことが明らかであるから、右裁判官が、被告人等は定まった住居を有しないものとして、同人等を勾留したことは当然」としている。

(5)　最高裁判所事務総局編「令状関係法規の解釈運用について（上）」一九四頁は、昭和四〇年五月の東京高裁管内刑事裁判官会同における現状説明を記載している。

(6)　勾留請求却下の裁判とともに、身柄拘束の効力が確定的に消滅するという判例が一つ現れた。この種の学説判例の代表としてここに引用すると、「逮捕状本来の効力による被疑者の拘禁は検察官において被疑者に対し勾留請求をなす迄の間のものに限られ、その後の拘禁は形式的には逮捕状に基づくものであっても、その本質は裁判官が勾留請求に対する審査判断をなすために、それまでの間に限り認められた暫定的な拘禁であり、したがって勾留請

求の審査判断を終わって、裁判官がいずれかの判断を示した以上、勾留状が発せられた場合であると勾留請求が却下された場合であるとを問わず逮捕状に基づく拘禁の効力は直ちに完全かつ確定的に消滅するものと解すべきである。そして、勾留状が発せられない場合にはもはやその後においては被疑者を拘禁しておく根拠となるべき何物も存在しなくなるのであるから、勾留請求却下の裁判の告知を受けた検察官は右裁判に不服であっても直ちに被疑者を釈放すべき責務を負うに至るものと言わざるをえない。」（金沢地決昭和三七年一〇月一七日、下刑集四・九一一〇・九七〇）

(7) 前掲最高裁編「令状関係法規の解釈運用について（上）」一九一・一九二頁によると、名古屋第一検察審査会では、さような議決をして検事正あてに勧告書を出したことがある。

第五章　拘束被疑者の処遇

第一節　被疑者の留置

一　留置要否の判断

通常逮捕状を得て、目ざす相手を逮捕したような場合は、留置要否の判断といっても、人違いかどうかをよく見きわめること以外は、事前に十分検討されているのであまり問題はないが、現行犯逮捕・緊急逮捕の場合は、司法巡査のした判断が果して当を得ていたかどうか、慎重に検討し、疑わしきは、ちゅうちょなく釈放の手続をとるようにしなければならない。

留置の要否は、まず第一に、嫌疑がしっかりしているかどうか、第二に、逮捕の必要性があるかどうか、によってきまる。

司法警察員が判断しなくても、検察官か、裁判官がチェックの機能を発揮するであろうが、司法警察員たるものは、常に事柄の成行《なりゆき》を見きわめ、正確な判断を第一次的に下しておく必要がある。

更《さら》に、右の要否の判断を通じて、所属の司法警察職員の特徴をつかみ、適切な指導がなされるよう配慮しなければならない。

留置の要否の判断は、逮捕の態様によって一律《いちりつ》にはできない。

現行犯についてはその章で、また、緊急逮捕についてはその章で、それぞれ記述したので、ここではその詳細をくり返さない。

共通して抽象《ちゅうしょう》的に言うならば、それは、犯罪捜査規範第一三〇条第二項第三項のとおりである。

二　被留置者の処遇

一　被留置者の分類と新法令　二　新しい管理のしかた
三　写真撮影・指掌紋採取　四　戒具《かいぐ》
五　文書図画の閲覧《えつらん》　六　飲酒・喫煙　七　糧食《りょうしょく》

一

留置人が「被留置者」になったように、留置場とその管理をめぐる法制は大きく様変わりした。今までは、明治以来の体制と、敗戦で変更されたものとが混在してわかりにくく、また、あいまいな体系になっていた。しかし、時代は大きく変わってきた。民主化、人権尊重が強調され、情報公開の機運も高まってきた。密室の中で、何をやっているかわからないという状況では、世の中に通用しなくなってきたのである。

そこで、二〇〇五（平成一七）年から二〇〇六（平成一八）年にかけて関係法令の大改正がなされた。法治国家の警察官としては、従前の法律で頭を作った者ほどその動向に専門的な知識をもつようにしなければならない。

関係法令は「刑事収容施設及び被収容者等の処遇に関する法律（平成一七年法律第五〇号）」（以下単に「刑施法」と略称する）に一本化されることになった(1)。

従前、主として、監獄は監獄法、留置場は、国家公安委員会の定める被疑者留置規則によっていた。それが、右の法律で一本化され、留置場は、二〇〇七（平成一九）年からは、刑施法の「刑事収容施設」に組み込まれることになった。「刑事収容施設」は刑事施設（旧の監獄）と留置施設（旧の留置場）と海上留置施設（旧の海上留置場）とからなる（刑施法一条）。ここに収容される者は、右の施設の区分に従って被収容者、被留置者、海上保安被留置者と称せられることになった。

刑施法に新設された一四条は、その第二項に「留置施設は、次に掲げる者を留置し、これらの者に対し必要な処遇を行う施設」とまず書いている。それは、警察に連れてこられた被逮捕者（勾留されるに至った者を含む。）を容れるところである。それはこういう法制によっている。

実務によれば被逮捕者は、刑事訴訟法の規定により勾留されることがある。この場合、刑事施設に関する三条なら、単に「刑事訴訟法の規定により勾留される者」と書く。しかし、留置施設だとその根拠条文に刑施法一五条が関わる複雑な書き方になる。

刑施法一四条はまず、第二号に、「刑事訴訟法の規定により勾留されるもの」と書く。第三条との違いは「者」が「もの」になるばかりでなく、その上に、「次条第一項の規定の適用を受けて」

と断りを入れていることだ。なぜだろう。なぜ、断りがいる。

しるべの条文を見ることにしよう。

第一五条　①第三条各号に掲げる者は、次に掲げる者を除き、刑事施設に収容することに代えて、留置施設に留置することができる。（以下略）

そこでまず、第三条を見る。「第三条各号に掲げる者」に、一号から五号まで五種類の記載がある。まず、受刑者、次に被留置者、三に被勾留者、四に死刑確定者、そして五に右以外の者である。この五種類の中から刑施法一五条のいう「次に掲げる者」すなわち、一五条各号に記載される者が省かれ、残りが、被留置者予備軍ということになる。死刑確定者などは、その一五条各号で除外される者の中に入っている。死刑を待つ人が、留置施設にいなくなるのは、こういう法制によるのである。

しかし、受刑者の一部をそのままにはできない。別の罪でもう一回警察の対象になる事がある。そんなときは、留置施設に入ってもらわなければ第一次捜査権をもつ警察は仕事ができない。ならば、三条第二号と同じ規定を刑施法一四条に置けばよかった。わかりやすくてよかった。ところが、立案者には、そのとき、警察に置くのは四八時間までだ。勾留されたら拘置所その後進の刑事施設だ。留置施設ではない、これが本則だ、との古い争いが鎌首をもたげる。もたげるが、実務はそれではできないことも分かる。それが、刑施法一五条の「刑事施設に代えて」という文言になり、一四条では「次条第一項の適用を受けて」を入れなければおさまらないことになる。刑施法一五条一項一号は、受刑者を留置施設に入れない者の仲間にするから、その後にかっこ書きで、除外しない場合についても書かなければならない。こうして、とんだ複雑な条文を一線に強いる結果になったのだ。しかし、この争いは実務上、片がついているのだからむなしい。詳しくは「第四章第四節六」を再読されたい。

二　留置人の処遇をめぐってその管理体制は、一層強化され、かつ外部に向かって開かれることになった。

日本が、高度成長して坂の上の雲を見ようとしていた一九八〇（昭和五五）年、いよいよ高まってきた各方面からの非難(2)に応え、被留置者の処遇は、まず、警察の捜査部門から、警務、総務部門に移されていた。捜査をする人は、被留置者の処遇から切り離されることになった。それは、捜査と管理を別にすることによって、処遇で自白を誘導したなどの非難を避けるためであった。このときの知恵を刑施法は明文にし（刑施法一六条）、規範は一三六条の三を加えた。

留置業務管理者は、本部にあっては警視以上で本部長（警視総監、道府県警察本部長、北海道方面本部長以下同じ）から指名された者、警察署にあっては警察署長と法定化された（刑施法一六条）。本部長は、さらに監察官《かんさつかん》を指名して毎年一回以上、実地調査をすることとされた（刑施法一八条）。

全国的には、警察庁長官の指名する職員が、留置施設を巡察する（刑施法一九条）。

法は、さらに、こうした警察の内部管理だけにとどめることをしない。留置施設委員会を各警察本部に置き、公安委員会の任命した一〇人の学識経験ある委員で視察したり、意見を述べたりできるようにした。この委員は、留置施設にきて被留置者に面会を求めることもする。そして、その内容は公表を義務づけられる（刑施法二〇条〜二三条）。

被留置者の処遇は入場の際の身体捜検《そうけん》から始まる。

まず、逮捕留置の対象となる被疑者についてみると警察官は、刑事訴訟に関する法律により逮捕されている者については、その身体について凶器を所持しているかどうかを調べることができる(3)（警職法二条四項）が、問題は限度である。

旧法の時代には監獄法一四条に身体検査の規定があり、勾留被疑者で代用監獄（留置場）入りをさせられた者については、問題がなかった。また、被逮捕者については、警職法二条四項、被疑者留置規則(4)八条等で処理することにしていた。

これに対して新法は、留置施設と刑事施設とを並立に書き、被留置者の身体検査についてもそれぞれに向けて規定がおかれた。規定は被留置者に対しては、被留置者が心得ておかなければならない事項の告知から始まり、身体検査については、被留置者の識別《しきべつ》の限度においてすることとなった。被留置者にやさしくなったのだ。もちろん、検査は、はじめだけでなく、後になっても必要があれば許される（刑施法一八一条）。

では、被留置者が、凶器・有害薬物等を隠し持ったりしていたらどうなるか。留置施設の規律や秩序に関する疑問がわく。当然である。その点、刑施法は、「第二編　被収容者等の処遇」の中に、「第三章　留置施設における被留置者の処遇」を置き、先ほどの留置の開始時についてはその第一節に「留置の開始」（刑施法一八〇条・一八一条）を置き、そして、第九節に「規律及び秩序の維持」（刑施法二一〇条〜二二五条）を置いて、その二一二条に「身体の検査等」の規定を置くのである。法文を見てもらいたい。

（識別のための身体検査）

第一八一条　①留置担当官は、被留置者について、その留置施設における留置の開始に際し、その者の識別のため必要な限度で、その身体を検査することができる。その後必要が生じたときも、同様とする。

（身体の検査等）

第二一二条　①留置担当官は、留置施設の規律及び秩序を維持するため必要がある場合には、被留置者について、その身体、着衣、所持品及び居室を検査し、並びにその所持品を取り上げて一時保管することができる。

このように、刑施法は、かつての監獄法が警察関係を殊更避けた書き方をしていたのに対し、丁《てい》寧《ねい》な規定を置き、万全を期しているのである。

凶器の有無の検査であるから、右の条項による検査にあたって、被疑者を裸にするようなことがあってはならない。女子の身体検査には、特別の注意がいる。身体検査に関するトラブルのほとんどは女子の身体を裸にしたとか、しなかったとかいうことである。(5)女子の身体検査は、とくに注意をしなければならない。身体検査は、原則として留置担当の女性警察官が行い（刑施法一八一条二項）、他から見られない場所を選ぶなど、格段の注意をする必要がある。

被留置者の言動等から、凶器や危険物を所持している相当の蓋然《がいぜん》性があると判断される場合のように、どうしても裸にして調べなければならないときがあり、そういう特別の場合は許されることがあるとしても、慎重な取扱いが必要とされる。留置担当の女性警察官がいない場合は、あらかじめ指定された他部門の女性警察官に行わせるが、それもできない場合については、あらかじめ指定された女子職員に身体検査を行わせることとなる。

三　身体の拘束を受けている被疑者の指掌紋を採取し、(6)写真を撮影するには、被疑者を裸にしない限り、令状を要しないとされており、またその性質は身体検査であるから一三九条（二二二条一項により捜査段階にも準用される。）で直接強制もできるとされる。(7)留置施設から出ようとしない被疑者に必要最小限度の有形力を用いて司法警察職員のもとに出頭させることもできる。その根拠は一九八条一項ただし書の趣旨によって明らかである。

任意の採証活動や適法な職務執行に関連する写真撮影については、肖像権との関係で問題にされるが、仮に肖像権が認められる場合でも、公共の福祉のために必要ある場合は制限を受けることがあるとされ、撮影は許容される。(8)もっとも、急ぐ仕事でないときは時間をかけてゆっくり説得するなど、間接強制止まりで努力する必要はある。しかし、緊急性のある場合は、目的の必要性、妥当性を考慮し、手段の相当性に注意を払って遂行する配慮が要る。

四　懲罰《ちょうばつ》としての戒具《かいぐ》の使用は許されない。

留置施設内において、戒具の使用が許されるのは、施設内の保安上の必要に限定される。留置担当官は、被留置者につき逃亡・暴行・自殺・設備器具等損壊のおそれがあり、その防止のため必要と認めるときは、留置業務管理者（警察署にあっては警察署長）の指揮を受け、留置施設内において戒具（手錠）の使用が許されるのである（刑施法二一三条）。自傷《じしょう》のおそれがあり、他にこれを防止する手段がないときは、拘束衣《こうそくい》を用いることもできる。ただし、この場合手錠・防声具《ぼうせいぐ》と同時に使用することは許されない。防声具は、被留置者が、大声を出して施設内の平穏を乱し、制止を聞かないような場合に用いられる。もちろん、本人が取り外したりできないように、手錠と併用することが許されている（刑施法二一三条二項、三項）。その場合でも、苛酷《かこく》にわたったり、さらしものになったりしないよう配意することが必要である（規範一二七条）。

また、留置業務管理者（警察署にあっては警察署長）の指揮を受けてするのが普通であるが、右のおそれが切迫《せっぱく》し、その暇《ひま》がないような場合は、留置担当官の警察官が、自己の判断に基づいて戒具を使用することができることは当然である（刑施法二一三条四項）。

五　文書・図画の閲覧《えつらん》の制限は、しばしば、思想の自由（憲法一九条）及び表現の自由（憲法二一条）との関係から問題になる。

図書閲読《えつどく》の自由は、「読む自由」と「知る自由」に帰するが、これは、憲法第一九条ないし第二一条の自由としてとらえられ、被拘禁者といえどもその保障から除外されない。

被留置者が、自弁の書籍等（書籍、雑誌、新聞紙その他の文書図画《、信書を除く》）を閲覧することは、特別の場合を除いてはこれを禁止したり、制限したりしてはならないとされている（刑施法二〇六条）。

問題は右に言う特別の場合とはどういう場合かである。言うまでもなく一般社会に存在する自由の身と、一定の目的のもとに、既に身体拘束という重大な自由の制限を受けている被疑者とでは、その自由の範囲におのずから差のあることは当然であろう。刑施法は、これを「第二編第三章第八節」に書き込んでいる。よく読んで、間違いのないようにしなければならない。まず、拘禁中の被疑者と留置施設を管理する留置業務管理者（警察署にあっては警察署長）との間には公法上の特別権力関係が成立している。その限りにおいて、具体的明文がなくとも被留置者は包括的な支配を受け、服従《ふくじゅう》を強《し》いられるのは、会社の社長と社員との関係のようなもので、憲法の保障する基本的人権は排除《はいじょ》されるわけではなく、当該特別権力関係設定の目的に照らして、合理的と認められる範囲において制限を受けるに過ぎない。刑施法はこれを留置施設内の規律及び秩序ととらえ、その適正《てきせい》維持《いじ》のために、「被留置者の留置を確保し、並びにその処遇のための適切な環境及びその安全かつ平穏《へいおん》な共同生活を維持するため必要な限度を超えてはならない。」（刑施法二一〇条）と規定する。

そして、その合理的な範囲は、拘禁の目的に反するかどうか、また施設内の規律に害があるかどうか、によって決せられる。刑施法は、これをこう書く。

その一は「留置施設の規律及び秩序を害する結果を生ずるおそれがあるとき」（刑施法二〇七条一項一号）、その二は、「被留置者が未決拘禁者である場合において、罪証《ざいしょう》の隠滅の結果を生ずるおそれがあるとき」（刑施法二〇七条一項二号）である。そして、その三に、「被留置者が被留置受刑者である場合において、その改善《かいぜん》更生《こうせい》に支障を生ずるおそれがあるとき」（刑施法二〇七条一項三号）である。

具体的にいうと、被疑者だから、証拠隠滅をはかるおそれのあるものは許されないし、逃走・暴動等の刑事事故を扱ったもの、場内秩序の紊乱《びんらん》をあおり、そそのかすおそれのあるもの、風俗上問題となるようなことを露骨《ろこつ》に描写《びょうしゃ》したもの、犯罪の手段・方法等を詳細に伝えたもの、通信文若しくは削除困難な書込みのあるもの又は故意に工作を加えたものなどは許されない[9]。

部分が悪い場合は、その部分を抹消《まっしょう》し、又は切り取ったうえ、その閲読を許すことになるが、かりそめにも自弁の書籍等は被留置者の財産であるから、その同意を得る手続きを怠《おこた》ってはならない。また、その数が多数で取扱い上困難を生ずるような場合は、その種類又は個数を制限してもよい。

信書すなわち、封書・葉書及び電報の取扱いについては、もともと、検閲はこれをしてはならない。通信の秘密は、これを侵してはならないという憲法の規定がある（憲法二一条二項）。しかし、被留置者は、もともと憲法で保障される人身の自由という基本的なものを返上させられている人たちである。自《おの》ずから、各種の制限は当然とされることになる[10]。

刑施法は、第二編第三章に被留置者の処遇を置き、その第二款《かん》に信書の発受を七条にわたって規定している。その基本は、被留置者の信書発受は「許すものとする」（刑施法二二一条）ということだ。

しかし、許す許さないの前提としてまず、検査を先行させる規定を置き（刑施法二二二条）、さて、検査の後、その全部又は一部に次のようなものがあるときは、その発受を差し止め、又はその該当箇所を削除抹消して発受を許すこととする（刑施法二二四条）。

①暗号などで、理解不能なもの、②発受が犯罪になりそうなもの、③留置施設の規律・秩序を害しそうなもの、④受信者を著しく不安に陥《おちい》らせ、又は損害を与えそうなもの、⑤受信者を著しく侮辱《ぶじょく》するもの、さらに、⑥未決拘禁者については、罪証隠滅の結果を生ずるおそれがあるもの、⑦被留置受刑者ならその改善更生に支障を生ずるおそれがあるときが、これらに当たる。

外国語の場合は、当人に払わせて翻訳《ほんやく》した上で決めることができる。払わなければ、発受を許さないまでである（刑施法二二一条、二二八条）。

六　飲酒も喫煙も留置場（今の留置施設）内では制限される、というのが、つい、この間までの考え方であった。その趣旨とするところは、飲酒は慰安《いあん》を超《こ》えるおそれがあり、監獄（今の刑事施設）の規律とは相容《あいい》れない。また、たばこは、火災の危険があり、窃盗・交換等、派生《はせい》する規律違反がこわい(11)。しかし、時代は、次第に制限を解く方向に流れてきた。その運用の仕方は、今後新法とそれに基づく内閣府令による。その基本は、留置施設の規律及び秩序の維持その他管理運営上支障を生ずるおそれがある場合以外は大目に見ていくと言うことになる。二〇〇六（平成一八）年の段階ですでに、受刑者に対しては、たばこを許すことにしている。

受刑者と被留置者とは、その立場を異にしているから、場合によったら、被留置者に関しては、別の取扱いがされることがあるのは当然である。たばこの差入れは、留置施設の保安維持上支障がなければ、禁止に固執する必要はない。そこは、留置業務担当者の判断にまかせられていると言ってよい。

その他の嗜好品についても同様であり、保安上支障がなければ差入れを許すことができる。

七　糧食《りょうしょく》とは、主食（飯）及び副食（菜）として給与する食料のことであって、いわゆる間食は含まれない[12]。

糧食は官給が原則であるが自弁《じべん》も許される（刑施法一八六条、一八七条）。

差入物が糧食である場合はこれを検査し、捜査上又は留置施設の保安上支障があると認める場合はその部分を除去するなどの制限はできるものの[13]、糧食の差入れを禁止することはできないことを知っておかなければならない。

一般に差入物については、逃亡のおそれ又は罪証隠滅のおそれのある場合は、これを検閲し、授受を禁じ、又はこれを差し押さえることができるのに対して、糧食は、通常そのおそれはないばかりでなく、人権に深くかかわる物であるため、特別にその授受を禁じたり、差し押さえたりすることを許さないとしているのである（八一条）。とは言っても、たとえ糧食でも、その中に危険物が隠されたり、場合によったら、被疑者の毒殺をはかろうとすることなどもないとは限らない。だから、留置施設の衛生や、保安の必要上、差支《さしつか》えのある物を禁ずることができないわけではない。管理者として、被留置者の人権を預かる者としては、当然の配慮だと言ってよいであろう。ただし、その場合は、後日のために、合理的な理由が存在した旨、疎明する準備をしておく必要があろう。

(1) 監獄法と被疑者留置規則の時代は終わって「刑事収容施設及び被収容者等の処遇に関する法律（平成一七年法律五〇号、平成一八年法律五八号による一部改正）」に一本化された。その過程は複雑を極めた。過渡段階においては、「刑事施設及び受刑者の処遇に関する法律（平成一七年法律五〇号）」が制定され、その附則によって、「監獄法（明治四一年法律二八号）」が、「刑事施設ニ於ケル刑事被告人ノ収容等ニ関スル法律」に改められた。そして、平成一八年六月八日に公布された「刑事施設及び受刑者の処遇に関する法律の一部を改正する法律（平成一八年法律五八号）」によって、今の題名の下に一本化され、明治四一年法律二八号は、姿を消すことになった。

(2) まず、「勾留場所は本来拘置監（今の刑事施設）」という考えを打ち出した、和歌山地決昭和四二年二月七日、下刑集九・二・一六五の所説を見ると勾留の趣旨は、「被疑者が将来関係人と通謀して虚偽の供述をさせ、あるいは物的証拠の滅却を図る等の積極的な行動を防止するため、これを一定の場所に隔離することにあって……専ら捜査の便宜を図るためでないと言わなければならない。かようにして勾留場所は、本来拘置監とされるべきものであり、このことは監獄法第一条第一項第四号・第一条第三項（今の刑事施設・留置施設。刑施法三条に当る）の文理並びに刑訴法第一四七条が勾留請求書に勾留すべき場所の記載を要件としていないことからも窺《うかが》い知ることができる。したがって、勾留場所をいわゆる代用監獄（今の留置施設。以下同じ）とするのは、特段の事情がある例外的な場合であるというべきである。……その場合には捜査官がそのつど、拘置所に赴《おもむ》いて被疑者の取調べをしなければならないことになるが、右事実によって多少の不便を免れないとしても、捜査が不可能又は著しく困難になるということはできない。……余罪取調べのために例外的な代用監獄を勾留場所とすることは、むしろ本末転倒である。」とする。

東京高判平成三年四月二三日、高裁刑集四四・一・六六、判例時報一三九五・一九は「被勾留被疑者を警察署に付属する留置場（今の留置施設。以下同じ）に収容するいわゆる代用監獄は、自白の強要等の行なわれる危険の多い制度であるので、その運用に当たっては、慎重な配慮が必要である。とりわけ、B子事件のように、目撃者はなく物証に乏しく、その立証が被疑者の自供に依拠せざるをえない場合は一層そうである。本来、被疑者の取調べという犯罪捜査と、代用監獄として被疑者の身柄を留置場に収容する業務とは、同じ警察が行なうにしても、全く別個の業務であり、混同して運用されてはならず、それぞれ別個独立の立場で適正に行なわれることが必要不可欠であり、留置業務が捜査に不当に利用されることがあってはならないのである。

ところが、本件の場合、B子事件を含む連続殺人事件について自白を得るため、代用監獄として、寂しいI警察署を選び、たった一人の状態で留置し、しかも、捜査本部の捜査員から看守者を選任して被告人の留置業務に当たらせ、被告人の留置場内での言動の逐一を捜査上の資料として提供させた上、取調べを行なったのである。これは、まさに、捜査員が留置業務に当たり、実質的にも留置業務が捜査の一環として行なわれたもので、留置業務は、その独立性がなく、捜査に不当に利用されたといえる。

したがって、このような留置のあり方は、不当なものであり、代用監獄に身柄を拘束して、自白を強要したとのそしりを免れない。

次に、留置場内での被告人の言動をみると、被告人は、長期間にわたり、このような拘禁状態に置かれた末、B

子事件について厳しい取調べを受けたもので、精神的にも肉体的にも厳しい状態に追い込まれていたといえる。しかも、被告人に対する取調べの状況をみると、右のような状態にある被告人に対する殆《ほとん》ど連日の取調べから、真摯《しんし》な反省に基づいた、真実を語る自白を得ることが、果たして可能であったか大いに疑問である。更に、被告人の自白の内容をみると、取調べの都度、あるいは取調べに当たる者により変転していて、まるで一貫性がなく、その供述状況・供述態度からも、その任意性には疑いが消し難いものがある。以上のような諸点に鑑《かんが》みると、B子事件については、被告人の「第三期間」及び「第四期間」の自白も、その自白が任意にされたものでない疑いがあるといわざるをえない。」とした。

(3) 団藤重光「条解刑事訴訟法上」三六一頁は、「警職法第二条第四項によれば、『警察官等（＝警察官及び警察吏員）は、刑事訴訟に関する法律により逮捕されている者については、その身体について凶器を所持しているかどうかを調べることができる。』これは、本人の意思に反しても行うことができるものとする趣旨と解しなければならない。しかし、かような処分が許されるべきことは逮捕という強制処分の中に合理的に当然に包含されているものと解すべきであるから、本条（一九七条）が『この法律』という限定をおいていることと矛盾するものではない。ちなみに、ここに『逮捕』とは、狭義《きょうぎ》の逮捕に限らず、広く刑事訴訟に関する法律による身体の拘束を意味するものと解する。」と解説されている。

これに対して、宍戸基男氏は「本法（警職法）にこのような規定をおいたのは、行使の目的が異なるところに意味があると考える。……両者（刑訴と警職法）の目的の相違から、その強制力行使の手続及び限界に若干の差が出てくる。すなわち本法によれば、逮捕の現場ではもちろんであるが、現場でなくても令状なくして身体について凶器の点検ができるが、その実力の行使は、当面の行政目的達成のため必要な限度内に限られるものであって、証拠保全等の刑事目的のため身体全部について徹底的に検査を行うには、刑事訴訟法により令状によることが必要になると解される。」（宍戸・渋谷「警察官権限法注解1」四八頁）とされる。すなわち、刑訴法上当然にできることを注意的に規定したのではなく、別個ののであることを強調される。両者の差は、理論上認めることはできるとしても、執行上の具体的な限界ということになると、大きな差はない、と認められるので、警察官は、凶器捜検に関しては、逮捕の現場はもとより、現場以外でも、同じように必要があれば点検してよいと解するをもって足るであろう。

（4）被疑者留置規則（昭和三二年国家公安委員会規則四号）は、警察法（昭和二九年法律一六二号）第五条第二項第一一号及び警察法施行令（昭和二九年政令一五一号）第一三条の規定に基づいて制定された警察職員の勤務及び活動の基準をなすものである。

（5）人権擁護局の問題になる不適当な身体捜検のほとんどは、女子に関するものである。人権擁護局長から、刑事局長あて身体捜検に関する指導の現状を照会してきたことがあるが（昭和三八年一一月一二日付）、その別添実例は、女子に関するトラブルであった。

（6）科学技術の発達に伴い、指紋の外に掌紋の実用化ができるようになり、「指紋取扱規則（昭和四四年国家公安委員会規則六号）」は全面改正となり、二〇〇六（平成一八）年には題名も「指掌紋取扱規則（平成九年国家公安委員会規則一三号）」になった。その第三条によって、従来被疑者を逮捕したとき又は被疑者の引渡しを受けたときは、指紋記録等に加えて掌紋記録等も作成することになった。

（7）東京地決昭和五九年六月二二日、刑裁月報一六・五（六）・五〇四、判時一一三一・一六〇

（8）最判昭和四四年一二月二四日判時五七七・一八は、「個人の私生活上の自由の一つとして、何人も、その承諾なしに、みだりにその容ぼう・姿態（以下「容ぼう等」という。）を撮影されない自由を有するものというべきである。これを肖像権と称するかどうかは別として、少なくとも、警察官が、正当な理由もないのに、個人の容ぼう等を撮影することは、憲法一三条の趣旨に反し、許されないものといわなければならない。しかしながら、個人の有する右自由も、国家権力の行使から無制限に保護されるわけでなく、公共の福祉のため必要のある場合には相当

の制限を受けることは同条の規定に照らして明らかである。そして、犯罪を捜査することは、公共の福祉のため警察に与えられた国家作用の一つであり、警察にはこれを遂行すべき責務があるのであるから（警察法二条一項参照）、警察官が犯罪捜査の必要上写真を撮影する際、その対象の中に犯人のみならず第三者である個人の容ぼう等が含まれても、これが許容される場合がありうるものといわなければならない」とする。

(9) 小野ほか「ポケット註釈全書(8)改訂監獄法」二七一頁（※監獄法は、今の刑施法のことである。以下同じ）

(10) 小野ほか「ポケット註釈全書(8)改訂監獄法」三五〇頁によると信書の検閲は、「在監者（今の被留置者）の発受信に対する実質的な制限である。信書の事前検閲を認めるものであるが、監獄（今の刑事収容施設）拘禁の特殊な性質上、憲法による検閲の禁止及び通信の秘密の保障（憲法二一条二項）は、この場合適用がない、その合憲性は一般に認められている。大阪地判昭和三三年八月二〇日、行裁例集九・八・一六六二も『監獄の保安維持と一般社会の不安の防止という公共の福祉のために、監獄に拘禁されている者の発受する通信を、監獄の長が検閲することは許されるものとしなければならない。』とする。けだし、公共の福祉から監獄拘禁が憲法上認められ（憲法三一条）、その目的上外部との交通を所長の権限によって規制することが是認される以上、その行使に必要な検閲を違憲とすることはできない。」以上は、刑施法によって立法的に解釈された留置施設については第二二一条～第二二七条、第一三一条、第一三三条が置かれる。

(11) 小野ほか「ポケット註釈全書(8)改訂監獄法」二九七頁によると「飲料として酒類を用いることを禁ずる趣旨は、飲酒はそれ自体の害が現れないまでも、慰安を超えるおそれがあり、監獄（今の刑事収容施設）の紀律と相容れない性質のものだからである。……給養上の飲料としてではなく、治療上、また、精神鑑定上とくに必要ある場合のごときは、おのずから別であるが、この場合にも紀律を濫《みだ》ることのないよう、その取締につき格別の配慮を要する。……たばこ禁止の趣旨は、主として火災のおそれがあることによるが、それによる紀律違反、とくに窃取又は交換などの危険が予想され、また、たばこ自体の害ということも説かれる。」

(12)　同右書二九〇頁

(13)　小野ほか「ポケット註釈全書(3)改訂刑事訴訟法」一六二頁は「糧食であっても、検閲することは差支えないし、検閲の結果他の物を包蔵しているときは、それを除去しても糧食としての効用を有する場合のほか授受の禁止をしても差支えない。この場合は、監獄（今の刑事収容施設）においてその費用で糧食を給すべきである。」とする。

第二節　拘束被疑者の取調べ

第一九八条第一項には、司法警察職員は、犯罪の捜査をするについて必要があるときは、被疑者の出頭を求め、これを取調べることができるが、これは、任意捜査だから、被疑者は出頭を拒んだり、出頭してから何時でも退去したりすることはできる。

しかし、逮捕・勾留された被疑者でもそうだろうか。この条文にはただし書きがある。「但し、被疑者は、逮捕又は勾留されている場合を除いては」そうできるだけだと読めるように規定されている。だから強制捜査に入ったら別だよ、という解釈が通説・判例になっている。(1)他事件で逮捕勾留されている場合も同様に解されている。(2)これによって、拘束中の被疑者は、取調べのために出頭を求められたときには、留置施設から取調べ室へ出頭することになる。出頭を拒《こば》み、又は出頭後、いつでも退去し得ることにはならない。これに対しては、反対説はある。(3)

ところが、それだけ、捜査官は、拘束中の被疑者に対して、強い立場で取調べをすることができるのだ、と考えていいか、となるとそうではない。取調べそのものは任意捜査だからである。何人も、自己に不利益な供述を強要されない（憲法三八条一項）。被疑者には、供述拒否権がある（一九八条二項）。

そこで、次のような取調べをしてもいいか、となると、待ったがかかるのだ。

その一が、やむを得ない場合を除き、身体に接触すること。その二は、直接又は間接に有形力を行使すること。この場合もやむを得ない場合は除かれる。その三は、殊更《ことさら》に不安を覚えさせ、又は困惑させるような言動をすること。その四は、一定の姿勢又は動作をとるよう不当に要求すること。その五は、便宜を供与し、又は供与することを申し出、若しくは約束すること。そして、その六は、人の尊厳を著しく害するような言動をすること、である（適正化規則三条）。

もちろん、これをしたから直ちに供述の任意性が損なわれ、事件はパーになるというものではないが、たとえば、有形力の行使、暴れ出した被疑者を制圧する、それは許されたとしても、ぶん殴った等と言うことが許されるはずもない。暴力をふるったり威嚇《いかく》したりするかわりに甘い餌《えさ》で釣《つ》る。取調べ室内でのたばこや飲料の代金をもってやる。取調べのない日でも、毎日被告人を留置場（今の留置施設）から出し、たばこを吸わせる。外へ出て現場の引当り捜査をする時、手錠・腰縄《こしなわ》をはずす。婚約者とすぐに電話連絡をとるなどの便宜《べんぎ》をはかってやる。とにかく親切なお巡りさんは問題になるおそれがある。そして極《きわ》め付きは一部の事件を握《にぎ》りつぶす、検察庁に送らないようにしてやる。かわりにこれを認めろ、という利益誘導の方法があった。これが裁判所で通用しないことは、判例で明らかにされている。(4) いずれにしても、その一からその六は、今までに、どこかで問題にされてきたことで、これからは適正化規則による「取調べ監督官（適正化規則四条）」の監督の対象になるのである。「取調べ監督官」は、警視総監、警察本部長、方面本部長、警察署長によって指名され、捜査当局とは別の総務部、警務部に置かれる。捜査主任官は、拘束中の被疑者・被告人を取調べたらやむを得ないときを除き、その日のうちに「取調べ状況報告書（規範別記様式一六号）」を作成することとされる。余罪の取調べをしたときは「余罪関係報告書（規範別記様式一七号）」を作成する。

しかし、この状態の下における取調べはもともと被疑者の側にハンディをおくものである。だから、長期にわたればわたる程、その取調べの態様が後になってから問題視される危険を孕《はら》んでいることを知らねばならない。たとい供述の任意性は主張できたとしても、裁判官はさらにその供述の信用性をも問題にする。そして、その供述内容がどう変わっていっているか、また、犯人しか知らない秘密の暴露《ばくろ》があるかないか等に加えて、供述を裏付ける証拠の有無にまで言及《げんきゅう》してその自白が信用できるかどうかを吟味《ぎんみ》する。とくに被疑者が外国人の場合は、返答に窮《きゅう》するような強引な発問が、異国の地で逮捕勾留され、わが国の法制度について無知な被疑者被告人を相当程度困惑させたかあるいは混乱させたような場合を問題視し、信用性の点からその供述調書を否定したりすることがあるのである。(5)

（1）　平場安治ほか「注解刑事訴訟法中巻」四八頁は、第一九八条第一項ただし書について、「逮捕又は勾留されている場合は、出頭を拒否したり自由に退去することはできない、との意味に理解するのが通説である。」と、注解している。判例は東京地決昭和五九年六月二二日、判例時報一一三一・一六〇で明示されている。
（2）　小野ほか「ポケット註釈全書⑶刑事訴訟法」三五八頁は、第一九八条第一項ただし書の注釈をして、「他事件で逮捕勾留されている場合を含む。」としている。
（3）　平野龍一「刑事訴訟法」一〇六頁は、「この規定は、出頭拒否・退去を認めることが、逮捕又は勾留の効力自体を否定するものではない趣旨を注意的に明らかにしたにとどまる。」という。この解釈は、同じ弾劾捜査観に立つ学者、たとえば井上正治氏などを見ても文理的に無理である。井上正治「刑事訴訟法講座」一・一一九頁は、「一九八条ただし書は、逮捕・勾留されている被疑者であっても、取調のための出頭義務のないことは当然のこととして、取調以外の目的のために出頭を求められたときは、その求めに応じなければならないことを規定したまでのことだ、と解釈すべきである。」とするが、これも、取調べに限って出頭義務がなくなる、というのは、文理の趣旨をわからなくしてしまう。
（4）　福岡高判平成五年三月一八日、判例時報一四八九・一五九
（5）　東京地判平成三年九月三〇日、判例時報一四〇一・三一

第三節　接見交通

一　被疑者（被告人）の保護

一　弁護人をつける意味　二　捜査段階における弁護人の仕事

一　被疑者（被告人）は、自分を有利にするため、捜査官に対抗して自らを防禦《ぼうぎょ》しなければならないのであるが、独力では無理がある。

そこで、憲法は、基本的人権の一つとして、拘束被疑者又は刑事被告人の弁護人依頼権を保障した（憲法三四条・三七条三項）。

弁護人は、牢格子《ろうごうし》を越えて被疑者と話し合い又は物や書類の授受も行う。被疑者（被告人）に代わって、種々の訴訟行為も行う。無力な被疑者（被告人）が、強力な捜査官や検察官に対抗して、第三者たる裁判官の最終判断を有利に導《みちび》こうとするためには、弁護人の援《たす》けがいるのである。

とくに、緊急逮捕の対象ともなり得るような、一定の重い罪に関して勝負するためには、弁護人の存在を欠くことはできない。弁護人が不在だったら、それらの罪の審理をするために開廷することすら許してはいけない（二八九条）。

しかも、弁護人は、誰にでもやらせることができるのではない。特別弁護人という制度はある。難しい文学裁判などの際に、友人の学者や文学者が、特別弁護人をかって出た、という新聞記事を見ることがある。しかし、その制度は、極めて限定された場合においてのみ機能する。たとえば上訴裁判所では使えない。地方裁判所・簡易裁判所・家庭裁判所では使うことができるが裁判所の許可が前提条件になっている。更に地方裁判所においては、ほかに、職業弁護士が弁護人になっていないときは許可されない（三一条）。被疑者の段階においては、職業弁護士でなければ通用しない。

それは、刑事訴訟が、当事者主義の構造を有する以上、当然のこととして理解される。

訴訟の一方当事者たる検察官は、司法試験を通り、司法修習を経た資格ある法曹《ほうそう》である、他方当事者たる被告人を保護する弁護人も、検察官と同資格の職業弁護士でなければ、喧嘩《けんか》にならないであろう。

被疑者は、まだ起訴されていない段階から起訴後の準備にかかるため、弁護士の世話になることができる。憲法は、拘束被疑者にその権利を認めたが、刑事訴訟法は、一歩を進めて、およそ、被疑者の地位に立たされた以上、いつでも弁護士を選任することを許した。

したがって、任意捜査の対象として、呼出をくい、取調べを受ければ、その段階から、弁護士の選任を決意し、意中の弁護士と連署《れんしょ》した選任届を当該捜査官に提出できるのである。捜査官は取調べ中だからといってこの手続を先送りにはできない。

任意に呼び出して取調べをしていた。そこへ家族に頼まれて「弁護人となろうとする者」が現れて被疑者への面会を求めた。どうするか。判例によれば、「申し出を受けた捜査機関は、弁護人等との間で面会についての協議が調えば格別、そうでない場合は取調中であってもこれを中断して、すみやかに右申し出を被疑者に取り次ぎ、その意思を確認しその結果を弁護人に伝えなければならず(1)」怠たれば国家賠償の責を負わされることになる。
「被疑者が面会を希望する場合にはさらにその実現のための措置をとらなければならない(2)」

拘束被疑者の場合に弁護士の存在はとくに必要であるから、逮捕・勾留・起訴の各節目《ふしめ》、節目に弁護人選任権が告知される。また、被疑者（被告人）の方から、選任の申出をすることはもちろん差支えないし、これを受けた捜査官は、必ず、その指定の弁護士又は弁護士会にその旨を通知しなければならない（二〇九条等）。

被疑者の安否を気づかう肉親らからも弁護人を選任することができる（三〇条二項）。被疑者が、いらない、と言っても、それは有効である。

被疑者が弁護人を選任した場合、その弁護費用は被疑者自身の負担となる。しかし、弁護士料を払えない者もいる。こういう人たちのためには、被疑者の間は我慢してもらっても、起訴されたら国選弁護人を国の費用でつけてやる。そして、前述した一定の重い罪の審理に資格ある弁護士が欠けることのないよう配意し、また、未成年者や七〇歳以上の老人や、耳の聞こえない者又は口のきけない者等、さらに社会的弱者で必要のあるものには、裁判所が裁量で国選弁護人をつけてやる（憲法三七条三項、刑訴法三六条・三七条）。それが、今までの制度だった。

しかし、被疑者の身になってみれば、起訴前の段階にも弁護人は必要であろう。とくに、重い罪を犯し、重罪が予定される者ほど弁護人の助けが欲しいはずだ。そんなときに、金がない者はダメということでは、時代にそぐわない。そこで、二〇〇六（平成一八）年の一〇月二日以降、被疑者の一部につき国選弁護人制度が発足することになった。まず、死刑又は無期若《も》しくは短期一年以上の懲役若しくは禁錮《きんこ》に当たる事件の被疑者（以下単に「重被疑者」と略称する。）が、その対象となる。たとえば殺人や強盗を犯した者で勾留されることになった者は、弁護人の助けを求めることができることになる（三七条の二）。さらに、二〇〇九（平成二一）年五月二一日からは、「短期一年以上の懲役若しくは禁錮」が、「長期三年を超える懲役若しくは禁錮」に改められる。

さて、弁護士は、あわよくば、被疑者（被告人）を無罪にするために活動する存在である。

制度の建前はともかく、現実には、警察で逮捕・勾留する被疑者は、十中八、九犯人と目《もく》される者である。いわば悪い奴である。その悪い奴に肩入れして事ごとに捜査官にケチをつけ、最後は無罪放免《ほうめん》にしようとする弁護士の存在を苦々《にがにが》しく感ずることのあるのは、多くの警察官の経験するところである。

しかし、弁護士のそうした活動も、実は、基本的人権を擁護《ようご》し、社会正義を実現することを使命としている（弁護士法一条）。弁護人としての活動も、この使命に貫《つらぬ》かれている。

悪者を無罪放免するのが社会正義か。と開きなおる前に、裁判における当事者のそれぞれの役割をもう一ぺん思い起こしてみなければならない。

裁判は当事者主義的構造をもっている。検察官（捜査官）と、被告人（弁護人）とが相撲を取り、裁判官が行司役をつとめる。裁判官は、被告人の側から見たら、利益にもなり、また不利益にもなる証拠を片寄らずに見、真実を発見しなければならない。検察官は、クロだクロだと、被告人にとっては不利益な証拠をつきつけていく。

これに対して、被告人の保護者たる弁護人が、同じくクロだ、早くあやまってしまえ、と言ったとすると、証拠がクロに片寄り、裁判官の判断もそれに片寄らないわけにはいかない。

それで、果して、被告人のクロの場合はよいとして、クロシロ真向《まっこう》から対立するような場合は、裁判官の判断も正しく行われるかどうか疑わしくなるであろう。

両当事者の一方はクロを主張し、他方はシロを主張して、クロの証拠の不備欠陥《けっかん》をつく、クロを主張する捜査官側は、そういう批判にびくともしない、確実な証拠を提出していく、ということによって、裁判の正確さはますます高まる。これが社会正義である。

だから、弁護人は、被告人の不利益になる証拠をその意思に反して提出すべきではないし、被告人の権利としての黙秘をすすめることも当然の活動だ、ということになる。

いざとなれば、検察官の提出した証拠の不備欠陥をついて、無罪の主張をすることも、当然であり、その場合、被告人が犯人であることを知っているかどうかは関係がない。何故なら、検察官側の不備欠陥をついて、手続の公正さをより高めることが、当事者裁判にとっては誠に重要であるからである。被告人の私利に貢献するようであるけれども、実は、社会正義——公正な裁判を追及しているのであり、私利は、その反射的利益にしか過ぎない。

しかし、弁護人が被告人にうそをつくことをすすめたとなると問題である。黙秘は権利だからすすめてもよい。法廷で真実に反することを証言させるようなことは、その弁護士も、偽証教唆《きょうさ》・証拠隠滅の責任を負わなければならないであろう。それは、社会正義を実現する弁護士活動の限界を超えるものであるからである。

二　捜査段階において被疑者が取調べを受け、とりわけ身体拘束を受けている場合には、これを保護する弁護士の活動として、重要なものが二つある。

その一は、被疑者と十分相談するため、立会人を入れずに接見すること。その二は、書類その他の物を授受することである。

これを、「交通権」と言っている。この交通権は「被疑者が身柄拘束中であると否とで変わりはない(3)」ことは既に述べた。

憲法は、身柄拘束の場合について注意を促がしているが、刑事訴訟法は「何時でも弁護人を選任することができる（三〇条）」としているからである。しかも、それはただ選任し依頼するにとどまらず、実質的に弁護を受ける権利を保障する趣旨に解されている。

警察官に逮捕されて検察官に身柄を送致されるまでの四八時間について考えてみよう。

この間に、警察官は、嫌疑の大筋《おおすじ》を固めて、検察官に送致しなければならない。また、逮捕された被疑者も、素直に自供して、楽になるか、頑張って苦労するか、将来の方針を立てるにつき迷っているところである。

この決定的に重要な時間を捜査官としては、フルに活用したいところである。

しかし、弁護人が選任されると、その接見交通権を尊重しなければならない。

この両者の相反する要求の調和をはかったものが、接見交通権の制限の制度である（三九条三項）。

二　接見申出人に関する問題

一　弁護人又は弁護人となろうとする者　二　選任届の法理
三　窓口の確認事項　四　不適式選任書の取扱
五　弁護人複数の場合

一　身柄の拘束を受けている被疑者は、弁護人又は弁護人を選任する者の依頼により弁護人になろうとする者と、立会人なくして接見し、又は書類若しくは、物の授受をすることができる（三九条一項）。

これを、接見交通権と言っていることは、既に述べたとおりである。これは、また普通「弁護人の接見交通権」とも言われている。しかし、接見交通を必要としているのは被疑者である。逆に、被疑者の権利と呼びならわしても不思議《ふしぎ》はない。

ともあれ、接見交通をするのは、まず、一方は被疑者であり、他方は、弁護人又は弁護人予定者たる弁護士である（特別弁護人は被疑者には関係がない(4)）。

資格のある職業弁護士なら、誰でもすぐさま、接見交通できるのではない。弁護士が弁護人になるには、手続がいる。

すなわち、弁護人の選任については、弁護人と連署した選任届を当該被疑者又は第三〇条第二項の規定により独立して弁護人を選任することができる者から差し出させるものとされている（規範一三三条）。

ところが、実務は、そのように整然といかない場合がある。まず、書面を出さないで、口頭で、選任されたから弁護人として働くぞ、と言って来る者がある。しかも、弁護士であるかどうか、わからない場合もある。また、せっかく書面を差し出したが、符号《ふごう》に指印《しいん》があるとか、正しく連署していないものがある。

その場合に、窓口たる警察官はどうしたらよいか。

二　まず、おおせごもっとも、どうぞ、と、方式が整っていなくても別に気にとめることなく弁護人として扱ってしまうやり方がある。

また、要式が整っていないから弁護人として認めることができない、と断ってしまう仕方もある。

どうしたらよいか。

被疑者の利便を考えれば前者が正しい。手続の確実性を考えると、後者の方がよさそうだ。ただ、ここで考慮しなければならないことは、警察官は、法令に忠実でなければならない、ということ、解釈に異同があったら、判例に従うということ。判例もはっきりしないときは、被疑者の利益を優《ゆう》先《せん》する、ということである。

まず、法令をみよう。これは、第三二条第一項及び規則第一七条・第一八条の解釈の問題である。第三二条第一項は単にこう書いている。

第三二条　①公訴の提起前にした弁護人の選任は、第一審においてもその効力を有する。

「公訴の提起前にした弁護人の選任」――つまり、被疑者の段階においてした弁護人の選任である。それは、第一審でも効力があるから、改めて選任の手続をしなくともいいですよ、ということであるが、「選任」の内容手続については何も触れていない。

そこで、規則を見る。その第一七条「公訴の提起前にした弁護人の選任は、弁護人と連署した書面を当該被疑事件を取り扱う検察官又は司法警察員に差し出した場合に限り、第一審においてもその効力を有する。」

これと、第三二条第一項とを重ね合わせてみると、「弁護人と連署した書面を……司法警察員に差し出した場合に限り」がさしはさまったものであることがわかる。つまり、第三二条第一項の

「選任」の意味が限定されているのである。

ここから、相反する二つの説が生まれてくる。すなわち、第三二条第一項は被疑者段階における弁護人の選任手続の全部を規定したものであるか、又はその一部、すなわち、第一審において改めて手続をとる必要のない部分についてのみ規定をおいた趣旨であるか、という理解の仕方の違いである。

すなおに読めば、後者の説である。第三二条第一項は、選任手続のうち、息《いき》の長い方について規定をおいたのであって、短い方は白地《しろじ》で残されている、と読める。たとえば、平野龍一教授は、「被疑者の弁護人選任には、方式がない。その意思が相手方に伝えられれば足りる。しかし、連署した書面を、当該被疑事件を取り扱う検察官又は司法警察員に差し出すと、この書面は、公訴提起と同時に、裁判所に提出され（規則一六五条二項）、第一審でも弁護人選任の効力が認められる(5)（同一七条）。」

これに対して、もともと弁護人の選任は、弁護士と被疑者等の私的契約ではなく、弁護士及び被疑者等と裁判所との関係を定めるもの、言いかえると、選任権者の裁判所又は捜査機関に対する訴訟《そしょう》行為である(6)。そして、訴訟上の権利は誠実に行使し濫用《らんよう》してはいけない（同一条二項）ばかりでなく、その手続は厳格丁重《げんかくていちょう》にして過誤《かご》なきを期するのが常識である(7)。とすると、少なくも、第一審に通用する選任は、規則第一七条に規定するような厳格なものでなければならず、その要請《ようせい》は、起訴前も例外としないのが、法の趣旨である、という考え方も成り立つ。

第三二条第一項は、およそ、弁護人の選任は、起訴の前後を問わず効力を有するものでなければならない趣旨を規定したものだ、と考えるわけである。(8)

判例は、必ずしも明確ではない。起訴後を問題とする選任方式（規則一八条にかかるもの）については幾つかの判例がある。(9)そして、共通して言えることは要式行為として、これを厳格に取り扱っていることである。

しかし、起訴前の選任方式については、一定していない。

まず、傍論《ぼうろん》ではあるが、東京高判昭和二六年一二月一一日、判特二五・八七は、「公訴提起前における被疑者の弁護人選任については、特段の形式を要しない。」と言っているし、また、京都地決昭和四四年六月二日、判例時報五五八・九六は、弁護人のした準抗告に関連して「被疑事件の段階における弁護人選任行為は、公訴提起後におけるそれと異なり厳格な要式行為とされているとは解されないから、弁護人選任書に弁護人選任の署名押印がない場合でも、その署名に代わるべき表示があって弁護人選任者が特定され、かつ、そのような表示がやむを得ない事情のもとになされたものとみられるならば、被疑者保護の見地から、あるいは適式な弁護人選任書として認められてもよい場合があるであろう。」としている。

以上二つの判例は、被疑者段階における弁護人の選任には、特段の要式を必要としない、とするものであるが、次の「東京地決昭和四四年二月五日、刑裁月報・一・二・一七九」になると「刑訴法第三三条第一項が公訴提起前にした弁護人の選任は第一審においても効力を有する旨を定めていることに徴すると、やはり起訴前における弁護人の選任も第一審において効力を有する適式な弁護人選任届によるべきことを前提としているものと解されるので、弁護人選任届は公訴提起の前後を問わず弁護人と連署した書面を差し出すことを要するものと言うべきである。」とする。

しかし、以上三つの判例のうち、東京高判の古い方はさておき、昭和四四年代にできた二つの判例を比較してみると、起訴前の弁護人選任は要式行為であるか不要式行為であるかの形式面については意見が分かれているが、裁判決定に影響する実質面に着目して、被疑者の利益の側からみると、各々逆かと思われる結論を導き出している点が注目される。

すなわち、「京都地決昭和四四年六月二日」は被疑事件の段階における弁護人選任行為は不要式行為である、と、一見、被疑者側には有利な理論を展開しながら、「H署写真番号一〇八号」と記載し、指印をおした選任届をもってしては、まだ、選任権者たる被疑者が特定していると認め難《がた》い、として、当該選任行為を無効と断じているし、「東京地決昭和四四年二月五日」の方は、右とは逆に、要式行為論を展開しながら、提出してきた選任届が不適式であっても、なお、第三九条第一項にいわゆる「弁護人となろうとする者」と認定できるとして、被疑者側に有利な結論を導き出している。

三　さて、法令解釈及び判例が以上のようだとすると、警察実務の面ではどうしたらよいか。より所としての判例も、前記、京都地決・東京地決では、まだ、一定した結論が出たとは言い難い。要式行為か不要式行為かは決定し難い。

そこで、原点にかえってみよう。原点とは警察の責務である。われわれは、国民の生命・財産を保護している。大きな意味での人権を擁護するものである。その見地からみると、疑わしきは、被疑者の利益に、という格言が出てくる。

また、警察の実務としては、弁護人の諸権利のうち、接見交通が問題なのである。前記京都地決のように、弁護士が、弁護人の資格があると信じて準抗告の申立をしたら裁判所は、不要式選任行為を容認しながら、結局選任の事実があいまいであるとして申立を棄却《ききゃく》した、というような事件よりも、東京地決のように、接見交通に関して裁判所がどう考えたか、ということが重要なのである。

そして、東京地決は、接見の申出の前提としての選任行為の形式を深く論及《ろんきゅう》せず、一度だけ被疑者とあっているが不適式な選任書を得られたに過ぎなかった場合は、選任手続がまだ進行中であるとして、これを、弁護人となろうとする者と認定したのである。

接見交通権は、弁護人だけでなく、弁護人となろうとする者にも認められている。弁護人になろうとする者、とは、弁護人選任権者（三〇条）の依頼を既《すで》に受けているが、まだ選任の手続をしていない者である。(10)

弁護人となろうとする者が、警察署に現れたとき、注意すべき諸点をあげると、①その者が、弁護士であるかどうか。弁護士バッジとか、所属弁護士会への電話とかで確認する。(11)②選任権者が特定し、かつ、権限ある者であるかどうか。運転免許証とか、戸籍抄本とかによって確認する。③当該選任権者から、当該弁護士に対して、弁護人の依頼があったことを証明するもの、委任契約書でもいいし、それこそ、連署した選任書があれば一番はっきりする、の三点である。その、どれか一つでもあいまいであれば、本人の口はどうあれ、弁護人となろうとする者ではない、と断定して差支えない。もちろん、既に弁護人の地位を得ているものでもない。

そうすると、問題になるのは、前記、東京地決のような場合である。弁護士の署名押印はあるが、選任権者たる被疑者のそれは、留置番号と指印である。選任には、弁護士と選任権者の連署した書面の提出を必要とするという要式行為説に立つとすれば、右のそれは連署と言えるかどうかが争いの焦点となる。また、不要式行為説に立てば、連署があったかどうかは問題ではないが、選任権者たる被疑者が、これで特定されたと言えるかどうかは、やはり問題である。

いずれにしても、前記の三要点、弁護士及び選任権者が特定し、選任の意思が有効明白であるかどうか、という実質判断を省略することはできないのである。

そして、もし、弁護士と選任権者とが連署した選任書を出してくれれば、これを取り扱う警察官は、前記①②の判断をすれば足り、また、もし、選任書を提出しなかったり、選任書を提出してきたが、記載内容に不備欠陥があるようであれば、改めて、この者は、弁護人となろうとする者であるかどうか、前記①②③につき、実質判断を下せばよいのである。

さて、このような方針のもとに、前記「東京地決昭和四四年二月五日」を見ると、さきに引用した要式を必要とすることを述べたくだりはあまり重要でなく、むしろ、不適式と判断される選任書を持参した弁護士が、第三九条第一項にいう「弁護人となろうとする者」にあたるかどうかが、実務上注目すべき点である、と言わなければならないであろう。もう一度検討してみよう。まず、何が不適式であったか。

選任書は、当該弁護士が、当該被疑者と一度面接のうえ依頼を受けて作成したものである。しかし、その連署すべき箇所は、弁護士の分はともかく、被疑者の分は警察署の留置番号と指印である。検察官はこう判断した。この選任書は適式でないから受理できず、したがって、当該弁護士を当該被疑者の弁護人として接見させることはできない、と。更に、当該弁護士は、既に一回、弁護人となろうとする者として当該被疑者と接見しているにもかかわらずついに適式の選任書を得られなかったのであるから、もはや、当該弁護士は、被疑者から弁護人として選任する旨の確たる意思表示を得られなかったものというべきで、弁護人となろうとする者としての地位は認め難い、と。

これに対して判決は、「申立人（当該弁護士）が一応氏名の自署を欠くだけで被疑者からの指印の押捺《おうなつ》ある弁護人選任届書を得ている以上、被疑者等から右被疑事件について弁護人となることの依頼を受けて弁護人となろうとしていることは明らかであって、ただ選任の手続だけが完了していない状態にあるに過ぎないものというべきである。」とし、「既に一回被疑者等と接見して適式な弁護人選任届を得るべき機会が与えられているというそれだけの理由によって弁護人となろうとする者としての地位が失われるものではない。」というのである。

一回会って、選任書を作成してみたものの、それが不適式であったら、当然、適式の選任書を作って差し出すであろう。依頼がはっきりしており、それを受ける意思も不退転《ふたいてん》であるならば、そうならなければおかしい。そうすると、当該弁護士は、弁護人の地位を得るために手続を進めつつある者、すなわち「弁護人となろうとする者」ではないか。判例の言っていることは、正当な響《ひび》きを持っている。

しかし、この判例では、大切な被疑者の特定に問題はないか。その依頼意思は果して明瞭であったか。また、当該弁護士は、不退転であったか、接見だけしてしまえば、後はどうでもよかったのかどうか。等々の疑問は未解決である。

だから、これをそのまま、金科玉条《きんかぎょくじょう》とするわけにはいかないが、もし、右の疑問点を解消する事実が存在する場合は、最初に掲げた問題――不適式と判断される選任書を持参した弁護士が、第三九条第一項にいう「弁護人となろうとする者」にあたるか、に対しては、既に一回接見済という条件をプラスしても、あたる場合がある、と結論され得るのである。

これは、前述の選任が要式行為か不要式行為か、という問題とは、あまり関係のない結論である。そして警察における接見交通という実務について考える限り、そういう議論はさておき、むしろ、前記三要点に関する実質判断を念頭《ねんとう》におき、いささかのあいまいさも残さないよう注意すべきであろう。

四　不適式な選任書を持参した場合に受け取るか受け取らないか、という質疑《しつぎ》がある。これも、議論としてはあまり重要でないことがわかるであろう。不適式なものでも警察が受け取ったから、第一審終了まで、改めて選任届を出さなくて済む、と考える弁護士はいないのが普通である。警察にそこまでの責任はない。

現場の雰囲気を見て受け取ってもよし、受け取らなくてもよい。そして、それにわずらわされずに、実質判断をしっかりすることである。そして、適式の選任書を出させるようにすることが、右の実質判断を最も確実にする道であることもまた確かであり、犯罪捜査規範第一三三条の意味する老婆心《ろうばしん》が理解されるであろう。これは、決して、接見をめぐる窓口の混乱を誘発《ゆうはつ》するものではない。

五　実務上困ることのあるのは、接見を申し出る弁護士が複数の場合である。

とくに、弁護人となろうとする者が、前述のように、不備欠陥のある選任届を持参してくるのを認めなければならない場合があるとすると、逆に、それを利用して、実質的に捜査妨害をはかろうとする者がでるおそれがある。

現に、被疑者から白地の選任届を三枚（規則二七条）得ておき、空欄《くうらん》の弁護士欄には、最初に接見した弁護士の選択する弁護士を書きこむこととして、二枚までは書きこみ接見を果《はた》し、三枚目は、空欄のまま、複数の弁護士が入れかわり立ちかわり、弁護人となろうとする者であるという触《ふ》れ込《こ》みで接見を求める事件が起きた。

検察官は三人まで許した。四人目に至り、ついに、ちゃんと名前を書きこんだ選任届を出さない以上接見を拒否することとした。四人目の弁護士は準抗告をした。

裁判所は、はじめ被疑者が白紙の選任届をN弁護士に渡したのは、残りの二名の弁護士については、N弁護士に全面的に任せる趣旨であるのに、N弁護士は一名しか決定せず、他の一名分については、既に三人の弁護士が接見済であるから当然その中から一名が選ばれてしかるべきなのに、それをもせず、新手《あらて》の四人目を接見させようとするのはおかしい、として検察官の主張を支持した。(12)

弁護士の数には制限がある（三五条）。そして、被疑者の弁護人の数は、各被疑者について三人を超えることができない（規則二七条一項）。そして、主任弁護人を定め（三三条）、主要な訴訟行為については主任弁護人がすることとしている（三四条、規則二五条）。

接見交通について、多勢で入れかわり立ちかわり、捜査の時間を消費しようとするのは、そうした法の趣旨にそぐわないのである。

三　警察官と接見交通の制限

一　拘束された被疑者に牢格子《ろうごうし》を通して会いたい者がいる。

まず、配偶者《はいぐうしゃ》等の家族である。次に、本人又は家族等の依頼を受けた弁護士がある。

そして、法は、被疑者の防禦《ぼうぎょ》権を保障するため、とくに、弁護士との接見交通について特別の規定をおいた（三九条一項）。

しかし、弁護士は、あわよくば被疑者を無罪にする立場にあり、「立会人なしの接見」及び「書類及び物の授受」の権限を持っている反面、捜査の妨《さまた》げとならないよう注意する義務を負っている（一九六条、規範九条～一一条）。

接見交通が野放図《のほうず》になれば、証拠の隠滅がはかられる等、正当な範囲を超えて捜査の進行が妨害されることは明らかである。

そこに何らかの制限がなければならない。

とくに、捜査の揺《ゆ》れ動く起訴前の段階においてそうである。

そこで法は、公訴の提起前に限って警察官等に一定の接見交通制限の権限を与える。

捜査のため必要があるときは、司法警察員は、弁護人等の接見交通を制限することができる（三九条三項）。もちろん、この「制限」は、憲法違反だという反発を受けた。この問題は長い間くすぶっていた。しかし、最判平成一一年三月二四日民集五三・三・五一四が、憲法に違反しないという大法廷の判断をはじめて示した。

二　残った問題は、制限の具体的な方法である。制限の方法は、接見又は授受に関し、日時・場所及び時間を指定することである。

制限は、「捜査のため必要があるとき」になされる。

何が「捜査のため必要があるとき」に当るか、その判断権は捜査機関側にある。しかしかなり限定されている。何もかも「必要がある」とするのは許されない。

まず、「限定説」というのがある。

これは、「捜査のため必要があるとき」とは、被疑者の取調べや引き当り捜査（実況見分、検証等の立会）のため捜査機関が被疑者の身柄を現に必要としているときに限定しようとする説である。

これによると準備をしていよいよ取調べを開始しようと盛り上りかけた矢先とか、引き当りに出かけようとして準備を整えたその時なども、捜査側の予定を中断して接見させなければならないということになる。

いわゆる「人権派」を称する弁護士は、大ていこの考え方でくると思っていて間違いはない。

もちろんもっとひどい者もいる。それは捜査段階でも公判段階のように、弁護人等と捜査機関側とは対等平等にディベート、クレーム等の公開対抗の関係に立つべきだとするものがある。(13)

ここにも、当事者主義を英米法流に徹底させようとする議論が入りこんできている。戦後、わが国刑事訴訟法に強い影響を与えた英米の考え方によれば、逮捕・勾留は、被疑者の裁判所への出頭を確保するためになされる。言いかえれば、「逃亡の防止」が目的である。したがって、逃げる気づかいさえなければ、後は、被疑者が防禦権をフル回転させていかなる工作をしようと一切自由でかまわないことになる。

これに対して、わが国の刑事訴訟は、単に身柄を確保するだけにとどまらず、証拠隠滅の防止にも重大な関心をはらっている(14)。しかも、わが国の刑法は、被疑者の供述なしでは立証不能といっても過言でないような罪を包蔵《ほうぞう》している。たとえば、汚職《おしょく》事件は、金銭の授受を立証し得ても、授受の趣旨を立証し得ない限り、事件は灰色にとどまる。そして、贈賄《ぞうわい》・収賄《しゅうわい》の相被疑者の口裏《くちうら》の合わせ方が、事件の成否《せいひ》に大きく関係してくる。

もし、英米流の考え方を徹底して、接見の指定をできる範囲を狭《せば》め、捜査の途中に、ちょくちょく弁護人が入りこみ、しかも、捜査官も裁判官も抜きにして秘密に話ができるとしたら、供述に頼らざるを得ない事件のほとんどが壊滅《かいめつ》し去るであろう(15)。

もちろん英米では、そうならないようにできている。それは、最後の断を陪審《ばいしん》がする制度である。しろうとの中から陪審員を選んで会議体をこしらえ、その前で検事と弁護人が論戦する。そして、ある程度の心証を得たところで評決を下すのだから、日本流に書証・物証で黒くなるまで練《ね》り固める必要がない。自白もいらない。

しかし、わが国では陪審制度を作ってみたものの、育たず、今はその施行を停止されたままになっている。また、一定事実があれば、黒の推定を行える推定規定も必要な部面に活用されるに至っていない。汚職に推定規定をおく話はあるが、実現をみていない。ましてや、供述をひき出すための「取引――バーゲン」の制度――すなわち、罪一等を減じる代りに、共犯者に関する重要事実を供述させる取引――はなく、逆に、刑事の奢《おご》った丼《どんぶり》が利益誘導だと非難される始末である。

制度の拠《よ》って立つ基盤・土壌《どじょう》が違うのである。しかし、主権者国民の成熟を前提とする「裁判員の参加する刑事裁判に関する法律」が平成一六年五月二一日に成立し、五月二八日に公布された。この日から五年以内のある日、この法律は施行され、一定の重い罪を対象に、陪審裁判に似たものが始まる。その頃にはまた、様子が変わってくることを念頭においておかなければならない。しかし、現状では今までの捜査官には有難い極大の説にも頼らなければならない。それは、「捜査全般説」ないしは「罪証隠滅説」という。

すなわち、この説によると、「捜査のため必要があるとき」とは、被疑者の取調べや、引き当り捜査の最中などという被疑者の身柄を現に必要としているときに限らず、罪証隠滅の防止を含む捜査の全般の観点から支障があるかどうかを判断することになる。

以上の二説、捜査官にとっては「捜査全般説」というのが望ましいが、人権派の弁護人等は「限定説」でくる。どうしたらいいかというと真理は中間にある。平成三年になってから最高裁が結論を出してくれた。「準限定説」がその立場である。

弁護人が警察署にきて勾留中の被疑者との接見及び物（小六法、週刊誌各一冊）の授受の申出をした。これを受けた担当警察官は、「接見指定書」（昭和六三年の事件事務規程の改廃にともない「接見等の指定に関する通知書」になっている）の有無を尋《たず》ねて持参されていないのを確かめ、担当検察官に電話を入れた。検察官は指定書を取りにこい、物の授受については裁判所の接見禁止決定を取消す別の決定がいるから今受け取る必要はないとした。

争いはここから起きた。その時、本当は取調べに入る予定二〇分前で被疑者の身柄はあいていた。検察庁へ指定書を取りに行って戻ると往復に二時間もかかる。当然弁護人は「限定説」に立って捜査機関を攻め、裁判で争ってきた。捜査機関側は「捜査全般説」で対抗した。では、裁判所は。

「最判昭和五三年七月一〇日、民集三二・五・八二〇」は弁護人等と被疑者との接見交通権は憲法に由来《ゆらい》する。すなわち接見指定はあくまでも必要やむを得ない例外的措置であり、捜査の中断による支障が顕著《けんちょ》な場合にだけ許されるとする立場である。従って、原則はいつでも接見の機会を与えよとするものであった。問題は「捜査の中断による支障が顕著な場合」とはどういう場合を言うのかであるが、この時は、事案が「取調べ中」の接見申出であったため、狭くも広くもまだ結着はつけられていなかったのである。

ところが、「最判平成三年五月一〇日、民集四五・五・九一九」がこれを解決した。この事案では取調べに入る二〇分前、まだ、被疑者の身柄はあいていたから争いは激化した。そして、最高裁は、「間近い時に右取調べ等をする確実な予定があって、弁護人等の必要とする接見等を認めたのでは、右取調べ等が予定どおり開始できなくなるおそれがある場合も含むものと解すべきである」と「捜査全般説」に一歩近づく一方、「その方法が著しく合理性を欠き、弁護人等と被疑者との迅《じん》速《そく》かつ円滑《えんかつ》な接見交通が害される結果になるようなときには、それは違法なものとして許されないことはいうまでもない」と、「限定説」の考え方にも考慮をはらっている。「準限定説」といわれるものである。(16)

何が違法、不当のそしりをまねくか。
三　第一は、時間が短すぎて防禦のチャンスを与えていないのではないか、と疑われることである。過去の事例であるが、面接の時間が、二分ないし三分というのがあった。「理由があったとしてもその指定が被疑者に権利として認められた防禦準備のためにはあまりにも短時間に過ぎ、かかる措置の不当であることは一応これを認めることができる。(17)」

では、何分ぐらいが適当とされるか。

これも、前述のように、捜査観の違いによって差がでてくる。捜査官と被疑者の立場を平等とする立場を強くすればするほど、接見は自由に、接見時間はできるだけ長く、ということになる。日本弁護士会では、三〇分を下らない、ということを目標にしている。(18)

学説では、「起訴前の防禦は、第一に起訴されないためであるから、少なくも起訴前に相当の猶《ゆう》予《よ》をおいてなるべく自由な接見・交通を許さなければならない。(19)」とするものがある。

判例には右の学説に影響されたものもあるが、(20)弁護人となろうとする者の接見目的について、次の注目すべき判例が現れている。

すなわち、「東京地決昭和四八年一一月二日、判例時報七二六・一一二」は、昭和四八年一一月二日になした検察官の接見指定を不服として準抗告をした弁護人の申立を棄却したのであるが、その理由の中で、警察官のしたと思われる第一回（一一月一日）の接見二〇分について言及しているのである。

弁護人は、一一月一日に接見指定を受けて警視庁A警察署で二〇分間被疑者と接見した。しかし、彼にとっては時間が短すぎたと不服《ふふく》を言う。まず、①十分事情聴取《ちょうしゅ》ができなかった。②勾留理由開示等の手続に関し早急に打合せをする必要がある。そのうえ、③被疑者の執行猶予取消請求に関し助言をする必要がある。かつ、④短時間のため被疑者から弁護人選任届に署名押印させることができなかった。それを検察官が、三日後の一一月五日にたった二〇分間の接見を許す、というのでは我慢ができない。一一月二日本日、午後三時から六時までの間に指定せよ、というのである。

裁判所は、こう判断している。

「弁護人となろうとする者の被疑者との接見交通権は、被疑者から被疑事件につき事情を聴取することにより、弁護人を受任するか否かを決定し、かつ、被疑者の選任の意思を明確にすることなどを主たる目的とするものであり、被疑事件その他につき助言をするなど弁護人としての活動をすることまでを許す趣旨では本来ない。」と言い切っているのである。実務では、弁護人となろうとする者が、それも、一人の被疑者に、何人も申しこんでくるという実情がある。あまりなものは、選任届を出して、正規に弁護人となった者でなければ認められない、として、それは、それなりに通ったこともあるが、一体、弁護人となろうとする者の接見目的はどの範囲が容認され得るものかということは、実務家としては、最も知りたいところである。

この判例は、その点で画期的《かっきてき》なものであるが、さて、その原理に照らすと、一一月一日、A署でした二〇分の接見はどのような評価を受けるか。次をみよう。

「以上の趣旨にかんがみれば、前記二〇分間の接見がなされた事実を考慮すると、その間に弁護人を受任するかどうかを決定し、かつ、弁護人選任届に被疑者が署名押印することは十分可能であったものと一応認められ（なお弁護人選任届に被疑者の署名押印を求めることは看守を介《かい》して行うことができる。）、更に前記のようにその四日後である同月五日二〇分間の接見の指定がなされているものであることを考慮すれば右指定が、弁護人となろうとする者の被疑者との接見交通権を検察官が不当に制限したものということはできない。」

弁護人は、二〇分間で足らなかった。先のが足りないから後のは四〇分だ、というのに対して、裁判所は足りる、と断言したのである。

この後、一〇分間でいい、という判例が現れた。理由は、右と全く同じである。すなわち、「札幌地決昭和四九年六月一二日、判例時報七四九・一一五」は、主文で「各被疑者一回に限り一〇分間ずつ」と指定し、理由では、「申立人らが未《いま》だ弁護人となろうとする者に過ぎないことを考慮すると、日時等は主文程度で十分であると考えられる。」としている。[21]

検察送致前の被疑者の接見は、通常一回がせいぜいであるが、ほとんど、弁護人となろうとする者として署へ現れるとみてよい。そこで、右、二つの判例は実務の手引として、はなはだ有用であると言わなければならない。

他の判例を見ても、警察官のする指定は、おおむね一〇分ないし二〇分である。[22]

四　第二に争われる問題は、接見の回数と、接見をさせる時期である。

前述の学説では、「起訴前の防禦は、第一に起訴されないためであるから、少なくとも起訴前に相当の猶予をおいて、なるべく自由な接見交通を許さなければならない。」としている。

警察官が行う接見の指定は、何しろ、四八時間内のことであるから、物理的にいっても一回がせいぜいであろう。それも、弁護人となろうとする者としての第一回の接見ということになる。

この一回は是非とも必要である。どうせ勾留をされる被疑者であるから、接見は、その後にしてもらおう。ともかく、四八時間の間は、時間がきついから、という考え方は許されない。(23)

昭和三八年一一月二二日、公職選挙法違反の嫌疑を受けて逮捕された被疑者の家族は、弁護士Aを弁護人として依頼した。

弁護士Aは、翌二三日、警察署へ出向いて接見の申立をした。これに対する司法警察員Bの返事が問題になったのである。

Bは言った。

「あの被疑者は、明日（二四日）ころ、検察官に送致するので、その後、検察官の指定によって接見して下さい。」

漠然《ばくぜん》としているが、これでも指定は指定である。弁護人は、それでは、警察段階での接見は許さない、ということではないかと怒《いか》り、直ちに準抗告の手続をとる。

そして、裁判所は、

なるほど、「検警一体化という捜査態勢上の要請も無視し得ないところであるが、そのために捜査の第一次的責任者は司法警察職員であること（一八九条二項）、司法警察員は送致時までに一応の捜査を終結すべき職責《しょくせき》を有すること（二〇三条一項）、司法警察職員も独自の立場において固有の接見指定権を認められていること（三九条三項）等の現行刑訴法下における司法警察職員の捜査遂行上の主体制や警察持ち時間における捜査の一段階性を考慮の外に置くことは到底《とうてい》許されないのである。」

と、警察官にとっては、実に、耳の痛い苦言《くげん》を呈《てい》されたのである。

捜査の主体性や、第一次責任を念頭においたら、検察官の所でしてもらえ、ということはないはずである。「実務上、指定の権限を有するのは、逮捕の初期段階では捜査主任官（捜査規範二〇条）」である。[24]

あるいは、これは四八時間以内では接見させられない、ということを主体的に言ったのだ、と抗《こう》弁《べん》するとすると、次に落ちる鉄鎚《てっつい》は、警察では、被疑者に認められた防御権は、全く無視するというのか、ということである。そんな主体性なら、ない方がよい、と。裁判所は、更に続けて言う。

「したがって接見を不相当とする特段の捜査上の事由があり、また、警察職員が刑事訴訟法第一九三条第三項所定の検察官の具体的指揮権《しきけん》の下にあってその捜査の補助にあたっているに過ぎない等、特別の場合を除いては」と誠に親切である。しかし、そのような事態はほとんどないことであることは警察と検察との関係について述べた前述のとおりである。裁判所は、その稀《まれ》中の稀の中ではじめて容認されることを、警察官の手でやっているのだぞ、というまことに皮肉《ひにく》な指摘をしているわけである。そして、

「被疑者の逮捕時から検察官に対する送致時迄のいわゆる警察時間内においても司法警察職員が弁護人と被疑者との接見機会を少なくとも一回以上付与すべきことは刑事訴訟法第三九条第三項の一応予定しておるところであると言わなければならない。」

とした[25]。全くそのとおり、というほかはない。

それでは、「検察官の指定によって接見して下さい」と言うかわりに、「私ではわからないから、捜査主任官の指定を受けてきて下さい」というのはどうか。

これは、先の例のように検察官依存主義ではなく、警察の内部の権限の分配の問題であるから、許されると言わなければならない。すなわち、警察官は、捜査主任官の指定のないことを理由に、接見を拒んでもいいとされるのである[26]。

いつさせるかについては、原則として官庁執務時間内である必要がある。

刑施法二二〇条によれば、接見は日曜日その他政令で定める日以外の日の留置施設の執務時間内

でなければ許さない。人数は三人以内。それは、留置施設の規律及び秩序の維持、その他管理運営上の必要のためにそうされているのである。

そこで、かつてはこれにより検察官のなした執務時間外の指定を不当とし、執務時間内に変更する、という判例が現れた。(27) しかし時勢は動いている。だから、右の制限外にどうしてもと言ってくる弁護人等については、管理運営上の支障がなかったら、許すのが正しいとされるのである。そのかわり、面会の場所については、必要な制限ができることとし、内閣府令で細かい規定をおくことにしている。

五 第三に、注意しなければならないのは、接見交通権の制限の手法は、日時・場所及び時間を具体的に示すことである、ということである。

司法警察員らは、弁護人らの接見の申立に対して、次のように告げた。

「現在取調べ中なので接見の時刻についてはあとで連絡します。」

これは違法である、というのである。すなわち裁判所は、

「……と伝えただけで、何時ころ会わせるということは伝えなかったことが認められる。してみると、何ら日時等を指定しないでこれを拒否した司法警察職員の右処分は違法であることが明らかであるからこれを取り消すべきである。」

として、指定をしなかった司法警察員に代わって、「申立人らは共同して、前項各被疑者と各被疑者一回に限り一〇分間ずつ、前同日午後九時三〇分から午後一一時まで接見することができる。」という決定を下した。

「あとで」というのは、意図はどうともあれ、接見禁止処分と同等の響きを持つのである。

指定にあたっては、後日の紛議《ふんぎ》を避《さ》けるため、文書で、すなわち、基本書式例様式第二〇号等(28)の「指定書」その他の文書を用い、これを交付する方法によるのが無難である。かつ、経過を明らかにしておく配慮を忘れてはならない。

六　第四に、書類若しくは物の授受に関しては立会人を置くことも、また警察官が仲介することができることも既に述べた。

第三九条第一項の「立会人なくして」は、その下の「接見」だけにかかるのである。

しかし、接見は、秘密裡《ひみつり》にできるのであるから、もし、その間に物の授受、書類の受け渡しがあっては、と心配になることもあるが、そのために、接見自体に立会人を置くことはできない。できることは、構造上それを妨げ得る接見室などの設備に頼ることである。

書類又は物については、検閲《けんえつ》ができるかというと、従来警察留置の四八時間内に限って言えば、それを許す法令がないとされていた。しかし、刑施法はその一九一条に金品の検査の規定をおき、また、信書についても、二二二条に留置業務管理者（警察署長）が、その指名する職員に検査を行わせる規定をおき、支障のあるものについては、それぞれ一九三条、二二四条によって物の引き取りを求め、信書の授受を禁止することもできることになっている。

これらによって、被疑者の防禦権の行使に全く関係がないもので、逃亡・自殺・罪証隠滅などの理由をゼロにしてしまうおそれのある物や、留置施設の平穏を害するおそれのある物を検査し、取り上げ、保管又は廃棄することは、さきに述べたとおりである。

七　警察官が、独自に判断しなければならない四八時間の段階において、弁護人又は弁護人となろうとする者以外の家族・友人・上司等との接見について、刑施法二一六条は、「これを許すものとする。」とした。しかし、許さない場合もある。その一は、外国人で通訳を必要とするのに、その通訳費用を払おうとしない場合、その二は、その被留置者が未決拘禁者であって、刑事訴訟法が面会を許さない場合である。

なお、被留置受刑者については、その対象が限定されていて、許されるのは、その者の親族が一、その者の身分上、法律上又は業務上の重大な利害にかかる用務の処理のため面会を求めてくる者が二である。そして、その三は、その者の更生保護に関係のある者、その者の釈放後雇用《こよう》したいとする者、さらに、改善更生に役立つと思われる者である（刑施法二一七条）。

外国人については、右と同じ取り扱いになる。では、例外はないか、というと、それ以外の者でも、その者と被留置受刑者との交友関係の維持その他面会することを必要とする事情があれば、考えなければならない。そして、面会することによって、留置施設の規律及び秩序を害する結果を生ずるようなら、もちろんダメ、また、本人の改善更生にじゃまになるようなら、これもダメと判断するのが、正しいが、でなければ許すことがあっていい。もちろん、その被留置受刑者に余罪があって勾留されているような場合なら、刑事訴訟法による禁止があることは、右の場合と同様である。

刑施法は、さらに、留置業務管理者にこんな権限を許している。

その一は、未決拘禁者についてであるが、指名する職員に面会時の立ち会いをさせる。さらに、面会状況を録音させ又は録画させることである（刑施法二一八条一項）。未決拘禁者以外の被留置者についても、留置施設の規律及び秩序の維持その他の理由があれば、右と同じ処置がとれる（刑施法二一八条二項）。弁護人等との面会はもちろん、この権限からは除かれているから注意しなければならない。刑施法は、これらについて次のように、念には念を入れた注意を書き込んでいる。なんでもかんでも立ち会ったり録音録画をされてはたまらない。すなわち、次の者については黄門様の印籠《いんろう》があるぞ、というわけだ。

まず、国又は地方公共団体の職員で、処遇状況を調査にきている者である。同じく、処遇状況につき、不服申し立てがあって、その調査に出向いてきている弁護士も同じ事になる（刑施法二一八条三項）。

次の問題は、いったん面会を許したら、もう、何をされても手も足も出ないか、たとえば、どかどか大勢でやってくる、それも、入れ替わり、立ち替わり、のべつ幕なしでやってくるなどという場合である。当然常識は、留置業務管理者に、何らかの制止、制限の権限があってしかるべきだ、ということになるはずだ。その点法律は常識的である。

まず、弁護人等は、別として、それ以外の者の面会については、面会の相手の人数、面会の場所、日及び時間帯、面会の時間及び回数その他面会の態様について、制限することができる（刑施法二二〇条五項）。ところが、この制限を無視して現れた。そういう場合は、制止できるのはもちろん、面会の途中からおかしな事があれば、留置施設の規律及び秩序のため、一時停止を命じたり面会の場所からの退去を求めたりできるのである（刑施法二一九条一項一号）。さて、面会の会話が始まった。暗号その他、職員に理解できないやりとりをしている。もちろん直ちに停止あるいは退出命令だ。犯罪の実行を共謀しようとしている。とんでもない。あおり、唆《そそのか》そうとしている。言語道断だ。要するに、留置施設の規律及び秩序を害そうとするような言動が許されるわけはない。警察官は毅然《きぜん》として対応することになるのである（刑施法二一九条一項二号）。未決拘禁者なのに、相手が、罪証隠滅の結果を生ずるおそれのある内容の発言をする。それはダメ（刑施法二一九条一項三号）。今度は留置受刑者なのに、その改善更生に害になることを言っているそれもダメ、前述の特定用務できていながら、それ以外の余計な話をしている。直ちに停止だ（刑施法二一九条一項四号）。言うことに従わないならば、その面会を終わらせることにする。当然なのだ（刑施法二二九条二項）。

四　検察官による接見交通の制限

一　勾留被疑者と逮捕被疑者　二　一般的指定書
三　警察官の措置　四　書類又は物の授受
五　弁護人等以外の者

一　四八時間以内に身柄の送致がなされるとなお二四時間は、いわゆる検察時間として逮捕が続き、勾留になると次は起訴されるまで、同じく被疑者として、留置施設に拘禁されている。

二　検察官は、指定を文書ですることが原則だが、口頭（電話）やファクシミリでもよいこととされている。文書でくる場合は、先に「接見等の指定に関する通知書」がくる、という運用が行われていた時代がある。これは、「指定することがあるので通知する。」という内容で、おっつけ、具体的に日時、場所等の指定がくることを予告する内部的な事務連絡文書であり、従来「一般的指定」と言われていたものである。

弁護人又は弁護人となろうとする者が、あらかじめ検察官の所へ行き、検察官から、指定を受けてから警察へ来る場合は問題がない。

先に警察に来て、会わせろ、会わせないの押し問答をする場合に、下手《へた》をすると、被疑者の防禦権を不当に制限した、という誹《そし》りを受けることが多いのである。

具体的な指定をせず、あとで、というのは、今は、接見を禁止するという一般的な処分をしたのと同様ではないか。もともと接見の日時・場所及び時間を指定できるのであって、接見を禁止することはできないはずである。そこで、一九八八（昭和六三）年、法務大臣訓令の一般的指定に関する部分は廃止されることになり、また、電話やファクシミリによる指定も解禁になったのだ。

以後、検察官は、「日時、場所及び時間を指定することがあるので通知する」旨の通知書を作成し、これを被疑者の身柄が拘束されている施設に送付する運用になっている。

留置業務管理者とその指名する職員は、接見の申出があればその都度《つど》個別に「捜査の必要」を判断し、捜査の必要があれば、弁護人と協議の上、個別の日時、時間を指定する、という方式で行わ

れるのである。判例の積み重ねによる成果の一つである。(29)

三　警察官は、当該捜査の主宰者として捜査のため必要があるときに関して、事前に十分、検察官と打合せを遂げ、検察官が申出を受け次第、いつでも具体的指定ができる態勢を整えておく必要があろう。

弁護人が間違って先に警察署へ来た場合でも、警察電話によって検察官とよく打合せを遂げ、電話による指定を実行することによって弁護人の便宜《べんぎ》をはかる配慮も考えておく必要がある。その場合は、文書で経過を明らかにし、後日の紛議に備えておかなければならない。

四　「書類若しくは物の授受」に関しては、被疑者その人に会うこととは違う扱いになる。弁護人の秘密交通権というと、何から何まで秘密にしなければならないように聞こえるが、物の授受はまた別問題である。

「立会人なくして」という文言は「接見」にのみかかり、書類・物の授受にはかからない、と解してよい。留置業務管理者は、その指定する職員に内容を点検させ、留置施設の規律及び秩序に支障のある物を発見したら、差し入れさせてはならない（刑施法一九一条三号・一九三条一項一号）。信書については検査を行わせるものとする（刑施法二二二条）。

五　被疑者は、勾留されてから後、家族等と接見し、又は書類若しくは物の授受をすることができる（八〇条、二〇七条一項、刑施法二二六条）。勾留前の被疑者段階でも、捜査機関が許せば、家族等に会うことはできる（刑施法二二一六条）。

刑訴法はまず被告人に関して第八〇条を置き被告人は、家族等と接見し、又は書類若しくは物の授受をすることができることを明らかにし、次に、勾留中の被疑者に関して第二〇七条第一項を置いて、そのことを明らかにしている。

しかし、第八〇条の接見交通も、全くフリーにできるのでないことは当然である。

まず第一に、「法令の範囲内で」なければならない（八〇条本文中）。言いかえれば、刑施法に規定する方式や制限の範囲内で実行されるものである、ということ。

第二に、逃亡し又は罪証を隠滅すると疑うに足りる相当な理由があるときは、裁判所は、全面禁止を含めて制限の措置をとることができる。その場合、裁判所は、自ら職権によってしてもよし、また検察官の請求によってしてもよい。それは、糧食《りょうしょく》の問題である。糧食の授受を禁じ、又はこれを差し押さえることはできないとされる（八一条ただし書）。

また、この手続きに関しては警察官に請求権がない。たとえば、勾留中の暴力団被疑者の組の者から接見の申込があるとすると、捜査をしている警察官は、検察官に連絡し、接見禁止ないしは制限の請求を裁判所にしてもらうことになる。しかし、刑施法は、たとえば、「書類若しくは物の授受」中の信書の扱いを取り出してみても、その第二編第三章に被留置者の処遇を置き、その第一〇節には、「外部交通」の扱いを置く。そして、その第二款には信書の発受が、七条に渡って規定されているのだ。被留置者の信書発受は、刑訴法の規定によって許されない場合を除いて、基本的には「許すものとする」（刑施法二二一条）が、その答えであり、許す許さないの前提として検査を先行させることにもしている（刑施法二二二条）。

右に述べたような刑訴法の規定がかかってくるのは、未決拘禁者である。その他の被留置者について言うと、この第二款に規定される制限にかからなければ、信書の発受は許されるのだ。

刑施法は、刑訴法の規定とは別に、留置施設の規律及び秩序の維持のために、制限ができるようにしているのである。

五　再逮捕と接見交通の制限

一　公訴提起後の接見交通権　二　被告人の余罪と接見交通の制限

一

すでに起訴されて被告人となっている者に余罪があり、再度逮捕勾留の上でその余罪を調べることがある。

もともと接見交通の制限は、公訴の提起前、すなわち、被疑者の段階について認められているものであるから、公訴提起後、すなわち、被疑者が被告人になってから後は、制限できないとするのが本当である。(30) 刑施法二一六条も「刑事訴訟法の定めるところにより面会が許されない場合」を「未決拘禁者である場合」にしている。

二　しかし、同一人が、いくつも犯罪を犯しているのに、たまたまそのうちの一件が起訴されたからといって、余罪についても、すべて弁護人が自由に接見交通することになれば、余罪の捜査は、著しく困難なものになる。

そこで、すでに起訴され、被告人となった地位を尊重する反面、余罪について強制捜査をする場合は、それにつき、接見等の指定ができることにして、被疑事件について捜査官が有する接見指定権と、本来指定権の制約を受けないはずの被告事件に関する弁護人の接見交通権との調和をはかる必要がある。


最決昭和五五年四月二八日、集三四・三・一七八は、その問題を解決して次のように言っている。

「同一人につき被告事件の勾留とその余罪である被疑事件の逮捕・勾留とが競合している場合、検察官等は、被告事件について防禦権の不当な制限にわたらない限り、刑訴法三九条三項の接見等の指定権を行使することができるものと解すべき」であるとし、また、最決平成元年一月二三日、判例時報一三〇一・一五五は、その考え方を踏まえて接見交通権の制限が、その後の自白の任意性に影響する場合のあることを前提としながら、なお被告人のした余罪に関する自白調書の証拠能力を認めてくれている。

すなわち、学説の中には、被告人・弁護人のもつ接見交通権を重視して、一旦起訴された以上、余罪について接見指定権の行使は許されないとするものもあったが、(31)最高裁は、両権の調和をとりつつ、被告人の余罪について接見指定権の行使を認める結論を出しているのである。実務上重要な意義を有するものである。

(1)　福岡地判平成三年一二月一三日、判タ七九一・一二二、判例時報一四一七・四五　この判決は任意捜査中の接見妨害を正面から咎《とが》めた初めての判決と目される重要なものである。

(2)(3)　同右判決

(4)　特別弁護人を規定する第三一条第二項によるとこれを選任するかしないかは、裁判所の裁量に任せられている。控訴審・上告審では、特別弁護人を用い得ないことは、明文によって明らかである（三八七条・四一四条）。また、地方裁判所においても、ほかに弁護士がいることが条件になっている。被疑者については、直接明文を欠くが、おくことができないと解されている。小野ほか「ポケット註釈全書(3)改訂刑事訴訟法」五四頁は、「起訴前の弁護人も必ず弁護士の中から選任されなければならない。」団藤重光「条解刑事訴訟法上」七三頁も右と同文同意であり、平野龍一「刑事訴訟法」七六頁も「被疑者は許されない」としている。

(5) 平野龍一「刑事訴訟法」七七頁

(6) 小野ほか「ポケット註釈全書(3)刑事訴訟法」五一頁は、「選任は、裁判所又は捜査官憲に対する訴訟行為である。その方式については規則第一七条・第一八条参照。本人と弁護人との間の委任契約又は授権行為とは直接の関係がない。」

(7) 規則第六〇条は、官吏その他の公務員以外の者が作るべき書類には、年月日を記載して署名押印しなければならないとする。その趣旨は、「手続を厳格丁重にして過誤のないようにしようとするためである。」（最決昭和四〇年七月二〇日、刑集一九・五・五九一）

(8) 伊藤栄樹「刑訴法の実際問題」一一六頁は、「起訴前における弁護人の選任は、第一審においても効力を有するような方式で行われねばならないものであることが刑訴第三二条第一項によって読みとられる」とする。なお、伊藤氏は、「規則第一七条は、起訴前における弁護人の選任も、同条に定める方式でなされることを予定しつつも、事が捜査段階のことがらであるので、裁判所規則によって定めることはその所管外であるか、あるいは、少なくとも適当でないとして、あえて規定しなかったものと考えるべきであろう。」とされるが、団藤重光「条解刑事訴訟法上」七一頁は、「この規定は、捜査中の方式に関するので、規則制定権（憲法七七条）の範囲外のようにもみえるが、公判手続における効力との関係で規定したに過ぎないから、やはり規則制定権の範囲に属する。」とする。

また、伊藤氏は、「法の明文を規則によって変更することができないことは言うまでもない。」という受け取り方をするのに対して、団藤氏は、「法第三二条第一項の規定を規則で制限した点で、法律違反の規則として無効ではないかとの疑いがある。しかし、公判手続における効力に関係のある限度で起訴前の弁護人選任の方式を規定し、それに違反する選任を法第三二条第一項との関係で無効（一種の相対無効）としたものにほかならないから、法律違反の規則というのはあたらないと解する。」としている。

(9)　たとえば、選任届書に「氏名不詳A・B・C」と記載拇印《ぼいん》してした弁護人選任行為も法令上の方式に反し、無効とする（札幌高判昭和二七年九月九日、刑集五・一〇・一六五三）。

合理的な理由がないのに氏名を記載しない弁護人選任届は無効であり、当該弁護士のした上告申立も不適法であるとする（最決昭和四〇年七月二〇日、刑集一九・五・五九一〇）。氏名を記載することができない合理的理由がないのに被告人の署名のない弁護人選任届によってした弁護人の選任を無効と解しても憲法第三七条第三項に違反しない、として保釈に関する準抗告の無効決定に対する特別抗告を退けた（最決昭和四四年六月一一日、刑集三三・七・九四一）。などがある。いずれも、起訴後の弁護人の選任を問題にしたものである。

(10)　団藤重光「条解刑事訴訟法上」八七頁「『弁護人を選任することができる者の依頼により弁護人となろうとする者』とは、弁護人選任権者（三〇条）の依頼を既に受けているが、まだ選任の手続をしていない者をいうと解する。」小野ほか「ポケット註釈全書(3)刑事訴訟法」六九頁は、「依頼を受けているが、まだ選任書を差し出していない者をいう。」としている。

(11)　複数の弁護士会があり。その上に「日本弁護士連合会（日弁連）がある。弁護士はその職務を行うに際して日弁連の制定した記章（弁護士バッジと通称するもの）を帯用することとされている（日本弁護士連合会会則二九条二項参照）。

(12)　東京地決昭和四五年一〇月八日、判例時報六〇八・一七六は、「選任された二人の弁護人の他にも被疑者の依頼により弁護人となろうとする者として、これまで三人の弁護士が接見していることが窺《うかが》われるし、今後も選任届を提出して弁護人となることができるのにそれをせず、次々と多数の弁護士が弁護人となろうとするものとして被疑者に接見を求めること（これは刑訴規則第二七条の趣旨に反する行為といえる。）もなしとしないことを考えると、検察官が現時点において、申立人に対して、選任届を提出しない限り被疑者との接見を許さない旨の処分をしたのは、蓋《けだ》し、妥当《だとう》というべきもので、これをもって違法不当の措置と断ずべきではない。」として申立を棄却している。

(13) 当事者主義の裁判構造を、捜査の段階にまで徹底させようとする、捜査構造論者のチャンピオン、平野龍一「刑事訴訟法」の一〇五頁は、「捜査機関は、被疑者に自白させるために、被疑者と弁護人との接見をできるだけ妨げようとする傾向がある。そして『捜査のため必要がある』ということを、捜査が一段落して、もはや弁護人と会わせても、捜査に支障がおこらないようになるまで、という趣旨に解しているように思われる。しかし、これは勿論不当である。『捜査のため必要がある』というのは、少なくとも現に取調中である場合に限らなければならない。この但書の事由にあたる事情があるかどうかは、捜査機関には判断できないから、明らかに理由がないと思われる場合の外は弁護人の主張に従う外はない。」同旨の井戸田侃「刑事訴訟法要説」六〇・六一頁は、「現行法のもとでは捜査機関のみならず、被疑者・弁護人も捜査活動（防禦的捜査）をなしうると考えねばならない。被疑者は、捜査の主体でこそあれ、糺問《きゅうもん》の客体を占めるものではない。……弁護人の接見要求に対しては、少なくとも被疑者を現に取り調べ――これは後述のように、原則として被疑者の弁解を捜査機関が聴取する内容をもつている――場合以外は許されねばならない。」

(14) 福岡地決昭和三〇年八月六日、判例時報六〇・二六は、「『捜査のため必要があるとき』とは、同条第二項の趣旨に照らして罪証隠滅のおそれがある場合をも含むと解すべきであり、……本件被疑者は逮捕後の検察官の弁解録取並びに裁判官の勾留尋問に際して金員受取の事実は認めているものの賄賂《わいろ》としての趣旨を否認しており、収賄被疑事件の性格と相俟《ま》って罪証隠滅のおそれが全くないとは言えないので弁護人の弁護権（被疑者の防禦権）を不当に制限しない限り、右理由によって弁護人と被疑者との接見に関し、日時・場所及び時間を指定することは、必ずしも違法であると言うべきではない。」とする。

最高裁も「捜査機関は、弁護人等から被疑者との接見の申し出があった時は、原則として何時でも接見の機会を与えなければならないものであり、現に被疑者を取調中であるとか、実況見分・検証等に立ち合わせる必要がある等捜査の中断による支障が顕著な場合には弁護人等と協議してできる限り速やかに接見のための日時等を指定し、被疑者が防禦のため弁護人と打合わせることのできるような措置をとるべきである」という言い方で、「捜査のため必要があるとき」が、「取調べるための必要」に限定されるものでないことを示している（最判昭和五三年七月一〇日民集三二・五・八二〇）。

(15)　青柳文雄「五訂刑事訴訟法通論上巻」一九八頁は、「この接見交通の制限は汚職、公職選挙法違反のように相互の供述が主たる証拠になる事件に多く、次いで共謀の立証をしなければならない事件殊に公安事件で行われる。」実情を指摘しながら「捜査のための必要」を「取調中の場合に限る」と、「この種の犯罪の捜査はほとんど断念のほかなく、殊に収賄へのブレーキが欠けることにもなりかねない。」ことを指摘される。

(16)　最判平成三年五月一〇日、民集四五・五・九一九

弁護人又は弁護人を選任することができる者の依頼により弁護人となろうとする者（以下「弁護人等」という。）と被疑者との接見交通権が憲法上の保障に由来するものであることにかんがみれば、刑訴法三九条三項の規定による捜査機関のする接見又は書類若しくは物の授受の日時、場所及び時間の指定は、あくまで必要やむを得ない例外的措置であって、これにより被疑者が防御の準備をする権利を不当に制限することが許されないことはいうまでもない。したがって、捜査機関は、弁護人等から被疑者との接見等の申出があったときは、原則としていつでも接見等の機会を与えなければならないのであり、これを認めると捜査の中断による支障が顕著な場合には、弁護人等と協議してできる限り速やかな接見等のための日時等を指定し、被疑者が弁護人等と防御の準備をすることができる

ような措置を採るべきである（最高裁昭和四九年オ第一〇八八号同五三年七月一〇日第一小法廷判決・民集三二巻五号八二〇頁）。

そして、右にいう捜査の中断による支障が顕著な場合には、捜査機関が、弁護人等の接見等の申出を受けた時に、現に被疑者を取調べ中であるとか、実況見分、検証等に立ち会わせているというような場合だけでなく、間近い時に右取調べ等をする確実な予定があって、弁護人等の必要とする接見等を認めたのでは、右取調べ等が予定どおり開始できなくなるおそれがある場合も含むものと解すべきである。

右のように、弁護人等の必要とする接見等を認めたのでは捜査機関の現在の取調べ等の進行に支障が生じたり又は間近い時に確実に予定している取調べ等の開始が妨げられるおそれがあることが判明した場合には、捜査機関は、直ちに接見等を認めることなく、弁護人等と協議の上、右取調べ等の終了予定後における接見等の日時等を指定することができるのであるが、その場合でも、弁護人等ができるだけ速やかに接見等を開始することができ、かつ、その目的に応じた合理的な範囲内の時間を確保することができるように配慮すべきである。そのため、弁護人等から接見等の申出を受けた捜査機関は、直ちに、当該被疑者について申出時において現に実施している取調べ等の状況又はそれに間近い時における取調べ等の予定の有無を確認して具体的指定要件の存否を判断し、右合理的な接見等の時間との関連で、弁護人等の申出の日時等を認めることができないときは、改めて接見等の日時等を指定してこれを弁護人等に告知する義務があるというべきである。そして、捜査機関が右日時等を指定する際いかなる方法を採るかは、その合理的裁量にゆだねられているものと解すべきであるから、電話などの口頭による指定をすることはもちろん、弁護人等に対する書面（いわゆる接見指定書）の交付による方法も許されるものというべきであるが、その方法が著しく合理性を欠き、弁護人等と被疑者との迅速かつ円滑な接見交通が害される結果になるようなときには、それは違法なものとして許されないことはいうまでもない。

(17) 最判昭和二八年七月一〇日、集七・七・一四七四頁

(18)　たとえば、新関ほか、「令状基本問題七五問」二八〇頁で、神垣英郎裁判官は、「被疑者が捜査機関に対抗して防禦をつくすには、弁護人と接見して事案の内容、自分の主張、弁解、取調べの状況等を告げ、弁護人に証拠収集等防禦の準備をつくさせ、かつ弁護人からの助言により取調べに適切に対処することが極めて重要であろう。」とする。この立場に立つ限り、「僅《わず》か一〇分や一五分の接見では単に被疑者と弁護人とが顔を合わせたというにすぎず、実質的な話をかわすことは困難であろう。接見を意味あるものにするには、少なくとも三〇分間以上の接見時間が必要と思われる。」ということになり、日本弁護士会の規則改正意見――「法第三九条第三項に規定する接見の指定については、……接見時間は毎回三〇分を下らないものとしなければならない（裁判所、時報二九六号）。」に共鳴することになる（同書二八四頁）。

(19)　団藤重光「条解刑事訴訟法上」八九頁、平場安治「刑事訴訟法要論」五六頁は、「被疑者・被告人から事情や言い分等を十二分に聴取し、また場合によってはこれらの者に対して黙秘権等の法律上認められた権利を教示するなど、防禦について万全の打合せをしなければならない。」とする。

(20)　福岡地決昭和三〇年八月六日（前出注(13)）は、「公訴提起前における弁護人の弁護権とは被疑者に公訴提起を免れしめるための弁護活動をする権利と、公訴提起後における弁護活動の準備をする権利（被疑者の側からいえば公訴提起を免れるための防禦をする権利と、公訴提起後の防禦の準備をする権利）の両者を含むものと解すべきである。」としているが、時間についての意見は定かでない。

なお、この意見は、団藤重光「条解刑事訴訟法」八九頁と同旨である。

(21)　日本の制度に指導的な役割を果したアメリカの弁護制度について、宮原守男弁護士の紹介がある。被疑者と弁護人との接見の目的は、アメリカでは、「①被疑者の信頼を得て真実の供述を得ること。②特に否認事件につき被疑者を激励すること。③警察官の握っている証拠を聴取して公判の準備をすること。」である（宮原守男「弁護人から見た捜査下」、「警察学論集」二一・

二）。青柳教授は、これに対して、「わが国では②を中心にして次いで①であって、③は公訴の提起から速やかに陪審の審理に移るのではなくて、犯罪が重大であればあるほど公判開始までに相当の期間があり、また汚職事件、公職選挙法違反事件では公訴提起後速やかに保釈になるし、そうでなくても勾留中の被告人と弁護人の打合せに制限がなくなる建前であり、しかも訴因について有罪の答弁をするか否かをめぐって検察官と弁護人が駆けひきをしないわが国では、捜査段階ではそれほど重視するにあたらない。そうなると、②のためであれば面接時間は一五分でも足りるだろうし、①のためでも普通の事件なら三〇分で十分ということになろう。」と批評されている（青柳文雄「五訂刑事訴訟法通論上巻」一九八・一九九頁）。

(22) 伊藤栄樹「刑訴法の実際問題」一〇二頁は、「裁判実例を虚心に通覧すると、事案の内容にもよるが、ごく大ざっぱにいって、逮捕当初から弁護人等による接見の要求があったとした場合、少なくとも、逮捕中に一回、勾留後比較的早い機会に一回、そして、勾留期間満了までにもう一回、また、勾留期間が延長された場合には更に少なくとも一回の接見の機会を与えるのが相当であり、そのつどの接見時間は、逮捕中は一〇分ないし一五分以上、勾留中は二〇分ていど以上が相当であるというような印象を受けるがどんなものであろうか。」としている。裁判例では、単に、警察官のした指定の当否を決定するだけのものと、裁判所が、まず、警察指定を取り消し、進んで時間を定める例があるので、それをみると、七例中、一五分が二例、二〇分が三例で多く、一〇分と三〇分が各々一例でている。

(23) 最判平成一二年六月一三日、民集五四・五・一六三五は、「逮捕直後の初回の接見は、身体を拘束された被疑者が弁護人選任を目的とし、かつ、今後捜査機関の取調べを受けるに当たっての助言を得る最初の機会であって、憲法上の保障の出発点をなすものであるから、速やかに行うことが防御の準備のため特に重要である。」という。

(24) 松尾浩也「刑事訴訟法上」一二四頁

(25) 熊本地決昭和三八年一一月二四日、下刑集五・一二〇三

(26) 最判平成三年五月三一日、判タ七六三・一七七、判例時報一三九〇・三三は、「捜査機関は、弁護人等から被疑者との接見等の申出を受けたときは、速やかに当該被疑者についての取調状況等を調査して、右のような接見等の日時等を指定する要件が存在するか否かを判断し、適切な措置を採るべきであるが、弁護人等から接見等の申出を受けた者が接見等の日時等の指定につき権限のある捜査官（以下「権限のある捜査官」という。）でないため右の判断ができないときは、権限のある捜査官に対し右の申出のあったことを連絡し、その具体的措置について指示を受ける等の手続を採る必要があり、こうした手続を要することにより弁護人等が待機することになり又はそれだけ接見が遅れることがあったとしても、それが合理的な範囲内にとどまる限り、許容されているものと解するのが相当である。」とする。

(27) 鹿児島地決昭和三八年一一月三〇日、下刑集五・一二〇九は、「勾留された被疑者と弁護人となろうとする者との接見は執務時間中に限られているところ（監施則一二二条 ※今の刑施法二二〇条）、検察官は右被疑者両名と弁護士との接見の日時を昭和三八年一一月三〇日午後六時以降と指定しており、しかも右の時間に接見を許さねばならないような特段の事情も認められないのであるから、右の処分は明らかに不当な措置と言わなければならない。」として、「検察官が昭和三八年一一月三〇日午後六時以降と指定した接見の日時を同日午後四時から同四時二〇分までと変更する。」という決定を下した。

(28) 「指定書」は、基本書式例第二〇号に一応定められているが、「必ずしもこれによることを要しない」とされているので、「等」の字を付した。

(29) 熊谷ほか「捜査法大系Ⅱ」弁護人との接見交通・千葉裕一九二頁は、「鳥取地裁の決定を皮切りとして一般的指定そのものを取り消す決定が十数件も相次いで現れたことにより、裁判例の大勢はおおむねその方向に定まった

とみることができよう。」と言っている。

(30) 最決昭和四一年七月二六日、集二〇・六・七二八「およそ、公訴の提起後は、余罪について捜査の必要がある場合であっても、検察官等は、被告事件の弁護人または弁護人となろうとする者に対し、同三九条③の指定権を行使し得ないものと解すべきであり、検察官等がそのような権限があるものと誤解して、同条一項の接見等を拒否した場合、その処分に不服がある者は、同四三〇条により準抗告を申し立てうるものと解するのを相当とする。」

(31) 熊谷ほか「捜査法大系Ⅱ」起訴後の余罪に関する接見交通・岡部泰昌二〇一頁

第六章　物に対する強制捜査

第一節　強制捜査としての捜索・差押《さしおさえ》・検証

一　どういう場合に強制ができるか

一　捜査を遂げるためには、犯人を捕まえるだけでなく、多くの証拠物を手に入れなければならない。

犯人を捕まえるにしても、それ相当の嫌疑を深める物的材料というものがなければならない。「証を得て人を求む」である。

目撃者や、被害者等の関係者から聞きこんだことのうち、その内容を供述書、すなわち「証拠書類」として裁判に提供しなければならないものもある。

凶器や盗品等のように犯罪事件のきめ手になるかもしれない「物的証拠」もある。

麻薬のように、所持自体が処罰の対象となる、いわゆる禁制品もある。

そういう「物（証拠物又は没収すべき物）」を、任意に取り上げる捜査活動として、捜索・押収（領置）・検証（実況見分）があることは、さきに述べた。そして、相手方の承諾《しょうだく》が得られない場合や、また、たとい承諾が得られたとしても自粛《じしゅく》する必要のある場所として、人の住居等のあることも既に述べた。

捜査は、任意が原則であり、また人権を侵すおそれがない限り、その方法も千差万別《せんさばんべつ》であるが、最後のところでは、被疑者の人権を制限するわけであり、その過程においても人権をへこますことを許容しなければならない活動があるわけである。

その最たるものが、人の身柄の拘束である。この、人を取る、また、取らないまでも裁判にかける前提としての証を求める活動が、捜索・押収・検証であり、また取った人の罪状を固めるための活動が、捜索・差押《さしおさえ》・検証である。

それは、被疑者を中心として、前後・左右に展開される捜査活動である。そして、それは、任意を原則としながら、一定の場合に強制手段を用いることが許されている。強制の許される場合は二つある。

その一は、人を逮捕する場合である。人を逮捕する、という重大な人権にかかわる行為が許されるときに、その被疑者に関係のある証拠物や没収物を取り上げるのは当然だからである（二二〇条）。

その二は、令状を得てする場合である（二一八条）。

憲法第三五条は、「①何人も、その住居、書類及び所持品について、侵入、捜索及び押収を受けることのない権利は、第三三条の場合（逮捕された場合）を除いては、正当な理由に基いて発せられ、且《か》つ捜索する場所及び押収する物を明示する令状がなければ、侵されない。②捜索又は押収は、権限を有する司法官憲が発する各別の令状により、これを行ふ。」としている。刑事訴訟法も、後述のように、これを受けた幾つかの規定をおいている。

二　憲法の考え方は、強制手段は、裁判官の発する令状によってするのが原則であり、それを発する前提としての理由や必要性は、捜査機関の恣意《しい》に任せてはおかない、とするものである。

しかし、原則があれば例外がある。社会実態上の経験に照らせば、それは、あまりに複雑であり、あまりに多岐《たき》に分かれるものであるため、それを、一つの原則に包み込むことは到底《とうてい》不可能である。そこで、一応原則を立ててできるだけ、実態の方をそれに合わせるように努力することとし、はみ出すものは、「例外」として理論上は処理しようとするのが、人間の理性の知恵であった。

そうした知恵の現れとして、構成されているものが、「逮捕する場合において必要があるとき」は、令状がなくてもいいことにしよう、という考え方である。

逆に言えば、社会実態上の必要が、令状を得るという裁判官の参加をいただく儀式を行っている暇《ひま》がない場合である。

三　ここにおいて、警察官は、被疑者を追跡・逮捕するにあたっては、被疑者を目の前に見る限り、みずからの判断で捜索・差押・検証ができ、住居主・看守者・所有者等が反対しても、初志《しょし》貫徹《かんてつ》が許されるのであり、また裁判官の令状を得さえすれば、原則としてどんな場所でも、どんな相手でも、強制的に、捜索・差押・検証をしてもよい。

しかも、捜索・差押のために錠《じょう》をはずし、封《ふう》を開き、その他必要な処分をすることができる。状況によるが、金庫を壊《こわ》して中を改めてもよい（一一一条）。

また、執行中、関係のない者を追い出し、邪魔《じゃま》が入らないように出入を禁止することもできる（一一二条）。

その反面、立会人をおいて、手続が公正に進められていることを担保しなければならない。とくに、公務所の場合は、特別の場合を除いてこれを欠くことができない（一一四条）。もっとも弁護人等を立ち会わせる必要はない。

四　公務についての保護は、立会人を確保して看視にあたるばかりでなく、押収拒絶権を与えることによって完璧《かんぺき》にされている。

すなわち、現在公務員である者又はかつて公務員であった者が、保管したり所持したりしている物の差押については、待った、が入ることがある。その差押対象物が、公務の秘密に属するものであり、当該公務員又は当該公務所からその旨《むね》を申し立てられたときは、その差押を中断し、監督者の承諾《しょうだく》を得るようにしなければならない。

国会議員ならば所属する院の、大臣ならば内閣の承諾がいることとされている。

それでは、汚職《おしょく》や選挙のように、公職関係の犯罪捜査はできなくなるのか、というと、そうではなく、監督官庁・院・内閣ともに、国の重大な利益を害する場合を除いては、承諾を拒むことができないのである（一〇三条・一〇四条）。

弁護士・医者のように、業務上、人の秘密を知り、しかも、それを他に漏《も》らさない、という信用で成り立つ職業がある。

医師・歯科医師・助産師・看護師・弁護士・弁理士・公証人・牧師・僧侶がそれである。これらの者も、押収拒絶権を与えられている。その拒絶が絶対のものではあり得ないことは、公務の場合と同じである。

本人（つまり依頼人・患者等）が承諾すれば拒絶の理由がなくなるのは当然として、拒絶することが、被疑者のためのみにする権利の濫用《らんよう》である場合、つまり、医者と本人が結託して被疑者を無罪にするため、重大な証拠を拒絶によって裁判に利用させないように画策《かくさく》するなどのことは許されない（一〇五条）。

五　検証は事実の発見のために行われるのであるが、そのため、死体を解剖《かいぼう》したり墳墓《ふんぼ》を発掘《はっくつ》したり、その他必要な処分をすることができる（一二九条）。

また、鑑定人にさせることもできる。むしろ、死体解剖のように、鑑定人がするのが普通である場合が多い。しかし、その場合の鑑定処分許可状の請求手続は司法警察員がする。

なお、精神鑑定のように病院にとめてする必要のある鑑定のために、鑑定留置の制度がある。この場合は、鑑定処分許可状のほかに鑑定留置状を必要とする（一六七条）。

六　逮捕をする場合の捜索・差押・検証と、令状による捜索・差押・検証の場合とでは、いろいろ違う面が出てくる。

前者は、緊急の場合であるから、普通の場合に比較すると、省略《しょうりゃく》できることが手続の面ででてくる。たとえば、立会は、令状による場合は必須《ひっす》の条件であるが、逮捕する場合では省略してもよい場合がある。

令状を執行するには、その令状を見せるのが普通であるが、逮捕する場合はその必要がない。また、令状の執行は、日の出前、日没後はだめだとか、時間的制約があるのに対して逮捕する場合は、それがない。

以下、場合を分けて説明しよう。

二　逮捕をする場合の捜索・差押・検証

一　種類　二　被疑者の捜索　三　逮捕現場での差押等

一　警察官は、被疑者を逮捕する場合において必要があるときは、強制捜査としての捜索・差押・検証をすることができる。

逮捕をする場合だから、逮捕の種別を問わない。地域警察官がよくぶつかる現行犯の場合は当然として、通常逮捕状はとったが、被疑者の居所がはっきりしなかったので捜索・差押許可状はまだもらっていない、という場合も、さて、被疑者の居場所がわかった、逮捕に行け、ということになれば、そのまますっとんで行って被疑者と一緒に、その辺にあった証拠物や、没収物を取って帰ることができるわけである。

地域警察官がよくぶつかるケースで、緊急逮捕があることはさきに述べたが、緊急逮捕の場合も例外とされるわけではない。緊急逮捕をするその場で、被疑者の所持品を取り上げたり、また、その居場所の付近から、証拠物や没収物を取り上げてよいのである。

ただ、さきにも述べたように、緊急逮捕は、令状というお墨付《すみつき》を後からもらっておかなければならない。そして、もらえれば問題がないが、もらえなかったとき、当該被疑者は直ちに釈放されるのだから、取った物は直ちに返還することになる。

現行犯や通常逮捕の際に取った物でも、理屈は同じである。押収物で留置の必要がない物は、これを還付《かんぷ》するのであり、緊急逮捕をしたつもりが、最終的には身柄を取っておけないのだから、枝《し》葉《よう》にあたる当該押収物も還付しなければならないわけである。

二　以上の警察官の権限は、第二二〇条に規定されている。条文に照らして権限を整理してみると、まずその一は、人の住居又は人の看守する邸宅、建造物若《も》しくは船舶内に入り被疑者の捜索をすること（二二〇条一項一号）。すなわち他人の住宅や、留守番を置いた別荘などに踏みこんで被疑者を捜索することである。右以外の学校や官庁の建物や、船舶についても同様である。

通常逮捕状を得ておいたところ、いよいよ被疑者の居所をつかめた。だが、捜索差押許可状をとりに行く間がない、という場合に、この権限がものを言ってくる。

そして、急速を要するときは、住居主や看守者の立会がなくても住居等に立ち入り、捜索し、逮捕の理由となっている被疑事実に関係する没収物や証拠物を被疑者と一緒に差し押さえてくることができる。

ただ、公務所に入って権限を行使する場合は、別に考えておかなければならない。公務の保護は犯罪の捜査と並んで重要である、とされているからである。公務所の場合は、必ず、責任者又はこれに代わるべき者に通知し、その立会《たちあい》を得てからでなければ、捜索・差押・検証をしてはいけない（二二二条二項）。

もっとも被疑者を追跡中のように、所かまわず走りこむ被疑者を公務所の前までできたら、警察官だけが入れない、というのはおかしい。これと捜索とは、区別して考えられなければならない。被疑者のあとを追って一緒に建物等に走りこむのは「立入り」であって、「捜索」ではない。一たん姿を見失ってから、この辺がくさい、といって探し回るのが、「捜索」である。立入りに、立会を考える必要も余裕もないことは当然である。

急速を要しない、つまり、被疑者がおとなしく捕まっているというような場合、普通に立会を求めてしなければならない。

手続の公正性を担保するためである。

普通の住居の場合は、住居主とか、留守番とかを立ち会わせるのであるが、そういう人も、またその代わりの人もいない場合は隣人《りんじん》か、役所の職員を立ち会わせる。

公務所の場合も同様である。まず、その公務所の長又はこれに代わるべき者を立ち会わせる。

三　権限のその二は、逮捕の現場で差押・捜索又は検証をすること、である。

逮捕に際してするのであるから、逮捕の直前にしても、直後にしても、また複数で行って一人が手錠をかけている間にもう一人が捜索・差押・検証をしてもいいわけである。逮捕しようとして逃げられた場合でも、終了した捜索・差押は有効である。

逮捕の現場であるから、おのずから、その範囲が限られていることに注意しなければならない。マンションの三三一号室へ逮捕に行ったからといってそのマンションの三階を全部捜索するわけにはいかないことは明白である。

マンションの各室は、居住権がそれぞれ独立しているからである。

下宿人を逮捕する場合はその居住権はその部屋に限られるから、隣の部屋や、その他、その家屋の中は捜索・差押・検証の対象にならないか、というと、それでは、下宿人がある程度屋敷内を動き回れることを考えると常識に反して狭《せま》すぎるであろう。

被疑者が、物を置いたり、隠したりしそうな場所が、同一建物の中にあるときは、そこも、捜索・差押・検証するのが常識であろう。

また、取ってもいい物の範囲も限られることに注意しなければならない。

それは、その被疑者を逮捕する理由になっている犯罪に関係すると思われるものに限られる。といっても、現場で判断に苦しむ物は、持ち帰って改めて、留置の必要があるかないか、判断してもらう配慮が必要であろう。

目指す犯罪以外に、別の犯罪に関係する物を発見することがある。

たとえば、傷害罪の被疑者を逮捕する現場で、盗品等らしき物を発見するような場合である。犯罪であるから見逃《みのが》すわけにはいかない、と言っても、人の物を取るには手続を履践《りせん》しなければならない。今、持っている令状は傷害罪である、とすれば、窃盗等は、全く、別の手続を新たに起こさなければならないことになる。新たな令状がいるのである。

もっとも、ピストルや麻薬のように、所持自体が犯罪であるものは、その現行犯で逮捕できるのだから、別口の現行犯逮捕の一連の手続の中で、その麻薬なり、ピストルなりを押収できるわけである。

また、被疑者が逃げてしまったりした後の置去《おきざ》り物件と認められるものは、これは、領置の手続がとれることは、既に述べた。

証拠物等を隠し持っていると思料される人の身体も、捜索の対象になる。

逮捕する現場においては、被疑者以外の者でも裸にして調べることが理論上は許されるが、人の身体に関しては、とくに、身体検査令状が要求されている制度の趣旨にかんがみると、よほどその人が証拠物を持っていることが明白であるとか、急速を要するとか、特別の場合に限るべきである。

女子の身体の捜索には成年の女子を立ち会わせなければならない（一一五条）。ただし、急速を要する場合は、この限りではない、とされている。この場合の捜索は、着衣の上からさわる程度と考えておかなければならない。女子の身体検査は、医師又は成年の女子を立ち会わせることとされ、例外は許されない（一三一条二項）からである。

以上の逮捕の現場でする捜索・差押・検証は、警察官のする仕事であって、一般人が現行犯逮捕をするからといって、その場で右のようなことをすることは許されない。

三　令状による場合の捜索・差押・検証

一　各種の令状　二　令状請求　三　令状の執行

一　強制処分としての捜索・差押・検証のできる第二の場合は、裁判官の令状を得てする場合である。

逮捕をする場合の捜索・差押・検証が、いわば、対象にひきずられて、せずにはいられない状況下になされるのが通例であるのに対して、これは、任意捜査の末、見当もつき、成算《せいさん》もあって、より高次《こうじ》の段階を目指してなされる捜査であり、計画的・積極的な捜査である。

そのかわり、計画をたてる余裕のある場合であるから、逮捕をする場合のそれと比較すると、より、厳格な方式を用意しなければならない。

以下、逮捕をする場合の捜索・差押・検証について述べたもののほかに、更に必要とされる条件を中心に、令状による捜索・差押・検証の説明をすると、

この場合の令状は、それぞれ「捜索許可状」・「差押許可状」・「検証許可状」と呼ばれている。

これにプラスされるのが「身体検査令状」である。物と違って、人間の身体は、人権の大本《おおもと》であるため、とくに、この令状をプラスすることによって手続を慎重にする。服の上から、ポケットにさわり、凶器があるかないかを見る程度のことは、身体捜検《そうけん》といい、ここでいう身体検査ではない。裸にしていろいろ身体自体について調べることを身体検査といい、物の捜索と区別し、とくに慎重な取扱いが要請せられているのである。体液の採取は、捜索、差押の一種であり、身体検査とは、その性質を異にしている。詳細は後述する（六章三節二の四）。

二　右の令状をもらうには、逮捕状のときのように、警部以上の階級にある司法警察員で、それぞれの公安委員会から指定された者でなければできない、こととはされていない。司法警察員であれば、誰でも請求しても差支えがない。しかし、逮捕状について、請求者を限定した人権尊重上の理由は、人の住居等の平穏《へいおん》を侵《おか》す、捜索・差押・検証についても生かされなければならない。そこで、令状の請求は、逮捕状請求に準じて取り扱うようにし、やむを得ないときは、他の司法警察員がするようにしなければならない（規範一三七条）。

請求は、普通、自分の所属警察の所在地を管轄している地方裁判所又は簡易裁判所の裁判官に対してなされることは、逮捕状のときと全く同じである。

令状請求は巡査の仕事ではない。巡査の仕事は、令状の執行ないしは、その補助をすることである。

令状は、一軒の家ごとに別々に持っていかなければならないが、捜索と差押、捜索と検証のように一か所内の一連の動きについては、捜索差押許可状とか、捜索検証許可状とか、二つ以上を一緒にした許可状が出されるのが普通である。

三　警察官は、右の令状を得て、その執行のために目指《めざ》す現場へ行ったら、まず、その令状を執行を受ける相手方に示さなければならない（一一〇条）。原則はそうなっている。

しかし、捜査の現場は多様である。そうは言っていられない場合もある。たとえば、覚せい剤などは警察官がきたと気付いた瞬間に洗面に流したりして証拠を隠滅する。また、けん銃を持っているような場合は、不意をつかなければこちらが危険に晒《さら》されることもある。そこで、令状の呈示《ていじ》前に入室の強行、咄嗟《とっさ》の差押え、令状は後で見せるの呼びかけですませるのは当然のこと、判例はこれを「令状を提示することができる状態を作出すること」として認める。(1)

立会は逮捕をする場合のように省略することはできない。

令状による捜索・差押は、原則として日中に行うべきものとされている。夜間の捜索・差押は、よほどの場合であり、令状にそうしてもよいと記載されていなければならない（一一六条）。

その晩しておかなければ、証拠隠滅されてしまう、というような場合は、令状請求の際に、あらかじめ、日の出前又は日没後に行う必要がある旨を特記してその記載のある令状をもらうのである。例外は許されない。

しかし、日没前に終わる予定が長びいて、日が暮れてしまう場合がある。執行を中止し、その場所を閉鎖《へいさ》し、看守者を残してまた明日、という方法もあるが（一一八条）、この場合は、日没後に及んで終わらせてしまっても差支えない（一一六条二項）。

また、日没後だからといって料理屋・旅館のように昼と変りなく賑《にぎ》わっている場所がある。また、賭博《とばく》・売春等、もともと平穏な住居の環境とはほど遠い特殊な場所もある。そういう所は、夜昼《よるひる》の区別をつける実益がない。警察官は、いつでも踏みこんで差支えがない（一一七条）。ただし、営業時間が過ぎて従業員等が休んでいる所は、一般の住居並みに考えないとおかしくなるであろう。

捜索・差押・検証をする対象物等は、逮捕をする場合と違って、令状に記載されている点、やや明白であるが、考え方の根本は同じであるので、事にあたって判断を間違いないようにしなければならない。

検証許可状・身体検査令状の執行について、許可状の提示、執行中の出入りの禁止、夜間における執行の制限、執行中止の場合の処置、立会人・被疑者又は弁護人の立会等については同様である。

四　捜索・差押・検証後の手続

一　調書作成　　二　物の保管処分

一　捜索・差押・検証をし終わった後の手続は、大別すると、調書の作成と物の保管・廃棄《はいき》・処分とに分かれる。

巡査に関係するのは調書の作成である。すなわち、令状の執行は、司法巡査でも、職権として行うことがあるからである。

まず、捜索をしたけれども、証拠物や没収すべき物がなかった場合は、その、何もなかったことを証明してくれ、といわれることがある。その場合は、その旨を記した「捜索証明書（基本書式例様式二八号）」を作成交付しなければならない。

また、捜索には捜索調書、差押には差押調書が、それぞれ令状による（甲）、逮捕する場合（乙）と甲乙二通ずつ様式がきめられている。

しかし、実務は、物が出ない場合が稀《まれ》であり、通常、捜索と差押を一緒にした、「捜索差押調書」

（（甲）様式三一号・（乙）様式三二号）が用いられる。

この調書は、捜索・差押をした者が作成する。巡査が執行すれば、巡査が作成しなければならない。記載項目中、とくに注意しなければならないのは、経過を具体的に明瞭にしておくことである。捜査官側のとった措置、相手方のこれに対する動き、押収品存在の状況等、具体的に記載しなければならない。被疑者がもし証拠物を破壊しようとしたり、隠匿《いんとく》しようとしたりすれば、その物の証拠価値は、その状況によって高められることになる。

押収物については、「押収品目録交付書（同様式三五号）」を作成のうえ、その所有者・所持者・保管者あるいは、これらの者に代わるべき者に渡してやらなければならない（一二〇条）。

検証については、「検証調書（甲）（同様式四〇号）」を作成する（逮捕をする場合の検証については、同名の（乙）が用いられる。

押収物は、「押収品目録（同様式三三号）」によって整理保管し、留置の必要がなくなったら、被押収者等にこれを還付する。

二　運搬や保管に不便な物、危険物の取扱いについては、領置の所でさきに説明したとおりである。

押収物で留置の必要がなくなったものは、被押収者等に還付するのであるが、それについては、領置の項で述べたとおりである。

（1）　大阪高判平成六年四月二〇日高刑集四七・一・一は、東京地決昭和四四年六月六日刑裁月報一・六・七〇九の「準備的な行為」の考え方を踏襲《とうしゅう》して、「宅急便の配達を装って、玄関扉を開けさせて住居内に立ち入ったという行為」「令状提示前の数分間になされた警察官らの室内立ち入り」を「捜索活動というよりは、むしろ準備行為ないし現場保存的行為と言うべきである」とした。これより先に大阪高判平成五年一〇月七日、判例時報一九四七・一三四は「証拠を隠滅してしまうことが予想された……（中略）……事情のもとでは、たとえ人の在室が予想されたとしても、合鍵による開扉、鎖錠の切断は、捜索差押の執行についての必要な処分として許される」としている。大阪高判平成七年一一月一日、判時一五五四・五四は、裏口戸のガラス戸を破損して立ち入った行為を違法ではないとする。

第二節　逮捕をする場合の捜索・差押・検証の諸問題

一　逮捕直前の差押・検証

一　警察官は、被疑者を逮捕する場合において必要があるときは、人の住居等に入り、被疑者を捜索することができ、また、逮捕の現場で差押・捜索又は検証をすることができる（二二〇条一項）。差押許可状等を持たなくても、「被疑者を逮捕する」という、重大な人権の制限が許される場合であるから、それに付随《ふずい》する物の捜索や差押は当然に許されるのである。

被疑者の捜索は、事柄の性質上、被疑者逮捕の前になされるが、物の捜索や差押となると、むしろ、逮捕に引き続いてなされるのが普通と観念される。

しかし、逮捕の現場における活動は、臨機《りんき》になされる必要があるため、必ずしも、注文どおりに整然といかない場合がある。

たとえば、逮捕行為と差押行為とが、複数の警察官によって同時進行する場合がある。差押行為は完成したのに、逮捕の方は着手はしたものの逃走によって失敗してしまう場合がある。そして、被疑者が外出中であるが、帰ってくる可能性が極めて高い、という判断のもとに、逮捕のための万《ばん》全《ぜん》の態勢をしき、待っている間に、物の捜索・差押・検証を済ませてしまうという場合もある。

そのいずれもが、捜索許可状・差押許可状又は検証許可状を持たずにできることなのであろうか。

右のうち、少なくも、被疑者が現存して、逮捕の着手があった場合は、問題ないとして(1)最後の場合、すなわち、被疑者が現存していない。逮捕に着手もしていない。ただ、逮捕に着手することができる蓋然《がいぜん》性が極めて高い、という場合に、物の捜索・差押又は検証を先行させることができるか、ということになると検討を要する。

まず、被疑者がいるかもしれないという程度で、物の捜索・差押又は検証をすることが許されないことは明白である。

もし、そういうことが許されるとするならば、事前に裁判官のチェックのある通常逮捕の場合はまだしも、緊急逮捕の場合ははなはだ危険な状態になるおそれのあることは言うまでもなかろう。(2)

第二二〇条第一項のいう「被疑者を逮捕する場合において必要があるとき」というのは、捜査機関の主観的な判断によるだけではなく、客観性を伴わなければならない。すなわち、人の住居等に入るためには、そこに目指す被疑者がいる、という高度の蓋然性がなければならない(3)。

ところが、右の被疑者存在の蓋然性は、警察官が現場に先着した場合は、被疑者がその場に現れる蓋然性に置き換えることができるかが問題になる。

まず、警察官が踏みこんだとき、被疑者はたまたま外出していたが、遠からず帰ってくるという蓋然性がすこぶる高い場合は、先に捜索・差押・検証にかかってもいいか、という問題がある。

昭和三〇年一〇月一一日の夜、路上で職務質問の結果、麻薬所持のSを現行犯逮捕した。麻薬取締官四名は、同人の口から売人Aの存在を知り、直ちに、これを緊急逮捕すべくA宅に向かった。現行犯逮捕から一時間も経っていない早手回《はやてまわ》しである。

ところが、Aは留守であった。

留守番の高校二年生の長女Tに、「家の中を見てもよいか」と尋ねると、「どうぞ見て頂戴《ちょうだい》」ということであったので、Aの帰り次第《しだい》これを逮捕する態勢を整えて、家屋内の捜索・差押に取りかかった。

一体、これは許されるかが問題になった。被疑者がそこにいたことは確実である。しかし現存していない。したがって、逮捕に着手することができない。

第二二〇条第一項第二号は「逮捕の現場」で捜索・差押・検証ができるとしており、第一項本文は、「犯人を逮捕する場合において必要があるときは」その処分が許されるとしているのだ。「逮捕する場合」において、その「現場」ということになれば、すなおに読めば、逮捕行為に着手したことが前提にあるのではないかと思われる。

しかし、被疑者の逮捕に着手する前に、まず、被疑者を探し出さなければならない。そして、第二二〇条第一項第一号というのは、正に、その事を規定したものであろうから、同条第一項にいう「逮捕する場合」には、逮捕行為に時間的に接着する直前の時間も含まれていると解する余地はある。しかし、もし、帰ってこなかったとしたらどうなるか。また、犯罪捜査規範第一〇八条には、「住居主または看守者の任意の承諾が得られると認められる場合においても、捜索許可状の発付を受けて捜索をしなければならない」と特段の注意を規定している。この事件の場合は承諾者が未成年者である。問題はいっぱいある。

二　ところが、最高裁は、この事案を肯定的に判断してくれている(4)。

「『逮捕する場合において』と『逮捕の現場で』の意義であるが、前者は、単なる時点よりも幅のある逮捕する際をいうのであり、後者は、場所的同一性を意味するにとどまるものと解するを相当とする。」という。そして「前者の場合は、逮捕との時間的接着性を必要とするけれども、逮捕着手時の前後関係は、これを問わないものと解すべきであって、この事は同条第一項第一号の規定の趣旨《しゅし》からも窺《うかが》うことができるのである。」と言ってくれたのである。

三　この判例によって、逮捕する際の捜索・差押は、逮捕の時を中心として、その前後を問わず許されることが確定したのであるが、学者はこぞってこれに反対している点に注意しておく必要があろう。何故《なぜ》なら、実務としては、この判例の示すところに従ってよいわけであるが、なるべく学者のほとんどが反対するような状況下で職務執行をしないよう心がけた方が得策《とくさく》であるからである。

学者によってニュアンスが違うが、大筋《おおすじ》のところは、後から逮捕する――しないかも知れない、という不確定な事実によりかかって、人の住宅の平穏を侵すことが許されるのだろうか、ということに代表されている。それらの多くの学者の意見をひき出す役割を果したのが、小数意見としての横田裁判官の所説である。

横田裁判官は、「被疑者が不在であって、逮捕ができない場合は、『被疑者を逮捕する場合』とは言えず、まして『逮捕の現場』とは言えない。……本件の捜索と差押は、被疑者が不在であって、その行き先も帰宅の時間もわからないときに開始され、実行され、完了されたのであって、被疑者を逮捕する場合に行ったものとは言えない。」とする。

たまたま、この事案では、被疑者が間もなく帰って来た。それでよかった。しかし、もし帰りが遅かったら、「時間的と場所的との接着がなく、捜索・差押を弁護することは、全く不可能であったろう。」と評価する。すると、「同じ捜索・差押の行為でありながら、被疑者が間もなく帰宅したという偶然の事実が起これば、適法なものになり、そうした事実が起こらなければ、違法なものになるというのは、明らかに不合理である。」と。

この意見は、説得力があったわけである。

もちろん、最高裁の多数意見に理解を示す学者はゼロではない。たとえば、「批判説は、被疑者の帰宅は偶然のできごとに過ぎないというが、その偶然を高度に見こんで、しかも成功した場合だけ合法と構成するのは、少しもおかしくない。」(5) と反論する。実務は、まさにそうであった、と思われる。事前の情報や家人の表情など、諸般の材料を総合して、捜査員には、被疑者が帰宅するという可能性を「高度に見こんで」行動したに相違ない。そして、その勘《かん》はあたり、捜査は成功した。その事案を判断するにあたって最高裁は以上の理論を立てざるを得なかったのであろう。

四　しかし、警察実務は、常に、そのような極《きわ》どい姿で遂行されることには危険がある。つまり、右の最高裁判例は、極めて限界的な稀《まれ》なケースに対して下された判断であり、最後の所では救いになるが、通常普通の標準が示されていると考えない方が無難である。

何故ならば捜索・差押が違法になるかどうかは、客観的・結果的に判断されるものであるから、してしまってから被疑者が現れなかったりした場合に、問題になるからである。

その場合、警察官が、いかに蓋然性について確信を抱いたかを弁解しても、被疑者が現れず、「逮捕の現場」を作り得なかったという結果は歴然である。

警察実務としては、何よりも、被疑者が現存しているかどうかの確かめを先行させ、行動はその後にするよう心がけるべきである。

そして、現存するならば、捜索・差押が、逮捕に先行しようが、同時になろうが、問うところでない。

もともと、第二二〇条の場合に令状がいらないのは、「証拠の存在する蓋然性が強いだけでなく、逮捕者の身体の安全をはかる必要があり、また、証拠の破壊を防ぐ必要があるからである。(6)」

そのような事態を眼にしたら、間髪《かんはつ》を容《い》れず、制圧等の行動にでる必要があり、その際、逮捕の着手があったかどうかを問題にする余地はない。

二　急速を要する場合の捜索と立会

一　一般の場合　二　公務所の場合

一　警察官の行う捜索・差押又は検証に関しても、裁判所がするときと同様に立会人をおかなければならない（二二二条一項・一一四条）。執行を受ける者の利益と手続の公正を担保するためである。(7)

しかし、逃亡を事とする被疑者を逮捕する場合に、方式どおりに、処分を受ける相手方に通知をしたり、立ち会わせたりする余裕があるかどうか、疑問の場合がある。

そこで、法は、第二二二条第二項をおき、第二二〇条の規定により被疑者を逮捕する場合において急速を要するときは、立会に関する第一一四条第二項の規定によることを要しない、とした。「第一一四条」ではなく、「第一一四条第二項」によることを要しない、と言っている点に注意しなければならない。

すなわち、第一一四条を見ると、

第一一四条　①公務所内で差押状又は捜索状の執行をするときは、その長又はこれに代るべき者に通知してその処分に立ち会わせなければならない。
②前項の規定による場合を除いて、人の住居又は人の看守する邸宅、建造物若しくは船舶内で差押状又は捜索状の執行をするときは、住居主若しくは看守者又はこれらの者に代るべき者をこれに立ち会わせなければならない。これらの者を立ち会わせることができないときは、隣人又は地方公共団体の職員を立ち会わせなければならない。

ということであるから、急速を要する場合に、無視することのできるのは、第二項の方の人の住居等に入って捜索する場合である。

二　第一項の方、すなわち、「公務所」に入るためには、たとい、急速を要するときであっても、その公務所の長又はこれに代わる者への通知と立会の機会の供与《きょうよ》は、これを省略することができない。

「公務所」とは、国又は地方を問わず、公務員が本来その職務を行うべき場所で、主として官公署の構内をさす。その建物に付属する囲繞地《いにょうち》（「いじょうち」とも読む）も含む。(8)

そして、「公務所の長」というのは、当該施設を管理する責任を有する最上級者であり「これに代る者」とは、長が不在の場合に、これに代わって当該施設を管理する立場にあるものである。

公務所の長又はこれに代わるべき者に通知をするのは、当該処分を執行する者、すなわち、捜索を実行する警察官である。階級による制限はない。

そして、必ず、長又はこれに代わるべき者の立会を求めることとされているのである。

もっとも、今、公務所内へ逃げこむ被疑者を追跡して一緒に公務所内へ立ち入る行為は、単なる「立入り」であって、「捜索」ではないので、ここでいう「立会《たちあい》」の問題は起こらない。「捜索」とは、一定の場所について、物なり人なりを発見するための処分であり(9)、発見ずみの被疑者を見失わずに追いかけている場合は、これにあたらないからである。

すると、公務所内で被疑者を捜索するにつき「急速を要する」という場合は、被疑者の姿を見ていないか、又は被疑者を一たん見失った場合であって、当該公務所内に潜伏《せんぷく》している可能性が極めて高い場合であると考えられる。

実務上は、そのような場合は皆無《かいむ》であるということはできない。それにしても、法が、通知及び立会の省略を許さなかったのは、かかる場合の捜査上の必要と、公務の保護とを天びんにかけて、捜査にこの程度の犠牲《ぎせい》を強《し》いることはやむを得ないとされるからである。

警察官は、通常は、公務所内の捜索は、上司に連絡して措置することにしているのが正しい。

しかし、どうしても、そうは言っていられない場合がある。たとえば夜間、宿直員しかいない営林署の構内に逃げこまれた、などという場合である。

宿直員は、長に代わるべき者であると言えるか、というと、身分的にはそうでないし、また何が秘密を守らなければならない公務であり、また場所であるか、判断できる者であるか、というと、そうではない。

しかし、事が急を要するから、警察官としては、この宿直員に立会を頼み、応じたら、それによって、立会を欠いた、と後日非難を受けることがあっても許されるであろう。

しかし、もし、宿直員が、わからないので上司に電話するから、と言ったら、それを押して、事を強行することは許されない(10)。

公務所の長は、また立会を拒否する場合がある。大学紛争の際に、そういう例は幾つも出た。しかし、第一一四条第一項は「通知してその処分に立ち会わせなければならない」と規定するにとどまり、同条第二項のように、立ち会うべき者を欠く場合を予想した規定をおいていない。拒否などはあり得ない、と考えられたからである。すなわち、立会は、執行を受ける側の利益を見込んでおり、立会を拒否するということは、それらの利益なり、権利ないしは義務を放棄《ほうき》することにほかならない。

拒否に対する策は二つある。その一は、監督官庁――国立大学ならば文科省――の監督権の発動を促《うなが》すことである(11)。

しかし、それは、どちらかというと時間的余裕のある場合であって、急速を要する場合は、また別様に考えなければならない。

捜査機関が公務所の長又はこれに代わるべき者の立会について相当な手段を尽くし、これらの者が、また容易に立会可能であるにもかかわらず、あえてこれを拒否するような場合は、これらの者が立会権を放棄したものとみなして立会なくして捜索する余地はあるものといえよう。(12) しかし、この場合でも、なるべく第三者の立会を得て行うようにしなければならない（規則一四五条一項）。

三　捜索・差押・検証の対象

一　逮捕の現場　二　差押等の対象

一　逮捕をする場合に行う捜索・差押又は検証の場所は、「逮捕の現場」である。「逮捕の現場」とは、逮捕行為が始まり、経過し、終わった場所であるが、それらのスポットにとどまらず、一定の範囲の空間を含む。

「一定範囲の空間」がどの範囲かは、具体的には、社会通念によってきまることになる。追跡して逮捕したような場合は、その追跡の途中の場所も含めて考えられ、また、明らかに被疑者が盗品等や凶器を投げこんだと思料《しりょう》される建物や囲繞地《いにょうち》がその途中にあれば、被疑者が現実に立ち入っていなくても、これを対象範囲に含めることは当然である。爆弾《ばくだん》でも捨てられたことを考えれば、この理は誠に明白である。(13)

同じ理由で、被疑者が、物を置き得たと思料される以上、建物内で被疑者がいた部屋だけに限らなければならない理由はない。たとえば下宿人のように、第三者の住居内で逮捕したときは、被疑者が動いたと明らかに認められる範囲を逮捕の現場と解することができる。(14)

しかし、アパートやマンションのように、各部屋が独立した別の管理権に服しているような場合は、逮捕に着手した部屋に限られると考えなければならない。会社の一室で逮捕した場合に、その会社の建物をみんな捜索・差押・検証することも不可である。

また、会社から帰って来たところを家の近所で捕まえた。その家はどうかとなると、だめだ、ということも明白であろう。

さらに警察官が、被疑者をつれて積極的に場所を移動しなければならないこともある。すなわち、被疑者及び関係人の安全をはかり、また、証拠の破壊を防ぐ必要がある場合である。

ところが現行犯逮捕ないし緊急逮捕をした被疑者の所持品を、警察署へ連行した後から押収して違法視された例があるから注意しなければならない。

たとえば、現行犯逮捕の現場から、一キロメートル近く離れた警察署において被疑者所持の爆竹《ばくちく》を差し押さえた事案[15]や、同じく、現行犯逮捕の現場から約一一キロメートル離れた警察署で、公選法違反の頒布《はんぷ》文書を差し押さえた事案[16]が、いずれも裁判所で違法の断定を受けている。

何故、警察署へ行く前に、所持品の差押を完了しておかなかったのか、あるいは、できなかったのか、疑問の残る事案ではあるが、任意同行をしたつもりが後に、逮捕済と認定される場合もあるから、被逮捕者を受け取った司法警察員は、手続書類作成の段階で、この辺を具体的詳密《しょうみつ》に検討のうえ、記載事実につき、具体的指導をする配慮が必要とされるのである。

しかし、被疑者及び関係人の安全をはかり、証拠の破壊を防ぐと言う観点からすると、それでは実務は困難を極めることになる。当然のこととして、一九九六（平成八）年になると、実務に味方する最高裁の判断が出てきた。「逮捕現場付近の状況に照らし、被疑者の名誉等を害し、被疑者等の抵抗《ていこう》による混乱を生じ、又は現場付近の交通を妨げるおそれがあるといった事情」のある時は、「その場で直ちに捜索、差押さえを実施することが適当でない」のだから、警察官は、「速やかに被疑者を捜索、差押さえの実施に適する最寄りの場所まで連行した上、これらの処分を実施することも……適法な処分と解するのが相当である。」ということである[17]。

これで、従来は疑問なしとしなかった例が、よく解るようになった。ホテルのロビーで被疑者を逮捕し、同室者のいる相部屋・居室に案内させてそこを捜索・差押・検証することを許す判例があるが⒅、ホテル内の特殊な形態と旅行中の行動様式からみて合理性が認められるのである。

場所的隔《へだ》たりがあっても、関係者の安全や証拠破壊の危険性が継続《けいぞく》している以上、追跡途中の場所と同様の考え方で、捜索・差押・検証が許される。

凶器の鉄棒らしき物を上衣の下にぶら下げ、上衣を脱《ぬ》がなければはずすことができないようにしている被疑者を同行し、一二〇メートル離れた交番で差し押さえても、なお、逮捕の現場でする差押ということを妨げない⒆。逮捕場所から継続してその物に注意を払ってきているのであるから、この場合は、差押の着手は既に逮捕時にあったと、思料される事案で、同行後の差押等の手続をするに関して示唆《しさ》に富《と》んでいる。

二　逮捕をする場合の捜索・差押・検証の対象物についても一定の限界がある。

逮捕の現場にある物を片っぱしから押収したり、相手かまわず身体検査をしたりすることが許されるはずはない。

令状によって活動する場合は、令状に範囲が記載されるしくみになっているから、後は記載された物にあたるかあたらないかという判断をすれば済む。

逮捕をする場合のそれは、そういう物差しにあたるものがない場合であるから、理屈でその限界を考えておかなければならない。

考え方の基礎におかれる原理は、必要最小限ということ、そして、必要とは、関係者の安全と証拠物の破壊の防止である。

凶器その他の危険物――没収すべき物（刑法一九条）がほとんどであろうが――は、現行犯逮捕の手続を別に付加《ふか》できるので問題ないとして、[20]証拠物というからには、今、逮捕の原因となっている被疑事実――当該被疑事実という――に関係のある証拠物のことをいい、その他のあらゆる犯罪の証拠物という風に広げて考えるとおかしくなることは容易に理解できるのではないかと思う。

それはそれ、これはこれ、という考え方は、ここでも作用すると思わなければならない。必要最小限というのはそういうことである。

しろうと考えでいくと、一石二鳥《いっせきにちょう》、傷害罪で逮捕して捜索したら、窃盗罪の証拠がでてきた。これを持ち帰ってどこが悪い。余罪がそれによって片がつくのだから、ということになりかねない。ひょうたんからコマが出たなどと喜ぶ種《たね》に考えやすい。

しかし、刑事手続は原則として事件単位の原則が貫かれている。一事件一手続である。他の事件は、そのための一連の手続を起こせばよいのだから、その労を惜《お》しんではならない。

ピストルや麻薬のように、所持自体が犯罪を構成している場合は、そのまま別に要件を考えて現行犯逮捕か緊急逮捕をすることができる。もちろん、その逮捕の現場における差押として、当該ピストル又は麻薬を押収することができることは言うまでもない。

その場合は、事件が二つになり、したがって、手続も二つになるわけであるから、傷害罪についての逮捕手続書のほかに、銃刀法《じゅうとう》ないしは、麻薬及び向精神薬取締法違反事実についての逮捕手続書を作成し、差押調書も、それぞれ別々に作成しておく配慮が必要である。

あくまでも、逮捕の根拠となった被疑事実が、一応の物差《ものさ》しであり、その被疑事実に関係する範囲で、捜索・差押・検証の対象物が決定されると考えるのが正しい。

令状をとって、捜索・差押・検証をするときは、その対象の場所や物の範囲を記載して裁判官のチェックを受ける。令状なしでする場合は、もし、令状請求をしたならば、この範囲にとどめられたであろうと思料される合理的な範囲を頭においてする必要がある。

最高裁の判例でも、「被疑者を逮捕する場合において必要があるとき」の要件に適合するためには、当該逮捕の原因根拠となった被疑事実、すなわち傷害罪なら、傷害罪に限って、これに関する証拠物件を収集保全するためになされ、かつ、その目的の範囲内であることを要するとする。(21)

捜索・検証は、物又は住居その他の場所だけでなく、被疑者等の身体についてもすることができる（二二二条一項・一〇二条一項）。

しかし、その場を隔たったら、つまり、時間的・場所的近接性を失ったら、後は、身柄を拘束されている被疑者を別として、令状によらなければ身体を対象とする捜索・検証をすることができなくなることは、物の場合と同様である。

ただし、凶器の捜索は別である。凶器をできるだけ早く発見し、これを取り上げることは、被疑者を逮捕しておくにつき、不可欠《ふかけつ》の事項である。逮捕した以上、必ず励行《れいこう》しなければならないことである。警察官職務執行法第二条第四項は、この理を明白にして「警察官は、刑事訴訟に関する法律により逮捕されている者については、その身体について凶器を所持しているかどうかを調べることができる。」と規定している。(22)

しかし、その方法は、令状による身体検査や、逮捕の現場でする検証よりは弱いと思わなければならない。凶器を探し出せばよいのであるから、その調べの限度は、着衣の外側から触れる程度である。(23)

捜索は、被疑者以外の者の身体・物又は住居その他の場所であっても、押収すべき物の存在を認めるに足りる状況のある場合は、これを被疑者に対するのと同様にすることができる、とされている。(24) しかし、身体については後述のように、令状による場合においても種々の配慮が必要とされるのであるから、慎重に、控《ひか》え目にする配慮が必要である。

とくに、被疑者以外の者の身体検査は、必要性が明白であり、かつ急速を要する場合に限って慎重にしなければならない（二二二条一項・一〇二条二項）。

女子の身体に対する捜索をする場合は、成年の女子を立ち会わせなければならない。急速を要するときは、この限りでない、とされているが（二二二条一項・一一五条）、その場合は、急速を要する理由について、明白な記述を残しておく配慮が必要である。

(1) 「被疑者を逮捕する場合」とは、「逮捕に着手したことを必要とする。逮捕しないで差押・捜索・検証のみを行うことは許されない。」（小野ほか「ポケット注釈全書(3)改訂刑事訴訟法」四一二頁）というのが、従来の通説的見解であった。

団藤重光「条解刑事訴訟法上」四一八頁は、第二二〇条第一項にいう「逮捕する場合とは、逮捕行為を行う際を意味する。したがって、逮捕行為の前後を問わないが、逮捕行為との時間的・場所的接着を必要とする。逮捕行為があった以上、逮捕に成功したかどうかを問わない。」としている。

(2) 熊谷ほか「捜査法大系Ⅲ」令状によらない捜索・差押㈠・佐藤文哉一〇頁は、「緊急逮捕の場合の捜索・差押は、緊急逮捕そのものが令状主義の一種の例外であることを考えると、令状主義の例外が二つ重なっていることになるから、横田裁判官らの意見にもあるように、関係規定は厳格に解釈して、右の捜索・差押が法の許容する限度を超えて用いられることがないように留意しなければならないであろう。」とする。

(3) 札幌高函館支判昭和三七年九月一一日、集一五・六・五〇三は、第二二〇条第一項において「『必要があるとき』とは、単に捜査機関がその主観において必要があると判断するのみでは足らず、客観的にもその必要性が認められる場合であることを要するものと解する。けだし同条は令状主義の例外の場合として憲法第一一条・第三三条・第三五条の趣旨にかんがみ厳格に解釈すべきものであるからである。この点につき原判決が、被疑者が人の住居に現在することの高度の蓋然性を必要とするとしている見解は、当審においても正当なものとして是認することができる。」とする。

大阪地判昭和三八年九月一七日、下級刑集五・九―一〇・八七〇も同旨である。

(4) 最判昭和三六年六月七日、集一五・六・九一五、この問題に対する指導的な判例である。

(5) 「総合判例研究叢書、刑事訴訟法」二八七頁（田宮裕）

(6) 平野龍一「刑事訴訟法」一一六頁

(7) 小野ほか「ポケット註釈全書(3)改訂刑事訴訟法」二二三頁は、「本条（一一四条）の立会は、執行を受ける者の利益の保護と手続の公正の担保を目的とするものであって、前条と趣旨を異にする。」

(8) 団藤重光「条解刑事訴訟法上」二二二頁は、「『公務所』とは公務員（国家公務員に限らない）が本来、職務を行うべき場所で、主として官公署の構内を指す。なお本条の趣旨及び第二項の『邸宅』との権衡からいって、その建物に付属する囲繞地をも含むと解しなければならない（刑法の『公務所』の定義と一致しないのは、目的論的解釈として当然である。）」としている。

刑法第七条は、単に「公務所とは、官公庁その他公務員が職務を行う所をいう。」と書いているが、その「所」は組織体の意味であって場所ではない。

(9) 同右書一九九頁によると「捜索とは、一定の場所について物（例外としては、人――一二六）を発見する措置をとるべき裁判及びその執行をいう。」としている。

(10) 伊藤栄樹「刑事訴訟法の実際問題」七九頁は、「いやしくも宿直員たる者は、捜査官から捜索すべきことを通知された場合、自己の責任においてこれを応諾しうるかどうかの判断はできるのが当然であり、そうでなければ、宿直員を置く意味は半減するわけであるとも考えられるから、捜査官としては、夜間のような通常の勤務時間外に単に主観的にのみならず、客観的にも、だれが見ても急速を要するような場合に、宿直員に対して通知を行い、これを受けた宿直員において……立会することを応諾したような場合には、刑訴第二二〇条第一項第一号による捜索に関して第一一四条第二項の適用が除外されうることの対比からいっても、当該捜査官の捜索は、これを目して違法というにはあたらないのではないかと思う。……もちろん、この場合でも、宿直員から、上司に連絡するまで待ってもらいたいなどと言われた場合には、当該上司からの指示のあるのを待つほかないであろう。」としている。

(11) 小野ほか「ポケット註釈全書(3)改訂刑事訴訟法」二二三頁は、「立会を拒否した場合には、監督官庁の監督権の発動を求めるべきである。第二項との対比上他の者を立ち会わせることは許されないし、又立会なくして執行することも出来ない。」とする、通説である。

(12) 伊藤栄樹「刑事訴訟法の実際問題」八一・八二頁も、「もともと、公務所内の捜索について、その長又はこれに代わるべき者が立会を拒否するという事態を予想していないのであるから、これらの者が容易に立会可能であるのにかかわらず、あえてこれを拒否し、しかも急速を要するような状況のもとでは、これらの者が立会権を放棄したものとして、立会なくして捜索することができると解する余地があるのではなかろうか。」としている。

(13) 小野ほか「ポケット註釈全書(3)刑事訴訟法」四一二頁は、「逮捕に着手した場所、追跡中の場所を含む。現場といわれる以上逮捕の場所と直接接続する極めて限られた範囲内の空間をいう。」としている。藤永幸治・河上和雄・中山善房篇「大コメンタール刑事訴訟法第三巻」五六〇頁は、「『逮捕の現場』の意義については、逮捕に着手した場所、追跡中の場所及び逮捕した場所のすべてを含み、これらの場所と直接接続する範囲の空間がこれに当たると解されている」とする。

(14) 小料理店「M」（K組事務所住居主K）でFを通常逮捕した後、更に、同小料理店の二階を捜索・差押又は検証する点に関し、最決昭和四〇年九月一六日、集一五六・四三八は、「原判決の認定した事実によると、警察官らは、所謂「M」の二階に立ち入る直前に、その一階において「M」に寝泊りしていた被疑者Fに逮捕状を示して、これを適法に逮捕していたというのであるから、「M」の二階に立ち入り、差押・捜索又は検証することが適法にできたものと言わなければならない。」としている。

(15) 大阪地決昭和四七年四月二七日、刑裁月報四・四・九一八

(16) 東京高判昭和四七年一〇月一三日、刑裁月報四・一〇・一六五一、判例時報七〇三・一〇八

(17) 最決平成八年一月二九日、集五〇・一・一

(18) 東京高判昭和四四年六月二〇日、集二二・三五二、注（19）と同一の判例である。「同たばこに対する捜索押収がはたして適法であったか否かについて疑いの余地が全くないわけではないけれども、既に見てきたような本件捜査の端緒、被告人とPとの関係、殊に二人が飛行機の中で知り合い、その後行動を共にし、かつ同室もしたこと、右のような関係から同たばこについてもあるいは二人の共同所持ではないかとの疑いもないわけではないこと、Pの逮捕と同たばこの捜索・差押との間に時間的・場所的な隔たりがあるといってもそれはさしたるものではなく、また逮捕後自ら司法警察員らを引き続き自己と被告人の投宿している相部屋の右七一四号室に案内していること、同たばこの捜索差押後被告人も一時間二〇分ないし一時間四五分ぐらいのうちには同室に帰って来て本件で緊急逮捕されていること及び本件が検挙が困難で、罪質もよくない大麻取締法違反の事案であることなどからすると、この大麻たばこ七本の捜索・差押をもって、直ちに刑訴法第二二〇条第一項第二号にいう『逮捕の現場』から時間

的・場所的かつ合理的な範囲を超えた違法なものであると断定しざることはできない。」

(19) 大阪高判昭和五〇年七月一五日、刑裁月報七・七（八）・七七二、判例時報七九八・一〇二は、「白い布で巻いた鉄棒と思料される物を靴下の袋に入れ、背広の下に左肩からつるしているのを現認し、これを前記軽犯罪法違反の被疑事実として逮捕する旨告げるとともに右鉄棒と思料される物を一寸引っ張って『これ押収や』といって押収に着手したが鉄棒等を取り上げるにはレインコート及び背広上衣を脱がせる必要があるところ、そこは路上であり場所柄執行に不適当であったため、そのまま直ちに約一二〇メートル離れた駅前派出所に連行し、逮捕の数分後同所において服などを脱がせて逮捕被疑事実の証拠物である前示鉄棒等を被告人の肩からはずして取りあげ、押収手続を完了しているのであるから、鉄棒の占有を現実に取得する執行手続が逮捕地点の路上でされず、派出所で行われていても、逮捕地点における押収の着手、派出所内の執行は、円滑に行われるが、路上の執行は、被告人に不利・不体裁であるばかりか、捜査官にとっても抵抗その他不測の事態を招来し、スムースに完了し難いおそれのあったこと、逮捕被疑事実と押収物の関連性、押収の対象物の同一性、逮捕地点と派出所の間における時間的接着・場所的近接等からいって、本件鉄棒等の捜索もちろん押収についても、刑事訴訟法第二二〇条第一項にいうところの、現行犯人逮捕の場合に逮捕の現場でなされた捜索・押収にあたるものと解するのが相当である。」

(20) 大阪地判昭和五三年一二月二七日、判例時報九二四・一四四は違法とされた無令状捜索により発見領置された覚せい剤につき「証拠物は違法に収集されたものであっても、供述証拠と異なり物それ自体の性質・形状に変質をきたすことはなく、存在・形状等に関する価値に変りがないことなどからすると、収集手続に違法があるからといって直ちに証拠物の証拠能力を否定することは原則論としては相当でない。」とする。

(21) 最判昭和五一年一一月一八日、判例時報八三七・一〇四

(22) 団藤重光「条解刑事訴訟法上」四一〇頁は、「他の適法な強制処分の内容に実質的に包含されると認められる

処分については、改めて令状によるまでもないであろう。たとえば、警職法第二条第四項により、被逮捕者の身体について凶器を所持しているかどうかを調べることは、逮捕を確実にするため不可欠である限り、令状なしに許されることは当然であろう。」とする。

(23)　宮下明義「新刑事訴訟法逐条解説Ⅱ」九六頁は、「この規定（警職法二条四項）によって逮捕された被疑者の身体について凶器の有無を調べることができる限度は、着衣の外部から触れる程度のことが許されるだけであって、それ以上に出る必要があるときは、法第二二〇条の規定による場合は格別その他の場合には必ず法第二一八条の令状によらなければならないのである。」

(24)　最決平成六年九月八日、集四八・六・二六三は「被告人の内妻であった甲野花子に対する覚せい剤取締法違反事件につき、同女及び被告人が居住するマンションの居室を捜索場所とする捜索差押許可状の発付を受け、平成三年一月二三日右許可状に基づき右居室の捜索を実施したが、その際同室に居た被告人が携帯するボストンバッグの中を捜索したというのであって、右のような事実関係の下においては、前記捜索差押許可状に基づき被告人が携帯する右ボストンバッグについても捜索できるものと解するのが相当である」としている。

第三節　令状による捜索・差押・検証の諸問題

一　令状の請求手続

一　請求者　二　被疑者不明　三　犯罪事実の要旨と疎明資料
四　対象の特定　五　夜間の執行　六　身体検査の必要理由

一　捜索差押許可状・検証許可状・身体検査令状の請求は、司法警察員からなされる。通常逮捕状を請求する場合のように、請求者に制限はない。

しかし、指定警部によることが、望ましい旨《むね》は既《すで》に述べた。

令状の請求は、「捜索・差押・検証許可状請求書（基本書式例様式二四号）」に、被疑者が罪を犯したと思料《しりょう》されるべき資料を添付《てんぷ》して（規則一五五条・一五六条一項）行う。請求先についてはさきに述べた。

裁判官は、これを受け、犯罪の嫌疑《けんぎ》及び必要性の有無につき審査し、令状を出せないと判断するときは、請求書に却下《きゃっか》する旨書き込み、記名押印して請求者に交付する(1)（規則一四〇条）。

これで一度却下されても、全然別な事情がでてくれば再度の請求ということもあり得るが、通常は却下に対する不服申立《ふふくもうしたて》の方法はない(2)。

二　記載にあたって注意すべき点を示すと、「被疑者の氏名」について

氏名がわかっていれば、それを記載する。法人の場合はその名称を記載する（規則一五五条一項三号）。氏名が明らかでないときは、その旨を記載すれば足《た》りる（規則一五五条三項）。その場合、人相・体格その他被疑者を特定するに足りる事項で、被疑者を指示することもできる（二一九条二項・六四条二項）。

ここで、逮捕状請求のときのように、被疑者についての特定が、必ずしも強く要求されることはない。目的物が、人でなくて物だからである。被疑者自体が不明であっても、捜索・差押・検証をしなければならない場合がある。そのような場合には、被疑者に関する記載がなくてもかまわないのである(3)。単に、被疑者不明と表示すれば足りる(4)。

三　「罪名及び犯罪事実の要旨」について

請求にあたって被疑者が罪を犯したと思料されるべき資料を提供することとされているが、請求書には、「犯罪事実の要旨」を書かせる欄がある。

この記載内容及び添付資料は、通常逮捕状を請求するにつき必要とされるそれよりも、緩《ゆる》いものでよいことは、法文上も明らかである。

すなわち、逮捕状の場合に必要とされるのは「相当な理由」であり、嫌疑の相当性が要求されているが、捜索・差押・検証の場合は単に「罪を犯したと思料すべき資料」で足りる（規則一五六条一項）。単に罪を犯した、と考えられる程度の疎明《そめい》で足りる。(5)

逮捕のときに比較すると、より簡単な疎明で足りるのは、捜索・差押・検証が、捜査の比較的初期の段階でなされ、むしろ、逮捕の前提条件を整えるためになされることが多いからである。

逮捕状には、罪名――「殺人」「窃盗」「放火」のように、特定の構成要件につけられた一般的名称である。犯罪の名称と言ってもよい――のほか、被疑事実の要旨も記載され、被疑者は、その呈示を受けて自分が何で疑われているかを明確に知り、防禦《ぼうぎょ》の体制に入ることができるようにされている。

しかし、捜索差押検証の許可状は、単に罪名だけを記載し、しかも、特別法犯の場合は、個々の適用法条、たとえば、「公職選挙法第○○条違反被疑事件」と記載するまでもなく、単に「公職選挙法違反被疑事件」「地方公務員法違反被疑事件」というように、概括《がいかつ》的に書かれたものでも違法でない、とする判例がある。(6)

すると、許可状請求の際に、その程度にぼけた記載ないしは疎明資料で足りるのか、というと、そうはいかない。

捜索・差押・検証許可状に罪名のみを記載し、被疑事実の要旨や、適用罰条《ばつじょう》の記載を要しない、とされるのは、第一に、捜索差押は逮捕の前提としてなされることが多く、第二に、捜索差押の場所・物件は必ずしも被疑者の住居・物件等に限られず第三者の住居・物件の場合もあり、捜査上の秘密保持を考えるならば、あまり詳《くわ》しい記載はできない、からである。

しかし、裁判官は、資料に基《もと》づいて、犯罪の嫌疑及び必要性の有無につき審査しなければならない。そして、その結果、何条違反の犯罪ありと思料し令状発付の必要性を判断するので、それを許可状の文言自体に表現するかしないか、とは別問題である。

後述する場所及び物の特定について多くの争いのあるところから、ここでも、できるだけ表示を詳しくくし、被疑者側のプライバシーの保護に欠けるところがあってはならない、とする学説の批判もあることにかんがみ、請求の段階で、あまり漠然《ばくぜん》とした記載及び資料では、捜査機関がほしいままに他の被疑事件の捜査に流用《りゅうよう》するのではないか、という疑惑《ぎわく》を生《う》み、ひいては令状却下の判断を招《まね》くおそれのあることを認識しておかなければならない(7)。

四　捜索差押においては、何といっても対象とされる物の特定が大切である。次に説明する「差し押えるべき物」・「捜索し又は検証すべき場所、身体若しくは物」が、特定できていれば、罪名の具体的な表示はとくに必要としない理である。しかし、捜査の初期の段階で、しかも見たこともない場所で何が出てくるかわからない捜索をし、差押をするのであるから、その特定といっても限度がある。法は不可能を強いるものではないからである。ではどの程度の特定を必要とするか。「差し押えるべき物」については、具体的な例示に付加して「本件に関係ありと思料せられる一切の文書及び物件」という風に概括的に記載することが判例によって是認《ぜにん》されている。[8] 学説の多数はこれに反対している。[9]

それは、個人の住居の平穏、プライバシーの保護という見地からみると、右の特定の程度は、より具体的であればあるほどよいことは何人も一致するところである。しかし、実際において、捜索をしてみて、はじめて差押物が直ちに特定する場合が多いのであるから、はじめから、神のように明示した令状を作成できないこともまた明らかである。[10]

論争は、この相反する両極の間で、実務的な妥協点《だきょう》を見いだすことで解決されるのだ。

恐喝《きょうかつ》事件で暴力団に手入れをするとき、本件に関係ある「暴力団を標章《ひょうしょう》する状、バッチ、メモ等、」と書いてあることから、捜査員は、「組員らによる常習的な賭博《とばく》場開張の模様《もよう》が克明《こくめい》に記録」されたメモ一九六枚を押収した。弁護側はこれについて、恐喝被疑事件に関係あるとは到底認められない。また「暴力団を標章する状、バッチ、メモ等」に当たらないとして争いは最高裁までいった。最高裁は当たると言ってくれた。おかげでまた捜査員にプラスになる、いい結論がだされた。[11]

しかし、それは、暴力団関係者が恐喝した、という暴力団の証明に常習賭博が有力であるから結びつけることに成功した例である。

警察実務としては、列記する例示は、できるだけ詳細・具体的になるよう努力すべきであろう。たとえば、「一切の文書」と書いて、「物件」を落としたために、麻雀《マージャン》・賭博の手入れにいって、肝心《かんじん》な賭具《とぐ》——麻雀ぱい——の差押を違法とされた例があり、(12)また、「本件犯罪に関係ある文書簿冊その他の関係文書（頒布先メモ・頒布指示文書・同印刷関係書類等）及び犯罪に関係あると認められる郵送関係物件（封筒印鑑等）」という書き方は、特定を欠くとされた例がある。なるほど、これでは概括が先に立って、申訳《もうしわけ》程度に具体的内容をカッコ内に示したと受け取られるおそれがあり、結果はそうなった。(13)やはり、前記最高裁のように、できるだけ具体的に列挙《れっきょ》し、次に、落ちこぼれを拾う意味で「本件に関係ありと思料せられる一切の文書及び物件」という文言を付加するのが一番いいようである。

コンピューターの普及にともない、フロッピーディスクの存在もまた、論争を引き起こす種になっている。ディスクの中には、紙では何千枚になるか想像も付かない大量の情報が記録されている。しかも、電磁《でんじ》的記録だから、五感《ごかん》の作用で外見的に観察しただけでは区別の付けようがない。捜索先のコンピューターなどで見たり、プリントアウトしたりするには時間もかかり、第一、破壊、消去などの不測《ふそく》の事態を招きかねない。捜査員は、まとめて持って帰るしかない。と、言っても、そこに何らかの歯止めがなければ、プライバシーや、自由を侵《おか》すという誹《そし》りを免れない。

そこで、裁判所は、「被疑事実に関係する事項が記載されていると疑うに足りる合理的な理由」と、選別の困難性、長時間消費可能性を梃子《てこ》にして、六枚の関係フロッピーのために、二七一枚を差押さえた行為を適法とした。(14) 捜査員としては、この「疑うに足りる合理的な理由」を準備しておくことが要請される。

法令の規定に基づき通信事務を取り扱う者の捜索については、通信の秘密（憲法二一条二項）との関係で問題がある。項を改め後述する。

五　以上のほか、許可状請求書には、有効期間を七日以上にする場合の理由欄と、日の出前・日没後の捜索の必要理由を記載する欄がある。一般に夜間の執行は、必ず、令状にその旨の記載がないと許されないから、その必要がある場合は、その旨と事由を請求書に記載することになる。裁判官が、おもに考慮する点は、日中にできないかどうか、という点、あるいは、直ちに捜索差押検証をしなければ、押収すべき物が持ち去られたり、破壊されたりするおそれのあることに信ずるに足りる相当の理由があるかどうかである。

一たん令状が発付された後、夜間執行の必要を生じたときは、その令状を返還し、新たに、その旨記載のある令状の発付を受けることになる。

六　身体検査令状の請求については、一般の検証許可状請求の場合に要求される事項のほか、とくに身体の検査を必要とする理由及び身体の検査を受ける者の性別・健康状態その他裁判所の規則で定める事項（検査すべき身体、請求者の官公職氏名、被疑者の氏名、罪名及び犯罪事実の要旨、七日を超える有効期間を必要とするときは、その旨及び事由、日の出前・日没後に身体検査をする必要があるときは、その旨及び事由）を記載しなければならない（二一八条四項、規則一五五条一項）。

裁判官は、更に、身体検査を行うべき場所・時期・方法等について適当と認める条件を付することがある（二一八条五項）。

二　令状の執行手続

一　令状の呈示と立会　二　錠前等の破壊　三　夜間の執行
四　人の身体の検査・捜索、体液の押収

一　憲法では、そこまで要求していないが、刑訴法は、手続の公正を確保するため、捜索・差押許可状や検証許可状を執行するとき、処分を受ける者にこれを示さなければならない、としている（一一〇条・二二二条）。

示すのは、執行の直前でなければならない。執行前でなければ、押収にクレームをつけることができない。それでは公正が確保できない。

とくに、押収拒絶権を有する公務所や、医師・弁護士等の場合ははっきりしている。

しかし、警察官が踏みこんだときに、呈示すべき相手方が不在の場合がある。「処分を受ける者」が、呈示の相手方であるが、そこにいる誰《だれ》でもが、処分を受ける者であるとは限らない。

「処分を受ける者」は、通常、差し押さえるべき物又は捜索すべき場所の直接の支配者をいう。(15)

夫婦の場合は、その両方が直接の支配者であり、どちらか一方に呈示することで足りる。(16)マンション等の管理人は、各戸の直接の支配者とは言えない。ホテルの一室も同様である。しかし、公務所や会社の一室のように、プライベートに隔離《かくり》されていない箇所《かしょ》の捜索・差押は、たとえ、私的非行を問題とする私物の捜索・差押であっても、その公務所や会社の管理者が、やはり、処分を受ける者であることは当然である。その場合の呈示は、複数の者にすることが正しい。

通常は、処分を受ける者と、立会人と一致することが多い。処分を受ける者がいないときは、立会人に示して執行してよい。(17)

処分を受ける者が、途中で帰ってきたら、法律上は、既に適式に捜索・差押を開始している以上改めてこれに令状を示す義務はないものの、呈示の制度をおいた趣旨にかんがみ、これに示すのが妥当であることは、容易に理解できるであろう。

令状の呈示は、執行行為の先にしなければならないが、証拠の破壊等の現実の危険があるのに、悠長《ゆうちょう》にかまえていることはできない。もし、証拠の破壊、捜索の妨害等の状勢が客観的に認められるときは、むしろ機先《きせん》を制して、捜査員を所要の配置につけ、それらの妨害行為を未然に防いでから、改めて令状を呈示し、しかる後執行に入るのは、事柄の性質上当然のこととされている。(18)

外国人や、読み書きのできない人に対しては、ただ示すだけでは足りない。内容を読み聞かせるとか、通訳をつけるとか、趣旨を相手方に知らせる手段を講《こう》ずることが必要である。内容が相手に伝わればよいので、それ以上に筆写《ひっしゃ》させろとか、写真に撮らせろとかいう要求に対して、いちいち応ずる義務はない(19)。

一定の場所で捜索・差押を実施する場合は、執行を受ける側の利益の保護と、手続の公正を確保するために、立会人をおかなければならないことは既に述べた。

逮捕をする場合のそれは、緊急性を帯びることがあるため、公務所の場合を除いて、立会を省略することがあったが、それ以外の一般的場合においては、立会を欠くことは許されない（前述参照のこと）。

二　捜索・差押にあたっては、錠をはずし、封を開き、その他必要な処分をすることができる（一一一条一項・二二二条）。

金庫をこじあけ、部屋の扉《とびら》を破壊するなど、捜索をするために、証拠物や、没収物の存在する外《がい》壁《へき》を打ち壊すことのほか、当の証拠物ないしは没収物自体に対して必要な加工等の処分もできる。たとえば、発見された粉《こな》が、果《はた》して麻薬であるかどうか、微量をとって化学実験をしてみるとか、押収した未現像フィルムを現像してみるとかの処分である。そして、法は、第一一一条第二項にそのことを規定している(20)。

しかし、これらの処分にも、一定の限界があることは言うまでもない。処分の内容は、執行目的に照らして、必要最小限でなければならない。そして、もし、他に適当な方法があるのに、その方法によらず、安易《あんい》に破壊行為を選択すると、その捜索・差押は違法のものとなる。

錠をはずす、最も妥当な方法は、鍵《かぎ》をもってすることである。鍵がなければ、破壊もやむを得ないとしても、まず、鍵の提供を受ける手順を踏まなければならない。そして、どうしても鍵を得られなかったときに、はじめて破壊が許される。

すなわち、鍵の保管者が、鍵の提供を拒んだら、もちろん破壊は許されるであろう。

また、鍵を出す、といったが、保管者が見つからない。そうこうしているうちに、捜索の妨害等のおそれがでてくる。というように、ぐずぐずしていては執行の目的が達せられないという緊急の事情が存在すれば、もちろん、錠の破壊は許される。

このように、錠の破壊は、鍵の提供が得られないという事情があって、はじめて許されると知るべきである。(21)

三　夜間の執行は、原則としてはいけないこととされている（一一六条・一二二条三項）。

ただし、昼間に始めた執行が長びいた場合、令状にあらかじめ夜間執行ができる旨の記載がある場合は、例外として夜間の執行が許される。

夜間とされるのは、日の出前・日没後である。日の出・日没は、暦《こよみ》によれば問題はない。学説上はそこまで厳密に解する必要はない、とするものもあるが、争いをできるだけ、少なくする観点から、できるだけ、厳密に考えておく方が無難《ぶなん》であろう(22)。

夜間の執行が制限されるのは、人の住居の平穏を保護するためである。したがって、その目的にあまり関係のない場所、たとえば、夜間、公衆《こうしゅう》が出入りする旅館や飲食店その他の場所、賭博・売春等の風俗を害する行為に常用されている場所などは、夜間だからといって、とくに執行を制限する必要はない(一一七条)。

しかし、旅館や飲食店でも、公開されている時間が過ぎて、従業員等が静かに休む段階になれば、一般の住居と同様の保護を与えなければならないであろう(一一七条二号ただし書)。公開されている時間とは、きめられた営業時間ではなく、現実に公開されている時間内の意味である。公開中に捜索・差押・検証を開始し、その継続中、公開しなくなったとしても、そのまま、執行を継続できることは、もちろんである(23)。

公務所は、私生活の平穏に関係がない。したがって、公務所内の執行に昼夜の別を設ける必要はない。もし、公務所の一部に私生活部分があるとすれば、その一部についてのみ、一般の例によることになる。

捜索を何かの都合で中止し、改めて再開する場合がある。そして、その中止と再開の間に、日没がはさまったら、別に、夜間執行の記載のある令状を用意しなければならないかというと、それはそうではない。

昼間開始し、夜間に至る場合と同様に考えればよい。中止をしても、たとえば、その場所を閉鎖《へいさ》したり看守者をおいたりする以上（一一八条）、執行継続中にほかならないからである。(24)

四　捜索・検証の対象が、人の身体である場合は、特別の制約を受ける。人の身体は、自由の根元《こんげん》であり、特別の保護を必要とするからである。

被疑者等が、身体それ自体に証拠物を持っている場合、これを裸にしたり、身体の秘所を探《さぐ》ったりすることは、被疑者等に屈辱感《くつじょくかん》等の精神的打撃《だげき》を与えるので、従来、物や場所の捜索と区別して、特別の配慮をしなければならない。

捜索又は検証の対象が人の身体である場合は、身体検査令状によらなければならない（二一八条一項）。ただし、身体の拘束を受けている被疑者の指紋若しくは足型を採取し、身長若しくは体重を測定し、又は写真を撮影するには、被疑者を裸にしない限り、身体検査令状によることを要しない。逮捕に含まれる処分と考えることができるからである。

身体検査は、被疑者ばかりでなく第三者についてもできることはもちろんである。

身体検査については、これを受ける者の性別・健康状態その他の事情を考慮したうえ、とくにその方法に注意し、その者の名誉を害しないようにしなければならない（一三一条一項）。とくに、女子の場合は、医師又は成人の女子をこれに立ち会わせなければならない（一三一条二項）。しかし、女性警察官がすれば立会人を必要としないから、なるべくそういう運用にすべきであろう。

身体の拘束を受けている被疑者が女子である場合に、指紋や足型をとるのに、同じく立会人を必要とするか、というと、その必要はない。第一三一条第二項は、その性質上、第二一八条第二項の行為に対しては準用されない、と解されるからである。しかし、個室で一対一で指紋をとったりするように、言いがかりをつけられるおそれのある状況を作り出さないよう注意し、なるべく女性警察官を活用する配慮が望まれるところである。

身体検査を拒否された場合の強制方法は、次のとおりである。

身体検査令状による身体検査を拒む者に対しては、第一に、間接強制（過料又は罰金・拘留。一三七条・一三八条・二二二条一項）があり、第二に、身体検査の直接強制（一三九条・二二二条一項）がある。

間接強制は、被疑者が正当な理由なく身体検査を拒むとき、一〇万円以下の過料に処するばかりでなく、一〇万円以下の罰金又は拘留という身体検査拒否罪によって、心理的圧迫をあたえ、所期の目的を果たすのに対して、直接強制は、間接強制の効果がないと認めるときに許される。実務上は説得につとめ、どうしてもだめなときに、間接強制の効果を検討し、効果がないと認められてはじめて、そのまま強制的に身体検査を強行するようにすべきであろう。

ところが、覚せい剤の取締をめぐってよく起る体液の採取について、昭和五五年一〇月二三日、最高裁第一小法廷は、重大な決定を下した。(25)

それは、採尿に関連し、犯罪の証拠物として体液を採取する行為は、捜索・差押であり、これに必要な令状は、「捜索・差押令状」になる、と、断定したことである。

その前までの実務は、人の身体に関することだから、「鑑定処分許可状」に「身体検査令状」を併用させ、慎重を期することとされていた。それは以下の方法による。

医師は、まず、強制採尿《さいにょう》に先立ち、自然排尿の機会を与え、その後、ベッド上において数人の警察官に身体を押さえさせ、ゴム製導尿管（カテーテル）を尿道に挿入《そうにゅう》して尿を採取する。

この方法は人権じゅうりんになるかならないか、微妙なところがあり、判例、学説共に激しく争っていたところ、最高裁判所は、これに対して、次のように判断を下した。

まず、右のような方法による強制採尿は、それは、被疑者にとっては、不快であり屈辱であり、抵抗したくなる種類のものである。しかし、医師等これに習熟《しゅうじゅく》した技能者によって適切に行われる限り、身体上ないし健康上とくに障害をもたらすことはなく、仮に、障害があったとしても、それは軽微《けいび》なものに過ぎない。この程度のことなら、すでに、身体検査という捜査手続ではありふれているのだから、今更《いまさら》、強制採尿を捜査手続上の強制処分として絶対に許されないとする理由はあり得ない。むしろ、被疑事件は重大なものであり、被疑者の嫌疑は相当である。また、その体液は証拠として重要なものであり、是非《ぜひ》これを手に入れる必要がある。しかも、そのほかに、代替《だいたい》手段は見つからない、となれば、犯罪の捜査上、やむを得ない場合における最終の手段として、適切な法律上の手続を経ることにより、これを行うことは、一向に差支えない。もちろん、その実施にあたっては、被疑者の身体の安全とその人格の保護のため十分な配慮が必要とされることは言うまでもない、とする。

実務ではそう考えてきた。問題は、「適切な法律上の手続」である。

「そこで、右の適切な法律上の手続について考えるのに、体内に存在する尿を犯罪の証拠物として強制的に採取する行為は捜索・差押の性質を有するものとみるべきであるから、捜査機関がこれを実施するには捜索差押令状を必要とすると解すべきである。」

最高裁は、「適切な法律上の手続」は、ここに、はじめて、捜索差押許可状（令状）こそ適切であるという判断を下したのである。

それまでの実務は、物と人とを区別し、人を対象とする場合を重く見て、これを鑑定処分と観念したのであるが、最高裁は、証拠物として体液を採取する。すなわち、捜索・差押であるとしたのである。

しかし、最高裁は、物と人とを比較して、同じ扱いでよい、と、したのではない。決定の先を読んで見よう。

「ただし、右行為は（人を対象として捜索差押をすること——筆者）人権の侵害にわたるおそれがある点では、一般の捜索・差押と異なり、検証の方法としての身体検査と共通の性質を有しているので、身体検査令状に関する刑訴法第二一八条第五項が右捜索差押令状に準用されるべきであって、令状の記載要件として、強制採尿は医師をして医学的に相当と認められる方法により行わせなければならない旨の条件の記載が不可欠であると解さなければならない。」

つまり、強制採尿は、正に、捜索差押であるけれども、身体検査と共通の性質をもっている。したがって、身体検査に必要とされている人権保護上の手続——刑訴法第二一八条第五項を考慮しなければならない。刑訴法第二一八条第五項というのは、「⑤裁判官は、身体の検査に関し、適当と認める条件を附することができる。」というのであり、強制採尿については、「医師をして医学的に相当と認められる方法により行わせなければならない」という条件を附《ふ》することである。これは、強制採尿等の体液の強制採取にあたっては、捜索差押許可状の記載要件として、必ず、これを書いておけ、と、いうことである。

この記載が重要な意味を持つ。すなわち、「医師をして医学的に相当と認められる方法により行なわせ」るということは、被疑者が嫌がっても、それ相当の設備のある場所に連行するのが当然ということになるからである。

そして最決昭和五五年一〇月二三日の言うように、すでに逮捕されている被疑者の強制採尿に捜索差押許可状を用いるとすると、その捜索差押許可状の「必要な処分」（一一一条・二二二条）の効果でそういうことができるという結論になる。

次の問題は、任意捜査の段階ではどうかということになる。まだ逮捕はしていないが、右の効果を期待してもいいか。言うまでもなく右の条件を充足《じゅうそく》することを考えると、在宅中であろうと道路上であろうと逮捕に至らないまでも、この令状で強制連行できる、ということにならなければ実務は成り立たない。もちろん学説上の争いは、絶えない。ところが最高裁は、その法理《ほうり》を、最決平成六年九月一六日の判例(26)で明確に表現してくれたのである。

酒気帯び運転の嫌疑がある場合、被疑者の体内アルコール濃度《のうど》を測定する必要から、血液や呼気《こき》を採取することがある。

血液については、警察官が、看護師にたのんで、手術担当医の承諾の下に被疑者の体内より流れ出る血液を押さえていたガーゼから少量の血液を採取する程度なら被疑者や、家族の同意を得るまでもないが[27]、被疑者の中静脈からその承諾なしに注射器で採血させるとなれば、鑑定嘱託（二二三条）をし、鑑定処分許可状（二二五条・一六八条一項）を受けなければならない[28]。

呼気については、呼気検査に関する道路交通法の規定（六七条二項、一二〇条一項一一号）につき、憲法三八条一項の不利益な供述の強要に当たるのではないかとする違反論があったが、最高裁は、呼気を供述と同視する見解を明確に否定した[29]。

三　押収拒絶権

一　押収拒絶権の内容　二　公務員の範囲　三　責任者の許諾
四　医師等の押収拒絶権

一

公務の保護のために、公務所内で捜索差押をする場合は、たとい、緊急の場合であっても、必ず、責任者に通知し、その立会を得なければならないことは前に述べた。

刑事訴訟法は、公務上の秘密の保護のため、更に、監督官庁による押収拒絶の制度を設けている。すなわち、公務員又は公務員であった者が保管し、又は所持する物について、本人又は当該公務所から職務上の秘密に関するものであることを申し立てたときは、当該監督官庁の承諾がなければ、押収することができない（一〇三条）。

何が職務上の秘密であるかは、当該公務員又は公務所の判断に任せられている。もとより、その判断に恣意が許されるわけではなく、国の重大な利益を害する場合を除いては、承諾を拒むことができない（一〇三条ただし書）、とされているが、仮に、裁判所がその認定を不当と解する場合でも、これを争う法的な手段はなく、結局その認定に従うことになるのだから、捜査官の活動は、大いに制約を受けることになるのである(30)。

二　このように重大な権限であるから、かつては国の重大な利益に関係の薄い地方公務員にまでこれを認めるとするかどうかについて争いがあった。捜査目的に徹《てっ》してこれを考えるならば、なるべく拒絶できる範囲が狭い方が望ましい、とはいうものの、争いがある以上、できるだけ広く解して、行動している方が、紛議《ふんぎ》が起こらなくて済《す》むだけでなく、一九九六（平成八）年から憲法解釈が変わり、国と地方は対等ということになった。

すなわち、公務員とされる以上、国・地方を問わず、第一〇三条の保護を受けていると考えておく方が無難であろう。

もっとも、地方公務員が、国の重大な利益を判断できる、という場合は、地方公務員で少なくとも国の事務の法定委託を受けている場合であろう。したがって、その範囲で、公務員の幅《はば》を考えておけばよい(31)。

三　押収拒絶の申立をする者が、国会議員であると、その所属の院の許諾《きょだく》がいる。国会議員であった者も同様である（一〇四条一項）。

内閣員若しくは内閣員であった者については、内閣が許諾をする。これらの場合であっても、国の重大な利益を害する場合を除いては、承諾を拒むことができないのは、一般の公務員の場合と同じである。

承諾を求める手続は、捜査官がとらなければならない。方式は別にきめられていない。口頭でも電話でも差支えない。ただし、後日のためにその経過を明らかにしておかなければならない。

四　公務ではないが、人の秘密を預かる特殊の業務に従事する者、たとえば、医師・弁護士等についても、押収拒絶権が認められている。

これは、個人の秘密を保護しようとするものではなく、こういう、人の秘密の委託を受ける業務自体を保護し、ひいては、こういう業務を利用する社会人一般を保護することを目的とするものである。

個人の秘密は、それがいかに秘密であっても、捜査目的の前にはあばかれて仕方のないものであるのに対して、そういう秘密を委託された業者に押収拒絶権を与えて簡単には秘密をばらしませんという姿勢《しせい》をとらせ、一般顧客《こきゃく》が安心してこれらの業者に頼めるようにしようとするものである。

業者の範囲は法定されている。

すなわち、医師・歯科医師・助産師・看護師・弁護士・弁理士・公証人・宗教の職にある者又はこれらの職にあった者、がそれである（一〇五条）。これに限定されている。(32)

臨時に選任される特別弁護人がこれに入らないのは当然として、新聞記者も含《ふく》まれていない。(33)

もちろん、テレビ会社等の取材ビデオテープも押収の対象になる。(34)

すなわち、押収拒絶権を有することは、第一四九条の証言拒絶権と並んで極めて例外のことに属し、法定された者以外に類推《るいすい》適用すべきではない、とされるからである。

ここでいう「他人の秘密」とは、委託の趣旨において秘密とされるものである。性質上客観的に見て秘密とされるものは、本人の知る知らないにかかわらず秘密とされるし、性質上客観的に秘密とされるものでなくても、委託者が秘密を欲《ほっ》するものも、それが委託の趣旨に現れている限り、ここでいう秘密にあたる。

ただ、公務の場合と同じように、例外はある。

その一は、本人が承諾したときである。秘密にしておくことが利益である本人が、その利益を放棄するのだから問題はない。

その二は、押収の拒絶が被告人のためのみにする権利の濫用と認められるとき、である。

たとえば、医師が被告人を有罪としないためにのみ、本人（秘密の利益を受ける主体）と意思を通じてとくに証拠物を秘密とし、これの押収を拒否する場合が例としてあげられている。(35)

ところが、被告人が本人である場合は除かれていることに注意しなければならない。被告人は、弁護士をきめ、重要な証拠物をこれに委託することにより、押収を免れることができるわけである（一〇五条ただし書）。

贈賄《ぞうわい》罪で疑われていることを察知《さっち》した被疑者が、いち早く弁護士に関係の会計帳簿を預けた、とすると、捜査官は、押収拒絶にあい、しかも、被疑者が本人である場合にあたるから、例外なく差押できないことになるわけである（一〇五条ただし書・二二二条）。

押収を拒絶されたからといって、捜索・検証拒否権ではないからせめて捜索して証拠物を閲読《えつどく》して、という脱法行為は許されない。それを許したら、押収拒絶権を許した趣旨がないも同然になるからである。(36)

四　郵便物の押収

一　通信の秘密の意味
二　法令の規定に基づき通信事務を取り扱う者にある郵便物の押収
三　法令の規定に基づき通信事務を取り扱う者の捜索

一　押収の対象物として、郵便物は、憲法が通信の秘密を保障しているだけに、その取扱いに特別の配慮が必要とされる。

憲法第二一条第二項は、検閲《けんえつ》はこれをしてはならない、通信の秘密はこれを侵《おか》してはならない、とする。

しかし、この規定は、およそ通信の秘密は、絶対に侵されないということを宣言したのではなく、通信機関に託《たく》された通信についても、私人によって所持されている場合と同一の保護を与える趣旨であると解されている。(37)

二　一般私人が手紙を書き、手紙を受け取り保管している場合に、もし、それが犯罪に関係ありと思料されれば、令状によって（あるいは逮捕の現場で）押収されることは当然であり、それらの手紙類が、法令の規定に基づき通信事務を取り扱う者にある場合にどうなるかが、ここでの問題である。

郵便事業は、郵便法（昭和二二年法一六五号）等を基礎に、郵便事業株式会社と郵便局株式会社を傘下に置く日本郵政株式会社によって遂行されることになっている（郵政民営化法（平成一七年法九七号））。また、それ以外の民間業者であっても、一定の条件の下に郵便業務への参入が許されることになっている。それらの業者は、その扱う「信書便」及び「信書便物」や、役務《えきむ》の内容によって一般と特定との二種類に分けられている。オートバイで走り回っている「ソクハイ」は、後者に属する（「民間事業者による信書の送達に関する法律（平成一四年法九九）」二条）。

これら、法令の規定に基づき通信事務を取り扱う者においては犯罪に関係のない通信が集積《しゅうせき》されており、何らかの区別をつけなければ、容易に第三者の通信の自由を侵犯《しんぱん》するおそれがある。そこで、一般の押収物と区別して、法は、第一〇〇条という特別規定をおく（第二二二条第一項で被疑者に準用されている。）。

被疑者から発し、又は被疑者に対して発した郵便物、信書便物又は電信に関する書類で法令の規定に基づき通信事務を取り扱う者が保管し、又は所持するものを差し押さえ、又は提出させることができる（一〇〇条一項）。

当該被疑事件に関係があると認めるに足りる状況のあるものであれば、右以外の郵便物、信書便物又は電信であってもこれを差し押さえ、又は提出させることができる（一〇〇条二項）。

一般に押収できる物は、証拠物又は没収すべき物と思料されるものであった（九九条一項）。それが第一〇〇条という規定によって、全く別個の観点から押収郵便物を選択できることとされたのである。ここでは標準は証拠物か、没収物か、ではない。被疑者から発せられたものか被疑者にあてたものか。また、当該被疑事件に関係があると認めるに足りる状況があるかどうか、である。

三　郵便物の秘密は、封を切った中身だけとは限らない。封筒の記載事項自体が、通信の秘密にあたる。差出人名、あて先名、発信ないし受信時期、筆跡、通数（何通あるか）等々、見る人が見れば、特定人の秘密に気がつくことができるのである。

たとえば、意外な人が、意外な人にちょくちょく手紙を出している場合を想像してみよ。

そういうところから、法令の規定に基づき通信事務を取り扱う者の捜索はできない、という結論がまず導き出される。すなわち、第一〇〇条は、通信の秘密がとくに憲法によって保障された基本的人権である点にかんがみ、刑事手続において法令の規定に基づき通信事務を取り扱う者の保管する郵便物等についての秘密を侵すことができる限度を明文をもって規定したものと解せられる。[38] 法令の規定に基づき通信事務を取り扱う者に対する強制処分は、第九九条でも第一〇二条でもなく、第一〇〇条によってのみなし得る。

そう解することによって、捜索の際、当該被疑事件関係以外の通信の秘密を侵害する危険を避《さ》けることができるのである。

もとより、法令の規定に基づき通信事務を取り扱う者の協力がなければ、このような解釈はしていられない。捜索なしで差押ができるはずはないからである。法の建前は、法令の規定に基づき通信事務を取り扱う者は、令状に対して協力する。そして令状記載の郵便物等を選別し、差し出してくれる、ということでなければならない。

非協力の場合はやむを得ず、最小限の捜索をしなければならない。この場合は、差押状の効果でできる範囲と考えられている[39]。

法令の規定に基づき通信事務を取り扱う者にある郵便物、信書便物又は電信に関する書類を対象とする差押状を請求するには、それが被疑者名をあて先若《も》しくは発信人としているものは問題ないとして、その他のものについては、その物が被疑事件に関係あると認めるに足りる状況があることを認めるべき資料を提供することとされている（一〇〇条二項、規則一五六条二項）。

この資料は、当該郵便物等と、他の郵便物等とを客観的に区別できる程度のものでなければならないが、実質的に特定しうる記載があればよい。どの程度のもので足りるかは、令状を執行する側の判断によるのであって、法令の規定に基づき通信事務を取り扱う者の側の判断によるわけではない。

五　通信傍受《ぼうじゅ》

一　昔は郵便と電報とが主要な通信手段であったが、現代では電話やメールその他の電気通信が必要不可欠な通信手段として社会生活の重要な部分を占めている。今や、電話その他の電気通信によらない諸活動は稀になってきた。そして、この電話その他の電気通信による会話が、郵便や電報のように保護されると同時にまた何らかの制約を受けることも同様である。

二　電話その他の電気通信による会話が、犯罪に直結するものである時、外《ほか》に手段がなければその会話を傍受《ぼうじゅ》したいと考えるのは捜査官として当然である。しかし、それを安易に実行することは許されない。通信の秘密は憲法二一条二項を中心に憲法一三条（個人の尊重）、憲法三一条（法定の手続の保障）、憲法三五条（令状による保護）等により二重三重に護《まも》られている。

しかし、覚せい剤の密売組織の中には、お互いに顔を見せず、電話による連絡だけで犯罪を敢行《かんこう》するなどの新事態が起こり、これに対しては、通信の当事者のいずれの同意も得ないで電気通信の傍受を行う（これは後述のように強制処分に当たる）という、特殊な捜査手法が必要になってきた。

その例をあげると、たとえばこういうケースがあった。

密売は、予《あらかじ》めささやかれた認識番号を告げて電話をかけてくる客に代金の置き場所を指定し、次に代金回収係をしてその代金の回収に成功した後、再度かけてきた客に覚せい剤の置き場所を教えるというもので、対面せず、電話の会話だけで密売取引を敢行する。しかも、客からの電話は、幾《いく》重《え》にも転送されて電話受付係にようやく届《とど》く。こういうケースについては、この電話回線にさわらないでする他のいかなる捜査も困難を極めるというよりは、不可能に近い。

こんなケースだから、捜査官は三年間にわたって執拗《しつよう》な捜査を続けた。そして、そのからくりの概要《がいよう》をつかみ、その電話回線には一般の会話がかかる蓋然《がいぜん》性は低く、覚せい剤取引の会話がほとんどであることもつきとめていた。

これならばその電話回線に傍受のための機器を仕掛《しか》けても、覚せい剤密売人等を除くその他の者の権利・利益を害するおそれはほとんどない。

捜査官は確信をもって資料を作り検証許可状を得て捜査を遂《と》げ、買手三名を現行犯逮捕し、売り手側の数名も緊急逮捕することができたのである。

三　これに対して学説は、通信の秘密を犯し、プライバシーを侵害する通信傍受は、そもそも憲法上許されない、というきつい批判から、憲法上は可能だとしても、これは強制捜査だ。強制捜査なら、一九七条一項の強制処分法定主義に反するではないか、と攻撃した。(40)

判例は、地裁、(41)高裁(42)共に、捜査官に軍配を上げ、最高裁もまたこれを肯定するのであるが、(43)強制処分法定主義を明確にするに越したことはないので、刑事訴訟法は改正され、二二二条の二が追加された。(44)すなわち「通信の当事者のいずれの同意も得ないで電気通信の傍受を行う強制の処分については、別に法律に定めるところによる」ということになる。その後は急ピッチである。通信傍受法(45)が制定され、翌平成一二年八月一五日に施行された。この一連の法律により、通信傍受は、以後傍受令状を得て実行できることになった。

四　「通信傍受法」には、電話その他の電気通信の傍受に関する要件・手続その他必要な事項が定められている。その主な事項を挙《あ》げてみると、

1　「傍受令状」（三条〜九条）
司法警察員の請求により地方裁判所の裁判官が発する。

2　「別表に掲げる罪」（三条、一四条）
薬物犯罪、銃器犯罪、組織的殺人等が挙げられている。

3　「傍受ができる期間」（五条〜七条）
一〇日以内、必要があると認めるとき司法警察員の請求で延長一〇日、通じて三〇日を超えることはできない。

4　「必要な処分等」（一〇条）
傍受の実施については、電気通信設備に傍受のための機器を接続して行う。

司法警察員が実施の主体だが、司法警察職員にさせることもできる。

傍受令状の提示（九条）管理者等の立会い（一二条）協力要請（一一条）等の関連条項がある。

5　「傍受記録」（一九条〜二二条）
刑事手続きにおいて使用するため、記録方法についてのきまりがある。

6　「通信の当事者に対する通知」（二三条）

原則として傍受終了後三〇日以内に当事者に書面通知をする。

7 「国会への報告」（二九条）
年に一回、報告し、かつ公表する。

8 「実施捜査官の処罰」（三〇条）
捜査官の傍受が横路《よこみち》に逸《そ》れ、他人の通信の秘密を侵すと処罰される。付審判請求手続きの対象にされる。

五 以上の法制の整備により、通信傍受の捜査手法は公明正大になった。以後は、この法制によって進められるので、実務と学説、判例の間で、争いつつ成長させてきた検証許可状による、いわゆる「電話検証」の方法はその歴史的役割を終えることになった。

次に、問題になるのは、「メール」という名の通信手段である。

通信傍受法において「傍受」とは、「現に行われている他人間の通信について、その内容を知るため、当該通信の当事者のいずれの同意も得ないで、これを受けることをいう（同法二条二項）」とされているから、一旦プロバイダーのサーバー内に蓄積・経由されて相手方に送信される被疑者の電子メールの内容を知る行為は、ここでいう「傍受」に該当しない。必要な場合は、捜索差押許可状か、検証許可状によることになる。

（1）　捜索差押は、犯罪を捜査するについて必要があるときにするのであるが、その必要の有無については、単に警察官ばかりでなく、裁判官もまた、その判断をすることは、逮捕状のときと同じである。最決昭和四四年三月一八日、集二三・三・一五三は、この点につき、

「刑訴法第二一八条第一項によると、検察官若しくは検察事務官又は司法警察員は『犯罪の捜査をするについて必要があるとき』に差押をすることができるのであるから、検察官等のした差押に関する処分に対して、同法第四三〇条の規定により不服の申立を受けた裁判所は、差押の必要性の有無についても審査することができるものと解するのが相当である。そして、差押は『証拠物又は没収すべき物と思料するもの』について行われることは、刑訴法第二二二条第一項により準用される同法第九九条第一項に規定するところであり差押物が証拠物又は没収すべき物と思料されるものである場合においては、差押の必要性が認められることが多いであろう。しかし、差押物が右のようなものである場合であっても、犯罪の態様・軽重、差押物の証拠としての価値・重要性、差押物が隠滅毀損されるおそれの有無、差押によって受ける被差押者の不利益の程度その他諸般の事情に照らし明らかに差押の必要がないと認められるときにまで、差押を是認しなければならない理由はない。したがって、原裁判所が差押の必要性について審査できることを前提として差押処分の当否を判断したことは何ら違法ではない。」とした。

（2）　小野ほか「ポケット註釈全書(3)刑事訴訟法」四〇九頁は、「裁判官は、発付の要件たる犯罪の嫌疑、第九九条・第一〇〇条・第一〇二条の要件及び必要性の有無につき審査する。その裁判に対しては不服の方法はない。再度の請求も事情を異にすれば許される。」としている。

（3）　同右書四一〇頁は、「被疑者自体の不明な場合（被告人についてはそのようなことはない）には明文に反するようであるが性質上被疑者を記載することを要しないものと解する被疑者不明の段階でも差押・捜索・検証するこ

とを要するし、それを禁ずべき理由はないからである。」

(4) 東京地決昭和四五年三月九日、刑裁月報二・三・三四一、判例時報五八九・二八は、「被疑者の氏名・年齢不詳について、本件令状請求の際提供せられた資料によると、令状発付当時、その氏名や年齢は不詳であるが、W大四年の男子学生で、人相・特徴などもある程度判明していた被疑者が昭和四四年一〇月上旬ころ銃刀法第三条各号に該当する場合でないのに、銃砲を所持していたという本件犯罪事実が十分に認められる。このような場合に、捜索差押許可状に被疑者の氏名・年齢不詳と表示したうえで、令状を出すべきことは当然であって(規則一五五条三項参照)何も問題はない。」としている。

(5) 京都地決昭和四七年一二月二七日、刑裁月報四・一二・二〇四〇は、「捜索・差押許可状を発付するに際し要求される犯罪の嫌疑の程度は、逮捕状の発付に際し要求されるそれに比し、低くて足りると解するのが相当であるところ、本件犯行直後における犯行現場付近からの逃走者を目撃した者等の供述を総合すると、被疑者が本件被疑事件を犯したことを疑うに足りる理由がある。」としている。

(6) 代表する判例は、最決昭和三三年七月二九日、刑集一二・一二・二七七六と、本決定の原決定である。東京地決昭和三三年五月八日、一審刑集一・五・八三二である。

以下同旨のものとして、

東京地決昭和三三年六月一二日、一審刑集一・追録二三六七は、単に「公職選挙法違反」と記載したものについて、東京地決昭和三四年五月二二日、下刑集一・五・一三三九は、「暴力行為等処罰ニ関スル法律違反」と記載したものについて、札幌地決昭和三八年五月一七日、下刑集五・五・六・六二一も、「公職選挙法違反」の記載について、同旨の理由で違法でないとしている。

代表として、最決昭和三三年七月二九日の判例のさわりの部分をみると、

「憲法第三五条は、捜索・押収については、その令状に、捜索する場所及び押収する物を明示することを要求しているにとどまり、その令状が正当な理由に基づいて発せられたことを明示することまでは要求していないものと解すべきである。されば、捜索差押許可状に被疑事件の罪名を、適用法条を示して記載することは憲法の要求するところでなく、捜索する場所及び押収する物以外の記載事項はすべて刑訴法の規定するところにゆだねられており、刑訴第二一九条第一項により右許可状に罪名を記載するにあたっては、適用法条まで示す必要はないものと解する。」

(7)　熊谷ほか「捜査法大系Ⅲ」捜索令状・差押令状の記載・熊本典道五三頁は、前注の判例が法の罪名の記載を要求する理由として、憲法第三五条の正当な理由に基づいて発せられたものであることを明らかにし、捜索・差押がなされる被疑事件を特定して捜査機関がほしいままに他の事件の捜査に流用することを防止するにある、とした点をとらえ、「特別法違反の場合は、特定の構成要件を明らかにすることが必要になるはずである。」と指摘する。

(8)　前注基本判例、最決昭和三三年七月二九日、集一二・一二・二七七六が、この場合も代表的結論を記している。「本件許可状に記載された『本件に関係ありと思料せられる一切の文書及び物件』とは、『会議議事録・闘争日誌・指令・通達類・連絡文書・報告書・メモ』と記載された具体的な例示に付加されたものであって、同許可状に記載された地方公務員法違反被疑事件に関係があり、かつ右例示の物件に準じられるような闘争関係の文書・物件を指すことが明らかであるから、同許可状が物の明示に欠くるところがあるということもできない。」

(9)　熊谷ほか「捜査法大系Ⅲ」捜索令状・差押令状の記載・熊本典道四八頁は、「本決定（最決昭和三三年七月二九日）以後、本決定の論評という形で多くの論稿が発表された。その中で、横井検事と熊谷判事を除けば、大体本決定に対して批判的である。」点を概括している。学説の多くは、これでは不特定だ、とするのである。

(10) 東京地決昭和三一年三月七日、下民集七・三・五四九は、「実際において、とくに捜査の段階においては捜索をしてはじめて差し押えるべき物が真に特定できることが多く、現場に臨んではじめて捜索すべき場所が限定され得ることが少なくない。したがってある程度のゆとりはやむを得ないもので法もこれを許容しているものと解すべきである……押収すべき物の表示としては差し押える物を個々に特定することは必ずしも必要でなく執行の際令状の記載（場所・被疑事実等）と関連させて具体的に特定しうれば足りるものと解すべきである。」とする。

(11) 最判昭和五一年一一月一八日、判時八三七・一〇四「〔本件〕捜索差押許可状には、前記恐喝被疑事件に関係のある『暴力団を標章する状、バッチ、メモ等』が、差し押えるべき物の一つとして記載されている。この記載物件は、右恐喝被疑事件が暴力団である〇連合〇組に所属し又はこれと親交のある被疑者らによりその事実を背景として行われたというものであることを考慮するときは、〇組の性格、被疑者らと同組との関係、事件の組織的背景などを解明するために必要な証拠として掲げられたものであることが、十分に認められる。そして、本件メモ写しの原物であるメモには、〇組の組員らによる常習的な賭博場開帳の模様が克明に記録されており、これにより被疑者であるBと同組との関係を知りうるばかりでなく、〇組の組織内容と暴力団的性格を知ることができ、右被疑事件の証拠となるものであると認められる。してみれば、右メモは前記許可状記載の差押の目的物にあたると解するのが、相当である。――（中略）――この点から本件メモの差押の適法性を検討すると、それは、別罪である賭博被疑事件の直接の証拠となるものではあるが、前記のとおり、同時に恐喝被疑事件の証拠となりうるものであり、〇連合名入りの腕章・ハッピ、組員名簿等とともに差し押えられているから、同被疑事件に関係のある暴力団を標章する状、バッチ、メモ等』一部として差し押えられたものと推認することができ、記録を調査しても、捜査機関が専ら別罪である賭博被疑事件の証拠に利用する目的でこれを差し押えたみるべき証跡は、存在しない」とする。

(12) 甲府地判昭和三七年七月一九日、下民集一三・七・一四六七は、「本件に関係ありと思料される帳簿・メモ・

書類等」という記載を分解して具体的例示「帳簿・メモ」、付加文言「本件に関係ありと思料される書類等」とし、これは、帳簿・メモに準ずる「文書類」を指すものと解釈し、賭具は含まれないとした。

(13)　東京地決昭和四〇年一月一三日、判例時報四四一・六二

(14)　大阪高判平成三年一一月六日、判例タイムス七九六・二六四は「捜査機関による差押は、そのままでは記録内容が可視性・可読性を有しないフロッピーディスクを対象とする場合であっても、被疑事実との関連性の有無を確認しないで一般的探索的に広範囲にこれを行うことは、令状主義の趣旨に照らし、原則的には許されず、捜索差押の現場で被疑事実との関連性がないものを選別することが被押収者側の協力等により容易であるならば、これらは差押対象から除外すべきであると解するのが相当である。」として、原則論としては被押収者側の協力に期待するが、「しかし、その場に存在するフロッピーディスクの一部に被疑事実に関連する記載が含まれていると疑うに足りる合理的な理由があり、かつ、捜索差押の現場で被疑事実との関連性がないものを選別することが容易でなく、選別に長時間を費やす間に、被押収者側から罪証隠滅をされる虞《おそ》れがあるようなときには、全部のフロッピーディスクを包括的に差し押さえることもやむを得ない措置として許容されると解すべきである。」「所論も本件のフロッピーディスク二七一枚の何枚かに被疑事実に関連する事項の記載があると疑うに足りる合理的な事由があったことは争わないところであり、所論の力点は、……被疑事実と無関係なフロッピーディスクが大量に存在することも明白であったこと、及びその見分けが極めて容易であったというところにある。」「関係証拠によると、……たとえ前進社関係者の協力が得られたとしても、捜査機関において納得できるようなフロッピーディスクの選別が現場で可能であったとは認められないが、更に、関係証拠によると、……捜査機関において、フロッピーディスクに関しても罪証隠滅が行われる可能性を考慮するのは当然であるし……、中核派の拠点の一つである前進社関西支社でフロッピーディスクの検討に長時間を費《つい》やすのは相当ではないと判断したのもそれなりに理解できる」としている。

(15) 小野ほか「ポケット註釈全書(3)刑事訴訟法」二一九頁は、「差し押えるべき物又は捜索すべき場所の直接の支配者をいう。」

(16) 甲府地判昭和三七年七月一九日、下民集一三・七・一四六七は、夫婦でマージャン屋を経営しているケースについて、「右営業は、実質的には原告夫妻の共同経営にかかるものでただ形式的に原告名義によって行われていたに過ぎないとみるのが相当である。そして右のように夫婦が同一家屋に居住して事業を共同経営する場合は、両名とも捜索すべき場所及び差し押えるべき物について直接の支配者に該当するというべきである。したがってY・Mも原告（妻）とともに右『処分を受ける者』であったと解される。」としている。

(17) 東京高判昭和四〇年一〇月二九日、判例時報四三〇号は、呈示の相手方が不在である場合について、「捜索令状又は差押令状を執行するには、執行者手前右令状を処分を受ける者に示すことを要し、右の処分を受ける者とは、捜索すべき場所又は差し押えるべき物件の直接の支配者を指称し、処分を受ける者が不在のときは、令状を示すことが不可能であるから示さないで執行しても違法ではない。……もっとも令状の呈示を受ける者が不在の場合には、立会人に令状を示すのが妥当の措置と解せられる。」とする。

小野ほか「ポケット註釈全書(3)刑事訴訟法」二一九頁も同旨である。

「処分を受ける者がいないときには示すことが不可能であるから示さないで執行しても違法ではない（国税犯則取締法では規定を異にするが同法に関する名古屋高判昭和二六年九月一〇日、集四・一七八〇参照）。その場合には立会人（二二二条〜二一五条）に示すのが妥当であろう。」

(18) 東京地決昭和四四年六月六日、刑裁月報一・六・七〇九、大阪高判平成五年一〇月七日、判例時報一九四七・一三四、本章第一節注（1）参照

(19) 東京地決昭和三四年五月二二日、下刑集一・一三三九は、「令状は処分を受ける者にこれを示すを以て足り、それ以上にその内容の筆写撮影の機会までも与えなければならないものとは解することができない。」とする。

(20)　フィルムの現像が第一一一条にいう「必要な処分」にあたるとしたものに、東京高判昭和四五年一〇月二一日、高刑集二三・四・七四九がある。
「『必要な処分』とは、押収の目的を達するため合理的に必要な範囲内の処分を指すものであって、必ずしもその態様を問わないものと解するのが相当である。……司法警察員として、果して右が真に本件犯行と関係ある証拠物であるかを確かめ、かつ裁判所において直ちに証拠として使用しうる状態に置くために、本件フィルムを現像してその影像を明らかにしたことは、当該押収物の性質上、これに対する『必要な処分』であったということができる。」

(21)　東京地判昭和四四年一二月一六日、判例時報五七九は、「捜索差押の執行にあたり、施錠された物件があった場合には、まず鍵の提供を受けてこれを開錠するなど執行を受ける者の最も損害の少ない方法によって、これをすべきである。鍵の保管者がこの提供を拒否し、又は鍵の提供を待っていては執行の目的を達し得ないような緊急の事情がある場合は格別、このような合理的な理由が認められない限り、これを破壊して執行することは許されないものと解すべきである。」とする。

(22)　暦による学説の代表として、団藤重光「条解刑事訴訟法上」二二四頁は、「本条（一一六条）は夜間における私生活の平穏を保護することを目的とする。したがって、『日の出前・日没後』はもともと常識的観念であるべきであるが、手続の確実性の見地から、暦によるべきものと解する。」とする。
また、実際の事実によって決すべきであるとする説の代表として、小野ほか「ポケット註釈全書(3)改訂刑事訴訟法」二二五頁は、「日の出前・日没後の意味を暦によって決すべきかどうかについて学説上争いがある。しかし夜間における生活の安静を保護することを目的とするものである以上、暦によらず事実によって決すべきものであろう。運用上不明確な場合を生ずるが、性質上やむを得ない。」としている。

(23) 団藤「前掲書」二二五頁は、第一一七条の「第二号ただし書につき、前条第二項の準用があるものと解する。」としている。

(24) 小野ほか「ポケット註釈全書(3)改訂刑事訴訟法」二二五頁は、「日没前に執行に着手した後処分の中止中(一一八条)日没となった場合に再び執行を開始するについて中止という性質上第一項(一一六条一項)の制限を受けないものと解する。」としている。

(25) 最決昭和五五年一〇月二三日、集三四・五・三〇〇が、判断の基礎においた、原判決の(名古屋高判昭和五四・二・一四)認定した本件採尿検査の経過は、次のとおりである。(1) 昭和五二年六月二八日午前一〇時ころ、愛知県K警察署警察官Mらは、被告人を覚せい剤の譲渡しの被疑事実で逮捕した。(2) 右Mは、被告人の両腕に存する静脈注射痕様のもの、その言語・態度などに照らし、覚せい剤の自己使用の余罪の嫌疑を抱き、尿の任意提出を再三にわたり求めたが、被告人は拒絶し続けた。(3) 翌二九日午後四時ころ、同署は、強制採尿もやむなしとして身体検査令状及び鑑定処分許可状の発付を得た。(4) 同日夕刻鑑定受託者である医師Oは、強制採尿に着手するに先立ち、被告人に自然排尿の機会を与えたのち、同日午後七時ころ、同署医務室のベッド上において、数人の警察官に身体を押さえつけられている被告人から、ゴム製導尿管(カテーテル)を尿道に挿入して約一〇〇ccの尿を採取した。(5) 被告人は、採尿の開始直前まで採尿を拒否して激しく抵抗したが、開始後はあきらめてさして抵抗しなかった。(6) 同署は、同医師から、採取した尿の任意提出を受けてこれを領置し、右尿中の覚せい剤含有の有無等につき愛知県警察本部犯罪科学研究所に対し鑑定の嘱託手続をとった。

(26) 最決平成六年九月一六日、集四八・六・四二〇は、強制採尿令状による採尿場所への連行について、次のように判示した。「身体を拘束されていない被疑者を採尿場所へ任意に同行することが事実上不可能であると認められる場合には、強制採尿令状の効力として、採尿に適する最寄りの場所まで被疑者を連行することができ、その際、必要最小限度の有形力を行使することができるものと解するのが相当である。けだし、そのように解しないと、強制採尿令状の目的を達することができないだけでなく、このような場合に右令状を発付する裁判官は、連行の当否を含めて審査し、右令状を発付したものとみられるからである。」

(27) 福岡高判昭和五〇年三月一一日刑事月報七・三・一四三

(28) 仙台高判昭和四七年一月二五日刑事月報四・一・一四

(29) 最判平成九年一月三〇日、集五一・一・三三五

(30) 団藤重光「条解刑事訴訟法上」二〇七頁は、「当該監督官庁は、国の重大な利益を害する場合のほか、承諾を拒むことができない（ただし書）。その認定権は当該監督官庁にある。それはむろん義務的裁量であるが、不当な認定に対する法律的救済はない。」とする。

(31) 小野ほか「ポケット註釈全書(3)改訂刑事訴訟法」二〇七頁は、「国家公務員に限るか地方公務員をも含むかは一つの問題であるが、地方公務員で少なくとも国の事務の機関委任（「機関委任」は二〇〇〇年四月から廃止され、地方に残される国の事務は「法定委託事務」ということになった。）を受けているものはその限度で、ここにいう公務員に含まれるものと解すべきであろう。」

これに関しては、国家公務員に限るという説（団藤重光「条解刑事訴訟法上」二〇六頁）、いわゆる「みなす公務員」の全部に広がるという説（渋谷・宍戸「警察官権限法注解2」二一七頁）。地方公務員の全部に広がるが、みなす公務員は除外される説（伊藤栄樹「刑事訴訟法の実際問題」一七六頁）と、諸説があるが、どの説によっても否定されない共通部分を拾うと、国家公務員の全部と法定委託を受けている地方公務員というところに落ちつく。

(32) 団藤重光「条解刑事訴訟法上」二〇九頁は、「押収拒絶権者は、本条（一〇五条）に列挙された者に限る。」通説である。

(33) 最判昭和二七年八月六日、集六・八・九七四は、第一〇五条に列挙されていると同一の証言拒否権の主体を規

定する第一四九条の事案で、「一般国民の証言義務は国民の重大な義務である点に鑑み、証言拒絶権を認められる場合は極めて例外に属するのでありまた制限的である。したがって、前示例外規定は限定的列挙であって、これを他の場合に類推適用すべきものでないことは勿論である。新聞記者に取材源につき証言拒絶権を認めるか否かは立法政策上考慮の余地のある問題であり、新聞記者に証言拒絶権を認めた立法例もあるのであるが、わが現行刑訴法は新聞記者を証言拒絶権あるものとして列挙していないのであるから、刑訴第一四九条に列挙する医師等と比較して新聞記者に右規定を類推適用することのできないことは言うまでもないところである。」とし、学者もこの結論を支持する者がほとんどである。この趣旨から第一〇五条も制限列挙であるとするのである。

(34) 最決昭和四四年一一月二六日、集二三・一一・一四九〇、判例時報五七四・一一は、「報道の自由は、憲法二一条の保障のもとにあり、報道のための取材の自由も、同条の精神に照らし、十分尊重に値する」とした上で「報道機関の取材フィルムに対する提出命令が許容されるか否かは、事例の対象とされている犯罪の性質、態様、軽重及び取材したものの証拠としての価値、公正な刑事裁判を実現するにあたっての必要性の有無を考慮するとともに、これによって報道機関の取材の自由が妨げられる程度、これが報道の自由に及ぼす影響の度合その他諸般の事情を比較衡量して決せられるべきである」とする。なお、これを踏襲した判例として最決平成元年一月三〇日、集四三・一・一九、判例時報一三〇〇・三（日本テレビ事件）と、最決平成二年七月九日、集四四・五・四二一、判例時報一三五七・三四（TBS事件）があり、いずれも捜査機関に軍配が上っている。

(35) 小野ほか「ポケット註釈全書(3)改訂刑事訴訟法」二一一頁は、「被告人を有罪としないためにのみ、本人と医師等が意思を通じてとくに証拠物を秘密とし、これについて押収拒否権が行使される場合の如きが予想される。」

(36) 同右書二〇八頁は「問題は、捜索又は検証（一〇六条）について本条のように制限がないので、捜索又は検証によって事実上この制限を回避することができるのではないかということである。消極に解すべきであろう。」としている。

(37) 法学協会「註解日本国憲法」四二七頁は、「憲法第二一条第二項は通信の秘密の不可侵を規定している。しかし、それはもともと通信機関に託された通信についても、私人によって所持されている場合と同一の保護を与える趣旨であるから、刑事手続において適法な手続（憲法三五条）によって押収することは許されるものと解しなければならない。」としている。通説である。

(38) 昭和三〇年四月一四日、最高裁刑二第五九号最高裁事務総局刑事局長発東京地裁所長あて回答「関税法に基く通信関係書類の捜索に関する疑義について」（最高裁事務総局刑事局編「刑事手続法規に関する通達、質疑回答集（追補Ⅲ）」一〇二頁）は、「刑事訴訟法第一〇〇条は、通信の秘密が特に憲法によって保障された基本的人権である点にかんがみ、刑事手続において通信官署（平成一四年法九八号により、「法令の規定に基づき通信事務を取り扱う者」に変わる。以下同じ）の保管する郵便物等についての秘密を侵すことができる限度を明文をもって規定したものと解すべきである。したがって、通信官署の保管する郵便物等について同条に規定された以外の方法による強制処分を行うこと、たとえば同法第一〇二条の規定によって捜索を行うことは許されないものと解する。もっとも、特定の郵便物に対する差押状を執行するについて郵便官署が協力しないときは、その差押状自体によって、差し押えるべき郵便物を発見するため、最小限度の捜索を行うことは許されると考える（一一一条二項参照）。」としている。

(39) 同右質疑回答後段

(40) 学説上は、このいわゆる電話傍受という捜査方法が強制捜査に当ることはほぼ異論がない。たとえば傍受回線の設置箇所が屋外で通話両当事者に対する物理的侵害はなくても、プライバシーの侵害、通信の秘密の侵害を受忍させることになり、私生活の平和を犯す無形の圧迫に外ならないからである。しかし、現行刑事訴訟法上許されるかどうかについては積極（河上和雄・現代刑罰法大系五・一八九、渥美東洋・レッスン刑事訴訟法（中）一六二等）消極（平野龍一・刑事訴訟法一一三、阪村幸男・捜査法大系Ⅲ二五二等）両説があり、消極説が多数を占めていた。

(41) 甲府地判平成三年九月三日、判例時報一四〇一・一二七は「本件被疑事実が、過去に行われた覚せい剤取締法違反に関するものであったこと、各検証許可状発付時、被疑者の氏名の特定はできていなかったものの、被疑事実自体に付いての嫌疑は明白であったと認められること、しかも右被疑事実は、営利目的による覚せい剤譲渡という重い罪であること、暴力団組織による転送電話を利用した非対面方式による覚せい剤密売行為の解明及びその検挙には、電話傍受の方法による通話内容の検証が捜査上不可欠であったと認められること、本件各検証許可状請求までの警察官による三年以上に及ぶ内偵捜査の結果では、前記各電話回線は覚せい剤取引のみに使用される蓋然性が極めて高く、一般電話のかかる蓋然性はほとんどなかったから、覚せい剤密売組織やその買受人を除く他の者の権利・利益を害するおそれがほとんどなかったこと」を認定し、「これに基づき適正になされた警察官による通話内容の検証も合憲適法であって、もとより電気通信事業法四条一項、一〇四条等に違反するものでもない。その他本件捜査に違憲違法のかどは何ら存しない。」とした。

(42) 東京高判平成四年一〇月一五日、集四五・三・八五、判例時報一四四三・一五四は、「犯罪の捜査においては、通信の秘密が侵害されるおそれの程度を考慮しつつ、犯罪の重大性、嫌疑の明白性、証拠方法としての重要性と必要性、他の手段に出る困難性等の状況に照らして、真にやむを得ないと認められる場合には、電話の傍受等を行っても、憲法の保障する通信の秘密を侵害することはないと考えられ、その実施に当たっては、更に憲法三五条及び三一条の注意に従った手続を経て行うことが要請されるが、これが充《み》たされる限り、電話の傍受等を行うことが憲法上許されないわけではないと解される。すなわち、電話の傍受等がそれ自体として直ちに憲法二一条二項、三五条、三一条等に触《ふ》れるものではない」とした。

(43) 最決平成一一年一二月一六日、集五三・九・一三二七、判時一七〇一・一六三は「電話傍受は、通信の秘密を侵害し、ひいては、個人のプライバシーを侵害する強制処分であるが、一定の要件の下では、捜査の手段として憲法上全く許されないものではない」「重大な犯罪に係る被疑事件について、被疑者が罪を犯したと疑うに足りる十分な理由があり、かつ、当該電話により被疑事実に関連する通話の行われる蓋然性があるとともに、電話傍受以外の方法によってはその罪に関する重要かつ必要な証拠を得ることが著しく困難であるなどの事情が存する場合において、電話傍受により侵害される利益の内容、程度を慎重に考慮した上で、なお電話傍受を行うことが犯罪の捜査上真にやむを得ないと認められるときには、法律の定める手続に従ってこれを行うことも憲法上許されると解するのが相当である」「本件当時、…電話傍受を直接の目的とした令状は存在していなかったけれども、前記の一定の要件を満たす場合に、対象の特定に資する適切な記載がある検証許可状により電話傍受を実施することは、本件当時においても法律上許されていたものと解するのが相当である」とした。

(44)　「刑事訴訟法の一部を改正する法律（平成一一年法一三八号）」。同年九月七日に施行された。

(45)　通信傍受法の正式名は「犯罪捜査のための通信傍受に関する法律（平成一一年法一三七号）」。二〇〇〇（平成一二）年八月一五日に施行された。

第七章　証　拠

第一節　捜査と証拠

一　人間の行動と痕跡《こんせき》

一　犯罪捜査の過程において、我々は実にさまざまな情報を得、また、物をつかむ。いずれも犯人を得るための手がかりである。

人間は、行動すれば痕跡《こんせき》を残す。あるときは目撃者の記憶の中に、また、あるときは、行動の場に物としての痕跡を残す。

捜査員は、犯罪現場を中心として、犯人の残した痕跡を集め、再構成し、犯人の過去の行動を再現し、その行動の最終点としての犯人の居所をつきとめる。

二　もし、江戸時代のように、およそ犯人の処罰は自白を得て行う制度であれば、捜査は犯人を捕まえることで終わり、あとは、お白州《しらす》でのお取調べで結着がつく。そのお取調べも、自白が中心であって、凶器のような物証も、単に、自白をひき出す手段であるに過ぎない。

近代の裁判は、自白偏重《へんちょう》の危険を反省し、裁判の結果は証拠によることとした。AがB宅へ空《あ》き巣《す》に入った、とするならば、AがB宅へ空き巣に入ったという過去の事実が真実存在するかどうか、証拠によって証明しよう、というのである（証拠裁判主義）。法は、これを事実の認定は証拠による、と規定した（三一七条）。

言いかえると、AがB宅へ空き巣に入ったという以上は、Aが空き巣に入るについての事前ないし事後の痕跡があるはずである。B宅へ押し入ったならば、入り口や家の中にAの行動の痕《あと》があるはずである。Aが物を盗《と》ったならば、紛失の状況、逃走経路、物の処分先と、さまざまな痕跡を残すはずである。

捜査員は、それらを丹念《たんねん》に採取し、あるいは聞き込み、それらを再構成して犯人の行動を再現し、その主役Aを割り出し、その居所《いどころ》をつきとめる。

次に、Ａをつきとめるについて使った同じ痕跡を、証拠として形あるものに変えておく。検察庁へ送り、最終的には裁判所で、ＡがＢ宅へ空き巣に入った、という証明に使う。

裁判官は、現場を見ていない。事前に犯人に会ってもいない。法廷で全く白紙の状態で座っている、その人に説明する。それも、いちいち証拠をあげて説明するのだ。説明の材料は、書面でも、物でも、証人でもいい。ともかく、白紙の裁判官が、ＡがＢ宅へ空き巣に入った、と確信するように事を運ばなければならない。一体、何を用意したらよいか。

捜査官は、ともかく、Ａの行動を書面か物によって再現できるようにしておくほかはない。具体的に考えてみよう。

二　捜査と採証《さいしょう》

一　まず、空き巣ねらいの被害があったという例をとって具体的にその採証《さいしょう》を見ることにしよう。断っておくが、実際の動きは、事件によって千変万化するので、左に掲《かか》げたのは、そのモデルの一つと考えておいてもらいたい。

まず、被害の状況を明らかにしなければならない。通常、被害者の①「被害届（規範別記様式六号）」による。被害の模様（被害者の見た）や被害金品は、このとき捜査官の知るところとなる。被害状況について、更に詳しく知る必要があれば、現場処理が終わってから、被害者の②「供述調書（乙）（基本書式例様式九号）」を作成すればよい。

さて、被害届を受けた警察官はその旨上司に報告し、現場に急行して現場保存につとめるであろう。

二　そこへ捜査主任官が到着する。そして、被害者立会のうえで現場検証を行い、結果を、③「実況見分調書（基本書式例様式四六号）」に記録する。現場で㋐指紋があれば、その旨、実況見分調書に明記すると同時に、採取年月日・場所・立会人を明らかにした写真を撮影したうえ、それを採取する。対照用として現場関係人（被害者等）の指紋を採取する。掌紋《しょうもん》、㋑足跡がある場合は、指紋と同様の配慮のもとにその写真を撮影したうえ、それを採取する。㋒その他遺留物も同様である。

採取した鑑識《かんしき》係員は、④「指掌紋《ししょうもん》資料」を作成する。署長はその報告に基づき、⑤「指掌紋記録等」を作成し、速《すみ》やかに当該指掌紋記録を警察庁刑事局犯罪鑑識官（以下「警察庁犯罪鑑識官」という。）及び警視庁、道府県警察本部又は方面本部の鑑識課長（以下「府県鑑識課長」という。）に電磁的方法により送らなければならない（指紋等取扱規則四条）。また、鑑識課長あて、⑥「鑑定嘱託書（基本書式例様式二号）」を送達する。

警察署では、窃盗罪については、犯罪手口資料取扱規則（昭和三一年国家公安委員会規則一号）第七条により、⑦「被害通報票」を作成する。

三　以上で、初動の採証活動は一応終了したことになる。次に、捜査が進展し、被害品の一部が発見された、とする。犯人が、盗品を処分すれば、処分行為の痕跡が残り、その痕跡を発見すれば、それから、その処分者が、B方空き巣の犯人であると推定が可能になる。

一つの事実が出てくる。その事実から、経験則に照らして推理する。当該事件の被害品を所持し、処分した者は、当該事件の犯人か、犯人から当該物を譲り受けたか取ったかした者である、ということは、経験則に照らして合理的に推測できる事柄である。同じ推理の道筋を証拠物ないしは、証拠の説明になる書類として、裁判所で再現できるようにしなければならない。捜査官が推理し、一歩一歩犯人に到達していく同じ道筋を、裁判官は法廷に座《すわ》っていて物や書類や証言によって追体験するのである。そして、捜査官が最後に到達した被疑者Aが、なるほどB宅へ空き巣に入った男だと確信を持つに至ってはじめてAをB宅への空き巣の犯人として有罪の判決が下せる。

捜査過程のきめ手の一つ一つを書類にまとめていく作業が続くわけである。

被害品の一部が発見された。それは、⑧「被害品一部発見報告書」に化体《かたい》される。質屋から出てきたのであれば、質屋が何者からその物を手に入れたか、供述調書にとる⑨「参考人供述調書（前出②の書類と同じ）」。

次に、当該質屋に任意提出を求めて当該被害品を領置《りょうち》しなければならない。⑩「任意提出書（基本書式例様式二一号）」と、⑪「領置調書（甲）（基本書式例様式二二号）」が作成される。

その物が果して被害品の一部であるかどうか、被害者に確認をしてもらう⑫「供述調書（前出②

と同じ)」。

四　ここまでくると、質屋の供述を頼りに、容疑者らしきものにしぼりがかかっていく。県警本部や、署に保管される前科者や同一手口にかかる資料から割り出されることもある。そうした捜査活動により、被疑者が浮かんできたら、その旨、⑬「容疑者発見捜査報告書」を作成する。

そうこうしているうちに、鑑識課に依頼しておいた指紋の結論が出てくる。そして、もし、警察手持《てもち》の指紋のどれかと合致すれば、それによって被疑者の特定は完成し、次はその所在捜査という風に進展する。ここでは、指紋があったことにしよう。鑑識課長からは、警察署長あてに、さきの照会書の返事として、⑭「現場指紋対照結果通知書」が届いた。それによると、符合《ふごう》する容疑者Aの存在が記されている。

このAが、質屋の言っている男と似《に》ているかどうか、捜査は続行する。その結果は、⑮「捜査報告書」となり、その所在も併《あわ》せ報告される。

五　以上で、捜査は最初の山を越すわけである。そして、いよいよ逮捕にかかる。以上の書類及び証拠物で、被疑者Aが罪を犯したと疑うに足りる相当の理由は過ぎるほどにある。

そこで、⑯「逮捕状請求書(甲)(基本書式例様式一一号)」の作成となる。そして、謄本一通を添付して疎明資料とともに、裁判官に令状請求する。

そこできめ手となるのは、①「被害届」、⑭「現場指紋対照結果通知書」、⑮「捜査報告書」、⑧盗難被害品の一部を被疑者が質入れした事実を証する「被害品一部発見報告書」、⑨「質屋の参考人供述調書」、⑩「任意提出書」、⑪「領置調書（甲）」、⑫「被害者供述調書」等である。これまで作成された一件書類を編綴《へんてつ》すれば、逮捕状の疎明資料としては万全である。そして⑰「逮捕状」を得る。

いよいよ被疑者を逮捕する。⑱「通常逮捕手続書（甲）（基本書式例様式一三号）」の作成。逮捕する現場で捜索差押をすれば、⑲「捜索差押調書（乙）（基本書式例様式三二号）」、その際押収品があれば、⑳「押収品目録（基本書式例様式三三号）」をそれぞれ作成する。

逮捕された被疑者については、㉑「弁解録取書（基本書式例様式一九号）」を作る。取調べをすれば、㉒「供述調書（甲）（基本書式例様式八号）」にその内容を録取する。

六　被疑者の口から、盗品の隠し場所がわかった。そこで、㉓「捜索・差押・検証許可状請求書（基本書式例様式二四号）」で令状請求し、㉔「捜索差押許可状」の発付を得る。捜索差押を実行したら、㉕「捜索差押調書（甲）（基本書式例様式三一号）」、㉖「押収品目録」をそれぞれ作成し、発見被害品かどうか、被害者の確認を得、その結果を、㉗「供述調書（乙）」にしておくことは、前述と同じである。

さきに、足跡について触《ふ》れた。この押収の結果、被疑者が犯行当時使用した靴が得られた、とすると、これについて、㉘「供述調書（甲）」をとり、採取された足跡とともに、鑑識課長あて、㉙「鑑定嘱託書」を送付する。

さきに嘱託した指掌紋とこれと別々に、㉚㉛「鑑定結果について（鑑定書）」が送られてくるであろう。

七　いよいよ捜査は大詰を迎える。被疑者供述の裏付である。当夜のアリバイについて、被疑者がどこそこにいたと供述すれば、本当にそうかどうか、関係先にあたり、いたとか、いないとか、㉜「答申書」を作成する。盗んだ金を費消《ひしょう》している場合は、その費消先についても同様である。

八　最後に、被疑者の情状、犯行当日の動向態度につき、父母等の供述をとる㉝㉞「供述調書（乙）」。㉟「前科照会書（基本書式例様式四九号）」、㊱「身上調査照会書（基本書式例様式五〇号）」を得て、一件書類は完成である。

九　総まとめとして、㊲「書類目録（基本書式例様式五二号）」、㊳「証拠金品総目録（基本書式例様式五一号）」に、すべての書類及び証拠物を列挙し、これに㊴「送致（付）書（基本書式例様式五三号）」をつけて検察庁へ送致（付）することとなる。

一件の空き巣ねらい事件を完結するのに、これだけの書類が作成され、物が準備されるのである。

第二節　証拠の取り上げ方

一　公訴の提起

一　前節でみたように、たった一件の空き巣ねらいを片付けるのに、数十に及ぶ書面を準備した。一体、どうして、こんなに書面を作らなければならないのか。

第一線の捜査員にしてみれば、足に物を言わせて捜査をして回るのが本領《ほんりょう》である。本署の机にかじりついて字を書いている時間があまりにも多過ぎるではないか。

この嘆《なげ》きが、解消することのできない仕事に対する愚痴《ぐち》にしかならない。ということは、日本の裁判の実情をみればわかるのである。

警察官の作成した一件書類は、検察庁に送致される。それ以後、それがどのように使われていくか。

二　検察官は、一件記録を調べ、必要な補充《ほじゅう》をしたうえで、起訴か不起訴かを決定する。通常、犯罪の嫌疑があり、訴訟《そしょう》条件（訴訟を進行させる条件、たとえば親告《しんこく》罪の告訴）を具備していれば、起訴され、裁判にかけられるのが普通である。

しかし、日本の検察官は、その場合でも起訴をしない、という決定（起訴猶予《ゆうよ》）を下すことができる。犯人に間違いない。しかし、犯人の性格・年齢及び境遇、犯罪の軽重《けいちょう》及び情状並びに犯罪後の情況《じょうきょう》を考える。そして、訴追《そつい》を必要としない、と判断すれば、そこで起訴猶予にするのである（起訴便宜《べんぎ》主義）。もちろん、一件記録に付された警察官の犯罪事実並びに犯罪の情状等に関する意見は十分参照される。しかし、起訴・不起訴の決定は、検察官の独占するところである（二四七条）（起訴独占主義）。例外はある。さき（一章二節三の三）にも述べたように、準起訴制度をはじめ幾つかの例外と控制を定めるものはある。

また、一〇〇万円（刑法、暴力行為等処罰に関する法律及び経済関係罰則の整備に関する法律の罪以外の罪については、当分の間、二万円）以下の罰金又は科料を科するのを相当とする事件については、略式《りゃくしき》手続に回《まわ》す可能性があり、この場合は、証拠の採用の仕方に本番よりはルーズな点が見られるが[1]、また正式裁判にひっくりかえることもあるので[2]、警察官の作成した書類が活用される場面は少なくない。

三　検察官の起訴によって始まる本番すなわち正式裁判では、どのようになっていくか。裁判の構造が当事者訴訟主義であることは既に述べた（一章一節四）。裁判は、検察官と被告人（弁護人）が、お互いに証拠を出し合って闘《たたか》っていく。相手の証拠には、その価値を減殺《げんさい》するに足る反対の証拠を出して闘う。証人に対しては反対尋問《じんもん》をして、その証言の信用を減殺する。もし、日本に強い影響を与えたアメリカの裁判のように、大陪審《だいばいしん》の前に次から次へと証人が現れ、その口や態度を通じて心証をつかんでいくのだ、としたら、警察官は、一件数十通の書類を作らないですむかも知れない。ところが、日本の裁判では書面審理が中心になっている。ある裁判官の証言によれば、刑事訴訟で使用される証拠の九〇パーセント以上が書面であるということである(3)。

四　まず、検察官は、起訴状を提出することにより公訴を提起する（二五六条一項）。単に起訴状だけである。余分な物は一切《いっさい》つけない。つけることが違法なのである（起訴状一本主義）。それは、裁判官を白紙の立場において公判期日を迎えよう、ということである。裁判官は、検察官側でもなければ、むろん被告側でもない。公正中立・無色透明、行司《ぎょうじ》として真中に立つことを要請されている。そのためには、起訴状には、裁判官が事件について予断《よだん》（黒の）を生ぜしめるおそれのある書類その他の物を添付したり、又はその内容を引用するようなことがあってはならない(4)(予断排除の原則)(二五六条六項)。

起訴状には、被告人を特定する事項のほか「公訴事実」と「罪名」が記載されているだけである。この公訴事実は、犯罪があった、ということを、検察官が公判廷で主張する事実、審判の対象となる事実である。審判の範囲はこれによってきめられ、したがって、被告人側から見れば、防禦の範囲が明確にされた、ということができる。

公訴事実は、このように闘いの焦点である。それは簡潔であると同時に明確でなければならない。検察官は、これを、構成要件にあてはめて法律的に構成された事実として記載する。これを訴因《そいん》の形式によって表象《ひょうしょう》された、という。訴因は、日時・場所・方法をもって罪となるべき事実を特定する仕方で明示される(二五六条三項)。

さて、裁判は、この訴因を中心として展開《てんかい》する。あらゆる証拠は、この訴因に表象されている事実にむかって収斂《しゅうれん》する。そして、相殺《そうさい》される証拠は死んでいき、減殺《げんさい》された証拠はいびつになって生き残り、その生き残りの物語るところ(証明力)に耳傾《かたむ》けて裁判官は自由に判断する(自由心証主義)(三一八条)。

二　証拠能力

一　証拠調の始期　二　自白法則　三　厳格な証明と自由な証明
四　伝聞法則　五　違法収集証拠

一　公判は、冒頭《ぼうとう》手続から始まる。検察官は、まず、起訴状を朗読《ろうどく》しなければならない（二九一条一項）。既に、被告人には起訴状の謄本《とうほん》が送られ（二七一条二項）、内容は先刻承知《せんこくしょうち》であるが、この冒頭の朗読は闘い、の宣言である。戦国時代の名乗りのようなものである。裁判長は次に被告人に向かい、黙秘権や陳述《ちんじゅつ》の効果など、初歩的な注意を与える。そして、もし言い分があるならばその陳述の機会を与える（二九一条二項）。

証拠調の始まるのは、それからである（二九二条）。

そして、検察官は、まず検察官手持の証拠のうち、被告人の供述調書類、被告人の身上関係書類及び前科関係書類以外の供述調書類・捜査報告書類・実況見分調書その他の書証及び物証の取調べ

を請求するのが通常である。(5)

いよいよ証拠調に入るのだから全面的に出すのか、というと、裁判官の公平な立場を維持《いじ》するために、被告人の供述調書類は、他の証拠が取調べられた後から調べることにより、自白偏重《へんちょう》の予断を抱《いだ》くことを防ぐ趣旨である(三〇一条参照)。

自白の持っている証明力は、それだけ強い影響力を持っているからである。そして、それは、人の供述であるから間違っている可能性がなきにしもあらず、である。

この点、物証の持つ力は絶対であるのと対比される。物は、たとえば犯行に使用された凶器は、どうひっくり返して見ようとも、犯罪の証明上重要な証拠であり、その物の存在・態様《たいよう》については争う余地のないものである。証拠としての採用資格を論ずるまでもない。これに対して、供述証拠は、どうしても嘘《うそ》が入りこむおそれがある。物証のようにそのまま採用、というわけにはいかない。資格試験に合格してもらわなければならない。

その試験が、反対尋問である。

二　訴因を土俵と考えれば、土俵上、東が勝つか西が勝つか、登場する力士《りきし》は証拠である。証拠はぶつかり合って証明力を競う。どちらが勝つか、行司の判断は自由である。

ところが、はじめから土俵に上がれない力士がいる。少なくも、中入後《なかいりご》は、登場を許されない。

法は、これを証拠能力がない、と言っている。資格がないのである。

たとえば、自白である。

自白は、証拠の王であるとされてきた。事実、もし、それが、被告人の自由意思の発露《はつろ》として表明されたものであるとすれば、シロか、クロか、これほど明瞭《めいりょう》なものはないであろう。その証明力は抜群《ばつぐん》である。

しかし、歴史の示すところは、拷問《ごうもん》と強制、気の弱い被疑者の心ない虚偽《きょぎ》自白の頻発《ひんぱつ》であった。

憲法第三八条はその反省を明瞭に謳《うた》い上げた。①何人も、自己に不利益な供述を強要されない。②強制・拷問若しくは脅迫《きょうはく》による自白又は不当に長く抑留《よくりゅう》若しくは拘禁《こうきん》された後の自白は、これを証拠とすることができない。③何人も、自己に不利益な唯一《ゆいいつ》の証拠が本人の自白である場合には、有罪とされ、又は刑罰《けいばつ》を科せられない。

憲法は、全体の体裁《ていさい》を破るほどに、刑事司法に関する詳《くわ》しい規定をおいた。いずれも、過去の人権問題の反省から生まれたのである。

この考え方は、そのまま刑事手続に反映する。強制・拷問又は脅迫による自白、不当に長く抑留又は拘禁された後の自白その他任意にされたものでない疑いのある自白は、これを証拠とすることができない（三一九条一項）。

これを自白法則といっている。

さきほどの例をもってすれば、力士として欠格《けっかく》である、というのである。幕内《まくうち》で相撲《すもう》をとるには前頭《まえがしら》以上の資格がいる。裁判でその証明力に物を言わせることのできる証拠にも、法的資格ないしは法的許容性《きょよう》というものがあり、この許容性を持ち得ない強制・拷問による自白は「証拠能力」がない、とされるのである。

三　このように、証拠の法的許容性、つまり、証拠能力を問題にするのは、裁判でもその核心に関係する場合である。相撲でも、中入後の勝負は幕内力士以外の力士の存在を許さない。

裁判では、犯罪事実の証明、すなわち、クロ・シロの核心に迫る証明は、これは、最も厳格な取扱いを必要とする。自白の任意性を欠くような、証拠能力のない証拠を用いることを許さないと同時に、適式な証拠調を経たものでなければならない（その他の証明については後述する。）。

適式な証拠調とは、公判廷で吟味されることである。たとえば、証言であれば、反対尋問にさらされたものでなければならない。

これを「厳格な証明」といって、「自由な証明」と区別される。自由な証明とは、厳格な証明で要求されている二つの要件――証拠能力と適式の証拠調を必要としない証明である。何を持ちこんでもよい。問題になるのは個々の証拠の持つ証明力だけである。

たとえば、被告人が死んだとする。被告人がいなくなれば、裁判は打ち切られなければならない。さような形式的な問題は自由な証明でよろしい。妻君《さいくん》が死んだ旨を綴《つづ》った手紙でもかまわない。それが信用おけるものであれば、そのままそれに従って打切りの裁判をすることができる。相撲にたとえれば、厳格な証明は中入後の勝負である。自由な証明は、それ以前の十両以下の勝負である。

さきに用意した空き巣ねらいの一件記録と証拠物が、つまり、力士群が、どのような法則によって幕内とそれ以外にふり分けられるか、それはもう少し後まわしとして、力士の資格要件についてもう少し説明しておこう。

四　幕内に入れない力士として、任意性の欠けた自白調書があることは既に述べた。次は、また聞き、の問題である。人の噂《うわさ》は千里を走る。そして必ず尾《お》ひれがつく。酔って銚子《ちょうし》の酒をこぼした、というのが、泥酔《でいすい》のきわみ、銚子をけとばして歩いた、ということになりかねない。目撃者の証言について考えてみよう。「甲は、AがB宅に入るのを見た」というのが本当ならば、「AはB宅へ入った」というのが本当になる。

ところが、甲の友人乙は、甲と一杯やっているときに、甲が「Aは泥棒だよ、おれはAがB宅に入るのを見た」と言うのを聞いたとする。

乙が公判廷で、「私は甲と飲んでいるとき甲が『AがB宅へ入るのを見た。泥棒でないか』と言うのを聞きました」と証言したら、法廷の人々は甲がしゃべり乙が聞いた。それをまた乙から聞いた、というのでまた聞きになる。

別な言い方をすれば、公判廷で反対尋問を経たのは乙であって甲ではない。乙が何かしら甲から聞いた、ということは、適式な証拠調を経て信用してよい証言になるが、その内容、つまり、甲のしゃべったことは、適式な証拠調を経るよすがのないものである。これを信用してそのまま証拠として取り上げることはできない。

このように、反対尋問によってテストされていない供述証拠を「伝聞《でんぶん》証拠」といい、伝聞証拠を排斥《はいせき》する原則を伝聞法則といっている(6)。

伝聞証拠は原則として証拠能力が認められない。

五　三番目に、欠格すれすれの所で登場してくるのが「違法収集証拠」である。

証拠の収集は適法に行われなければならないことは論をまたないが、それが違法であった場合、収集された証拠は、証拠能力が認められるかどうか、という問題である。

自白法則にせよ、伝聞法則にせよ、いずれも、判断決定者たる裁判官に誤った心証を与え、誤判の危険を引き起こさないようにとの配慮から生まれてきた。

違法収集証拠は、若干《じゃっかん》性質を異《こと》にする。その収集方法に間違いはあったが、その証拠として真実を物語る力は抜群《ばつぐん》である、という場合もなきにしもあらず、である。任意性のない自白や、伝聞供述には、嘘《うそ》が混じっている危険が多い。だから排除するのである。違法収集証拠は、たとえば、捜索差押が令状記載の範囲を超《こ》えて実行された。その結果、令状記載の場所ではないと認定される場所から、犯行に使用された凶器とか、覚せい剤とかが発見された、という場合に問題となるのである。(7)

違法収集証拠の問題は、証拠そのものの信ぴょう性というよりは、違法を戒《いまし》めるという、政策的配慮に立つものである。捜査官が間違ったことをする。それは直ちに国民の人権を侵害するものである。にもかかわらず、そうして得られた物が、結局証明に役立って、捜査官により時としては違法も辞《じ》さず、捜査の完結こそは正義、という誤った正義感を助長《じょちょう》することになっては、何のための制度かわからなくなる、という配慮からくるものである。

学者は、これを文明的基準という。

文明が発達すれば、人権じゅうりんのごときは影をひそめなければならない。そういう高い見地から見れば、違法収集を否定し、そうして得られた証拠の証拠能力を否定することによって、捜査官の人権じゅうりんに対する注意をより一層喚起《かんき》することができる。

その主張は長らく学者の机上《きじょう》の意見で、裁判の実務ではまだ自白法則や伝聞法則のように確立された排除法則の扱いを受けていないと考えられてきた。しかし、最高裁は、物自体の性質、形状は手続が違法であるからといって変化するものではないという見方を基調に置きながらも、その違法が「重大な違法」であり「これを証拠として許容することが、将来における違法な捜査の抑制の見地からして相当でないと認められる場合」は否定されなければならないとしているから注意を払わなければならない(8)。

さて、伝聞法則を頭においてみると、書面の証拠能力に問題があることがわかるであろう。書面を審理《しんり》する裁判官の姿《すがた》を考えてみよ。その前にもし、書面に記載された供述の供述者が立っているとすれば、書いたものを読むよりは、しゃべらせた方が早い。それに反対尋問も可能であり、その供述が証拠として適格性を持つものであるかどうか、テストをすることも可能である。

供述者本人は法廷にいない。書面だけがある。書面に本人がした供述が記載されてある。さて、その供述は、伝聞法則にかからないであろうか。

伝聞法則とは、反対尋問のテストを経ない供述を排除しようというものであった。どうころんでも書面の供述を反対尋問にかけるわけにはいかないであろう。

書面の供述、すなわち、供述調書は伝聞法則にひっかかるのである。そして、原則として証拠能力は認められない、という結論になる（三二〇条一項）。

警察官がせっせと作っている書面の主要部分は供述調書である。その供述調書に証拠能力がないのだとしたら、警察官の働きは一体どういうことになるのだろう。

いよいよ、例外について語るときがきた。

例外が設けられているのである。それによって、刑事裁判の証拠の九〇パーセント以上を占めるという書面の役割が腑《ふ》に落ちるはずである。

法上は例外であるが、実際上は主流であるという書面の証拠能力の採用の仕方がある。それが、当事者による「同意」という手続である。検察官及び被告人が証拠とすることに同意した書面又は供述は、一体条件のもとに伝聞法則の例外としてこれを証拠とすることができる（三二六条一項）。何故それが許されるか。その秘密は何か。

三　書面の証拠能力

一　反対尋問権の性質　　二　同意書面
三　信用性の情況的保障がとくに高い書面
四　検証調書（実況見分調書）・鑑定書
五　供述調書等　　六　書面の謄本（抄本）・写し（コピー）

一　秘密の鍵《かぎ》は、伝聞法則の中心に座《すわ》る反対尋問権というのは、どういう権利か、ということである。
すなわち、絶対不可侵《ふかしん》で、本人といえどもこれを勝手に処分することのできないものであるかどうか、である。

また、反対尋問権によって期待される効果が虚偽《きょぎ》の供述の排除であるとすると、はじめから虚偽の含まれないことが明白である供述であっても、更に、反対尋問によるテストを必要とするか、という問題である。

まず、本人が勝手に処分することについて考えてみよう。権利には、処分できる権利とそうでない権利とがある。

人の生命を維持するということ。そのことは、人権の根本にかかわるから、たとい、本人といえどもこれを処分することは許されない。と、言うよりは、本人がそれを処分するはずがない、という思想に立脚《りっきゃく》する。安楽死《あんらくし》・承諾《しょうだく》殺人の例を見よ。

それに反して、たとえば、勤労権（憲法二七条一項）というものがある。すべて国民は、勤労の権利を有し、義務を負う。しかし、高等遊民《ゆうみん》というのがいる。親譲りの財産で別に勤労せず、悠々《ゆうゆう》趣味に生きている。彼は、勤労の権利をどうしたのか。勝手に放棄《ほうき》してしまっているのである。

就労《しゅうろう》することによって賃金が得られる。事業をすれば収益があがる。その反面、労働のわずらわしさ、辛《つら》さ、というものも一緒に背負《せお》いこまなければならない。

勤労の権利を放棄することによって就労の辛さから逃げることができる。かわりに収益賃金は得られない。どちらを採《と》るか。彼は、利益を比較衡量《ひかくこうりょう》し、放棄に決したのである。

このように権利の中には、行使すれば本人の得、行使しなければ本人の損、しかも、見方をかえれば、得が損になり、損が得になるようなものがある。その場合の判断権利は、まさに本人でなければならない。

反対尋問権を見ると、これを放棄すれば、自分のためにならない供述が無条件で証拠に採用される損がある。反面、訴訟は促進《そくしん》される。被告人のここぞと思う所で力を入れ、時間をかける余裕《よゆう》が生まれる。甲斐《かい》ない所で争うより、成算のある所にエネルギーを投入しよう。という風に本人が考える余地があり、また、そう考えたらそれを実行することが認められない、というのはおかしい。反対尋問権は、かように、本人の処分に任せられ得る権利である。放棄できる権利である。そう考えるのが通説である。

二　さて、以上によって伝聞供述たる書面の証拠能力を考えてみよう。書面提出は当然なことながら、本人は不在である。したがって、反対尋問ができない。だから原則として証拠能力が認められない、というのであった。ところが、被告人本人が反対尋問をしなくてもいい、という決断をしたならば、つまり、その書面の供述を証拠とすることに同意したならば、その書面を証拠にすることは正義に反しない、ということになるであろう。

かような考え方を基礎に、法は、検察官及び被告人が証拠とすることに同意した書面又は供述は、一定条件のもとにこれを伝聞法則の例外としてこれを証拠とすることができることにしている(9)(三二六条)。

一定条件のもとに、というのは、たとい同意があったとしても、いたって粗悪《そあく》な証拠をわざわざ採用するにはあたらない、という判断を裁判所が留保《りゅうほ》するからである。第三二六条は、「その書面が作成され又は供述のされたときの情況を考慮し相当と認めるときに限り」同意された書面を証拠として採用することとしている。

そして、ここでいう相当な場合とは、まず、その供述が拷問・強制によって任意性を欠いているような場合又は採用してみたところで、愚《ぐ》にもつかない内容・証明力しか持っていない、という場合である(10)。

ともあれ、書面の供述は、こうして、幕内入りを果《はた》すのである。そして、わが国裁判の実情は、証拠のほとんどが、このルートによって採用されている。警察官の作成する書面は、こうして現代の裁判に生かされている。

三　同意による証拠能力の獲得が主流だとすると、傍流《ぼうりゅう》ではあるが、もう一つ、はじめから、虚偽の存在を想像できないほど信用性の高い供述書がある。虚偽の含まれていないことが明らかであるから、あえて、供述者に反対尋問をしかける必要はない。すなわち、書面のまま、証拠として採用されてしかるべきである。これを、「信用性の情況的保障がとくに高い書面」と言っている。

警察官に関係のあるものを説明すると、まず、第三二三条列挙《れっきょ》の書面がある。

①は一号書面。戸籍謄本・公正証書謄本その他公務員（外国の公務員を含む。）がその職務上証

明することができる事実についてその公務員の作成した書面。前科照会書、身上に関する照会書、現場指紋対照結果通知書、郵便局の配達証明、印鑑証明書等がこれに属する。

②は二号書面。商業帳簿・航海日誌その他業務の通常の過程において作成された書面。医師のカルテ、裏帳簿等がこれに入る。

③は三号書面。前二号に掲げるもののほかとくに信用すべき情況のもとに作成された書面。規定が具体性を欠いているので、はっきりしないが、一号・二号に準ずる書面ということで、それなりの信用性の情況的保障が必要であるとされている。法人税確定申告書などが、これにあたる。

四　次は、検証調書・実況見分調書である。

その内容は、人間の記憶よりも詳細である。もし、現場で方式どおり丹念に作られたものだとしたら、その記載内容は証拠として採用するに足る。

そこで、法は、その供述者が公判期日において証人として尋問を受け、その真正《しんせい》に作成されたものであることを供述したときは、無条件でこれを証拠として認めることとした。鑑定書も全く同じである。

「その真正に作成されたものである。」ということは、供述者本人が作成名義人であり、かつ、記載内容は事実をありのままに記載されている、ということである。

実況見分調書は、任意の検証であることは既に述べた。しかし、これが、検証調書に含まれ、取扱いを全く同じにするについては争いがあったが、昭和三五年に、最高裁判例が出るに及んで、終止符が打たれた。(11)

五　いよいよ例外中の例外といってもよい、したがって要件の厳しい書面について語るべきときがきた。

伝聞法則の例外として許されるために、信用性の情況的保障がとくに高い場合があった。その信用性の情況的保障があることはあるが、「とくに高い」とは言えない場合はどうであろうか。たとえば、警察官の作成する証明書以外の文書である。

証明に類するもの、すなわち、何らかの意味の客観的資料の存在がその作成の前提にあり、ここに、その信用性の情況的保障があると言えるような場合なら、警察官といえども公務員であるから第三二三条第一号所定の「公務員がその職務上証明することができる事実についてその公務員の作成した書面」を作ることができる。言いかえれば、その作成行為は、信用性の情況的保障がとくに高い場合において、なされたということができる。鑑識課員の作成した前科の有無に関する指紋対照方照会回答書は、第三二三条第一号書面にあたるが、現場指紋対照結果通知書にはあたらないというのが判例である。(12)

ところが、証明に類《るい》するとは言えないまでも警察官が見聞した事実を書き綴《つづ》った文書、たとえば捜査報告書は、どういう評価を受けるか、である。

かつて、これが争いになったことがあった。

捜査報告書は、第三二三条第一号書面であるかどうか。もし、そうだ、とされれば事実について警察官が職務上作成する書面は第三二三条第一号書面であるということになり、警察官が職務上事実について文書を作成する行為は、信用性の情況的保障がとくに高いというお墨付《すみつ》きを得ることになる。

高等裁判所は、弁護人の異議を退け、捜査報告書は第三二三条第一号書面であるとする検察官の主張が勝を占《し》めた。やれやれ、これによって、第三二六条の同意がなければ、証拠能力が認められなかった捜査報告書も、晴れて幕内の常任メンバーになれるかと思う束《つか》の間、弁護人は最高裁に特別抗告を申し立て、最高裁はこれをひっくり返した。その理由付は簡単である。第三二三条第一号の書面は、その成立並びに内容において信用度がとくに高い書面であるから証拠になる。警察職員の作成した捜査報告書のごときはこれにあたらないことが明らかである、というのである。(13)

この決定によって、単に、警察官が職務上見聞した事実を記載する行為は、信用性の情況的保障が、「とくに高い」とは言うことができないことがはっきりしたのである。

そうだとすると、警察官の作成する他の書面、たとえば押収調書についても同じことが言えそうである。(14)参考人供述調書はどうか。

これも、警察官が、被疑者以外の第三者からその陳述を聞き、それを調書にこしらえたものである。警察官が作成した、という、ただそれだけでは、信用性の情況的保障は高くない。ほかに何か反対尋問の効果を必要としない、と言い切れる要件をプラスしなければならない。

それがなかったら困る。つまり、必要不可欠であるというのはどうであろうか。もちろん、信用性の情況的保障もある程度維持しよう。何よりも、それがなかったら、犯罪事実の存否の証明に事欠く。しかも、供述者本人を法廷に呼び出せない事情がある。

法は、そういう場合を予想して第三二一条をおいた。今、問題にしている警察官の作成になる参考人供述調書は、その第一項第三号の問題である。要件をみると、

①供述者を公判廷に呼び出せない事情があること。たとえば海外にいる、死んでしまった、精神又は身体が故障している、所在不明である、というような場合である。法文に書いてあるそういう事情は、例示であって、ほかにもケース・バイ・ケースで考えられることは多い。判例に現れた主なるものを見ても、証言を拒否した場合、記憶を喪失《そうしつ》した場合、泣いていてだめな場合等々、当該調書にとられた供述者が実質的に供述せず、公判廷でものの役に立たない場合も含まれている。

所在不明は、一時的にそうである場合でもよく、また住所を偽られたためにわからない場合も含まれている。

②は、犯罪事実の存否の証明に欠くことができないものであるとき、つまり、必要性である。書面の内容は、真によだれの垂《た》れそうなものである。供述者が出てくれれば、当然、それに関して生の声を聞くことができるのに、と考えられるもの、しかも、本人は出てこない。そうすると残る要件は、

③とくに信用すべき情況のもとになされたものであるか、どうかである。この信用性は、第三二三条のそれほど高くないことは既に見たとおりである。だからこそ、プラスして、①②の要件を並べ立てているのだ。そうは言っても、反対尋問を省略するのであるから、その真正に作成されたものであることがわかる程度に、信用性が確保されていなければならない。とは言っても、それはケース・バイ・ケースに判断するほかはない。各場合について、具体的にその供述のなされた事情並びにその形式ないし態様及び内容を検討したうえで、その相当性を検討するほかはない[15]。

この考え方は通説であり、判例の一般的な傾向でもある[16]。

警察官の作成する参考人供述調書は、これだけの要件を全部満足させなければ、証拠能力が得られない、至難《しなん》に近い技である。

では、選挙や汚職《おしょく》のように、人の供述をつなぎ合わせて犯罪事実を証明していくほかはないような犯罪は、どうして証拠を整えていくのか、ということになる。ここに登場するのが検察官面前調書である（三二一条一項二号）。

検察官が被告人以外の者から供述を得てこれを録取《ろくしゅ》する場合は、信用性の情況的保障がとくに高いのか、というと、そこまでは認めない。また、裁判官の面前調書（三二一条一項一号）、これは、あらかじめ第三二三条の書面に近い特信性があるとされているが、そこまでもいかない。しかし、警察官のそれに比べたら、はるかに信用があり、その隔《へだ》たり方は、裁判官に対する方が近い。それは、検察官と裁判官の資格・能力は同等で、当事者の一方だとはいえ、公益の代表者でもあるから、と説明されている。

警察官は、資格・素養《そよう》が劣《おと》っているから、裁判官――検察官の距離に、更にプラスした距離を検察官との間に置かれたのであろうか。このわが国だけにある独特の制度は、沿革《えんかく》を辿《たど》るほかは説明できないであろう。

ともあれ、現行法はそうなっている。そして、この検察官面前調書は、警察官の作成になる供述調書と違って、供述者が死亡、精神若しくは身体の故障、所在不明若しくは国外にいることによって公判廷に出てこられなければ、直ちに、あらかじめとってあった供述調書が証拠として採用になる。また、供述者が出てきてもよい。公判廷で、前の供述と相反するか、若しくは実質的に異なった供述をしたときにも証拠能力が認められる。出てきて証言を拒否するような場合は、死亡の場合と同等に考えられる。(17) 認められるといっても無条件ではない。どっちの供述を信用できるかを比較する。そして、前の供述（供述調書の供述）の方が信用おけそうだ、という特別の情況がなければならない。

これは、比較的採用しやすい。実際の裁判においても、この調書の果す役割は大きい。選挙の買収《ばいしゅう》事犯などは、目撃者《もくげきしゃ》も誰もいない所で金銭の受け渡しがあり、その出納《すいとう》関係の書類一切が焼かれてしまっていた、となると、頼るのは供述だけである。甲から金をもらった、という人がＡＢＣと出てくれれば、その金をもらった、という供述さえ証拠になれば、何とかものになりそうだというわけである。ところが、被疑者は否認しているが、参考人が複数で現れたという場合、警察官が調書をとっても、公判廷では物の役に立たない。検事にとってもらえば、わが国の実情は、公判廷ではあまり真実を述べたがらないから、その調書が物を言うチャンスは、高いと言わなければならない。

供述に重点を置かざるを得ない罪の捜査だと、どうしても検警協力の捜査体制を組まなければならない秘密は、こういうところにもあるのである。

そして、たとい、供述者が海外へ行ってしまっていても、警察官調書は同一の検事調書がある限り、役に立たない。何故なら、犯罪事実の存否の証明は、そっちの方でできるからである。

以上、警察官の作成する参考人供述調書はごくごく稀《まれ》な場合のほかは証拠能力をまともには持ち得ないことがわかったであろう。実情は第三二六条の同意に頼るのである。

では、被疑者供述調書の方はどうか。これは被告人がそこにいる場合であるから、参考人とは事情が違う。更に、もともと、伝聞法則は、反対尋問のチャンスを保障するものであるのに、被告人たる反対尋問者は、自己の供述を録取された調書の供述に対して反対尋問をするのはナンセンスであり、通常検察側に有利だと思って提出している供述調書に対して検察官が反対尋問をするというのも馬鹿《ばか》げている。わずかに、被告人側から自己に有利な供述書が出た場合に検察官の反対尋問ということが考えられなくはない、という程度である（それも、被告人側には黙秘権があるから反対尋問の効果はそう期待できるものではない。）。

こうしてみると、被疑者供述調書は元来《がんらい》伝聞法則になじまない実質をもっていると言わなければならない。第三二一条のように厳しい要件を必要としない分野である。第三二二条を見ると、被疑者（被告人）が作成した供述書又は被疑者（被告人）の供述を録取した書面で被疑者（被告人）の署名若しくは押印のあるものは、次の場合に証拠能力を獲得《かくとく》する。

①は、その供述が被疑者（被告人）にとって不利益な事実の承認を内容とするものであるとき。そして、②は、とくに信用すべき情況のもとにされたものであるとき、である。

警察官の作成した被疑者供述調書や弁解録取書は、以上のどちらかの要件にあてはまるとき、証拠能力を獲得する。

ただし、その不利益な内容が自白である場合は自白法則（三一九条）に準じた取扱いをすることが要請されている（三二二条一項ただし書）。任意性については裁判所が調査をする（三二五条）。

参考人供述調書は証拠となりにくいことは前に述べたが、被疑者供述調書は、かえって楽である。前の選挙の買収事件で、甲がＡＢＣに金をやったということの証明をするのに、ＡＢＣの自白をはじめ、自分たちに不利益な事実を供述させ、これを録取する。これに供述者の署名又は押印をとっておけば、証拠能力を獲得するチャンスは、比較的多いというわけである。

問題は、任意性である。任意性をどのように確保するか、後述する。

六　さて、以上の書面の証拠能力はいずれも原本についてであったが、実務上謄本（抄本）や写し（コピー）を使用する場合が多いので、それについても考えてみよう。

法廷での証拠調べは原則として原本である[18]（最良証拠の法則）。

しかし、例によって、当事者が同意すれば、これを証拠として採用することに問題はない。法廷に提出されたとき、これに対して異議を申し立てなかった場合も同様である。

問題は、同意がなかったとき、若しくは、異議を申し立てられたときであるが、証拠能力のある原本が存在し、その原本と謄本の同一性が認められ、しかも原本の提出が困難若しくは不能の場合は、同様に証拠能力を認められる、というのが、判例の態度である。(19)

四　証拠能力を持てない書面

一　公判廷の供述の証明力の争いに　二　自由な証明に

一　第三二一条から第三二四条まで、つまり、伝聞法則の例外として証拠能力を認める規定に合格できなかった書面はどうなるか、である。

前にも説明したように、第三二六条によって当事者が同意すれば、もちろん、裏口推薦《うらぐちすいせん》入学ということになるが、それも許されなかった、ということになると、不合格品として、犯罪事実の証明に参画《さんかく》することは許されないことは明らかである。しかし、合格できなかった書面は、暗い人生を送るかといえばさにあらず、立派に一隅《いちぐう》を照らすチャンスを与えられる。

すなわち、それらの証拠能力を持ち得なかった書面又は供述であっても、任意性さえ確保していれば、公判廷における被告人・証人その他の者の供述の証明力を争うためには、これを証拠とする道が開けている（三二八条）。

証明力を争う、というのは、公判廷でなされた供述のもつ信ぴょう性にけちをつけて、それによって裁判官が心証《しんしょう》形成をしようとするのを妨《さまた》げることである。

たとえば、証人Ａは、甲が殺したと供述する。同じ証人Ａは、公判前に警察で乙が殺したと供述し、その供述調書が存在するが、弁護人はこれを証拠とすることに同意しなかった、とする。検察官は、直ちに、この調書を第三二八条によって法廷に提出し、Ａの証言は信用するに足りない、と裁判官に思いこませる材料に使う。この調書は、もし、証拠能力を認めようとするならば、第三二一条第一項第三号書面としてである。しかし、供述者は現に法廷にいるのだから、前述の第一要件からして同書面とはなり得ない。残る道第三二六条では同意が得られなかった、というのであるから、不合格書面である。

ところが、ここで、証人Ａの供述の矛盾《むじゅん》を浮き立たせる役に立たせられたわけである。

警察官の作成した文書は、証拠能力を得られなくても、このような使い方で陽《ひ》の目を見ることがあるわけである。

二　次に、合格できなかった書面、というのは、犯罪事実自体の証明をする場合、すなわち、厳格な証明のためには用いられない、という意味であって、その他の証明、たとえば、刑事手続の経過を明らかにするようなことには、通用することを知らねばならない。

たとえば、押収調書である。

押収調書を押収物の押収前の存在状況の証明に使用するとする。そして、その物の存在状況が、犯罪事実ないしは間接事実であるとすると、その証明は厳格な証明を要し、当該押収調書は、第三二一条第一項第三号の要件を充足《じゅうそく》するか、又は第三二六条の同意を得るか、どちらかでなければならない。今、そのどちらもだめだったとする。ここでいう不合格書面になるわけである。

ところが、同じ押収調書で、押収物の占有《せんゆう》の移《うつ》り方、その適法性が問題になるとする。たとえば押収にあたって立会人をおかなかったという類である。

このとき、これを証明する有力な書面は、まさに押収調書である。そして、この証明のためには押収調書は、証拠としての役割を果すことができる。このような証明を、訴訟法上の（手続的）事実の立証と言っている。訴因に表象された犯罪事実の証明とは性質を異にしている。これについては、伝聞法則の適用がないから、第三二〇条以下の伝聞法則についての諸規定は関係がない。したがって、そこで合格点を得られなかったかどうかは全く問題にならない。

前に述べた言葉を使えば、手続的事実の証明は、自由な証明で足りるから、警察官作成になる書面で、厳格な証明に使用されないものでも、手続的事実の証明には使用することができる。むだになることはないのである。

五　器具機械類の使用と証拠

一　写真　二　録音テープ　三　ビデオテープ
四　ポリグラフ検査回答書　五　鑑識カード

一　科学技術が進歩すればするほど、人間の五感の作用や手の動きにかえて、各種の器具・機械類が利用されるようになることは当然である。

写真の利用、録音テープ、ビデオ、ポリグラフ、コンピュータ、瞬間式《しゅんかん》自動速度測定器等の利用である。一九八〇年代の後半に入ってから、「犬の臭気《しゅうき》選別」がこれに加わった。(20)

これらの器具・機械類は、いずれも、捜査員の五感の作用を援《たす》け、ないしは拡大したものと考えられるから、その取扱いもまた、前記の各場合を類推《るいすい》することによって、証拠能力があるかどうかが決せられる。

まず、写真であるが、「何人も、その承諾なしに、みだりにその容ぼう・姿態《したい》（以下「容ぼう等」という。）を撮影されない自由を有するものというべきである。これを肖像権《しょうぞう》と称《しょう》するかどうかは別として、少なくとも、警察官が、正当な理由もないのに、個人の容ぼう等を撮影することは、憲法一三条の趣旨に反し、許されないものといわなければならない。」と最高裁は言う。言いながら、犯行の状況等を撮影することは合憲であるとする。この現場写真は、「非供述証拠」に属する。だから、その写真自体が事件との関連性を物語り、またその他の証拠と併《あわ》せて事件との関連性が認められる以上、そのままで証拠能力を具備《ぐび》するものであり「これを証拠として採用するためには、必ずしも撮影者らに現場写真の作成過程ないし事件との関連性を証言させることを要するものではない(21)」とする。

二　写真が映像を機械的作用により保存するものだとしたら、録音テープは、音声を同じく機械的作用により保存したものである。

供述の任意性を確保するため、取調べ室の雰囲気《ふんいき》を録音することが行われる。また集団犯罪などで、犯行時の雰囲気を立証するために用いられることもある。

更に、供述録取に代えて、録音自体を用いようとする場合もある。

それら、各々の利用目的に照らして証拠としての性質を異にし、したがって証拠としての採用のされ方に違いが出てくる。

取調べ室の雰囲気の立証は、犯罪事実の立証そのものではなく、前述の手続的事実の証明であるから、自由な証明の対象となり、証拠として使用するのに何の妨げもない。

現場の模様を録音したものは、現場写真と同じに考えればよい。独立の物証として伝聞法則に関係なく証拠として用いる。(22)

供述調書に代えて録音テープを利用することが悪いはずはない。かえって録取者の文飾《ぶんしょく》の入る余地がなく正確である点がすぐれているかも知れない。ただ、署名若しくは押印のない点をどうするかの問題がある。

しかし、手続の問題であるから、自由な証明によって本人の供述であることが確認されれば、これを排斥《はいせき》する理由はない(23)。

隠《かく》し撮《ど》り、盗聴《とうちょう》になると問題がでてくる。単に、供述者が録音を拒んだり、また、知らなかったりしたくらいならば、証拠能力の認定に影響を及ぼさないが、盗み撮りとなると、取り方によってはプライバシーの侵害になるからである。

三　しかし、集団示威《じい》活動のように、暴発の危険が予測される事案に対して、警察官が、予《あらかじ》め犯罪発生が予測される場所にビデオカメラを仕掛《しか》けておくことがある。それはどうかというと、許されるのである。(24)もちろん、報道機関等によるニュースのビデオテープも、供述を含むものでないから証拠物として扱われる。無条件で証拠能力が認められる。ニュース放映をビデオ撮りして証拠として提出する道が開けている。(25)

写真と同様、その証拠に用いる内容によって判断されるものである。映画フィルムも同様である。

四　ポリグラフ検査回答書は、時代とともに信頼性《しんらい》が高まり、昭和四三年二月八日の最高裁決定(26)以来その検査結果が、信頼できるものとしての承認を得ている。したがって、第三二六条の同意があればもちろん、第三二一条第四項の鑑定書と同様、証拠能力を認められる。(27)

五　飲酒運転の取締《とりしまり》の結果を記載する鑑識カードは、証拠収集に関する文書として、捜査報告書の範疇《はんちゅう》に属するものであり、捜査報告書は、前述のように、第三二一条第一項第三号書面としての要件を充足する限りにおいて証拠能力を獲得する。

鑑識カードは、その記載内容中、第三二一条第三項書面、すなわち、実況見分調書に類似の部分がある。すなわち、「化学判定欄」及び被疑者の言語動作等に関する記載がそれである。その部分については、第三二一条第三項によって、作成者が公判期日において証人としての尋問を受け、その真正に作成されたものであることを供述したときは、証拠能力を獲得することができる。

記載内容中、被疑者との問答や、飲酒日時・場所等の記載は、捜査報告書として分離して取り扱われる。(28)

(1) 略式手続による場合も、証拠による事実認定はしなければならない。その場合、自白法則（自白には補強証拠を要するということ）の適用はあるが、伝聞法則（また聞きの証言を採用しない主義）の適用はないこととされている。高田卓爾「刑事訴訟法」五三三頁は、「憲法第三八条第三項の規定は略式命令についても妥当すべきものであるから、補強証拠がなければならない。これに反して第三二〇条以下に規定する伝聞証拠に関する制限はもともと公判手続によることを前提とするものであるから、公判手続を経ないで発せられる略式命令には適用がないものと解しなければならない。」としている。

(2) 裁判所は、略式命令の請求が略式命令をすることができないものであったり、また不相当なものであったりする場合は、通常手続によって審判することとされている（四六三条）。

(3) 松本判事は共著「刑事訴訟法入門」の中で、「訴訟法は、公判期日における供述に代えて書面を証拠とすることは原則としてできないものと定めている（三二〇条一項前段）。しかし、刑事訴訟の実際においては、そこで使用される証拠の九〇％以上が書面であり、どんなに争いある事件でも、一通も書面が証拠とならないということはない。」と指摘されておられる（藤木英雄・土本武司・松本時夫「刑事訴訟法入門」二四〇頁）。

(4) たとえば、傷害事件に関して「被告人両名は、Aを主導者とする暴力団を組織し、暴力を誇示して――村民を圧迫していたが」と記載した起訴状は違法で、それによってした起訴は無効であるとされる（広島高判昭和二五年一一月一五日、特報一五・一四四）。

裁判官は、あくまでも白紙で公判に臨み何らの予断もなく、公平の立場で両当事者の言分を聞き、提出された証拠のぶつかり合いを見て、最終結論を出す。当事者訴訟主義の構造は完成されているのである。

(5)　藤木ほか「刑事訴訟法入門」二一七頁

(6)　平野龍一「刑事訴訟法」二〇三頁は、「供述証拠は、知覚・記憶・表現・叙述という過程をとる。この過程に誤りがないかどうかは、反対尋問によってテストされなければならない。このテストを経ない供述証拠には、原則として証拠能力が認められない。このような証拠を伝聞証拠という。伝聞証拠を排斥する原則を、伝聞法則という。」と説明している。

(7)　札幌高判平成元年五月九日、判例時報一三二四・一五六は軽微な軽犯罪法違反（のぞき見）の被疑事実に関する捜索差押許可状により得られた別件の覚せい剤を「慮外《りょがい》の発見」として、その証拠能力の否定を求める弁護人の主張を退《しりぞ》けている。

(8)　最判昭和二四年一二月一三日、集一五・三四九は、「押収物は、押収手続が違法であっても、物それ自体の性質・形状に変更を来す筈がないから、その形状等に関する証拠となる価値に変りはない。それ故、裁判所の自由心証によって、これを罪証に供すると否とはその専権に属する。」としているが、最判昭和五三年九月七日、集三二・六・一六七二は、右の判例が「証拠物の押収手続に極めて重大な違法がある場合にまで証拠能力を認める趣旨のものであるとまでは、解しがたい。」として、「証拠物の押収等の手続に、憲法三五条及びこれを受けた刑訴法二一八条一項等の所期する令状主義の精神を没却するような重大な違法があり、これを証拠として許容することが、将来における違法な捜査の抑制の見地からして相当でないと認められる場合においては、その証拠能力は否定されるものと解すべきである。」としている。

(9)　最決昭和二六年五月二五日、集五・六・一二〇一は、第三九三条第一項但書により取調べをするかどうかに関連して「被告人は右証人の供述調書を証拠とすることに同意し反対訊問《じんもん》権を抛棄《ほうき》しているのであるから、明らかに右証人の取調請求ができたのにかかわらずその権利を拋棄したものである。従って右証人申請刑訴第三九三条第一項但書にあたらないと解すべきである。」としている。同意イコール反対訊問権の拋棄《ほうき》であるという意見である。

(10) 最決昭和二九年七月一四日、集八・七・一〇七八は、「刑訴第三二六条第一項の『相当と認めるときに限り』というのは、証拠とすることに同意のあった書面又は供述が任意性を欠き又は証明力が著しく低い等の理由があれば証拠能力を取得しないとの趣旨である。」とする。

(11) 最判昭和三五年九月八日、集一四・一一・一四三七によって積極説が打ち出された。「刑訴第三二一条第三項所定の書面には捜査機関が任意処分として行う検証の結果を記載したいわゆる実況見分調書も包含するものと解するを相当とし、かく解したからといって同条項の規定が憲法第三七条第二項前段に違反するものではないことは当裁判所大法廷判例（昭和二四年五月一八日宣告、集三・六・七八九参照）に照らし明らかであるから、原判決には所論憲法の解釈を誤った瑕瑾《かきん》ありと言えず、所論は採用できない。」としている。

(12) 横井大三「証拠・刑訴裁判例ノート(2)」一五九頁所載は、衆参両院議長の作成した検察官に対する回答書をめぐって第三二三条第一号書面につき「どのような書面が刑事訴訟法第三二三条第一号（以下「本号」という。）の書面にあたるか。……中略……少なくとも本号の書面については、すべて何らかの意味の客観的資料の存在がその作成の前提になり、ここにその信用性の情況的保障があると解するのが妥当である。したがって、本号に『公務員がその職務上証明することができる事実』とは公務員がその職務上取扱い又は取り扱った事項に関連し、原簿・帳簿・台帳・記録・図表等何らかの公的な、客観的資料に基づき、公務員としての資格と責任において証明することができる事実をいうものと解すべきである。本号の書面について、作成者を一々証人として喚問し反対尋問にさらす必要がないとする所以も、この書面の内容が右のように作成者の個人的・主観的・恣意的、一言でいうと、その一方的観察や判断をほとんど容れる余地のないものである点にあると思われる。」と判断している。前科に関する指紋対照方照会回答書については、大阪高判昭和二四年一〇月二一日高判特一・二七九が肯定し、現場指紋のそれになると、札幌高判平成一〇年五月一二日、判時一六五二・一四五が否定している。

(13) 最決昭和二四年四月二五日、集九・四四七は、「同条（三二三条）の書面はその成立並びに内容において信用度がとくに高い書面であるからこれを証拠とすることができるものとしたのであるから、本件警察職員の作成した捜査報告書の如きものは右第三二三条所定の書面に該当しないことは明らかである。」

(14) 押収調書は、押収手続自体を明らかにすることのほかに、押収当時の押収物の存在状況を証明するためにも用いることができる。そして、その後者の場合について、平野龍一ほか「実例法学全集 刑事訴訟法」三四九頁（横井大三）は、「この場合押収当時の物の存在状況が犯罪事実そのもの又はその間接事実であるとしよう。かかる事実が厳格な証明の対象であることに異論はないので、伝聞法則の適用のあることにも異論はない。」とし、「刑事手続の過程で作成された報告文書的性質を有する書面は職務上の証明文書という性質を有しない。したがって、押収調書は刑訴第三二一条第一項第三号書面と解するのが相当である。」としている。

(15) 最判昭和三一年三月二七日、集一〇・三・三八七は、たばこ専売法違反事件に関連して買売の心覚えを記したメモを第三二一条第一項第三号の書面であるとし（作成者逃亡中）きめ手となる特信情況については、「右メモは夫T・Tのものだと思うと述べられているので、かかる状況のもとにおいては右メモはT・Tが使用していたものであり、同人の意思に従って作成されたものと認めることができる。そして、本件メモが前記のような経過によって発見され、T・Tの意思に従って作成されたものと認め得ること及びその形体、記載の態様に徴すれば、本件メモはT・Tの備忘のため取引の都度記入されたもので、とくに信用すべき情況のもとに作成されたものと認めるのを相当とする。」とした。その検討の仕方は、判例の一般的な傾向を示している。

(16) 熊谷ほか「証拠法大系Ⅲ伝聞証拠」一八七頁参照

(17) 東京高判昭和六三年一一月一〇日、判例時報一三二四・一四四は「刑訴法三二一条一項二号前段に『供述者が死亡、精神若しくは身体の故障、所在不明若しくは国外にいる』というのは証人として尋問することができない事由を例示したもので、右の供述不能の事由が供述者の意思にかかわらない場合に限定すべきいわれはなく、現にやむことを得ない事由があって、その供述者を裁判所において尋問することが妨げられる場合には、これがために被告人に反対尋問の機会を与え得ないとしてもなおその供述者の検面調書に証拠能力が付与されるものと解され、事実上の証言拒否にあっても、その供述拒否の決意が堅く、翻意して尋問に応ずることはないものと判断される場合には、当該の供述拒否が立証者側の証人との通謀或は証人に対する教唆等により作為的に行われたことを疑わせる事情がない以上、証拠能力を付与するに妨げないというべきである。」とする。

(18) 最判昭和三一年七月一七日、集一〇・八・一一九三は、第三二一条第一項第二号のいわゆる検面調書についてであるが、謄本で提出、証拠調を請求したのに対し、まず、第三二一条第一項第二号書面には、「要件の一つとして供述者の署名若しくは押印のあることが挙げられているのに、右書面の謄本はかかる要件を欠くのであるから刑訴第三二一条第一項第二号の書面として証拠調を請求するには、供述調書の原本を提出することを要し、その謄本を原本に代えて提出することは原則として許されないものと解しなければならない(このことは、証拠調を終わった証拠書類を裁判所に提出する場合に、裁判所の許可を得て原本に代えその謄本を提出することができると規定した刑訴第三一〇条からも窺われる。)。」とした。もっとも、この判決では、弁護人が右謄本につき原本の存在並びにその成立を認めると述べており、原本自体を必要とする理由を述べていないからというので、証拠として採用している。

(19) 東京高判昭和五四年八月二三日、判時九五八号一三一頁は、勝馬投票類似の申込をする際、心覚えのため半紙約二枚大のカレンダーの裏面に、レース番号、連勝番号、口数等をボールペンで記載して作成したメモをそのままリコピー（複写機）で機械的にコピーして作られたものにつき、「右メモは、その存在及び状態ごとに表示された数字等の形状のみならず、その書面の意義が証拠となるいわゆる証拠物たる書面と解せられるから、その証拠調は原則として所論のとおり原本によるべきではあるが、前示のとおり右メモの原本が存在すること及びその写は原本を機械的にそのままコピーしたもので文字や数字の大きさ配列等の形状等の内容が全く原本と同一であることが予め証人によって明らかにされたばかりでなく証拠価値としては記載された数字等の意味内容が重要であり、用紙の形状、大きさ、紙質等はさほど重視しなくてもよいものであること、その原本は他の被告事件の証拠に使用されていること等の事情がうかがわれる本件においては、右メモの原本を取調べることなく、写について原本と同様の証拠能力を認めてこれを取調べることが許されるものと解すべきである。

(20)　最決昭和六二年三月三日、集四一・二・六〇は従来、判例が分かれていたこの問題に付きはじめて前向きの判断を示して「警察犬による本件各臭気選別の結果を有罪認定の用に供した原判決の当否について検討するに、記録によると、右の各臭気選別は、右選別につき専門的な知識と経験を有する指導手が、臭気選別能力が優れ、選別時において体調等も良好でその能力がよく保持されている警察犬を使用して実施したものであるとともに、臭気の採取、保管の過程や臭気選別の方法に不適切な点のないことが認められるから、本件各臭気選別の結果を有罪認定の用に供しうるとした原判断は正当である（右の各臭気選別の経過及び結果を記載した本件各報告書は、右選別に立ち会った司法警察員らが臭気選別の経過と結果を正確に記載したものである）ことが、右司法警察員らの証言によって明らかであるから、刑訴法三二一条三項により証拠能力が付与されるものと解するのが相当である。」とした。

(21)　最判昭和四四年一二月二四日、集二三・一二・一六二五は大法廷を開き、写真撮影の適法性について以下のように判示した。「身体の拘束を受けている被疑者の写真撮影を規定した刑訴法二一八条二項のような場合のほか、次のような場合には、撮影される本人の同意がなく、また裁判官の令状がなくても、警察官による個人の容ぼう等の撮影が許容されるものと解すべきである。すなわち、現に犯罪が行なわれもしくは行なわれたのち間がないと認められる場合であって、しかも証拠保全の必要性および緊急性があり、かつその撮影が一般的に許容される限度をこえない相当な方法をもって行なわれるときである。このような場合に行なわれる警察官による写真撮影は、その対象の中に、犯人の容ぼう等のほか、犯人の身辺または被写体とされた物件の近くにいたためこれを除外できない状況にある第三者である個人の容ぼう等を含むことになっても、憲法一三条、三五条に違反しないものと解すべきである。」

ちなみにこうして撮影された写真は、最決昭和五九年一二月二一日、集三八・一二・三〇七一によれば、「非供述証拠に属し、当該写真自体又はその他の証拠により事件との関連性を認めうる限り証拠能力を具備する」とされる。

(22) 最決昭和三五年三月二四日、集一四・四・四六二は、最高裁が録音テープについてその見解を示したはじめての判例であるが、公務執行妨害傷害事件で被告人が警察官に対して暴言をはくのを現場に居合わせた放送記者に録音されたものである。その録音テープの存在と録音内容が第一審有罪の証拠とされたので、弁護人から被告人の署名又は押印なく、また同意もない、と控訴したのに対して、控訴審は「右録音テープは本件犯行現場である道路上において本件犯行時における被告人の発言を中心に録音されたものであり、録音された発言の内容の真偽とは無関係にその録音内容自体を証拠としているのであるから、右録音テープの成立関係が証拠により認められる限り、被告人の署名押印を欠きかつその成立につき被告人の同意がなくともその証拠能力を失うものではない。」とした。これを受けて最高裁は、「所論録音についての原判決の説示は結局当裁判所もこれを正当と認める」とする。「要するに所論録音は本人不知の間になされ、したがって、何ら本人の表現の自由を侵害したといえないことはいうまでもない適法な証拠であって、記録によれば、第一審裁判所はその用法に従って、証拠調をしたことが明らかであるから右録音の存在及びその内容を証拠としたことに所論の違法ありというを得ない。……後略」と肯認した。

(23)　平野龍一「前掲書」二二二頁は、「録音テープも、音声を機械的に記録するのであるから、非供述証拠である。録音内容が、犯罪事実又は状況証拠であるときは、どういう状況で録音したかという関連性が証明されればよい。供述証拠を録音したときは、供述者の署名又は押印がなくとも、供述録取書に準じて証拠能力を認めうる。」とする。

仙台高判昭和二七年二月一三日、集五・二二六は、検察官の請求になる、被告人を供述者とする検察官面前録音を、①供述の任意を確かめることを兼ね、②検察官の被告人に対する質問及びこれに対する供述を再現聴取したことに関し、「検察官の面前における被告人の供述を録音した録音テープを証拠とすることにつき、被告人並びに弁護人の同意を必要とするか否かの点について案ずるに、その内容が被告人に不利益な事実の承認を内容とするものである限り刑事訴訟法第三二二条の規定の趣旨に鑑み之に準じて同意がない場合でも取調べができるものと解するのが相当である。また被告人の供述が任意にされたものであるか否かを調査するには、全く事実審裁判官において適宜の方法により之を為し得べきものであるところ、その調査方法の一として被告人の検察官の面前でなした供述を録音した録音テープを再現して聴取するには洵《まこと》に当を得たものというのほかはない。何となれば録音テープに表現された部分についてはその供述者によりそのとおりの供述がなされたことは一点の疑を挟《はさ》む余地がないからである。」とする。

(24)　東京高判昭和六三年四月一日、東高時報三九・一(四)・八、判時一二七八・一五二は、「当該現場において犯罪が発生する相当高度の蓋然性が認められる場合であり、あらかじめ証拠保全の手段、方法をとっておく必要性及び緊急性があり、かつ、その撮影、録画が社会通念に照らして相当と認められる方法でもって行われるときは、現に犯罪が行われる時点以前から犯罪の発生が予測される場所を継続的、自動的に撮影、録画することも許されると解すべきであり、本件ビデオカセットテープの撮影、録画された際の具体的事実関係がかかる諸要件を具備しているものであることは、……原審……が適切に説示しているとおりといわなければならない。」とする。

(25) 東京地判昭和四五年九月一一日、刑裁月報二・九・九七〇は、「ビデオテープは被写体の連続した動作等を写したものであるから写真同様証拠物である。」としている。

(26) 最決昭和四三年二月八日、集二二・二・五五は、控訴審（東京高判昭和四二年七月二六日、集二〇・四・四七一）が同意書面中ポリグラフ検査書について「検査者が自ら実施した各ポリグラフ検査の経過及び結果を忠実に記載して作成したものであること。検査者は検査に必要な技術と経験とを有する適格者であったこと、各検査に使用された器具の性能及び操作技術から見て、その検査結果は信頼性あるものであることが現れ、これによって各書面が作成されたときの情況に徴し、……これを証拠とするに妨げがないものと認められる。」としたのに対し、「(ポリグラフの検査結果を、被検査者の供述の信用性の有無の判断資料に供することは慎重な考慮を要するけれども、原審が、刑訴法第三二六条第一項の同意のあった〔本件各書面〕について、その作成されたときの情況等を考慮したうえ、相当と認めて、証拠能力を肯定したのは正当である。)」とした。

(27) 東京高決昭和四一年六月三〇日、集一九・四・四四八は、鑑定書類似のものとして証拠能力を認める。その条件をみると、「当該検査がそれに使用された器具の性能・操作技術等の諸点からみて信頼度の高いものと認められること、当該検査者が検査に必要な技術と経験とを有する適格者であること、被検者が当該検査を受けることに同意したこと、当該検査書は、検査者が自ら実施した検査の経過及び結果を忠実に記載して作成したものであること等の諸点を証拠によって確かめたうえ、叙上の諸要件を備えていると認められるときは、刑事訴訟法第三二一条第四項に則《のっと》りこれに証拠能力を付与しても敢えて違法ではない。」というのである。

(28)　最判昭和四七年六月二日、集二六・五・三一七は、鑑識カードに対する最初の判例であるが、「『酒酔い鑑識カード』（判決別紙参照）のうち『化学判定』欄及び被疑者の言語・動作・酒臭・外貌・態度等の外部的状態に関する記載のある欄の各記載は、いずれも刑訴法第三二一条第三項の『司法警察職員の検証の結果を記載した書面』にあたり、被疑者との問答の記載のある欄並びに『事故事件の場合』の題下の『飲酒日時』及び『飲酒動機』の両欄の各記載は、いずれも刑訴法第三二一条第一項第三号の書面にあたる。」としている。

第三節　警察官と証拠

一　伝聞法則との関係

一　採取証拠と伝聞法則　二　証拠能力のあるもの

一　さて、前節で、検察官の手により法廷に提出された証拠が、どのような理屈でえり分けられるかを示したが、料理人の手口はわかったとして、俎上《そじょう》に載《の》せる魚のでき上がり具合をまとめて点検してみよう。

第一節二の例をふり返ってみる。

空き巣ねらいの被害申告があったところから、検察官に送致するまで、ざっと次の書類や証拠が集められた。

＊1　被害届

＊2　供述調書（乙）（被害者）

＊3　実況見分調書
ア　指　紋
イ　足　跡
ウ　その他遺留物
エ　現場写真
4　指紋等発見採取報告書
5　現場指紋照会書
6　鑑定嘱託書
7　被害通報票
8　被害品一部発見報告書
＊9　供述調書（乙）（任意提出者）
＊10　任意提出書
＊11　領置調書（甲）
＊12　供述調書（乙）（被害者）
13　容疑者発見捜査報告書

＊14 現場指紋対照結果通知書
15 容疑者関係捜査報告書
16 逮捕状請求書（甲）
17 逮捕状
＊18 通常逮捕手続書（甲）
＊19 捜索差押調書（乙）
20 押収品目録
＊21 弁解録取書
＊22 供述調書（甲）
23 捜索・差押・検証許可状請求書
24 捜索差押許可状
＊25 捜索差押調書（甲）
26 押収品目録
＊27 供述調書（乙）（被害者）
＊28 供述調書（甲）

29　鑑定嘱託書
＊30　鑑定結果について（鑑定書）（指紋）
＊31　同　右　（足跡）
＊32　答申書（アリバイ等）
＊33　供述調書（乙）（肉親）
＊34　供述調書（乙）（肉親）
＊35　前科照会書
＊36　身上調査照会書
37　書類目録
38　証拠金品総目録
39　送致書

以上の全部が手続的事実の証明に使われる限り、それは、自由な証明で足りるのであるから証拠の役割を果すことができる。

また、第三二六条により、当事者の同意があれば、これも、厳格な証明、自由な証明の区別なく何でも使える。

更に、第三二八条により、被告人の供述の証明力を争う場合は、以上のどれでも、必要に応じて用いることができる（ただし、供述証拠の場合は任意性を確保していなければならないが）。

問題は、犯罪事実の証明に使う場合（そして、これこそは、捜査に苦労してきた最終の目標であるが）である。それは、厳格な証明によらなければならない。すなわち、前述のように、証拠能力のある証拠により、適式な証拠調を経なければならない。そして、警察官の集めた証拠のうち、どれが、証拠能力を持ち得るか、明確な知識を持っていなければならない。

まず、物証は無条件で証拠能力が認められるから、前述の1〜39の中では、ア・イ・ウ・エ及び20・26・38の各書面に列記されている物は問題がない。

問題になるのは供述証拠、つまり、伝聞法則ないし、自白法則にかかるものである。自白法則については、警察官の取調べのときから問題になるので項を改めて説明することとし、ここでは、一応、任意性の確保に関しては問題のない調書ばかりだ、と仮定しておこう。

二　伝聞法則との関係において問題になる書面は、前記の「＊印」のある書面である。そのいずれも、第三二〇条によって原則として証拠能力を否定されているが、第三二一条から第三二三条までの規定の要件を満たせば証拠能力を得、厳格な証明の対象となることができる。それぞれの性

質によって整理再掲《さいけい》してみると、

(一)　第三二一条第一項第三号の要件を充足することによって証拠能力を獲得するもの。被告人以外の者の供述を録取した書面として論じられる。

①被害届、②供述調書（乙）（被害者）、⑨供述調書（乙）（任意提出者）、⑩任意提出書[1]、⑪領置調書（甲）、⑫供述調書（乙）（被害者）、⑱通常逮捕手続書[2]（甲）、⑲捜索差押調書（乙）、㉕捜索差押調書（甲）、㉗供述調書（乙）（被害者）、㉜答申書（アリバイ等）、㉝供述調書（乙）（肉親）、㉞供述調書（乙）（肉親）

(二)　第三二一条第三項の要件を満たすことによって証拠能力を獲得するもの。検証調書（実況見分調書）

③実況見分調書

(三)　第三二一条第四項の要件を満たすことによって証拠能力を獲得するもの。鑑定の経過及び結果を記載した書面として論じられる。

㉚鑑定結果について（鑑定書）（指紋）、㉛鑑定結果について（鑑定書）（足跡）

(四)　第三二二条第一項の要件を満たすことによって証拠能力を獲得するもの。

㉑弁解録取書、㉒供述調書（甲）、㉘供述調書（甲）

㈤　第三二三条第三号の要件を満たすことによって証拠能力を獲得するもの。特信情況下の書面として論じられる。

⑭現場指紋対照結果通知書、㉟前科照会書、㊱身上調査照会書

二　自白法則との関係（自白の任意性）

一　虚偽排除説・人権擁護《ようご》説・違法排除説

二　手錠をしているときの自白　三　睡眠不足下の自白

四　病中の自白　五　私人同席下の自白

六　不当に長い抑留拘禁と自白　七　心理的圧迫と自白

八　偽計《ぎけい》・利益誘導《ゆうどう》と自白

一　「強制・拷問《ごうもん》・脅迫《きょうはく》による自白」「不当に長く抑留《よくりゅう》又は拘禁《こうきん》された後の自白」、「その他任意にされたものでない疑いのある自白」は、証拠とすることができない（三一九条一項、憲法三八条二項）。

強制・拷問等による自白が、いかに真実を含んでいたとしても、問題があることは、今日《こんにち》の警察

官の常識である。

その昔、自白さえあれば、事件は片付くという法制のもとに行き過ぎた取調べが行われたことは、警察組織の痛《いた》く反省したところである。警察のみならず、国自体が反省を強いられた。そして、制度を憲法第三八条以下のように改善したことは既に述べた。

強制・拷問等による自白が何故《なぜ》任意性を欠くとされるか。それは、第一に、虚偽《きょぎ》が入りこむ蓋然《がいぜん》性が高いからである（虚偽排除説）。更に、強制・拷問のごとき、非文明的な手段に訴えた結果を安々と、刑事手続の中に入れこんでいくことに対する拒絶反応である（人権擁護説）。

虚偽の入りこみだけを問題にするならば、虚偽が含まれていない、という別の証明があったら許されるであろう。更に、当事者が同意したら（三二六条）、多少の問題は治癒《ちゆ》されることになる。

しかし、人権じゅうりんは、当事者の同意があっても許されることではない。承諾による手続に限界があることは、既に述べたところである（三章一節一の三参照）。したがって、強制・拷問のごとき、人権じゅうりんの手段をもってして得た自白は、虚偽の有無に関係なく証拠能力を認めることができない、とするようになった。

もっと厳しい説がある（違法排除説）。これは人権じゅうりんという、非文明的な手段による自白を問題にする点は、人権じゅうりん説と同じである。

ただ、虚偽排除説にせよ、人権じゅうりん説にせよ、強制等の事実があったからといって、直ちに、絶対的にその自白の任意性を否定するものではない。

ここに先行して違法不当を推認《すいにん》させる強制等の事実があり、その後に接続して自白があったとする。この自白が任意性を欠く自白であるかどうかはそれだけでは言えない。その自白が、先行した強制等の違法不当な行為に影響されたものであるかどうかは、それだけではわからないからである。たとえば、強制などの不法不当な圧迫《あっぱく》が現に加えられつつあり、それが原因となって被疑者の自白を生んだ、とか、また、過去に一度ひどい目にあわせられ、今度もまた、あの手でやられるか、とびくびくして自白に及んだ、というような事情が認められて、はじめて、任意性を欠く供述である、と断定できるのである(3)。

これに対して、違法排除説に組《くみ》する人々は、強制等と自白との因果《いんが》関係は必要でない。強制・拷問・脅迫などという文明国の警察にあるまじき非行が存在すれば、ただそれだけでその後になされた自白は、これを排除すべきである、とする(4)。

そして、実務の指針となる判例はどうかというと、次第にこの違法排除説に近接しつつある。すなわち、最高裁判例は違法の程度を問題にする。「その違法の程度が令状主義の精神を没却《ぼっきゃく》するような重大なもので」それによって得られた自白等を許容すると「将来における違法な捜査の抑

制の見地からして相当でないと認められるとき」は、惜《お》しい証拠も否定して見せなければならない、とするのである。(5)

たとえば、捜索差押をしたいばっかりに疎明《そめい》資料を偽造して裁判官に令状を出させたとする。この令状を使って捜索差押をすることは無令状で捜索差押をするのに等しい。「その違法の程度が令状主義の精神を没却するような重大なもの」であることは誰《だれ》の目にも明らかである。これは極端《きょくたん》な例である。

これ程《ほど》でなくても、裁判所が、首をひねらなければならない事案は時々出てくる。覚せい剤所持の疑いを持ったのはいいが、令状をもらう手続をはぶいていきなり被疑者宅にずかずか入っていくというのはどうであろう。たとえ顔見知りでもひど過ぎるとなるであろう。しかし、警察官が当初から無断で入る意図はなく、玄関口から声をかけたり、その後は採尿まで任意を促がしたにとどまり、何ら有形力の行使と認められるものがなかったとなれば、尿の鑑定書を否定するいわれはないとされる。裁判所はそういう具体的な判断をしている。(同5)

取調べにあたって、自白の任意性が問題になりそうな諸点を検討してみると、「強制・拷問・脅迫」のうち、問題になるのは、古典的意味での強制・拷問ではなく、物理力ないしは、これに類似する各種の圧迫である。主な事例でみると、

二　その一は、手錠をかけたままの取調べである。手錠は被疑者の逃亡と、自他に対する暴行・傷害を防止するために施《ほどこ》される。とくに、構造設備上そうしなければならない取調べ場所がある。たとえば、庁舎が修理中で一般人も通る場所で、危害予防・逃亡防止の立場から手錠をかけて調べたことは、必ずしも任意性を欠かない。すなわち、手錠と自白との間に因果関係は認められないとする判例がある。(6)

具体的各場合に応じて判断される。警察官は、やむを得ず、手錠を施したまま取調べをする必要があるときは、その環境を考慮し、被疑者の性質や、罪質の重さ等、諸般の事情に応じて、後に、手錠は任意性を欠かさなかった、という立証に応じられるよう配意する必要があろう。(7)

とくに、その場合の取調べの態度は、穏《おだ》やかでなければならない。普通、手錠をかけたままでは、心身に何らかの圧迫を受け、任意の供述は期待できないと推定される。それをはねのけるに足《た》る雰《ふん》囲気《いき》が必要とされる。(8)

そして、最良の方法は、なるべく、手錠以外の他の方法によって、逃亡及び危害の防止をはかり、取調べ中には手錠をかけないよう配意することである。

三　圧迫のその二は、長時間の取調べである。とくに、夜間の徹夜《てつや》に近い取調べが問題になることがある。

一般的に言って深夜だから取調べをしてはならない、ということにはなっていない。むしろ、四八時間の時間的制限もあり、被疑者側の都合もあって深夜の取調べをしなければならないこともある。(9)

しかし、逮捕の時以前に被疑者がはなはだしい睡眠《すいみん》不足や疲労の状況にあるときは注意が肝要《かんよう》である。午前七時に起きて一日活動し、翌午前〇時四五分ころ、犯罪を犯し現行犯逮捕され、午前四時ころまで所要の手続を受けた後、居室に入ったが、二時間後の午前六時には起こされ、横臥《おうが》の機会なく午前中からの取調べに服した、というケースで、裁判所は、肉体的疲労のあまり虚偽の供述を誘発《ゆうはつ》するおそれが大きいと判断し、任意性を否定した例がある。(10)

取調べにあたる者は、被疑者のことも考慮し、そのような状態のもとにあってもあえて取調べをする客観的理由があるかどうかを検討したうえで措置《そち》すべきである。

四　その三は、病中ならばどうか、ということである。一般に病中の自白が認められないということにもしなるとすれば、それは、はなはだしく不合理であると言えるであろう。

取調べに耐《た》えられないほどの病状なら考えようもあるが、風邪《かぜ》をひいたとか、腹がしくしくするとかいう程度で、取調べには支障なく応じていたにもかかわらず、その供述が一切採用されないというのでは、あまり合理的な結論とは言い難《がた》いであろう。

判例は、病中の任意性の有無については、まず、その病状が、取調べに耐えられるものであるかどうかを判断する。しかる後、耐えられないとすれば、そんな苦しみの最中の供述に任意性を認めない、という、誠に、常識的な対処《たいしょ》の仕方をしている。(11)

病気を訴える被疑者に対しては、取調べを承諾するか拒否するかを明らかにし、医療・休憩等の措置を誤らないようにし、しかも、その経過を記録して後日に備《そな》える配慮が必要である。

臨床《りんしょう》尋問は、捜査に重大な支障がなければ、医師や家族を立ち会わせ、決して無理のないようにするべきである（規範一六九条）。

五　その四は、私人を同席させて取調べた場合の自白は、任意性を欠くとされた例がある。しかし、一般的にいって私人が立ち会っていたからといって直ちに任意性がそこなわれるものではない。

たとえば、牧師とか、宗教関係者が人の道を説き、自白を勧《すす》めることがあっても問題はない。(12)しかし、えたいの知れない私人が同席し、自白を勧める場合に、捜査官以上に恐怖を与える場合がある。

ケースによって判断すべきであろう。

私人の同席を否定した判例は、駐在所《ちゅうざいしょ》で巡査と私人と三人で同席のうえ取調べが進められ、被疑

者は無頼漢《ぶらいかん》が同席したと後で供述したケースである。(13)

六　「不当に長く抑留又は拘禁された後の自白」も、「強制・拷問・脅迫」と並んで、任意性のない自白の例示としてあげられている。抑留とは一時的な身柄の拘束、拘禁とは継続的な身柄の拘束をいう。

「不当に長く」というのは、具体的なケースによって決するほかはないが、供述者の側からみて、拘禁が我慢《がまん》のならないものであり、それを免《まぬが》れたい一心で虚偽の自白をしたのではないかと疑わしむる事情があるかどうか、多分に、供述者の主観的事情が問題になることに注意しなければならない。もとより、ケースによって問題が輻《ふく》そうし、かつ事案が重いような場合は、拘禁も自《おのず》ら長引くことになるのであるが、それらの客観的事情と、供述者の主観的事情とが、ともに考慮され、判断される。

判例では、単純な窃盗罪で被害回復もできているようなものを一〇九日にわたって勾留し続けた後の自白、(14)別件逮捕によって七か月余の拘束の後、本件を自供、(15)更に、同じく別件で、病気の被告人を三か月余にわたって代用監獄（今の留置施設）で調べた後の本件の自白など、(16)いずれも、不当に長く拘禁された後の自白として任意性を否定されている。

共犯事件などで事件が錯綜《さくそう》し、審理に手間《てま》どるような場合は、多少拘禁が長くとも、許される傾向にある。

たとえば、犯行後年月がたってから逐次《ちくじ》発覚し、関係者も多かったりして八十数日の拘禁になり、その後自白したケースは直ちに不当に長い、とは言えないとされた[17]。

七　以上が主として外形的・物理的圧迫についての例だとすると、次に問題になるのは心理的圧迫である。

取調べにあたって被疑者の良心に訴え、被害者の悲惨《ひさん》を強調して早く前非《ぜんぴ》を悔《く》い、正当な法の裁きに服すべきことを説《と》くことがあるが、それを問題にして法廷で争う例があるので、程度を超さないよう細心の注意をする必要がある[18]。

理屈で問い詰めることが強要《きょうよう》にあたるかどうか問題になることもある。結局、ケースによって判断されるが、相手の納得抜《なっとくぬ》きで、有無《うむ》も言わさず参《まい》ったと言わせるのも限界があることを知るべきであろう[19]。

二、三人がかりで調べる、というのも、言いがかりの種にはなるが、直ちに強制脅迫があったとはされていない[20]。

大声《おおごえ》を出すとか、威圧《いあつ》するとか、取調べのテクニックとして千変万化した手段を用いるとしても、基調が問題になるのである。被疑者憎《にく》しと、供述のないのに焦《あせ》り立って対する捜査官と、時には大《たい》声疾呼《せいしっこ》してもまた次の段階には温情《おんじょう》あふるる態度をとることができる捜査官との違いである。それは、どこから出てくるか。各自の判断に任せたいと思う。(21)

八　人の心理を混乱させ、虚偽の供述をさせるおそれのある行為は、何も強制・圧迫ばかりではない。偽計《ぎけい》・約束・利益誘導《ゆうどう》・誘導尋問等々各種のものがある。

刑事はよく被疑者に情が移り、たばこをやったり、丼《どんぶり》を食わしたりすることがある。そして、その場合、情だけではないのはもちろんであり、そうしてでき上がっていく人間関係を利用して被疑者を自白に追いこんでいく。自白を悪と考える立場からは悪魔《あくま》の誘《さそ》いになるが、前非を悔い、真人間《まにんげん》になって社会復帰をする、その第一歩がここでの自白であると考える者は、多少の利益の供与を通して培《つちか》われる人間関係を重んじたい、と思う。

しかし、そうした行動が、自白の任意性との関係で思わぬ伏兵《ふくへい》に会うことが多くなりつつある世知辛《せちがら》さを知らなければならない。(22)

利益を約束することも疑われる。検事が、その権限に任《まか》せて、起訴猶予にしてやるとか、釈放《しゃくほう》するとかの約束をして供述をひき出すことで、任意性を否定された例(23)があるが、警察官が、権限のないことを匂《にお》わせても、被疑者からみると権限があるように錯覚《さっかく》する余地があり、やはり、利益の約束として任意性を否定される場合があり得る。(24)賭博事件で親分のため否認する子分共を一同に集め、親分同席のうえ、大した事件でないのに、供述しなければ長引くのでつまらないだろうと申し向けたのを、その結果得られた自白の任意性を否定する材料にされた例がある。(25)

偽計は、正義の番人たる捜査官憲が人をだまして供述させるのはよくないから、排除すべきであるとする意見もあるが、元来《がんらい》、任意性の問題は、主として虚偽供述を排除するためのものであるから、偽計を用いたからといって、それだけで違法視するのはあたらないと考えられてきた。(26)

共犯関係の一方に、他方は供述したとして観念させるやり方が、この種の代表であるが、最高裁は、妻と夫との共犯事件について、偽計による自白の任意性に疑いがあるという結論を出した。もし、偽計によって被疑者が心理的強制を受け、その結果虚偽の自白が誘発されるおそれのある場合には、右の自白はその任意性に疑いがあるものとして、証拠能力を否定すべきであり、このような自白を証拠に採用することは、法第三一九条第一項の規定に違反し、ひいては憲法第三八条第二項にも違反するものと言わなければならないというのである。(27)

さきにも説明したように、違法排除説なら文句なしだが、虚偽排除を主とし、人権擁護《ようご》を加味《かみ》する判例・実務の立場では、(28)やはり、「虚偽の自白が誘発されるおそれのある場合」が問題であり、ケースによって判断されることになろう。

ともあれ、最高裁判例も出たことであり、警察官としては、共犯事件の一方が自供したと嘘《うそ》をついて他方の自白を迫《せま》り、他方が自白したら改めて一方にその旨を告げて自白を迫る、いわゆる「切り違え尋問」には注意しなければならない。

(1)　当該証拠物は、何人が所持していて、いつ捜査官の手にわたったかということが、犯罪事実ないしは間接事実の立証に重大な関連があるような場合に、厳格な手続の対象として証拠能力が問題になる。伝聞法則がかかわってくる。

栗本一夫「実務刑事証拠法」二六頁は、「しかし、考えて見ると、任意提出書は、大体において、かくかくの物を提出しますという提出の意思表示のみが記載されているのであるから、前述の伝聞理論からいって当然に証拠能力をもつものと考えることができるのである。もっとも、名は任意提出書とあっても、その内容が単なる提出の意思表示のみにとどまらず、供述的記載も含まれているものは、少なくともその供述的記載は当然に証拠能力があると言えないことはもちろんである。」としている。

(2)　通常逮捕手続書に限らず、他の逮捕手続書でも考え方は同じである。現行犯逮捕手続書の証拠能力に関して、東京高判昭和二八年七月七日、高刑集六・一〇〇は、「現行犯逮捕手続書に記載された逮捕状況の記載が犯行当時の状況を立証するものとして犯罪事実認定の証拠として取調を請求された場合には、右記載は被告人以外の者の作成した供述書の性質を有するものと認むべきであるからそれが刑事訴訟法第三二三条第三号にいわゆるとくに信用すべき情況のもとに作成されたものと認められない限りは刑事訴訟法第三二一条第一項第三号に該当する書面として同条項所定の要件を具備する場合においてのみ証拠能力を有するものと認めるのが相当である。」としている。

(3)　東京高判昭和三二年一二月一六日、集一〇・一二・八二六は、「第三一九条第一項の規定は……中略……強制

などと自白との間に相当因果関係の存在を必要とする旨を示したものと解され、その相当因果関係のある自白とは、右の強制など自白の任意性を失わせるような不法不当な圧迫が現に加えられつつあるか、又は過去においてこれらの圧迫が加えられたことにより、将来も再びそのような圧迫が繰り返されるおそれのある状態において、これを原因としてなされた自白をいうものと解する。」としている。

(4) 熊谷ほか「証拠法大系Ⅱ」一三四頁は、「違法排除説の立場からは強制などと自白との因果関係の必要性につき疑問が提起される。それは、ひっきょう、強制・拷問・脅迫による自白については、それらがなければ自白しなかったであろうという因果関係は必要でなく、強制などと自白との間にプロセスとしての前後関係があれば足りる。」とする。

(5) 最判昭和六一年四月二五日、集四〇・三・二一五は、違法収集証拠の証拠能力について、最高裁として具体的事例に即して先行手続の違法が後の証拠収集手続の適法性の評価に影響を及ぼすということを判断した最初のケースである。

「本件においては、被告人宅への立ち入り、同所からの任意同行及び警察官への留め置きの一連の手続と採尿手続は、被告人に対する覚せい剤事犯の捜査という同一目的に向けられたものであるうえ、採尿手続は右一連の手続によりもたらされた状態を直接利用してなされていることにかんがみると、右採尿手続の適法違法については、採尿手続前の右一連の手続における違法の有無、程度をも十分考慮してこれを判断するのが相当である。そして、そのような判断の結果、採尿手続が違法であると認められる場合でも、それをもって直ちに採取された尿の鑑定書の証拠能力が否定されると解すべきではなく、その違法の程度が令状主義の精神を没却するような重大なものであり、右鑑定書を証拠として許容することが、将来における違法な捜査の抑制の見地からして相当でないと認められるときに、右鑑定書の証拠能力が否定されるというべきである（最高裁昭和五一年(あ)第八六五号同五三年九月七日第一小法廷判決・刑集三二巻六号一六七二頁参照）。以上の見地から本件をみると、採尿手続前に行われた前記一連の手続には、被告人宅の寝室まで承諾なく立ち入っていること、被告人宅からの任意同行に際して明確な承諾を得ていないこと、被告人の退去の申し出に応ぜず警察署に留め置いたことなど、任意捜査の域を逸脱した違法な点が存することを考慮すると、これに引き続いて行われた本件採尿手続も違法性を帯びるものと評価せざるを得ない。しかし、被告人宅への立ち入りに際し警察官は当初から無断で入る意図はなく、玄関先で声をかけるなど被告人の承諾を求める行為に出ていること、任意同行に際して警察官により何ら有形力は行使されておらず、途中で警察官と気付いた後も被告人は異議を述べることなく同行に応じていること、警察官において被告人の受験の申し出に応答しなかったことはあるものの、それ以上に警察署に留まることを強要するような言動はしていないこと、さらに、採尿手続自体は、何らの強制も加えられることなく、被告人の自由な意思での応諾に基づき行われていることなどの事情が認められるのであって、これらの点に徴すると、本件採尿手続の帯有する違法の程度は、いまだ重大であるとはいえず、本件尿の鑑定書を被告人の罪証に供することが、違法捜査抑制の見地から相当でないとは認められないから、本件尿の鑑定書の証拠能力は否定されるべきではない。」

(6)　東京高判昭和三三年三月一五日、判特五・一一九頁は、「被疑者の取調当時、庁舎の修理中で、捜査部屋を一般人が通行できるようになっていた関係上、逃走防止のため、すべての被疑者に手錠をかけて取り調べていたもので、とくに本件被告人に対し、自白強要の手段として手錠をかけたものではなく、手錠と自白との間に因果関係の存在を肯定するに足る証拠がないから、任意性に欠けない。」と、因果関係不存在で落としている。

(7)　昭和三一年六月一一日、刑事一三一五四・法務刑事・矯正局長通牒・刑裁資料一四〇・一八八は、検察官の取調べ室における手錠の使用について「一　被疑者等の年齢・経歴及び心身の状況、被疑事件の性質並びに調室の構造、位置及び周囲の状況等を勘案し、特に逃走・暴行・自殺のおそれのないことが明らかな場合は、検察官調室において手錠を使用しないこと。二～五略」を参考にすることができる。

(8)　最判昭和三八年九月一三日、集一七・八・一七〇三は、「既に勾留されている被疑者が、捜査官から取り調べられる際に、更に手錠を施したままであるときは、その心身になんらかの圧迫を受け、任意の供述は期待できないものと推定せられ、反証のない限りその供述の任意性につき一応の疑いをさしはさむべきであると解するのが相当である。しかし本件においては、原判決は証拠に基づき、検察官は被告人らに手錠を施したまま取調を行ったけれども、終始穏やかな雰囲気のうちに取調を進め、被告人らの検察官に対する供述は、すべて任意になされたものであることが明らかであると認定しているのである。したがって所論の被告人らの自白は、任意であることの反証が立証されたものというべく、所論違憲の主張は、その前提を欠くものである。」

(9)　仙台高秋田支判昭和二六年一月二四日、判特二二・二一四は、「夜おそく現行犯を逮捕し、それに端を発して検挙をみたような場合には、その検挙に引き続いて一応の取調がなさるべきことは当時の事情にかんがみやむを得ない措置と認められるから、その一事をもって供述調書の任意性を否定することはあたらない。」とする。

(10)　東京地決昭和四六年二月九日、判タ二六三・三四七、判例時報六三〇・一一四は、「被告人は前日来ほとんど睡眠をとらず、睡気と疲労がかなり著しい状態で、ひき続き数時間の取調を受けたことが明らかであって、このような状況のもとにあっては肉体的・精神的疲労の蓄積によって記憶の再生・表現に支障を来す結果、虚偽の供述が誘発されるおそれが大きいというべきである。他方、本件において取調官がこのような状況下において、あえて取調を行わなければならなかった必要性は認められない。……任意性に疑いがあり、証拠能力を欠くものとしてその証拠請求を却下すべきものである。」

この種の判例の指導的役割を果したものとしては、名古屋高判昭和二五年五月八日、特報九・六七がある。同判例は、午後八時から、翌午前八時まで、引き続いて取調べを受け自白したケースにつき、「……これがため直ちに被疑者の自白につき任意になされたものでない疑いを生ぜしむべきものでなく、かえって（証人の供述によれば）

右の間、警察署において何ら無理な取調をしたような形跡がなく、右自白は任意にされたものであることを首肯《しゅこう》するに足り、他に自白の任意性に疑いを挟むべき点は何ら存しないので……右供述調書については刑訴第三二二条第一項によりその証拠能力を認め得る。」とする。

深夜の取調べについては、以後これを肯定する判例が相次いでいる。

札幌高判昭和二七年三月一七日、特報一八・七九は、午後八時か九時ころから翌日午前一時ころまで

大阪高判昭和二七年三月一八日、特報二三・八五は、午後一〇時ころから翌午前二時ころまで

名古屋高金沢支判昭和三二年一二月二六日、特報四・二四・六八四は、しばしば休息を与えながら夜を徹して

――もっとも、午後九時に自白は開始され、係官が休息を示唆したのに、本人が一挙に自白を続けるのを希望したケースである。特異なケースであろう。

同じ徹夜のケースでも、高松地判昭和三九年四月一五日、下刑集六・三・四・四二八は、徹夜の取調べについて、被告人の承諾があったとしても、人権無視がなかったとはいえず自白の任意性に疑いがあるとされている。

(11)　病中でも取調べが許されるか、どうか、ということについては、公判廷における自白につき、最判昭和二五年七月一一日、刑集四・七・一二九〇は、「当時被告人が病状にあったというだけのことで当日の公判廷における自白を目して強要された不利益な供述であるとか強制・拷問・脅迫による自白であるとか即断することはできないし、またかかる事実が認められる証拠は記録上少しも存しない。それゆえ、憲法第三八条違反の問題を生ずる余地がないので論旨は理由がない。」

病状についての例としては、急性胃腸カタルにかかり、二回の注射と三日分の頓服《とんぷく》服用の事案について、東京高判昭和二六年一〇月一六日、集四・一二・一六〇一

三七度ちょっとの発熱につき、東京高判昭和二六年一一月一三日、判特二五四五

服毒後の気力がのらない状態でも証明力は格別、外部からの強制等の原因によるものでないとする、東京高判昭和三二年四月三〇日、集一〇・三・二九六等がある。

(12) 東京高判昭和三四年四月二三日、判特一〇・四・二六一は、取調べに際し、人の道・神・仏の道を説くことは、自白の強制にあたらないとしている。

(13) 広島高判昭和二五年一〇月二〇日、集三・三・五〇八は、「駐在所の狭い調べ室で被疑者がはじめて巡査から取調を受ける場合に他の捜査官憲でない一私人が同席して自白を勧める等の言動に出でた場合における右被疑者の自白は、少なくとも任意になされたものでない疑いのある〔自白〕ということはこれを認めることができる。」とする。

(14) 最判昭和二三年七月一九日、集二・八・九四四は、単純な窃盗事件で被害回復も済んでいるばかりでなく被告人の弁解も一貫して罪証隠滅のおそれなく、逃亡のおそれもないものを一〇九日勾留を続けたのを不当とした。

(15) 最判昭和二七年五月一四日、集六・五・七六九は、当初から自白している恐喝罪で三か月余の勾留の間別件放火の取調べをくり返し、七か月後の第一審公判廷での自白を、任意性がないとした。

(16) 東京高判昭和三四年五月二八日、集一二・八・八〇九は、余罪捜査のため、別件の勾留を利用、病状の悪化した重病人を三か月間連日にわたって取調べたのを不当に長い拘禁とした。

(17) 最判昭和三五年三月四日、集一四・三・二八八は、犯行後かなり年月がたってから逐次発覚したケースで関係人も多く事案の性質からも、取調べは容易でなかったと判断され、その場合拘禁後八十数日後になされた自白も、不当に長い拘禁後の自白ではないとされた。

(18) 高松高判昭和二九年四月二〇日、集七・一三二一は、多数死傷の業務上過失致死傷事件につき「取調官が多数の犠牲者のことに言及して幾分追求的取調をなした」ことが問題とされた。裁判所は、「ある程度心理的圧迫を受けていたとしても、その程度があまりに極端にわたらない限りかかる心理的状況下における被疑者の供述が直ちに任意性を有しないとはいえない。」とした。

(19) 最判昭和二三年一一月一七日、集二・一五六五は、取調官の「理屈攻めが果して強制にあたるか否かは、具体的の事実によって各場合に判断せらるべきであって、何ら具体的の事実を主張立証することなく漫然として検事の理屈を以て強制だとすることはできない。」としている。

(20) 仙台高秋田支判昭和二五年一〇月三〇日、判特一四・一八八は、「夜中に亘《わた》り且《か》つ二、三人掛りでしたとしても直ちにそれを強制脅迫その他任意の供述を不能ならしめるような無理な取調をしたものと断じ得ない。」とした。

(21) 横井大三「証拠・刑訴裁判例ノート(2)」一八〇頁は、「取調にあたっては供述者をしてできるだけ自由な気持で供述させてこそ真実が得られると考えられるからである。手錠問題ばかりでなく、勾留されていることそれ自体も忘れさせることが必要であろう。」と検察官の自戒を述べておられる。

(22) 広島地福山支判昭和四〇年八月一三日、下刑集七・八・一六六八は「パン・うどん・サンドイッチを与えていること、現場の状況等と矛盾する当初の供述を変更させている点が数か所見られることを併せ考えると被告人が捜査官に恩義を感じ、暗示誘導に迎合して虚偽の自白をした疑いがある。」とした。

(23) 最判昭和四一年七月一日、集二〇・六・五三七

(24) 浦和地判平成元年一〇月三日、判タ七一七・二四四、判例時報一三三七・一五〇は

「捜査官が執行猶予に付せられる法律上又は事実上の可能性が全く又はほとんど存在しない被疑者に対し、一方において厳しく追及して自白を迫りながら、他方において、右事情を知りつつ執行猶予（再度の執行猶予を含む。）に付せられることが確実である旨示唆して自白をしょうようし、その結果被疑者を自白させた場合には、右自白は、

前記のような被疑者の心理を巧妙に利用した偽計による自白をいうべきであって、他に特段の事情の認められない限り、原則としてその任意性に疑いをさしはさまざるを得ない（最高裁昭和四五年一一月二五日大法廷判決・刑集二四巻一二号一六七〇頁参照）。そして、本件においては、被疑事実が強姦未遂及び強盗という法定刑の重い重罪であって、前刑の事件との罪質のちがいや被害者の落度の点を考慮に容れても、いわゆる再度の執行猶予に付せられる可能性が事実上全く存在せず、G警察官もそのことを知悉していたとみられるのであるから（G証言参照）、本件は、まさに、その結果作成された自白調書の任意性に原則として疑いをさしはさむべき事案であるところ、同警察官作成の自白調書についてはもちろん、F検事作成の自白調書についても、自白の任意性を肯定すべき特段の事情は認められない（なお、F検事作成の自白調書については、その作成者が、偽計を弄《ろう》した警察官とは立場を異にする検察官であること、同検事が警察官の前記言動を知りながらこれを利用したものではないこと、更には、同検事がこれを知らなかったことが職務上の義務を懈怠した結果であるとまでは認められないことなどに照らし、その任意性を肯定すべきであるとの見解もあり得ないではないが、当裁判所としては、検察官により、警察官の前記違法な言動による不当な影響を排除するための適切な手段が講じられない限り、検察官に対する自白についても、警察段階における違法がしゃ断されていないものとしてその証拠能力を否定すべきであり、前記の諸事情のみでは、任意性を肯定すべき特段の事情にはあたらないと解する。）。」

(25)　大阪高判昭和四一年一一月二八日、判例時報四七六は、警察官の言の裏を推理し、「警察官の発言は、被疑者らに早期釈放ないし減刑の利益を約束して、供述を要求したものというほかなく、したがって、もし右利益の約束の履行を期待して供述した者があったとすれば、その者の供述は任意性ないし特信性に疑いがあるものと解するのが相当である。」とした。

(26)　次注にあげる最判昭和四五年一一月二五日の原審にあたる、大阪高判昭和四二年五月一九日、判例時報五〇三・八一は「望ましい方法」ではないが必要な場合もある、とし「偽計を用いて被疑者を錯誤に陥れたとしてもそれによって得られた自白は自白の動機に錯誤があるに止まり、虚偽の自白を誘発する蓋然性は少ない。」とする。そして「偽計に虚偽の自白を誘発する蓋然性の大きい他の要素が加わった場合にのみ、よって得られた自白は任意性なきものとして排除されるべきである。」としている。

(27)　前注に対して、最判昭和四五年一一月二五日、集二四・一二・一六七〇は、「捜査官が被疑者を取り調べるにあたり偽計を用いて被疑者を錯誤に陥入れ、自白を獲得するような尋問方法を厳に避けるべきであることは言うまでもないところであるが、もしも偽計によって被疑者が心理的強制を受け、その結果虚偽の自白が誘発されるおそれのある場合には、右の自白はその任意性に疑いがあるものとして、証拠能力を否定すべきであり、このような自白を証拠に採用することは、法第三一九条第一項の規定に違反し、ひいては憲法第三八条第二項にも違反するものと言わなければならない。」とする。最高裁が問題にした事実は、「検察官が、被告人の取調にあたり、『奥さんは自供している。誰が見ても奥さんが独断で買わん（ピストルのこと）。参考人の供述もある。こんな事で二人共処罰されることはない。男らしく言うたらどうか』と説得、……もし被告人が共謀の点を認めれば、被告人のみが処罰され、妻は処罰を免れることがあるかも知れない旨を暗示した疑い」である。

(28)　団藤重光「新刑事訴訟法綱要七訂版」二五三頁は、「強制による供述が任意性を持たないことはむろんである。供述を求める者が主観的に強制の意思をもっていたかどうかは、関係がないであろう。これに反して、誘導的方法ないし欺罔的方法による供述が任意性をもつかどうかについては、必ずしも一概に言えない。その方法の違法性及びそれが被告人の心理に及ぼした影響が強制に準じるものであるかどうかなどの点が標準となるであろう。この点に関する英米法の証拠法則がそのままに適用があるものと解するべきではない。」とする。

第四節　警察官と公判

一　冒頭手続から始まる公判の素描《そびょう》が、検察官の手持《てもち》の証拠の取調べ請求までで、証拠のとり上げ方の問題に脱線《だっせん》したのであるが、軌道《きどう》をもとにもどそう。

検察官は、証拠調のはじめに、証拠により証明しようとする事実の陳述をする。これによって、さきに、冒頭手続により、抽象《ちゅうしょう》的な訴因という形で示した犯罪事実をそのように、抽象化する前の社会的事実の形で、詳細に具体的に陳述し、弁護人・被告人側の防禦《ぼうぎょ》の目標・範囲を明らかにすることとされている（二九六条）。

そして、検察官は、これから用いられる証拠が、どのような意味で、犯罪事実に結びつくかを説明する。

証拠調は、検察官・被告人又は弁護人の両当事者による請求によって進められる（二九八条一項）。裁判所は、必要と認めるときは、職権で証拠調をすることができるとされているが（二九八条二項）、現在の刑事裁判実務においては、そのほとんど全部の事件で、当事者請求の証拠の取調べのみで審理が進められている。

証拠には、物証・人証《じんしょう》・書証の別のあることは既に述べたが、今、問題の人証についてとくにこれを取り上げてみると、検察官が当初に請求する人証は、書面という形をとってなされる（たとえば供述調書）のが通例である。しかも、既に述べたように、その書面のほとんどが、第三二六条による被告人の同意によるものである。

二　しかし、被告人が稀《まれ》に同意しない場合がある。その場合は、その書面を撤回し、改めて、作成者や供述者を証人として呼び出し、証人尋問の手続によって証言を得る。

警察官は、事件を検察官に送致して打上げをして、やれやれ、ということで、当該事件は、原則としてその手を離《はな》れるのであるが、編綴《へんてつ》して送致した調書類のうち、被告人側が争いの姿勢《しせい》を示すに至ったものにつき、証人として再びつきあいをさせられるのである。

たとえば、供述調書の任意性が争いになったとする。警察官は、ほとんど私を寝《ね》かさずにかわるがわる取調べをしたので、その供述はふらふらになって、どうでもよくなってしたものです、と被告人が公判廷で証言する。

本当か嘘《うそ》か、担当取調官を呼び出せ、ということになる。実況見分調書が問題になった。これは、被告人の同意がなくても、第三二一条第三項によって、作成した警察官が証人として尋問を受け、その真正《しんせい》に作成されたものであることを供述すれば、証拠として採用される。

検察官は、相手次第で、証人を用意し、犯罪事実の立証を尽《つ》くそうとする。警察官は、自ら作成した調書類のうち、このように、問題をはらんだものがあるとき証人として呼ばれるのである。

これは、相当の負担である。といって、回避《かいひ》することはできない。証人として召喚《しょうかん》され、正当な理由なくこれに応じなければ、過料《かりょう》のほか、罰金・拘留の刑罰まで用意されている（一五〇条・一五一条）。しまいには、力づくで（勾引《こういん》）ひきずり出される。

警察官は、この機会に、その職責が全《まっと》うされ、国家の刑罰権が実現されるのであるから、普段《ふだん》から準備のうえ、立派にその任務を果す心がけが必要である。

三　証人に呼ばれると、裁判長が人定質問をする（規則一一五条）。次に、宣誓《せんせい》をさせ（一五四条、規則一一七条～一一九条）、偽証の警告をした（規則一二〇条）後、実質的な尋問に入る。

この場合、取調べを請求した検察官がまず尋問する。ついで被告人・弁護人――反対当事者が尋問し、最後に必要があれば、裁判長ないしは陪席《ばいせき》裁判官が補充的な尋問をする。

尋問のかようなスタイルを交互尋問といっている。そのルールは、規則第一九九条の二から第一九九条の一三までに詳《くわ》しい。その主なるものを略述《りやくじゆつ》すると、まず、交互尋問の順序は、証人の尋問を請求した者の尋問（主尋問）、相手方の尋問（反対尋問）、証人の尋問を請求した者の再度の尋問（再主尋問）である（規則一九九条の二）。

四　主尋問は、立証すべき事項及びこれに関連する事項についてなされる（規則一九九条の三第一項）。徹夜の取調べをしてそれが供述の任意性を欠くかどうか問題になっているとすると、取調べの時間帯、被告人の承諾の有無、その疲労度、取調べに入る前の休養の状態、徹夜を必要とした合理的な理由等々が問題になる。誘導尋問は原則として許されていない。しかし、規則第一九九条の三第三項の要件にはまる場合、たとえば記憶が明らかでない事項についてその記憶を喚起《かんき》しようとするような場合に、誘導尋問をされることがある。

問題は反対尋問者すなわち、弁護人であるが、反対尋問は、主尋問に現れた事項及びこれに関連する事項は、もちろんとして、証言の証明力を減殺《げんさい》するための質問をしてくる。また、誘導尋問は制限なくすることができるとされている（規則一九九条の四）。

証明力を減殺しようとして、弁護人は、証人出廷《しゆつてい》した警察官の観察・記憶又は表現の正確性等、証言の信用性にかかわる事項に関して突《つ》いてくるであろう。また、当該警察官の利害関係・偏見《へんけん》・予断等、証人の信用性について意地の悪い質問をしてくるかも知れない。ただ、みだりに証人の名誉を傷つけるようなことは、許されないから（規則一九九条の六）堂々とこれに対処すればよい。

五　要は、捜査の過程において、そのときどきの状況をよく記録整理しておき、公判廷では事実を事実として作為《さくい》なく冷静《れいせい》に述《の》べることである。検察官との事前の打合せは綿密《めんみつ》にしておく必要があろう。

相手方は、更に、自己を有利にする新たな事項を尋問してくることがある。冷静に事実に即《そく》することの重要性は、こういう場合にも現れてくるのである。

れ

ろ

わ

む

め

も

ゆ

よ

り

へ

ほ

ま

み

は

ひ

ふ

て

と

な

に

の

た

ち

つ

す

せ

そ

し

さ

こ

く

け

き

索　引

あ

い

う

え

お

か

本書は、株式会社令文社から発行されていた『全訂　警察官の刑事手続』に、所要の補正を加えて小社から発行するものです。

著者略歴

1955年東京大学法学部卒、警察庁に入り、岩手・兵庫・大阪各府県警の部長・課長、警察庁交通局交通調査官・刑事局調査統計官・国際刑事課長・警察大学校教官教養部長・栃木県警察本部長・科学警察研究所総務部長・内閣総理大臣官房広報室長・警察大学校長・桐蔭横浜大学・同大学院教授を歴任。

国際刑事警察機構1966年度日本代表、1974年度・1975年度日本首席代表を勤める。現在、統治(state Governance)評論家、内閣府道州制ビジョン懇談会委員。

著書：「国際刑事警察機構―歴史と現状」（東京法令出版、1968年）、「捜査規範の話」（立花書房、1973年）、「警察官の刑事手続200問」（啓正社、1977年）、「警察官の職務執行」（令文社、1978年）、「警察官の刑事手続365問」（令文社、1982年）、「警察官の刑法」（令文社、1983年）、「警察官の使命感」（立花書房、1987年）、「Q＆A目でみる刑事手続110問」（令文社、1991年）、「官僚支配」（講談社、1993年）、「『政』は『官』をどう凌ぐか」（講談社、1995年）、「政官攻防史・文春新書」（文芸春秋社、2001年）、「県庁がなくなる日」（マネジメント社、2005年）、「地方再興」（マネジメント社、2007年）ほか

金子仁洋のホームページ
URL　http://homepage2.nifty.com/kjnews-ps/
Blog　http://jinyo.cocolog-nifty.com/

新版　警察官の刑事手続

平成21年2月5日　初版発行

著　者　金　子　仁　洋
発行者　星　沢　哲　也
発行所　東京法令出版株式会社

112-0002　東京都文京区小石川5丁目17番3号　03(5803)3304
534-0024　大阪市都島区東野田町1丁目17番12号　06(6355)5226
060-0009　札幌市中央区北九条西18丁目36番83号　011(640)5182
980-0012　仙台市青葉区錦町1丁目1番10号　022(216)5871
462-0053　名古屋市北区光音寺町野方1918番地　052(914)2251
730-0005　広島市中区西白島町11番9号　082(516)1230
810-0011　福岡市中央区高砂2丁目13番22号　092(533)1588
380-8688　長野市南千歳町1005番地
〔営業〕TEL 026(224)5411　FAX 026(224)5419
〔編集〕TEL 026(224)5412　FAX 026(224)5439
http://www.tokyo-horei.co.jp/

ISBN978-4-8090-1198-6